"十四五"普通高等教育本科规划教材
高等院校交通运输类专业"互联网+"创新规划教材

交通运输工程学（第3版）

陆 颖 主 编

周卫琪 于 英 刘国栋 副主编

内 容 简 介

本书介绍了交通运输系统的基本概念及发展趋势,详细介绍了公路运输、铁路运输、水路运输、航空运输和管道运输5种现代化基本运输方式的基本知识、基本概念和基本原理,以及各种运输方式的组织和管理方法等。全书共10章,包括绪论、运输需求分析与交通工程基础、公路运输、铁路运输、水路运输、航空运输、管道运输、货物运输过程组织、城市交通运输系统、交通运输系统的发展趋势。本书提供了与交通运输工程学有关的大量案例、阅读材料和形式多样的习题,以利于学生巩固所学知识并培养实际应用能力。本书在实用性和操作性方面都具有很强的指导作用。

本书可作为高等院校交通运输、物流管理、物流工程、电子商务等专业的教材,也可作为相关企业技术人员的参考书。

图书在版编目(CIP)数据

交通运输工程学/陆颖主编. —3版. —北京:北京大学出版社,2024.5
高等院校交通运输类专业"互联网+"创新规划教材
ISBN 978-7-301-35079-9

Ⅰ.①交… Ⅱ.①陆… Ⅲ.①交通工程学—高等学校—教材 Ⅳ.①U491

中国国家版本馆CIP数据核字(2024)第106540号

书　　　名	交通运输工程学(第3版) JIAOTONG YUNSHU GONGCHENGXUE(DI-SAN BAN)
著作责任者	陆　颖　主编
策划编辑	郑　双
责任编辑	黄园园　郑　双
数字编辑	金常伟
标准书号	ISBN 978-7-301-35079-9
出版发行	北京大学出版社
地　　址	北京市海淀区成府路205号　100871
网　　址	http://www.pup.cn　新浪微博:@北京大学出版社
电子邮箱	编辑部 pup6@pup.cn　总编室 zpup@pup.cn
电　　话	邮购部 010-62752015　发行部 010-62750672　编辑部 010-62750667
印　刷　者	河北文福旺印刷有限公司
经　销　者	新华书店
	787毫米×1092毫米　16开本　23.25印张　565千字 2011年8月第1版　2017年8月第2版 2024年5月第3版　2024年5月第1次印刷
定　　价	65.00元

未经许可,不得以任何方式复制或抄袭本书之部分或全部内容。
版权所有,侵权必究
举报电话:010-62752024　电子邮箱:fd@pup.cn
图书如有印装质量问题,请与出版部联系,电话:010-62756370

第 3 版前言

交通运输业是人类社会生产、经济、生活中不可或缺的重要环节，是国民经济体系中的重要组成部分。交通运输业本身并不直接产出新的产品，而是把旅客和货物从一个地点转移到另一个地点；把社会生产、分配、交换与消费各个环节有机地联系起来，是保证社会经济活动得以正常进行和发展的前提条件，在整个社会机制中起着纽带作用。党的二十大报告也指出要"建设高效顺畅的流通体系，降低物流成本"。现代化交通运输业包括公路运输、铁路运输、水路运输、航空运输和管道运输 5 种基本运输方式。每种运输方式各具特色，各自组成独立的系统。它们在综合交通运输系统内发挥各自的优势，相互补充和依存，共同发挥支持社会生产、推动经济发展、提高人民群众物质和文化生活水平的作用。

本书以公路运输为主，兼顾综合运输体系的完整性，本着理论联系实际和少而精的原则，力求简明、系统、综合、新颖。本书介绍了交通运输系统的基本概念及发展趋势，全面系统地介绍了公路运输、铁路运输、水路运输、航空运输和管道运输 5 种现代化基本运输方式的基本知识、基本概念和基本原理，各种运输方式的组织和管理方法，以及交通运输系统的发展趋势等。

本书在第 2 版的基础上修订而成，主要根据当前科技和相关领域的发展对全书进行调整。

通过对本书的学习，学生能够科学合理地运用各种运输方式，达到提高运输效率、降低运输成本的目的。

本书内容具有以下特点。

（1）根据当前科技和相关领域的发展，新基建、5G、人工智能等对现代交通运输模式产生了巨大的影响。本书紧跟交通运输发展的主流，贯彻交通运输发展的新理念。

（2）2021 年《国家综合立体交通网规划纲要》以及交通运输"放管服"改革，使得我国的交通运输管理制度、模式等出现了变革。本书在内容设计上反映中国特色，适应我国交通运输管理体制的变化。

（3）为体现实践性和应用性，书中提供了大量阅读材料和案例，并且引入了网络媒体供学习者阅读、分析、研讨，尽可能地让学生了解交通运输的发展动态。

（4）提供形式多样的习题，以便学习者巩固、运用所学的交通运输知识。

本书由陆颖（江苏大学）负责结构的设计、草拟写作提纲、组织编写和最后的统稿定稿工作。各章具体分工如下：第 1 章由于英（江苏大学）和刘国栋（临沂大学）编写，第 2～6 章由陆颖编写，第 7～10 章由周卫琪（江苏大学）编写。

本书在编写过程中，参考了大量的资料，在此向其作者表示衷心的感谢！

由于编者水平有限，书中难免存在疏漏之处，敬请广大读者提出宝贵意见，以便进一步修改完善。

【资源索引】

编　者
2024 年 2 月

目　录

第 1 章　绪论 ... 1
1.1　交通运输工程学的基本概念 ... 3
- 1.1.1　交通运输系统的性质及交通运输业的生产特点 ... 3
- 1.1.2　交通运输业在国民经济中的地位和作用 ... 5
- 1.1.3　交通运输工程学的研究对象 ... 6
1.2　交通运输系统的构成 ... 8
- 1.2.1　交通运输系统的要素构成 ... 8
- 1.2.2　交通运输系统的方式构成 ... 9
1.3　交通运输业的综合评价 ... 10
1.4　交通运输的发展史 ... 11
- 1.4.1　世界交通运输的发展史 ... 11
- 1.4.2　我国交通运输的发展史及现状 ... 13
- 1.4.3　交通运输的发展趋势 ... 14
本章小结 ... 16
习题 ... 18

第 2 章　运输需求分析与交通工程基础 ... 19
2.1　运输需求概述 ... 21
- 2.1.1　运输需求的概念 ... 21
- 2.1.2　运输需求的类型 ... 22
- 2.1.3　运输需求的特性 ... 23
- 2.1.4　运输需求的产生 ... 24
- 2.1.5　影响运输需求的因素 ... 25
2.2　运输需求预测与运输量预测 ... 26
- 2.2.1　运输需求预测与运输量预测的关系 ... 26
- 2.2.2　运输量预测的类型 ... 26
- 2.2.3　常用的运输量预测方法 ... 27
- 2.2.4　运输需求预测的作用 ... 35
2.3　交通工程基础 ... 36
- 2.3.1　人—车—路交通特性 ... 36
- 2.3.2　交通量特性 ... 39
- 2.3.3　道路通行能力和服务水平 ... 41
本章小结 ... 43
习题 ... 45

第 3 章　公路运输 ... 46
3.1　公路运输概述 ... 48
- 3.1.1　公路运输的定义及我国公路运输的主要成就 ... 48
- 3.1.2　公路运输的特点、功能及作用 ... 50
- 3.1.3　公路运输的发展趋势 ... 52
- 3.1.4　公路运输主要技术经济指标 ... 53
3.2　公路运输系统的组成 ... 55
- 3.2.1　公路 ... 56
- 3.2.2　公路交通控制设备 ... 57
- 3.2.3　公路运输车辆 ... 58
- 3.2.4　汽车客运站级别划分和建设要求 ... 59
3.3　公路运输组织与管理 ... 61
- 3.3.1　公路旅客运输组织与管理 ... 61
- 3.3.2　公路货物运输组织与管理 ... 69
3.4　公路运输安全 ... 78
- 3.4.1　交通事故调查与处理 ... 78
- 3.4.2　车辆维修制度 ... 80
- 3.4.3　公路运输企业安全管理的评价 ... 83
本章小结 ... 84
习题 ... 86

第 4 章　铁路运输 ... 87
4.1　铁路运输概述 ... 89
- 4.1.1　铁路运输的产生及我国铁路运输的主要成就 ... 89
- 4.1.2　铁路运输的概念 ... 91

|　　　4.1.3 铁路运输的特点及
　　　　　　适用范围 91
　　　4.1.4 铁路运输的发展趋势 93
　4.2 铁路运输系统的组成 96
　　　4.2.1 铁路车站 96
　　　4.2.2 铁路设施与信号 98
　　　4.2.3 铁路机车与车辆 100
　　　4.2.4 铁路列车自动控制系统 101
　4.3 铁路运输的组织 103
　　　4.3.1 旅客运输组织 103
　　　4.3.2 货物运输组织 107
　4.4 列车运行图 115
　　　4.4.1 列车运行图概述 115
　　　4.4.2 列车运行图的格式 116
　　　4.4.3 站名线的画法 117
　　　4.4.4 列车运行图的分类 117
　　　4.4.5 列车运行图的组成因素 119
　　　4.4.6 列车运行图的编制 126
　本章小结 128
　习题 129

第5章 水路运输 130

　5.1 水路运输概述 132
　　　5.1.1 水路运输的产生及我国
　　　　　　水路运输的主要成就 132
　　　5.1.2 水路运输的概念及分类 134
　　　5.1.3 水路运输的特性 135
　　　5.1.4 水路运输的发展趋势 136
　5.2 水路运输系统的组成 137
　　　5.2.1 船舶 137
　　　5.2.2 港口水域设施 139
　　　5.2.3 港口陆上设施 139
　　　5.2.4 助航设施——航标 141
　　　5.2.5 港口服务机构 141
　5.3 航线设置与配船 142
　　　5.3.1 客运航线设置与配船 142
　　　5.3.2 货运航线设置与配船 144
　5.4 船舶运输组织 151
　　　5.4.1 船舶运输组织的基本
　　　　　　要求和约束条件 151

　　　5.4.2 班轮运输组织 152
　　　5.4.3 不定期船运输组织 154
　　　5.4.4 驳船运输组织 155
　5.5 港口通过能力 157
　　　5.5.1 港口通过能力的分类 157
　　　5.5.2 影响港口通过能力的
　　　　　　主要因素 158
　本章小结 158
　习题 159

第6章 航空运输 161

　6.1 航空运输概述 163
　　　6.1.1 航空运输的产生及我国
　　　　　　航空运输的主要成就 163
　　　6.1.2 航空运输的概念、特点及
　　　　　　适用范围 164
　6.2 民用飞机和航空运输基础设施 166
　　　6.2.1 民用飞机 166
　　　6.2.2 航空港 168
　　　6.2.3 无人机 171
　6.3 空中交通运行与管理 174
　　　6.3.1 航路和空中交通间隔规则 ... 174
　　　6.3.2 空域的划设 174
　　　6.3.3 空中交通管制机构及
　　　　　　助航设施 176
　6.4 民用航空运输组织 178
　　　6.4.1 航空运输生产管理 178
　　　6.4.2 民航旅客运输组织 182
　　　6.4.3 民航货物运输组织 183
　6.5 国际航空运输管理 188
　　　6.5.1 国家主权和领空主权的
　　　　　　概念 188
　　　6.5.2 国际民航管理 189
　　　6.5.3 国际民用航空的主要法规 ... 190
　　　6.5.4 国际航空运输多边协定 190
　　　6.5.5 国际航空运输市场管理 191
　本章小结 192
　习题 193

第 7 章 管道运输 195

7.1 管道运输概述 198
7.1.1 管道运输的定义及我国管道运输的主要成就 198
7.1.2 管道运输的特性 202
7.1.3 管道运输的发展趋势 203

7.2 管道运输系统的基础设施及运输管道的分类 205
7.2.1 管道运输系统的基础设施 205
7.2.2 运输管道的分类 205

7.3 管道输油（气）工艺 208
7.3.1 管道输油工艺 208
7.3.2 管道输气工艺 210

7.4 管道生产管理 212
7.4.1 管道生产管理概述 212
7.4.2 管道运行管理 213
7.4.3 管道生产管理的技术手段 214

7.5 管道运输系统规划 215

本章小结 217
习题 218

第 8 章 货物运输过程组织 219

8.1 货物运输过程 221
8.1.1 货物流通过程 221
8.1.2 货物运输业务组织机制 223
8.1.3 运输承包公司 224
8.1.4 运输代理人 228

8.2 集装箱运输 233
8.2.1 集装箱运输概述 233
8.2.2 集装箱运输的经营 240

8.3 多式联运 249
8.3.1 多式联运概述 249
8.3.2 多式联运组织 255
8.3.3 我国多式联运发展现状及趋势 256
8.3.4 国际多式联运 258

本章小结 268
习题 270

第 9 章 城市交通运输系统 272

9.1 城市和城市交通的发展 275

9.2 城市轨道交通系统 278
9.2.1 城市轨道交通系统的分类 278
9.2.2 轨道交通路网结构分析 280
9.2.3 轨道交通线路走向选择 283

9.3 城市道路交通设施 285
9.3.1 城市道路和交叉口 285
9.3.2 城市交通信号及其设备 286
9.3.3 城市道路交通载运工具 287

9.4 城市道路交通规划 290
9.4.1 城市道路交通规划的总体设计 290
9.4.2 城市交通基础信息调查 290
9.4.3 城市交通需求发展预测 292
9.4.4 城市道路网络规划 293
9.4.5 城市道路交通规划方案综合评价 296

9.5 城市道路交通管理 298
9.5.1 城市道路交通管理模式 298
9.5.2 城市道路交通管理方法 300

本章小结 304
习题 305

第 10 章 交通运输系统的发展趋势 307

10.1 智能运输系统 310
10.1.1 智能运输系统概述 310
10.1.2 公路智能运输系统 312
10.1.3 铁路智能运输系统 314
10.1.4 水路智能运输系统 317
10.1.5 航空智能运输系统 319

10.2 智慧交通 324
10.2.1 智慧交通概述 324

10.2.2 智慧交通核心技术 328
10.2.3 智慧交通建设案例 334
10.3 绿色低碳交通 340
　10.3.1 绿色低碳交通概述 340
　10.3.2 绿色低碳交通技术 345
　10.3.3 国内外绿色低碳交通
　　　　实践 354
本章小结 361
习题 363
参考文献 **364**

第1章 绪 论

【教学目标】
- 掌握交通运输工程的基本概念。
- 了解交通运输的历史及发展趋势。

【思维导图】

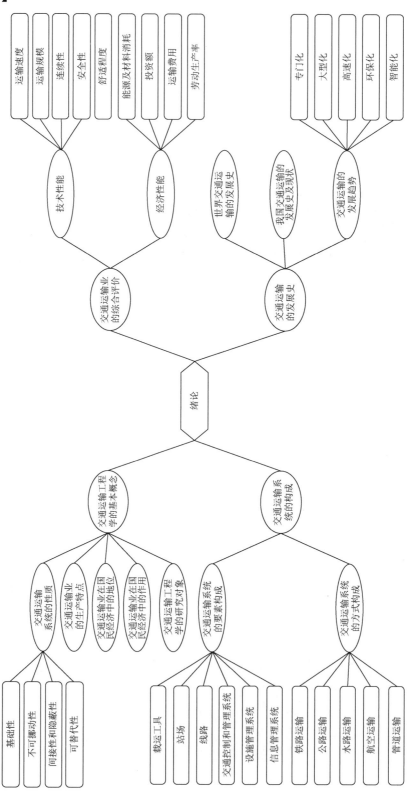

工业革命带来了交通革命

近代以来,世界经历了蒸汽化、电气化、信息化和数字化四次科技革命,当前正处于第四次科技革命的风口浪尖。以大数据、云计算和人工智能等数字化技术为主导的世界新一轮科技革命和产业变革方兴未艾,新技术加速交通与产业融合发展,自动驾驶、智慧公路、超级高铁等新技术、新业态、新产业、新模式不断涌现,催生交通基础设施、运营组织、治理模式、出行方式和能源结构等层面颠覆性变革。

新兴科技逐渐成为国际竞争普遍关注的焦点,美国、欧洲、日本等发达国家和地区全面布局自动驾驶、新型基础设施和出行服务等发展战略。为迎接新一轮科技革命的发展浪潮,各发达国家和地区结合自身发展诉求,因地制宜地制定交通发展战略,明确中远期(15~30年)和近期(3~5年)的发展战略措施。美国以基础设施智能化升级和自动驾驶技术创新研发为抓手,全面推进多模式多场景车联网应用示范。欧洲关注节能减排和"出行即服务"的应用推广,通过区域网络设施升级和服务整合推进欧洲交通一体化协同发展。日本以高速公路和重要交通枢纽为载体推进新型基础设施更新升级,推动基于ETC2.0的高速路网精准需求管控和协同出行服务应用。

我国全面统筹区域协同发展、能源安全、运输转型升级等重大战略,将新兴科技作为新时期新旧动能转换的核心驱动力。国家战略层面出台了交通强国、数字中国、新基建等战略规划,推进京津冀、长三角、粤港澳大湾区等城市群协同发展,国家相关部委积极发布新基建、智能汽车、人工智能等政策指引,加速新技术与交通运输的融合发展。但我国仍面临区域协同发展不平衡、交通运输转型升级慢、自动驾驶等装备创新突破少、出行服务品质不高等发展瓶颈。

思考题:在人类发展的历史上,交通运输业的发展历程是怎样的?

资料来源:孙超,邵源,韩广广,等,2021. 新一轮科技革命对交通发展的影响及应对策略[J]. 城市交通,19(3):10-17.

交通运输工程学科是服务于交通运输业,研究交通运输基础设施的布局及修建、载运工具的运用、交通信息工程及控制、运输规划及管理、交通运输的现代化及安全技术等的学科。

交通运输业是国民经济中从事旅客和货物运送的社会生产部门,是国民经济中的一个重要的物质生产部门。交通运输业本身并不直接产出新的产品,而是把旅客和货物从一个地点转移到另一个地点;把社会生产、分配、交换与消费各个环节有机地联系起来,是在保证社会经济活动得以正常进行和发展的前提条件下,在整个社会机制中起着纽带作用。

1.1 交通运输工程学的基本概念

1.1.1 交通运输系统的性质及交通运输业的生产特点

1. 交通运输系统的性质

交通运输业是一个不创造新的可见物质的产业部门,其生产活动不提供具有实物形态的产品,只是实现旅客和货物的空间位移。交通运输系统具有以下性质。

(1)交通运输系统对于国民经济系统具有基础性。交通运输系统的基础性表现在:工农业生产、人民生活及其他社会经济活动诸方面对交通运输系统有普遍的需求性；交通运输系统是社会经济最基础的子系统，是其他子系统得以有效运转的主要载体，也是社会再生产得以延续的不可缺少的基本环节。

（2）交通运输系统对于空间、地域与时间具有较强的依附性，即具有不可挪动性。对交通运输系统的这一特性，要从两个方面来理解：一方面，交通基础设施（路网、港口、车站等）在空间和地域上不能挪动，必须就地兴建；另一方面，运输能力在时间上不能挪用。由于运输与生产、消费是同时发生的，运输能力不能像其他行业的产品那样可以储存备用，也不能靠临时突击来解决，而是要长期有计划地、持久地建设和累积。

（3）交通运输系统对社会和经济系统的贡献具有间接性和隐蔽性。这是从交通运输系统的基础性派生出来的特征。其主要表现在：第一，它的经济效益除少部分体现在上缴国家的利税外，更重要的是蕴含在运输对象拥有者身上；第二，运输需求是从其他社会经济活动中派生出来的，交通运输只是实现目标的手段，而非最终目标；第三，交通运输对国民经济的影响是全局性的，而交通建设项目本身的效益则主要是通过对国民经济的社会效益来体现的。

（4）交通运输系统内部各种运输方式在一定程度上具有可替代性。在完成具体的运输任务时，对运输方式、运输工具的选择在一定程度上可以优化选择。交通运输业与邮电通信业之间也存在某些替代关系。正是由于这种可替代性才使得发展综合运输体系成为可能。

2. 交通运输业的生产特点

运输活动是使用各种载运工具（火车、汽车、船舶、飞机和管道等），使运输对象（客、货）实现地理位置（空间）上的转移。因此，运输实际上是一种服务，其产品为无形产品，表现为旅客或货物的位移，具有运动（空间位移）、运输工具（设备）和运输服务费用这三个要素。

交通运输业是一个物质生产部门，但它又是一个特殊的物质生产部门。作为生产单位外部的运输，按其在社会再生产中的属性，运输生产过程和产品的性质具有以下显著的特点。

（1）运输生产是在流通过程中完成的。运输作为社会生产力的有机组成部分，表现方式为生产过程在流通过程内的继续。工农业的生产，当其产品投入流通领域之时起，就企业来讲，已经完成了其生产过程，而运输生产是在流通领域继续从事生产，它表现为一切经济部门的生产过程的延续。

（2）运输生产过程不改变劳动对象的物理、化学性质和形态，而只改变运输对象（客、货）的空间位置，并不创造新的产品。对旅客来说，其产品直接被人们所消费；对货物来说，运输产品附加在其成本上，在交换中列入流通所需资金。

（3）在运输生产过程中，劳动工具（运输工具）和劳动对象（客、货）是同时运动的，它创造的产品（客、货在空间上的位移）不具有物质实体，并在运输生产过程中同时被消耗掉。因此，运输产品既不能储存，又不能调拨，只有在运输能力上保有后备，才能满足运输量的波动和特殊的运输需要。

（4）运输产品计量的特殊性。运输生产的劳动产品是以运输量和运输距离进行计量的。运输量的大小直接决定运输能力和运输费用的消耗。运输产品可以采用运输的旅客人数（客运量）或货物吨数（货运量）和人千米数（旅客周转量）或吨千米数（货物周转量）作为计量单位。

（5）交通运输的劳动对象十分庞杂。从交通运输的货物来说，"加工"品种种类之多、性质之杂是其他生产部门无法比拟的。由于大多数运输的劳动对象的所有权属于其他单位，运输业对于劳动对象无权进行支配和选择。换言之，也就是构成生产力的三要素当中，有一个要素不是运输部门所能掌握的，而且这不能掌握的劳动对象同时又是服务对象，这种事物的两重性增加了运输业计划与管理的复杂性。

1.1.2 交通运输业在国民经济中的地位和作用

1. 交通运输业在国民经济中的地位

国民经济可分为工业、农业、服务业三个部分，交通运输业属于服务业的一部分。近年来，随着我国改革开放的不断深入、生产发展的需要，交通运输业得到了迅速的发展。

交通运输业是国民经济的重要基础结构之一。"基础结构"强调交通运输业是国民经济发展的基本需要和先决条件，强调交通运输建设必须与经济发展的水平相适应。任何地区的经济发展，地区间分工、交流都是以安全、高效的运输联系为前提的，即首先是建设运输道路和相关的基础设施。只有具备了高效的运输体系，才能进行地区开发和把国民经济各个基地连接起来，才能使一个国家的国民经济加入洲际和全球范围的商品交换与信息交流之中；反之，运输基本设施短缺会导致经济发展的干扰、徘徊和不必要的消耗，阻碍经济的增长。世界各工业发达国家的经济发展表明，在工业化过程中都有一个交通运输业的超前发展的时期，这是一个普遍性的规律。

交通运输业和各个国民经济部门有紧密联系，两者是相互促进、相互制约的。生产的规模、配置及交换的性质，在很大程度上取决于运输条件，甚至有的企业是"以运定产"。发达的交通运输业是保证工农业之间，国家各地区之间的可靠、稳固的经济联系的必要条件。通过交通运输，国家才能把中央和地方、沿海和内地、工业和农业、城市和乡村、生产和消费，联结成为一个严密的有机整体，生产、分配、交换和消费也必须通过运输的纽带才能得到有机的结合。生产的社会化程度越高，商品经济越发达，生产对流通的依赖性越大，运输在社会再生产中的作用越重要。

2. 交通运输业在国民经济中的作用

交通运输业是国民经济的重要组成部分。它既满足工农业生产和人民生活的需求，又对联系城市和农村、巩固工农联盟和加强国防、促进地区和民族之间的文化和信息交流起着重要的作用。交通运输业对于国民经济具有以下重要作用。

（1）交通运输是实现流通的物质手段。交通运输业担负着社会产品的流通任务，对国家来说，交通运输不但可以保证工农业生产和内外贸易渠道的畅通，而且可以保证市场供需的平衡；对企业来说，缩短流通时间可以加速流动资金的周转、节省流动资金。我国工业企业流动资金周转时间过长，与交通运输业的滞后发展有很大关系。因此，发展交通运输业，促进物流系统化，不仅是"货畅其流、民便其行"的问题，而且是关系提高整个社会劳动生产率、资金的周转速度和经济效益的问题。运输费用在生产费用中占有相当大的比重，因此，在生产布局中，如何缩短运输距离以降低运输费用，不仅关系企业的经营成果，而且也是节约社会生产费用的重要手段。

（2）交通运输业是开发资源、优化资源配置、实现生产力合理布局和调整国民经济产业结构的纽带。交通运输是国土资源开发的先锋。大力发展交通运输业，不但可以促进欠发达或边远地区的资源开发，而且可以优化资源配置、调整农牧业结构、推动农业现代化；可以改善投资环境，加速工业化进程；可以加快人流、物流、信息流，促进第三产业的发展和社会文明的进步。

（3）交通运输业是国民经济的重要生产部门，又是工业生产的巨大市场，是带动一系列相关产业的龙头产业。各种运输方式能提供大量的就业机会，同时还有更多的人员工作在与其相关的部门，为国民经济产生直接的经济效益。另外，交通运输业的发展也为其他工业部门，如建筑、采矿、冶金等部门提供了巨大的市场。交通运输业的发展还直接促进了新世纪两大新兴支柱产业，即旅游业和物流业的形成和发展，这两大产业依托于旅客运输业和货物运输业。

（4）交通运输业在国防建设与防务方面具有不可低估的作用。它平时为经济建设服务，战时为军事服务，具有鲜明的军民两用性质，是国家战斗实力的重要组成部分。在战争时期，高速公路可供军用飞机起降，铁路、水路通道可保证部队的快速集结和居民、工厂的疏散等；交通运输能够联系前方和后方、保证部队的武器弹药和粮食等物资的供给。

（5）交通运输业上缴的税收占国家税收的比例较大，而且这些上缴的税收一部分被用于非运输事业上，如教育、卫生、福利、消防等部门。由此可见，交通运输业是直接为整个社会服务的。

（6）交通运输业是国际交流的重要桥梁和纽带，可以促进各国之间的物资交换、经济发展和人民之间的友好往来，是经济全球化的重要保证。

综上所述，交通运输业是国民经济的重要组成部分，是世界上最重要的行业之一。它不但是一个独立的生产部门，而且是国民经济和社会发展的重要基础结构部门，是连接国民经济各部门、各地区以及社会再生产各环节的纽带，是确保社会生产和人民生活得以正常进行的重要条件，是国民经济的"先行官"，是国民经济的"动脉系统"，对国家经济、政治、国防建设以及国际的合作与发展具有重要作用。

1.1.3　交通运输工程学的研究对象

交通运输工程学涉及交通基础设施的布局及修建、载运工具的运用、交通信息工程及控制、运输规划和管理、交通运输的现代化及安全技术等，它们有共同的理论和专业基础。另外，它与电气、电子、土木、机械、材料、信息工程、管理等领域各有密切的联系和相互交叉。

交通运输工程学主要涉及以下学科领域和研究对象。

1. 交通运输系统的总体规划、运行技术及运输管理

这主要包括经济区及省市交通系统规划，铁路、公路、城市道路等运输线路规划，客运站、货运站、机场、港口等运输站场规划，以及对它们的运营和管理进行研究。在规划

过程中，既要考虑人、载运工具、交通环境及各种交通附属设施的相互作用和各种运输方式相衔接而产生的技术与经济问题，又要考虑交通的发展对社会经济需要的适应，以及交通与环保、城市规划、土地利用诸方面的协调问题；要利用最优化的理论和方法、计算机技术等进一步研究如何科学地组织运输生产，实现运营管理现代化；要着重研究利用现代化技术手段来提高载运工具的运行效益，研究物流过程中的技术经济规律，研究现代客运系统和城市交通的规划与管理。

2. 铁路、公路、城市道路、机场等交通基础设施的设计、施工、养护

重点要以高速重载铁路、高速公路、快速城市干道和现代化机场工程等为主要研究方向。在设计及施工、养护方面，应注重研究铁路上部建筑及公路路面和机场地面设施的功能的进一步完善；并着重研究各种新技术、新材料、新工艺及其在交通运输领域的应用，以适应重载及高速列车、新型汽车和大型现代化飞机的运行、起降的发展需要；还需进一步进行在设计中引入优化及自动化设计方法的研究，使线路和机场等的设计更为经济合理。

3. 交通运输中的运载工具

对于运载工具的研究发展方向必须适应重载、高速、高效、安全运输发展的需要。具体的研究课题包括载运工具的结构及运用的安全、节能和环保，以及载运工具的维修、诊断研究。

4. 交通运输安全

交通运输安全技术和保障问题仍是当前交通运输业的薄弱环节，交通事故所造成的人员伤亡和物资损失日趋严重。因此，要通过进一步深入研究交通运输过程中的安全运行规律，为交通运输提供安全技术保障，从而减少交通事故的发生率和伤亡率，促进公众出行和货物运输的安全，提高运输的社会和经济效益。具体研究方向包括道路交通控制设施，车辆碰撞时的缓冲装置，全方位覆盖、全天候运行、具备快速反应能力的现代化水上交通安全保障系统，高速公路紧急救援等方面。

5. 交通信息控制系统的智能化、信息化

智能化、信息化是未来交通运输系统的发展方向，它们对交通信息的采集、处理和传输，信息的集成与控制等技术提出了更高更新的要求。因此，必须加强运输控制现代化、运输过程自动化与运输信息集成化的研究和应用。

6. 交通运输的可持续发展

根据世界银行 1996 年《可持续运输：政策改革的关键》，可持续交通运输应该包含三个方面的内容：第一，经济与财务的可持续性，是指交通运输必须保证能够支撑不断改善的物质生活水平，即提供较经济的运输并使之满足不断变化的需求；第二，环境与生态的可持续性，是指交通运输不仅要满足人流与物流增加的需要，而且要最大限度地改善整个运输质量和生活质量；第三，社会可持续性，交通运输产生的利益应该在社会的所有成员间公平分享。

因此，在交通运输发展中，不仅要考虑交通运输本身的经济效果，更重要的是充分考

虑运输的外部正效用与负效用；不仅要考虑交通运输对当代（或近期）整个社会经济系统资源配置的影响，而且要考虑对动态资源合理配置的影响，这就为本学科提出了许多的相关研究课题。

1.2 交通运输系统的构成

交通运输系统是指在一定空间范围内（国家或地区）由几种运输方式、技术设备，按照一定历史条件下的政治、经济和国防等社会运输要求组成的运输线路和运输枢纽的综合体。

1.2.1 交通运输系统的要素构成

按照其构成要素不同，交通运输系统主要包括以下基本组成部分。

（1）载运工具。载运工具包括汽车、火车、船舶、飞机、管道等，作为旅客和货物的运送载体。

（2）站场。交通运输站场包括客运站（图1.1）、货运站、机场（图1.2）、港口（图1.3）等，作为运输的起点、中转点或终点，以供旅客和货物从载运工具上下和装卸。

图1.1　客运站　　　　　　　图1.2　机场　　　　　　　图1.3　港口

（3）线路。交通线路包括有形的铁路、公路、管道、河道，以及无形的航道等，作为运输的通道，供载运工具实现不同站场之间的行驶转移。

（4）交通控制和管理系统。交通控制和管理系统包括各种交通信号、交通标志、交通规则等，是为了保证载运工具在线路上和站场内安全、有效率地运行而制定的规则及设置的各种监控、管理装置和设施。

（5）设施管理系统。设施管理系统指保证各项交通运输设施处于完好或良好的使用或服务状况而设置的设施状况监测和维护（维修）管理系统。

（6）信息管理系统。信息管理系统是应用通信、电子信息等高新技术建立的为现代交通运输服务的系统。它通过建立一套完善的数据采集、处理与共享机制，构筑交通信息平台，为交通运输业的发展提供强有力的信息保障。信息系统在整个交通运输系统中起着桥梁和纽带的关键作用，通过它能够使交通运输系统的其他构成要素实现有机联系、互通信息，从而实现整个运输系统的合理规划、统筹安排，提高系统的运营效率和服务质量。

1.2.2 交通运输系统的方式构成

按照载运工具和运输方式的不同,交通运输系统由铁路运输、公路运输、水路运输、航空运输和管道运输这 5 种基本运输方式构成。

(1)铁路运输。铁路运输是使用铁路列车运送旅客和货物的一种运输方式,如图 1.4~图 1.6 所示。它最适合长距离运输大宗货物,如煤炭、矿石、钢材及建筑材料等物资,也适宜承担中长途的旅客运输。

图 1.4 客运列车

图 1.5 货运列车

图 1.6 地铁

(2)公路运输。公路运输是主要使用汽车在公路上运送旅客和货物的一种运输方式,如图 1.7~图 1.9 所示。它在中短途运输中的效果比较突出。

图 1.7 普通乘用车

图 1.8 客车

图 1.9 货车

(3)水路运输。水路运输简称水运,是一种使用船舶(或其他水运工具)通过各种水道运送旅客和货物的运输方式,如图 1.10 和图 1.11 所示。它特别适合担负时间要求不太强的大宗、廉价货物的中长距离的运输,包括煤、石油、矿石、建材、钢铁、化肥、粮食、木材、水泥、食盐等大宗货物的运输。

图 1.10 客船

图 1.11 油轮

（4）航空运输。航空运输简称空运，是一种使用飞机（或其他飞行器）运送人员、物资和邮件的运输方式，如图 1.12 和图 1.13 所示。它适合担负各大城市之间和国际的快速客运，以及报刊、邮件等对时效性要求高的物品和昂贵、精密、急需货物的运输。

图 1.12　空客 A380

图 1.13　"黑鹰" S-70 运输直升机

除一般意义上的民用航空运输外，还有通用航空。通用航空包括航空摄影、航空遥感、航空探矿、海上服务、空中照相、农业播种、除草施肥、防治虫害、人工降雨、林业播种、防火护林、飞播牧草、侦察鱼群、抗灾救护等。

（5）管道运输。管道运输是一种由大型钢管、泵站和加压设备等组成的运输系统，用以完成特定运输工作的运输方式。管道是流体能源非常适宜的运输手段。流体能源主要包括原油、天然气、成品油（包括汽油、煤油、燃料油及液化石油气）。

1.3　交通运输业的综合评价

交通运输业的产品——位移，虽然不具有实物形态，但它和工农业产品一样，也有它自己的自然属性或质量特性，同样可以满足社会生产和个人消费的需要。从运输消费者（旅客或托运人、收货人）的角度看，交通运输业既要充分满足位移需要，又要具备安全、迅速、经济、便利和舒适的运输质量。当然，这只是一般的运输质量要求，对每一批货物的运输，上述质量的具体要求的侧重点并不完全相同。例如，贵重货物、鲜活货物、季节性强的货物的托运者十分重视运送速度；而常年消费的大宗货物，如煤、矿石等的托运者则更重视运输的大量性、连续性和运价的低廉。长途旅客比较关心车内的舒适程度和旅行时间，而短途旅客则更侧重于车辆到发时间的准时、方便和车次是否频繁。因此，运输消费者会根据运输货物的特性和具体的运输要求，选择能够最好地满足需求又最经济的运输方式。

交通运输业常常采用的评价体系包含两方面，即技术性能和经济性能，如表 1-1 所示。其中，运输规模指运量和周转量；连续性指运送的频度；安全性指发生事故的频率。5 种运输方式的产品虽然是同一的，但其技术性能、经济性能存在很大差异。铁路运输运距长、运量大、运费低，属于"线"的运输；公路运输与国民经济和人民生活最密切，其余几种运输方式均需通过公路运输才能到达目的地，属于"面"的运输；水路运输能耗小、运量大、成本低，但速度慢，也属于"线"的运输；航空运输速度快、运量小、成本高，属于"点"的运输；管道运输则主要适合于液体、气体的输送。

表 1-1 交通运输业的评价体系

评价体系	评价指标
技术性能	运输速度、运输规模、连续性、安全性、舒适程度
经济性能	能源及材料消耗、投资额、运输费用、劳动生产率

综上所述，由于铁路运输、水路运输、公路运输、航空运输和管道运输 5 种现代化的运输方式在载运工具、线路设施、营运方式及技术经济性能等方面各不相同，因而各有优势，各有其不同的使用范围，这就说明 5 种不同的运输方式之间的关系应该是相互补充、相互协作的。

随着科学技术的进步、社会运输需要的变化、各种运输方式的技术设备不断更新，其技术经济性能和使用范围也在不断变化。充分发挥各种运输方式的优势，就可以最大限度地节约运输建设投资和运输费用。同时，旅客的始发地和终到地，货物的生产地与消费地遍布全国，客、货运输的全过程往往要由几种运输方式共同完成。这就要求从旅客的始发地到终到地，货物的生产地到消费地，按照运输生产过程内在规律的要求建设运输线路，在一个地区和全国范围内需要形成各种运输方式相互衔接、协调配合的综合交通运输网。

1.4 交通运输的发展史

1.4.1 世界交通运输的发展史

人类社会在解决人和货物位移的问题上，主要集中于陆路运输和水路运输的发展。随着生产的发展，集市贸易的扩大，逐渐采用畜力驮运，进而发展为牛车、马车等运输工具。在难以准确追溯的年代，人类已经利用各种筏进行运输了，后来又发明了船。从总体上看，在铁路出现之前，人类对水路的利用较陆路普遍，水路运输对人类进步的贡献较陆路运输要大。

纵观世界范围内交通运输的发展历史，按照不同运输方式在不同时期所起的主导作用，交通运输可以划分为 5 个发展阶段：水路运输阶段；铁路运输阶段；公路、航空和管道运输阶段；集装箱运输阶段；综合运输阶段。

1. 水路运输阶段

水路运输是一种历史悠久的运输方式，同时又是一种现代化的运输方式。

交通运输的革命性进展出现在 1785 年，瓦特发明了蒸汽机之后。1807 年美国人富尔顿提出用蒸汽机作为船舶动力的方案，起名为轮船。另外，运河的开凿，沟通了陆地上原来分离的各个水系，延长了通航水道，并且组成了联系广泛的内陆水运网。轮船和运河的出现，使水路交通运输得到了迅猛的发展。在铁路和汽车出现以前，以船舶和运河为基础的水路运输是运人、运货的大动脉，它使社会经济中人和物的位移达到了当时允许的最高水平。因此，在运输业早期发展阶段，水路运输起着主导作用，成为这个阶段的标志。

2. 铁路运输阶段

铁路运输至今为止已有 190 余年的历史。17 世纪前后，英国的煤矿开始使用木轨和有轮缘车轮的车辆运送煤和矿石。1804年，英国的特里维西克制成了牵引着货车在铁轨上行驶的机车。1825年，英国的斯蒂芬森在斯托克顿和达林顿之间铺设了世界上第一条客货两用的公共铁路，从而标志着铁路运输时代的开始。

到了19世纪，英国、美国和西欧各国都进入了铁路建设的高潮时期。这种形势也影响着其他一些国家，到19世纪后半叶，已扩展到非洲、南美洲和亚洲各国。从此，铁路成了陆地交通的主要工具。由于铁路运输能够快速、大量地运送旅客和货物，几乎取代了内河运输，极大地加速了工农业的发展。到了20世纪20年代，许多发达国家的铁路运输在陆地运输中已经占据垄断地位，使铁路运输在这个阶段处于主导地位，成为这个阶段的主要运输方式。

3. 公路、航空和管道运输阶段

1892年汽车的出现，标志着道路交通工具进入了新的历史阶段。20世纪初，工业国家的公路系统初步形成，客运和货运汽车被大众所接受，并得以迅速发展。时至今日，世界上各先进国家均建有庞大的、经过改良的公路系统，特别是高速公路的兴建，使得公路运输成为陆路运输的中坚力量。

航空技术的发展是从1903年美国莱特兄弟第一次实现空中飞行开始的。此后，随着飞机设计技术的进步和机构的完善，1914年在美国首次开辟了从坦帕到圣彼得斯堡的定期航班。1919年，英国开设了从伦敦到巴黎的国际航班。1959年，随着喷气式客机的出现，开始有了从欧洲经过北极飞往远东的航线，以及从欧洲飞越西伯利亚到达远东的航线等。这些航线的开通使得飞行时间大幅度缩短，同时也逐渐形成了世界范围的航空网。

管道是随着石油工业发展而兴起的，并随着石油、天然气等流体燃料需求的增加而迅速发展，逐渐形成沟通能源产地、加工场所及消费者之间的输送工具。现代管道运输起源于1865年美国宾夕法尼亚州的第一条原油管道（直径50mm，长近10km）。20世纪初，管道运输获得了进一步发展，但真正具有现代规模的长距离输油管道则始于第二次世界大战。美国因战争需要，建设了两条当时管径最大、距离最长的输油管道。第二次世界大战后，随着石油工业的发展，管道建设进入了一段新的时期，各产油国都开始建设长距离的输油管道。从20世纪60年代开始，输油管道向着大管径、长距离方向发展。2004年，我国建成的"西气东输"工程，输气管道西起新疆，东至上海，途经10个省、自治区、直辖市，全程跨越4200km，初期年输气量120亿 m^3。这些管道的成功建设，标志着管道已可以通过极为复杂的地质、地理条件与气候恶劣的地区，可以成为一种非常普遍的运输方式。而且，管道不仅能够修建在一国之内，还能够连接国际甚至洲际，成为国际、洲际之间能源调剂的大动脉。因此，管道运输日益受到各国重视，每年都投入巨额资金大量新建和改造具有各种用途的管线。

20世纪30年代，公路、航空、管道运输相继发展，与铁路运输进行了激烈的竞争。公路运输具有机动灵活、快速直达的优势，航空运输具有快速和舒适的优势，管道运输虽然运送的货物品种有限，但运输成本低、输送方便，发展也很快。因此，在许多发达国家，公路、航空、管道运输在交通运输业中所起的作用日益显著，它们已经逐步取代铁路运输在很多方面的运输业务，使得铁路运输开始衰退，成为这个阶段的主要运输方式。

4. 集装箱运输阶段

集装箱运输是指采用集装箱运输设备装载集装箱货物的运输方式。20世纪50年代中叶，集装箱运输开始在海、陆出现并得到发展，特别是20世纪80年代后发展得尤为迅速。这种现代运输方式由公路、铁路、水路推及航空领域，逐步形成了世界性的集装箱综合运输体系。据有关部门统计，到20世纪末，国际集装箱运输量已经占到货物运输总量的65%。

5. 综合运输阶段

20世纪50年代以来，世界各国在运输业发展的实践中逐渐认识到在交通运输的发展过程中，铁路运输、水路运输、公路运输、航空运输和管道运输这5种运输方式是相互协调、竞争和制约的。因此，不能片面地发展某一种运输方式，而应该有计划地对5种运输方式进行统筹规划、合理分工，协调各种运输方式之间的关系，充分发挥各种运输方式的优势，建立现代化的综合运输体系，以取得最大的社会效益和经济效益，适应国民经济可持续发展的需要。综合运输已经成为现代交通运输发展阶段的主要运输方式，而调整交通运输的布局和提高交通运输的质量则成为综合运输发展阶段的主要趋势。

1.4.2 我国交通运输的发展史及现状

新中国成立之初，交通运输面貌十分落后。全国铁路总里程仅2.18万km，有一半处于瘫痪状态。能通车的公路仅8.08万km，民用汽车5.1万辆。内河航道处于自然状态。民航航线只有12条。邮政服务网点较少。主要运输工具还是畜力车和木帆船等。

新中国成立后，我国政府明确提出首先要创造一些基本条件恢复交通运输。经过三年的国民经济恢复期，修复了被破坏的交通运输设施设备，恢复了水陆空运输。1953年起，开始有计划地进行交通运输建设。在第一个、第二个五年计划和国民经济调整期间（1953—1965年），国家投资向交通运输倾斜，改造和新建了一批铁路、公路、港口码头、民用机场，提高了西部和边远地区的交通运输基础设施覆盖程度，疏浚了主要航道，新开辟了国际、国内水路和空中航线，扩大了邮政网络，增加了运输装备数量。

党的十八大以来，交通运输进入了加快现代综合交通运输体系建设的新阶段。2013年，铁路实现政企分开，交通运输大部门体制改革基本落实到位。交通运输全面深化改革，围绕"一带一路"建设、京津冀协同发展、长江经济带建设三大国家战略制定发展规划，加快综合交通、智慧交通、绿色交通、平安交通"四个交通"建设。加快综合交通运输基础设施成网，推进多种运输方式有效衔接，提升综合运输服务保障水平。加强交通运输基本公共服务供给和管理，支持集中连片特困地区交通运输基础设施、城乡客运、城市公共交通发展。推进东、中、西、东北"四大板块"区域交通协调发展，西部地区高铁加快发展，中西部地区交通条件显著改善。2013年，西藏墨脱公路建成通车，中国真正实现县县通公路。

中国交通运输总体上经历了从"瓶颈制约"到"初步缓解"，再到"基本适应"经济社会发展需求的奋斗历程。截至2020年底，全国铁路营业里程达到14.63万km，其中，高速铁路营业里程超过3.8万km，居世界第一位，快速铁路网已覆盖50万人以上城市，铁路复线率为59.5%，电化率为72.8%；全国公路通车总里程达519.81万km，实现了由"初步连通"向"覆盖成网"的重大跨越，其中高速公路通车里程16.10万km，居世界第一位，全国机动车保有量达 3.72 亿辆，其中汽车 2.81 亿辆；全国内河航道通航里程 12.71 万 km，且航道等级明显提升，全国港口生产用码头泊位 22142 个，万吨级及以上泊位 2592 个；民航共有颁证民用航空机场 241 个，其中定期航班通航机场 240 个，定期航班通航城市 237 个，年旅客吞吐量达到 100 万人次以上的通航机场 85 个，年旅客吞吐量达到 1000 万人次以上的通航机场 27 个，年货邮吞吐量达到 10000 吨以上的通航机场 59 个。

从以上统计数据可以看出，经过多年改革发展，我国已经建立了一个多节点、全覆盖的综合交通运输网络，"五纵五横"综合运输大通道基本贯通，与世界一流水平的差距快速缩小，部分领域已经实现超越，一个走向现代化的综合交通运输体系正展现在世界面前。

1.4.3 交通运输的发展趋势

自 20 世纪 60 年代以来，各国交通运输业的发展纷纷步入渐变期。近 60 年，交通运输业在质的方面变化不及前 150 年猛烈，但一直在努力探寻用更短的时间、更低的费用、更少的环境破坏去获取人类发展对空间位移的需要，从来没有停止过前进的步伐。未来交通运输的发展着重体现在以下一些趋势性的特征上。

1. 专门化

专门化是效率的前提，是至今为止人类发展生产力的一大旋律。这一旋律在交通运输业主要体现在两个方面：一是运输工具专门化；二是运输方式专门化。

（1）运输工具专门化，是以运输工具为主体的运输对象专门化，早期表现为客货混载到客货分运，即旅客运输工具与货物运输工具的专门化，出现专门运输货物的货轮、货机、货车和专门运输旅客的客轮、客机、客车。近期表现为专用载货工具的发展，出现专门运输某一类货物的运输工具，如集装箱船、集装箱拖车、集装箱平车、液化气船、罐车、散货船等。

（2）运输方式专门化，由混运到分运是以运输方式为主体的运输对象专门化，目前还没有引起人们的关注，但已经出现了十分明显的迹象。比较典型的是海运（河运的进程稍慢一点），它几乎在全世界放弃了客运，而专门从事货运。铁路的发展也已到了客货越来越不兼容的年代。从世界范围看，经济发展到较高水平之后，铁路货运与铁路客运的兼容性越来越差，一般的趋势是国土辽阔的大陆性国家铁路以货运为主，正在放弃客运，如美国、加拿大、澳大利亚、俄罗斯等国；国土较小或多岛屿国家的铁路则以客运为主，逐渐放弃货运，如英国、日本等。

2. 大型化

大型化是规模经济在交通运输业的具体体现。在铁路货运中，大型化表现为重载化，这一倾向在美国、俄罗斯、加拿大、澳大利亚、南非表现得最为突出。1989 年，南非在 860km 长的塞申—萨尔达尼亚线上，一列装载了 71600t 矿石的列车摘取了列车载重世界冠军。该列车有 7.3km 长，前部有 5 个、中部有 4 个电力机车，尾部有 7 个内燃机车充当动力组（尾部使用内燃机车是为了避免电力网负荷过重）。不过，从整个交通运输业看，这样的载重量算不了什么，真正的冠军在海运。世界上最大的运输工具应该是油轮，油轮的载重量最大达 56.3 万 t。矿石船的载重量最大在 30 万 t 左右，集装箱船的装载量达 24000 个标准集装箱，似乎还没有逼近"极限"，不时有更大的集装箱船出现。管道运输的大型化体现在大口径管道的建设，输油管道的最大口径为1220mm，年输油量高达1.4亿t。

大型化在公路和航空运输中也有诸多表现，客机已越来越大，载客400人的客机已十分普及，1000人以上的客机正在酝酿之中。从绝对量上讲，它们将永远无法与轮船相比。大型化是手段，不是目的。一般运输对象价值较低，对运输服务的质量要求较少，大型化的程度可以很高；反之，大型化将受到较大限制。因此，不可能出现像海轮那样规模的汽车和飞机。

3. 高速化

运输速度的提高一直是各种运输方式的努力方向，这里所讲的高速化不仅是速度的一般性提高，更多的是常速"极限"的突破。在铁路运输中，高速的概念是时速200km以上，这种概念的高速铁路出现在20世纪60年代。当前，正在发展的高速铁路有3种类型。一是传统型高速铁路，以日本和法国发展较早。日本于1964年投入使用高速铁路，目前运营中的列车最高时速为325～372km，最大商业时速为270～275km。法国于1981年开始使用高速铁路，商业时速为270～300km。二是传统型普通铁路，习惯上称摇摆式高速铁路，以瑞典的技术最为成熟，商业时速为200～250km。三是磁悬浮铁路，中国、日本、德国、美国对此都有浓厚的兴趣。我国正在运营的四条磁浮线路，分别是上海磁浮示范线、北京S1磁浮线、长沙磁浮快线、凤凰磁浮观光快线。上海磁浮示范线是我国乃至全世界首条商业运营磁浮线路，于2006年开通运营，商业时速为300km。长沙磁浮快线是我国首条拥有完全自主知识产权的中低速磁浮铁路，于2016年开通，商业时速为110km和140km。北京S1磁浮线于2017年开通运营，商业时速为100km。凤凰磁浮观光快线是国内首条旅游观光磁浮线路，于2022年正式开通，商业时速为100km。在磁浮列车的运行速度上，各国也在不断取得突破。2009年，德国的磁浮列车在埃姆斯兰试验线上的最高速度达550km/h。2015年，日本磁浮列车在山梨试验线上跑出了603km/h的世界纪录。2020年，由我国自主研制的时速600km的高速磁浮试验样车在上海同济大学磁浮试验线上成功试跑。

在其他运输方式中，高速也有特定的含义。在公路运输中，高速一般指高速公路。目前，世界各国都在努力建设高速公路网，作为公路运输的骨架。在航空运输中，高速指超声速。目前，正在设想研制双音速的民用飞机。在水路运输中，速度提高较快的是小型客轮，水翼船时速可达70km/h，气垫船的时速更高，飞翔船的时速最高，每小时达160km以上。在管道运输中，高速体现在高压力，美国阿拉斯加原油管道的最大工作压力达到8.2MPa。

4. 环保化

从20世纪50年代开始，世界上许多国家开始了以电力机车和内燃机车取代蒸汽机车的牵引动力现代化步伐。西欧诸国、俄罗斯等以电气化为主；美国、加拿大等以内燃化为主；德国、法国、日本等则电气化和内燃化并举。到20世纪70年代，这些国家基本上完成了牵引动力的现代化改造，而这一进程，我国在20世纪末才基本完成。牵引动力现代化的本意是提高牵引动力，更有效地利用能源，具有环保意义，只是因为铁路运输对环境的破坏本身就比较少，加上多建在人烟稀少的乡间，没有引起人们的特别关注。直到汽车在经济比较发达的国家普及之后，交通运输（主要是汽车）给环境的破坏越来越大，逼近了人类忍受的极限，促使人们重新认识交通技术，并逐渐形成了两个趋势性的认识：一是环境污染较轻的运输方式再次引起人们的重视，如本是"夕阳产业"的铁路重露曙光，环境污染严重的运输方式放慢了发展的速度，本来如日中天的汽车在不少国家不同程度地受到了限制；二是环保型交通工具赢得了人们的青睐，除铁路牵引动力现代化外，电动汽车、混合动力汽车成为汽车工业发展的一大旋律。

注重环保，已不是某种运输方式的事，每一种运输方式都非常重视，只是有的显现，被人们认识较多；有的隐蔽，人们看到的较少而已。拿管道运输来说，对环保、野生动植物保护和维持生态平衡等问题都给予了足够的重视，如为防止对空气、水体、土壤的污染，解决沿线土壤流失及植物复种等问题，在开始设计、施工时就进行充分的考虑，并对管道建设可能影响地区生态、生物迁移、动物群习性等进行研究，以期管道建设对环境的破坏减少到最小。

5. 智能化

随着经济的发展，世界各国的城市交通状况都面临着交通拥挤问题的困扰。解决交通拥挤问题除修建新的道路和控制行驶车辆以外，另一个主要途径就是发展智能运输系统（intelligent transportation system，ITS）。ITS 是一个基于现代电子信息技术面向交通运输的服务系统，它的突出特点是以信息的收集、处理、发布、交换、分析、利用为主线，为交通参与者提供多样性的服务，可以有效减少拥堵、提高道路通行效率。

我国非常注重 ITS 的发展，从 20 世纪 90 年代中期以来，我国的 ITS 经历了 30 多年的发展，为经济发展做出了突出贡献。目前随着交通运输业中信息化的不断发展，交通运输业初步实现智能化服务、数据化决策、一体化管理、多样化服务。下一代互联网，信息采集、处理和传输能力不断增强，智能终端应用广泛，计算能力日益强大，为智能交通系统的发展提供了充足的技术手段和环境条件，进入了更高的应用阶段。今后 ITS 的发展将着重于互联车辆、新能源汽车和智能汽车、智能公共交通、智能区域交通协调监控、综合交通信息服务、下一代交通控制与运行系统等技术，旨在建立一个 ITS 关键技术系统、标准体系和产业体系，基本上能够满足现代交通运输业的发展需求。

本 章 小 结

交通运输业是人类社会生产、经济、生活中不可或缺的重要环节，是国民经济的重要部门之一，在整个社会机制中起着纽带的作用。现代化交通运输业包括公路运输、铁路运输、水路运输、航空运输和管道运输 5 种基本运输方式。5 种运输方式在运载工具、线路设计和运营方式上各不相同，随着科学技术的进步，社会运输需要的变化，各种运输方式的技术设备不断更新，其技术经济性能和使用范围也在不断变化。现代交通运输业正向着专门化、大型化、高速化、环保化、智能化的方向发展，交通运输业的稳定发展为经济的快速增长提供了基本保证。

绪 论 第1章

构建节能环保、生态集约绿色交通运输体系

2013 年，山东省政府与交通运输部签署《共同推进绿色交通运输体系建设会谈备忘录》，明确提出建设绿色交通运输体系的任务目标。山东省认真落实备忘录精神，把绿色交通发展作为建设交通强省的重要内容，将生态环保和可持续发展理念贯穿交通运输发展全过程，全力构建节能环保、生态集约的绿色交通运输体系。

强化示范引导，高标准创建绿色交通省。山东省是交通运输部确定的四个绿色交通示范省之一。2015年，山东省政府办公厅印发《关于加快推进山东省绿色交通运输发展的指导意见》，建立了绿色交通省创建联席会议制度。强化示范引导，安排 2 亿元省级资金，支持培育 127 个省级绿色交通样板项目、亮点工程。2019 年，山东省绿色交通省高标准通过交通运输部考核验收。2015 年至 2018 年四年创建期内，山东全面完成 24 个重点支撑项目建设，累计完成投资 231.5 亿元，实现节能量 23.8 万 t 标准煤，替代燃料 59.2 万 t 标准油，减排二氧化碳 75.6 万 t，形成了一批绿色交通城市、绿色公路、绿色港口、绿色航道等示范样板项目。

推进动能转换，加快运输结构调整升级。山东省政府实施"四增四减"三年行动计划，印发《山东省推进运输结构调整工作实施方案（2018—2020 年）》，全力推动大宗货物运输"公转铁""公转水"。加快铁路专用线建设，2020 年建成黄大铁路山东段，开工建设 17 条专用线，2020 年底全省煤炭、矿石等大宗货物长距离运输将基本转为铁路或水路运输，全省铁路货运量将比 2017 年增加 7401 万 t。

坚持公交优先，积极推动绿色出行。山东省政府办公厅印发《关于优先发展公共交通的若干意见》，出台系列政策措施，着力增强公共交通竞争力和吸引力。加快 6 个国家公交都市及省级公交优先发展示范城市建设，济南、青岛公交机动化出行分担率分别达到 54.25%、59.49%，高标准创建国家公交都市。加快推进公交便捷支付，全省 16 市公交均实现两种以上方式支付，并与全国 255 个中心城市实现一卡通支付互联互通。加强绿色出行宣传引导，大力倡导公交、自行车、步行等绿色出行方式，营造绿色出行良好氛围。

根据本案例所提供的资料，试分析以下问题。

交通运输业的绿色发展理念具体体现在哪些方面？

资料来源：人民网.

 关键术语

公路运输（highway transportation）　　水路运输（water transportation）

铁路运输（railway transportation）　　管道运输（pipeline transportation）

航空运输（air transportation）　　集装箱运输（container transportation）

交通运输工程学（traffic and transportation engineering）

城市交通运输系统（urban traffic and transportation system）

习 题

1. 填空题

(1) 交通运输具有_____、_____和_____三个要素。

(2) 按照载运工具和运输方式的不同，交通运输系统由_____、_____、_____、_____、_____5种基本运输方式组成。

2. 简答题

(1) 简述交通运输的生产特点。
(2) 交通运输工程学的研究对象是什么？
(3) 简述交通运输系统的要素构成及方式构成。
(4) 简述现代交通运输的发展趋势。

第 2 章 运输需求分析与交通工程基础

【教学目标】
- 掌握运输需求的概念及其类型。
- 了解运输需求特性。
- 熟悉运输需求产生的来源及其影响因素。
- 了解运输需求预测与运输量预测的关系及运输量预测的类型。
- 掌握常用的定量和定性预测运输量的方法。
- 掌握人车路的交通特性。
- 掌握交通量特性。
- 熟悉道路通行能力和服务水平。

【思维导图】

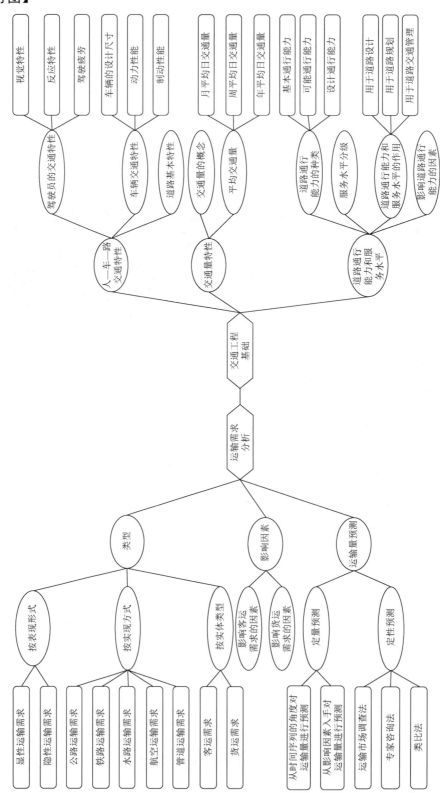

山东将加快建设交通强省，基本建成现代化综合交通运输体系

"十四五"时期，山东将实现基础设施新突破。铁路网建设方面，山东将建设高铁大通道，打通纵贯南北的京雄商、京沪高铁辅助通道、旅游高铁，以及横贯东西的鲁北、青济郑、鲁南等高速铁路主通道，到 2025 年，高速铁路通车里程达到 4400 千米以上，省际出口达到 10 个以上，实现"市市通高铁"。加快市域铁路项目建设，强化普速铁路网连通度，推进铁路专用线建设，到 2025 年，全省普速铁路营业里程达到 5000 千米。

公路网建设方面，山东将加快实施高速公路加密、提速、扩通道。到 2025 年，全省高速公路通车里程超过 10000 千米，省际出口达到 30 个以上，六车道以上占比达到 35%，基本实现县（市、区）有两条以上高速通达。推进普通国省道瓶颈路段扩建和穿城路段改建，到 2025 年，实施普通国省道新改建约 2500 千米。

机场群建设方面，山东将实施济南遥墙国际机场二期、烟台蓬莱国际机场二期、临沂机场航站楼 3 个改扩建项目，迁建潍坊、威海、济宁 3 个机场，新建枣庄、聊城 2 个机场。到 2025 年，全省运输机场总数达到 12 个，通用机场总数达到 30 个。

城市轨道网建设方面，山东将加快推进济南、青岛城市轨道交通建设，积极争取实施潍坊、淄博、济宁、烟台、威海、菏泽、临沂等城市轨道交通规划建设，到 2025 年，全省城市轨道交通通车里程达到 600 千米。

运输服务体系建设方面，到 2025 年，山东省国际航线达到 120 条，国内民航航线增至 670 条。推进干线铁路、城际铁路、市域铁路、城市轨道"四网融合"。建设济南、青岛、枣庄、烟台、潍坊、威海 6 个国家公交都市。加快建设东北亚国际航运枢纽，山东港口初步建成物流港、贸易港、金融港、国际中转港"四港一体"的格局。

思考题：进行公路网和轨道交通网规划的依据是什么？如何进行交通运输系统规划？

资料来源：中国日报网.

2.1 运输需求概述

2.1.1 运输需求的概念

随着国民经济和社会的发展，各类经济主体对运输服务的需求日趋多样化和个性化，运输需求的表征和特性越来越复杂。但从本质上看，运输需求都是源于需求主体对自身利益或效用的最大化的追逐，是内在经济使然。只有深入了解运输需求者对需求经济性的要求，才能准确地把握运输需求产生、变动和实现的基本规律。

运输需求是指在一定时期内、一定价格水平下，社会经济活动在货物与旅客位移方面具有支付能力的需要。运输需求必须满足两个条件，即具有实现位移的愿望和具备支付能力。运输需要是运输需求形成的前提条件，支付能力和支付意愿是运输需求形成的必要条件，没有支付能力的运输需要不能形成运输需求。

2.1.2 运输需求的类型

1. 按运输需求的表现形式不同划分

按运输需求的表现形式不同，运输需求可以分为显性运输需求和隐性运输需求。

（1）显性运输需求（也称现实运输需求），是指由社会经济发展和人民生活水平提高等因素而产生并得以实现的人或物的位移需求，其实现形式是实际运输量。

（2）隐性运输需求（也称潜在运输需求），是指在一定社会经济条件下已经客观产生但由于供给不足、无支付能力等因素而无法实现的人或物的位移。

2. 按运输需求的实现方式不同划分

按运输需求的实现方式不同，运输需求可以分为公路、铁路、水路、航空、管道等运输需求。

公路、铁路、水路、航空、管道等运输需求是指在一定社会经济条件下，人或物通过公路运输、铁路运输、水路运输、航空运输、管道运输等运输方式实现的空间位移的需求。

3. 按运输需求的实体类型不同划分

按运输需求的实体类型不同，运输需求可以分为客运需求和货运需求。

客运需求是指在一定社会经济条件下，由人类生产生活产生的人对空间位移的需求。

货运需求是指在一定社会经济条件下，由人类生产生活产生的物质资料的空间位移需求。

对于这两类运输需求，按照不同的分类标准可以进一步地划分为不同的类型。

（1）客运需求的种类。

① 根据旅客出行目的及支付来源不同，可以分为公务客运需求和私人客运需求。

公务客运需求。旅客的需求目的大多是出差、经商、探亲等，旅途票价由单位或公司支付，支付能力有保证，运输需求者广泛，运输需求量稳定。

私人客运需求。旅客的需求目的是旅游、休闲、购物、上学、打工等，旅途票价由个人支付，需求者往往会考虑票价高低，上班族、学生对旅途票价方面更加注重。其运输范围一般为城市之间、城市和风景名胜区之间，经济发达地区与落后地区、城市与农村之间流向明显。

② 根据旅客旅途时间要求不同，可以分为直达快运和普通客运。

不论旅客出行的目的如何，都希望在途时间少，但在考虑其他因素（如票价、服务）的情况下不同旅客对时间的要求不同。

直达快运。它可以满足部分旅客的快速要求。因此，运输企业不仅要减少中途停靠站点，而且要采用先进的运输手段，如修建高速铁路、高速公路，购置性能良好的车辆，开行快速列车或班次等来满足这类客运需求。

普通客运。它是正常的技术与组织水平下的旅客运输需求，一般为定时、定点、定班，在途时间占用正常。

③ 根据运输距离不同，可以分为长途客运需求和短途客运需求。

长途客运需求。旅客的出行目的大多是旅游、探亲、出差、上学、打工等，起、讫站点一般为城市之间和较远的城乡之间。

短途客运需求。旅客的出行目的大多是购物、休闲或在附近地区探亲等日常出行需要。与长途客运需求相比，短途客运需求者的出行频率较高。

(2) 货运需求的种类。

① 根据货物的类别不同，可以分为普通货运需求和特种货运需求。

普通货运需求是指所要运输的货物都是生产和生活中常见的生产与消费资料，运输需求量大且比较平稳，在运输过程中没有特殊的要求。

特种货运需求是指所运输的货物大多是大件货物、危险品、鲜活易腐货物等，在运输过程中有特殊条件的要求，如果没有特殊的保护措施和技术手段，则难以满足这种运输需求。

② 根据运输距离不同，可以分为长途货运需求和短途货运需求。

长途货运需求是指货物运输的出发地和目的地之间的距离较长，一般为城市之间和较远的城乡之间。

短途货运需求是指货物运输的出发地和目的地之间的距离较短，一般为城市内部和距离较近的城乡之间。与长途货运需求相比，短途货运需求的产生频率较高。

③ 根据运输货物批量不同，可以分为零担货运需求、整车货运需求和集装箱运输需求。

零担货运需求是指一次承运的货物批量小，且货物种类、去向、距离均不相同，因而要求运输企业建立一定的运输网络，配备相应的运输服务设施以满足其需要。

整车货运需求是指用一辆或一辆以上的车运送一批货物的运输需求。这种需求的满足较为容易。

集装箱运输需求是指运输精密、贵重、易损等适宜装箱货物的需求。集装箱运输安全性好，有发展前景。

④ 根据货物的时效性不同，可以分为时间敏感性货运需求和非时间敏感性货运需求。

时间敏感性货运需求是指部分货物因其本身的性质决定，有较强的时间价值要求，对尽快运送到目的地有特殊的需求，因而表现出不同于普通货物运输需求的特点，如鲜活易腐类产品（鲜花、活动物、海产品等）、快件（邮件、包裹等）和急货。作为运输企业，在满足时间敏感性货运需求时，必须首先承诺货物运到期限的要求。

非时间敏感性货运需求是指一些对货物到达的时间要求不高的普通货运需求。

2.1.3 运输需求的特性

任何产品或服务与其他产品或服务相比，都存在一定的共性和特性。共性使得它在某种程度上可以被其他产品或服务所替代，而特性则是它区别于其他产品或服务的本质属性。运输需求特性是指能够完整反映运输需求整体特征的属性。运输需求的特性主要表现在以下几个方面。

(1) 运输需求的普遍性和广泛性。运输需求产生于人类生活和社会生产的各个角落，运输业作为一个独立的产业部门，任何社会活动都不可能脱离它而独立存在，因此与其他商品服务的需求相比，运输需求具有广泛性，是一种带有普遍性的需求。

(2) 运输需求的复杂性和多样性。对于货物运输来说，由于承运的货物在种类、质量、体积、形状、性质、包装上各有不同，因而对运输条件的要求也不同。在运输过程中，需要采取不同的技术措施。随着现代物流的发展，货物运输呈现出全球化、信息化及多种运输方式联合运输的状态，其复杂性也不断提高。对于旅客运输来说，由于旅客的出行目的、收入水平和所愿支付的运输费用不同，因而对于运输服务的质量要求也呈多样性。

（3）运输需求的派生性。所谓派生性，是指一种商品或劳务的需求是由另一种或几种商品或劳务需求派生而来的。运输需求是由社会经济活动派生出来的，因为货主或旅客提出位移要求的目的并不是位移本身，而是为实现生产或生活的目的，完成空间位移只是其为实现真正目的的一个必不可少的环节。

（4）运输需求时空分布的不平衡性。这种不平衡性体现在时间、空间和方向上。时间上的不平衡主要起因于农业生产的季节性，贸易活动的淡季、旺季、节假日及旅游季节等。空间和方向上的不平衡主要起因于资源分布、生产力布局、地区经济发展水平、运输网络布局等。

（5）运输需求的空间特定性。运输需求是对位移的要求，这种位移是在运输消费者制定的起点和终点之间的有方向性的位移，因此说运输需求具有空间特定性。例如，钢材生产地在城市 A，而市场需求地在城市 B，这就决定了运输需求必定是从城市 A 到城市 B，带有确定的空间要求。

（6）运输需求的时间特定性。运输需求在发生的时间上有一定的规律性。例如，春节期间的客运需求明显高于其他时间；瓜果蔬菜在收获季节的运输需求大增。运输需求在时间上的不平衡引起运输生产在时间上的不均衡，这就反映在对运输能力的要求上具有时间特定性。此外，时间特定性还体现在对运输速度的要求上。运输需求带有很强的时间限制，即运输消费者对运输服务的起运和到达时间有各自特定的要求。

（7）运输需求的部分可替代性。一般来讲，不同的运输需求之间是不能相互替代的。例如，运煤炭不能代替运海鲜，由北京到南京的位移不能代替从北京到上海的位移，运旅客不能代替运货物。但是，在一些情况下，人们却可以对某些不同的运输做出替代性的安排。例如，随着现代通信技术的发展，信件的运输部分地被即时通信工具和电子邮件的数据传递所替代；在工业生产方面，当原料产地和产品市场分离时，人们可以通过生产位置的确定在运送原料还是运送半成品或产品之间做出选择等。

2.1.4　运输需求的产生

虽然运输需求按照不同的分类标准，可以分为不同的类型，这里将只从旅客运输需求和货物运输需求的角度讨论运输需求的产生，这两种需求的产生来源存在明显的差异。

旅客运输需求来源于生产和消费两个不同的领域。与人类生产、交换、分配等活动有关的运输需求称为生产性旅行需求；以消费性需求为旅行目的的运输需求称为消费性旅行需求。前者是生产活动在运输领域的继续，运输费用进入产品或劳务成本；后者是一种消费活动，其费用来源于个人消费基金。

货物运输需求产生的来源有以下几个方面。一是自然资源地区分布不均衡，生产力布局与资源产地分离。自然资源分布不平衡是世界范围的地理现象，而生产力布局也不能完全和自然资源相配合，这就必然产生运输需求。二是生产与消费的分离。一般而言，由于自然地理条件、社会经济基础及各地区间经济发展水平和产业结构的差异，使得消费群体及消费需求的分布具有广泛性。随着生产社会化、专业化的发展，生产与消费在空间上日益分离，也就必然产生运输需求。三是地区间商品品种、质量、性能、价格上的差异。地区之间、国家之间自然资源、技术水平、产业优势不同，产品的质量、品种、价格等方面就会存在很大差异，这就会引起货物在空间上的流动，产生运输需求。

2.1.5 影响运输需求的因素

1. 影响旅客运输需求的主要因素

（1）经济发展水平。旅客需求有很大一部分是生产性旅行需求，生产水平的高低、速度的快慢直接影响旅行需求。

（2）居民收入消费水平。随着人们生活水平的提高，探亲、休养、旅游、访友等需求迅速增长，与此相联系的消费性需求也将随着生活水平的提高在数量和质量上发生变化。

（3）运输网的数量和质量。近些年，我国投入大量资金进行运输网的建设与完善，大大增加了居民出行的方便性，促进了客运需求的增长。

（4）出行费用即出行价格。出行价格主要影响旅行之类的弹性需求，它与居民的收入消费水平密切相关。

（5）运输服务水平。安全、迅速、便利的运输服务将刺激旅客旅行需求；反之，则抑制旅行需求。

（6）人口数量及城市化程度。旅客运输的对象是人，人口数量的变化必然引起旅行需求的变化。随着城市化进程的加快，拥有小轿车的家庭越来越多，必然会带来旅客运输需求的变化。

（7）经济体制。在计划经济体制下，国家实行严格的户籍管理和就业制度，人员流动量小；而在市场经济体制下，人们在就业方面有较大的自由，人口流动量变大，相应客运需求量也更大。我国市场经济的发展和收入水平的提高使得人口的流动性大大增加，客运量出现了强劲增长的势头。

2. 影响货物运输需求的主要因素

（1）经济发展水平。货物运输需求是派生的需求，这种需求的大小决定于经济发展水平，各国在不同经济发展阶段的运输需求在数量上和质量上有很大差异，一个国家的货物运输需求取决于国家的经济发展水平，取决于物质产品产出的多少。

（2）国民经济产业结构和产品结构。首先，生产不同产品所引起的厂外运量（包括所有原材料、辅料、能源、半成品和产成品等的运量）差别很大。其次，不同产品利用某种运输方式的产运系数（又称运输系数，即产品的运输量与其总产量的比值）是不同的。例如，煤炭和工业用基础原材料对铁路的依赖性比较大，其他产品则可能更多地利用别的运输方式。最后，不同的产业结构对运输需求的量与质要求不同。如果用单位 GDP 所产生的货物周转量来表示货运强度，则重工业的货运强度大于轻工业，轻工业的货运强度又大于服务业，一些新兴产业的运输需求数量较小，但质量要求高。随着产业结构层次的提高，货运强度会逐步下降。

（3）运输网的数量和质量。交通运输网的布局和质量直接影响线路货物的吸引范围和各线路的通过能力与需求的适应程度。滞后的交通运输网会影响生产发展，抑制货物运输需求。

(4)运价水平的变动。运输需求对运价水平的变动是有弹性的。尽管不同货物的需求价格弹性值有差别,但总体来说,运价水平下降时运输需求上升,而运价水平上升时运输需求会受到一定抑制。

(5)国家经济政策和经济体制的改变。在市场经济条件下,由于竞争和追求效益的作用,产品在市场上相对自由地流动,商品交换的范围迅速扩大,交换频率大大增加,因此,运输需求也必然相对膨胀。同时,商品市场半径迅速扩大,货运平均运距增长很快。

2.2 运输需求预测与运输量预测

2.2.1 运输需求预测与运输量预测的关系

运输需求预测是以预测科学的理论和方法为基础,以运输系统为对象的一门预测科学,它既属于预测学的范畴,又属于运输技术经济学的范畴。其目的就是要通过一定的手段和方法推算出研究区域内未来运输量的发展趋势,及其未来运输需求情况,为运输基础设施的规划和建设提供基本的依据,同时还为政府道路运输主管部门进行市场的调控和管理提供有价值的决策信息。在与运输相关的各项经济分析、研究和决策中,运输需求预测是一项基础性的重要工作。

目前,国内外一般是从运输量(包括运量和周转量)的角度去预测运输需求的大小,以过去的历史运输量(或称统计运输量)作为预测的基础。需要指出的是,以运输量预测简单代替运输需求预测,会影响预测的准确程度。这是因为运输量是运输需求、运输供给和服务水平相互作用的结果,是铁路运输、公路运输、水路运输、航空运输等运输方式衡量运输工作量的统计指标,也是在现有运输能力下所实现的运输需求。虽然运输量与运输需求关系密切,但是运输量并不能完全代表经济社会对运输的需求。当运输能力充分的时候,运输量预测可以用来代替运输需求预测;但是当运输能力受限时,不考虑运输能力的制约,就难以反映经济发展对运输的真正需求。这就要求在进行实际预测的过程中,注意预测所依据的资料、条件和方法,充分考虑运输需求预测和运输量预测之间的差别,从而根据实际情况,进行更为准确的预测。

2.2.2 运输量预测的类型

运输量预测的头绪很多、范围很广,根据预测的目的、角度和其他特性,可以把运输量预测分为不同的种类。

按照预测的对象不同,可以分为货运预测和客运预测。按照预测的层次不同,可以分为全国运输量预测、国民经济各部门运输量预测、各地区运输量预测和各种运输方式的运输量预测。按照预测的内容不同,可以分为总运输量预测和客货流预测两大部分。总运输量预测是从总量上把握全国或部分地区的客货运输量,包括发送量预测、周转量预测和平均运程预测,其特点是只考虑总量,基本不涉及具体发送地和具体线路上的客货流。客货流预测则负责把已预测出的客货运输总量,在分析地区间交流的基础上,具体分配到运输方式和运输线路上,客货流预测更接近实际的客货位移。

运输量预测数据的使用者可以是经济管理的综合部门（全国的或地方的），可以是中央或地方的运输主管机构，可以是各级运输企业，也可以是一些科研机构和大专院校。其目的可以是用于宏观经济计划、区域发展计划、基建设计与投资安排，或者是运输生产组织管理。不同的预测目的决定了预测的角度不同。

按照预测期的长短，还可以分为短期预测、中期预测和长期预测。假如以年作为预测的时间单位，一般1~5年为短期预测，5~10年为中期预测，10年以上则属于长期预测。

2.2.3 常用的运输量预测方法

对运输量进行预测的方法，大体上可以分为定量预测和定性预测两大类。

1. 常用的定量预测方法

（1）从时间序列的角度对运输量进行预测

该种方法基于惯性原理，即在经济发展过程中，经济变量遵循的发展规律常常表现出延续性，很多运输需求变化呈较强的趋势性，因此可以采用时间数列趋势外推的方法对运输量进行预测。也就是说，可以根据运输量从过去到现在的运动变化规律，推测未来运输量。这种方法的优点是需要数据少、简便，只要所研究的运输量时间数列趋势没有大的波动，预测效果就较好。这种方法的缺点是无法反映出运输量变化的原因，对于影响运输量变化的外部因素（如调整经济政策和发展速度）而引起的运输需求的变动无法反映。

时间序列趋势外推的方法很多，其关键是趋势的识别与拟合是否准确。常用的预测方法有移动平均法、指数平滑法、灰色模型预测法、自回归分析法和趋势外推法等。

① 移动平均法。移动平均法是使用一系列移动平均数来修匀数据的变动，以描述其趋势的方法。用该种方法修匀原始时间数列比较客观，也比较容易从中看出变动趋势。但数列两端的值无法进行修匀计算，因此每一次移动平均都会使数列变短，影响更进一步的观察。预测中常用一次移动平均法，也称简单平均法。计算公式为

$$\overline{Q}_t = \frac{Q_t + Q_{t-1} + Q_{t-2} + \cdots + Q_{t-n+1}}{n}, \quad t \geq n \tag{2-1}$$

式中：$\overline{Q}_t$——第 t 期的一次移动平均值；

Q_t——t 期实际值；

n——实际数据时期的项数。

应用一次移动平均法进行预测，本期的移动平均值就是下一期的预测值，即

$$\hat{Q}_{t+1} = \overline{Q}_t \tag{2-2}$$

② 指数平滑法。指数平滑法也称时间数列的指数平滑法，它也是通过修匀历史数据中的随机成分预测未来。但它所用的修匀方法与移动平均法不同，它引入了人为确定的系数，可以体现不同时期因素在预测中所占的权重。指数平滑法是通过使用一组指数变化规律的权重系数对各期历史数据进行加权平均，根据加权平均值进行预测的方法。预测中常用一次指数平滑法。计算公式为

$$\hat{Q}_{t+1} = \alpha Q_t + (1-\alpha)\hat{Q}_t \tag{2-3}$$

式中：$\hat{Q}_{t+1}$——下一时期预测值；

Q_t——本期实际值；

$\hat{Q}_t$——本期预测值，可按一次移动平均法计算；

α——平滑系数。

平滑系数α的值越小，说明近期数据对预测值的影响越小，预测得到的结果比较平稳；反之，则近期数据对预测值的影响越大，远期数据对预测值的影响越小。

确定α取值的方法有两种：一是由经验确定，若统计数据实际值的长期趋势为接近稳定的常数，α取值为 0.4～0.6，若统计数据实际值呈明显的季节性波动，α取值为 0.6～0.9，若统计数据实际值长期趋势变动较缓慢，则α取值为 0.1～0.4；二是实验法，选择几个不同的α值进行计算，取其平均误差小者进行预测。

③ 灰色模型预测法。在实际操作中，有时要得到大量的数据是很困难的。灰色系统把随机变量看成在一定范围内变换的灰色量，通过对原始数据列"就数找数"的处理，从而得到规律性较强的生成函数。与其他方法相比，由于灰色模型是在离散数据基础上建立的连续微分方程，能捕捉到事物的内在规律，因而较适合中、长期的规划预测。对于预测型的 GM(1,N)（灰色模型微分方程为 1 阶，且给定 N 个已知数列），其预测精度一般低于 GM(1,1)（当 N=1 时）。在此讲解 GM(1,1)模型。

设 $x^{(0)}(k)$（k=1,2,…,n）为 GM(1,1)建模序列，则

$$X^{(0)}=(x^{(0)}(1), x^{(0)}(2), \cdots, x^{(0)}(n)) \tag{2-4}$$

进行一次累加，得到生成数列

$$X^{(1)}=(x^{(1)}(1), x^{(1)}(2), \cdots, x^{(1)}(n)) \tag{2-5}$$

其中

$$x^{(1)}(k)=\sum_{i=1}^{k} x^{(0)}(i), \quad k=1,2,\cdots,n \tag{2-6}$$

用累加数列建立微分方程为

$$\frac{dx^{(1)}}{dt}+ax^{(1)}=b \tag{2-7}$$

式中：a，b——待估参数。

将式（2-7）中的导数以离散形式展开，得到

$$x^{(1)}(k)=\sum_{i=1}^{k} x^{(0)}(i) \tag{2-8}$$

$$x^{(0)}(k+1)=-\frac{1}{2}[x^{(1)}(k)+x^{(1)}(k+1)]a+b \tag{2-9}$$

分别令 k=1,2,…,n-1，得到

$$x^{(0)}(2)=-\frac{1}{2}[x^{(1)}(1)+x^{(1)}(2)]a+b$$

$$x^{(0)}(3)=-\frac{1}{2}[x^{(1)}(2)+x^{(1)}(3)]a+b$$

$$\vdots$$

$$x^{(0)}(n)=-\frac{1}{2}[x^{(1)}(n-1)+x^{(1)}(n)]a+b$$

对上述展开的离散方程组，由最小二乘法求解得到

$$\hat{a}=(\boldsymbol{B}^T\boldsymbol{B})^{-1}\boldsymbol{B}^T\boldsymbol{Y}_N \tag{2-10}$$

其中

$$Y_N = \begin{bmatrix} x^{(0)}(2) \\ \vdots \\ x^{(0)}(n) \end{bmatrix} \quad (2\text{-}11)$$

$$B = \begin{bmatrix} -\frac{1}{2}\left[x^{(1)}(1)+x^{(1)}(2)\right] & 1 \\ \vdots & \vdots \\ -\frac{1}{2}\left[x^{(1)}(n-1)+x^{(1)}(n)\right] & 1 \end{bmatrix} \quad (2\text{-}12)$$

$$\hat{a} = \begin{bmatrix} a \\ b \end{bmatrix} \quad (2\text{-}13)$$

预测公式为

$$\hat{x}^{(1)}(k+1) = \left[x^{(0)}(1) - \frac{b}{a}\right]\mathrm{e}^{-ak} + \frac{b}{a}, \quad k=1,2,\cdots,n \quad (2\text{-}14)$$

式（2-14）中 e^{-ak} 为负指数函数。将预测累加数列还原，即得到变量的预测序列

$$\hat{x}^{(0)}(k+1) = \hat{x}^{(1)}(k+1) - \hat{x}^{(1)}(k) \quad (2\text{-}15)$$

在使用 GM(1,1)模型进行预测时，还要进行模型检验。灰色预测模型检验包括残差检验、关联度检验和后验差检验。这里只介绍残差检验和后验差检验。

a．残差检验。计算原始序列和原始序列的灰色预测序列之间的绝对误差和相对误差。绝对误差的计算公式为

$$\varepsilon^{(0)}(k) = x^{(0)}(k) - \hat{x}^{(0)}(k), \quad k=1,2,\cdots,n \quad (2\text{-}16)$$

相对误差的计算公式为

$$\omega^{(0)}(k) = \left|\frac{x^{(0)}(k) - \hat{x}^{(0)}(k)}{x^{(0)}(k)}\right|, \quad k=1,2,\cdots,n \quad (2\text{-}17)$$

其中，$\hat{x}^{(0)}(k) = \hat{x}^{(1)}(k) - \hat{x}^{(1)}(k-1)$。相对误差越小，模型精度越高。

b．后验差检验。首先计算原始序列 $x^{(0)}(k)$ 的均方差

$$\overline{S}_0 = \sqrt{\frac{S_0^2}{n-1}}, \quad 其中，\quad S_0 = \sum_{k=1}^{n}\left[x^{(0)}(k) - \overline{x}^{(0)}\right]^2, \quad \overline{x}^{(0)} = \frac{1}{n}\sum_{k=1}^{n}x^{(0)}(k)$$

然后计算残差序列 $\varepsilon^{(0)}(k)$ 的均方差

$$\overline{S}_1 = \sqrt{\frac{S_1^2}{n-1}}, \quad 其中，\quad S_1 = \sum_{k=1}^{n}\left[\varepsilon^{(0)}(k) - \overline{\varepsilon}^{(0)}\right]^2, \quad \overline{\varepsilon}^{(0)} = \frac{1}{n}\sum_{k=1}^{n}\varepsilon^{(0)}(k)$$

再计算方差比

$$c = \frac{\overline{S}_1}{\overline{S}_0}$$

最后计算小误差概率

$$p = \left\{\left|\varepsilon^{(0)} - \overline{\varepsilon}^{(0)}\right| < 0.6745 \cdot \overline{S}_0\right\}$$

根据表 2-1 给出的预测精度等级划分表确定模型的精度。

表 2-1 预测精度等级划分表

小误差概率 p 值	方差比 c 值	预测精度等级
>0.95	<0.35	好
>0.80	<0.5	合格
>0.70	<0.65	勉强合格
≤0.70	≥0.65	不合格

④ 自回归分析法。自回归分析法是通过分析时间数列的不同自相关系数来选择适当的预测模型。当时间数列内的数值在某一固定间隔期具有较高的相关性时，就可以应用自回归模型进行预测。一级自回归方程的形式为

$$Y_t = b_0 + b_1 Y_{t-r} \tag{2-18}$$

式中：b_0，b_1——待定系数，一般由最小二乘法确定；

Y_{t-r}——第 $t-r$ 期的实际发生值，其中 r 为时间序列发生周期性变化的最小期间数；

Y_t——第 t 期实际发生值的估计值。

⑤ 趋势外推法。趋势外推法认为，事物发展有跳跃过程，但主要还是渐进发展的。如果掌握了事物过去的发展规律，就可以根据这种规律预测未来。这种方法基于以下两条基本假设：决定事物过去发展的因素也将决定未来的发展，影响发展趋势的条件在预测期内是不变的或变化不大；事物发展过程是渐进变化的，不是跳跃式变化。

趋势外推法预测一般包括 6 个阶段：选择预测趋势线的函数类型；收集数据；拟合曲线；趋势外推；预测结果分析和说明；研究预测结果在决策和规划中的应用。

趋势外推的实质是利用某种函数分析描述预测对象某参数的发展趋势。常用的函数形式包括直线、指数曲线和生长曲线等。

（2）从影响因素入手对运输量进行预测。

在经济发展过程中，经济变量之间不是孤立的，而是存在相互依存的关系。影响总运输需求的主要因素在 2.1.5 节已经讲过，但具体的预测目标类型、范围是不同的，必须细致地分析其最主要的影响因素，设法将其用量化指标反映出来。通过对过去和现在的指标数据进行分析研究，可以找出运输需求与相关经济量的关系，用于对运输量进行预测。

该种预测方法在数据量足够多的情况下，常可获得较好的精度，并提供运输量变化原因方面的信息。其缺点是自变量、外生变量指标未来值的选择本身就带有预测性，影响预测的准确程度。

常用的预测方法包括以下几种。

① 回归预测法。回归预测的方法是回归分析。经济变量之间的关系经常表现为非确定性的相关关系。研究两个变量之间的关系称为一元回归，研究两个以上变量之间的关系则称为多元回归。在分析时，选择一个因素作为因变量，其余视为自变量。回归分析就是确定自变量与因变量之间关系形式的分析方法。它是要确定一个合适的数学模式，来近似地表达变量之间的平均变化关系。如果因变量在表达式中表现为自变量的一次函数，则称为线性回归方程，否则称为非线性回归方程。回归预测法能具体分析预测对象的主要影响因素，并能对模型的合理性进行检验，是比较科学的预测方法。但是，回归预测法需要的历

史和现实数据比较多,数据的获取比较困难;同时,回归预测法反映预测对象与相关因素的关系仍是静态的。

a. 一元线性回归。一元线性回归的自变量可以是时间,也可以是其他变量,用 x_i 表示影响因素,用 $\hat{y}_i$ 表示待预测的因变量。一元线性回归方程为

$$\hat{y}_i = a + bx_i \tag{2-19}$$

式中:$\hat{y}_i$——第 i 期的预测值;

x_i——影响因素在第 i 期的值;

a,b——回归系数。

根据最小二乘法,a 和 b 的计算公式为

$$a = \overline{y} - b\overline{x} \tag{2-20}$$

$$b = \frac{L_{XY}}{L_{XX}} \tag{2-21}$$

式中

$$\overline{x} = \frac{1}{n}\sum_{i=1}^{n} x_i \tag{2-22}$$

$$\overline{y} = \frac{1}{n}\sum_{i=1}^{n} y_i \tag{2-23}$$

$$L_{XX} = \sum_{i=1}^{n}(x_i - \overline{x})^2 = \sum_{i=1}^{n} x_i^2 - \frac{1}{n}\left(\sum_{i=1}^{n} x_i\right)^2 \tag{2-24}$$

$$L_{XY} = \sum_{i=1}^{n}(x_i - \overline{x})(y_i - \overline{y}) = \sum_{i=1}^{n} x_i y_i - \frac{1}{n}\left(\sum_{i=1}^{n} x_i\right)\left(\sum_{i=1}^{n} y_i\right) \tag{2-25}$$

式(2-25)中,y_i 为第 i 期的实际值。

另外,引入

$$L_{YY} = \sum_{i=1}^{n}(y_i - \overline{y})^2 = \sum_{i=1}^{n} y_i^2 - \frac{1}{n}\left(\sum_{i=1}^{n} y_i\right)^2 \tag{2-26}$$

根据历史数据建立一元线性回归模型后,还需要对所建立的模型进行检验。模型的合理性和影响因素,对预测对象 y 的影响的显著性,可用相关系数 γ 及可决系数 γ^2 来进行检验,γ 表示 x 与 y 之间的线性相关的密切程度。当 $|\gamma| \to 1$ 时,说明影响因素 x 与预测对象 y 之间具有较明显的线性关系,可用一元线性回归进行预测。当 $|\gamma^2| \to 1$ 时,说明 x 对 y 的影响显著,可选用 x 作为自变量。γ 的计算公式为

$$\gamma = \frac{L_{XY}}{\sqrt{L_{XX}L_{YY}}} \tag{2-27}$$

b. 多元线性回归。多元线性回归是研究多个自变量与一个因变量间是否存在线性关系(相互依存关系),并用多元线性回归方程来表达这种关系(或用回归方程定量地刻画一个因变量与多个自变量间的线性依存关系)的过程。

当预测对象 Y 受多个因素 $X_1, X_2, \cdots, X_m$ 影响时,如果 $X_i(i=1,2,\cdots,m)$ 与 Y 之间具有线性相关关系,则可以建立多元线性回归模型进行分析和预测。当自变量数量大于 3 个时,手工计算已很困难,一般采用计算机计算。

如果在对变量 Y 与 X_i 的 n 次观测中，获得了以下数据。

$$X = \begin{bmatrix} x_{11} & x_{12} & \cdots & x_{1m} \\ x_{21} & x_{22} & \cdots & x_{2m} \\ \vdots & \vdots & & \vdots \\ x_{n1} & x_{n2} & \cdots & x_{nm} \end{bmatrix}, \quad Y = \begin{bmatrix} y_1 \\ y_2 \\ \vdots \\ y_n \end{bmatrix}$$

则多元线性回归模型的一般形式为

$$\hat{Y} = a + b_1 X_1 + b_2 X_2 + \cdots + b_m X_m \tag{2-28}$$

式中：$\hat{Y}$ ——多元线性回归因变量，也就是 Y 的估计值；

a——常数项；

b_i——Y 对 X_i 的总体偏回归系数。

假设估计值 $\hat{Y}$ 和实际观察值 Y 之间的误差为 ε，则有

$$Y = \begin{bmatrix} y_1 \\ y_2 \\ \vdots \\ y_n \end{bmatrix}_{(n \times 1)} = \begin{bmatrix} 1 & x_{11} & x_{12} & \cdots & x_{1m} \\ 1 & x_{21} & x_{22} & \cdots & x_{2m} \\ \vdots & \vdots & \vdots & & \vdots \\ 1 & x_{n1} & x_{n2} & \cdots & x_{nm} \end{bmatrix}_{(n \times (m+1))} \times \begin{bmatrix} a \\ b_1 \\ \vdots \\ b_m \end{bmatrix}_{((m+1) \times 1)} + \begin{bmatrix} \varepsilon_1 \\ \varepsilon_2 \\ \vdots \\ \varepsilon_n \end{bmatrix} \tag{2-29}$$

式中：ε_i——残差。

多元线性回归方程中，变量参数 a、$b_i(i=1,2,\cdots,m)$ 的确定，与一元线性回归方程参数的确定方法相同，仍采用最小二乘法。根据最小二乘法，应最小化残差的平方和，即

$$\text{Min} Q = \sum_{i=1}^{n} \varepsilon_i^2 = \sum_{i=1}^{n}(y_i - \hat{y}_i)^2 = \sum_{i=1}^{n}(y_i - a - b_1 x_{i1} - b_2 x_{i2} - \cdots - b_m x_{im})^2$$

对上式中的 a、$b_i(i=1,2,\cdots,m)$ 分别求偏导，并令其等于零，得到

$$\begin{cases} \sum_{i=1}^{n}(y_i - a - b_1 x_{i1} - \cdots - b_m x_{im}) = 0 \\ \sum_{i=1}^{n} x_{i1}(y_i - a - b_1 x_{i1} - \cdots - b_m x_{im}) = 0 \\ \sum_{i=1}^{n} x_{i2}(y_i - a - b_1 x_{i1} - \cdots - b_m x_{im}) = 0 \\ \quad\quad\quad\quad \vdots \\ \sum_{i=1}^{n} x_{im}(y_i - a - b_1 x_{i1} - \cdots - b_m x_{im}) = 0 \end{cases} \tag{2-30}$$

式（2-30）称为普通最小二乘法的一阶条件，利用式（2-30）可确定 a、$b_i(i=1,2,\cdots,m)$，从而得到多元线性回归方程。

同一元线性回归分析一样，对已经确定的多元线性回归分析模型能否较好地反映事物之间的内在规律，要进行线性相关的检验。

y_i 的实际值与其拟合值 $\hat{y}_i$ 之间的相关系数的平方是反映因变量受许多自变量共同影响而变化的相关程度的指标，计算公式为

$$R^2 = \frac{\left[\sum_{i=1}^{n}(y_i - \bar{y})(\hat{y}_i - \bar{y})\right]^2}{\left[\sum_{i=1}^{n}(y_i - \bar{y})^2\right]\left[\sum_{i=1}^{n}(\hat{y}_i - \bar{y})^2\right]} \tag{2-31}$$

② 递增率法。递增率法是根据客货运输量的预计增长速度进行预测的方法。一般的做法是，先分析客货运输量增长率的变化规律，然后根据对今后经济增长的估计预测其客货运输量的递增率，最后用递增率预测未来的客货递增量。递增率法的关键是确定增长速度，一般用于运输量增长率的变化不大，或预计过去的增长趋势在预测期内仍将继续的情况，也常用于综合性运输量的预测。但预测结果比较粗略。用递增率法预测运输量的公式为

$$Q_1 = Q_0(1+a)^t \tag{2-32}$$

式中：Q_1——预测期运输量；

Q_0——基期运输量；

a——确定的运输量递增率；

t——预测期的年限。

③ 弹性系数法。弹性系数法认为社会运输量与国民经济之间存在弹性变化，通过国民经济的年增长率来预测运输量的年增长率，进而预测未来运输量的情况。弹性系数 e 是运输量的年增长率 i_y 与国民经济年增长率 i_x 之比，即

$$e = \frac{i_y}{i_x} \tag{2-33}$$

由此得到

$$i_y = e i_x \tag{2-34}$$

于是得到运输量的预测公式为

$$y = y_0(1+i_y)^t \tag{2-35}$$

式中：y——变量的预测值；

y_0——基年变量值；

t——预测期的年限。

④ 乘车系数法。乘车系数法是以总人口和平均每人乘车次数预测旅客发送量的方法。乘车系数是指一定范围内旅客发送量与人口数的比值，可根据历年数据和今后可能发生的变化进行确定。乘车系数法的局限在于该系数本身的变动趋势难以预料，不同运输工具运价比例的变动、休假制度的改变、经济变化对农民进城工作的影响等，都会使乘车系数出现较大摆动。乘车系数法的计算公式为

$$Q_t = M_t \beta \tag{2-36}$$

式中：Q_t——预测期运输量；

M_t——预测期的总人口；

β——乘车系数。

⑤ 产值系数法。产值系数法是根据预测期国民经济的总量指标（如工农业总产值、社会总产值、国内生产总值或国民收入等）和确定的每单位产值所引起的客货运输量去预测总运输量的方法。产值系数法可以用来预测全国的总运输量，也可以预测地区的总运输量。

需注意，不同总量指标之间及不同运输方式之间、不同时间之间的产值系数可能存在很大的差别。因此，运用产值系数法的关键是要在长期的变化中把握住具体产值系数及其变动趋势。产值系数法所采用的公式为

$$Q_t = M_t \beta_c \tag{2-37}$$

式中：Q_t——预测期总运输量；

M_t——预测期产值指标，单位为万元；

β_c——产值系数，单位为 t/万元或人/万元。

⑥ 产运系数法。产运系数法是根据某种货物的运输量随其生产总量发生变化的规律性，预测货物运输量的方法。从实际中发现，一些主要货物的发送量与其生产总量的比值（即产运系数）总是相对比较稳定的，这就可以根据它们的未来产量预计未来运输量。运用产运系数法的关键在于分析掌握各大类货物产运系数的变化原因。一般来说，生产布局的改变，大、中、小型企业产量构成的变化，基建投资结构的变化，进出口量的多少，产、供、运、销关系变化和各种运输方式分工结构的变化，都可能引起货物产运系数的变化。产运系数的计算公式为

$$\gamma = \frac{Q}{M} \tag{2-38}$$

式中：γ——某年产运系数；

Q——某种货物的年发运量；

M——某种货物该年的总产量。

在 γ 值比较稳定的前提下，按产运系数计算该货物预测发送量的公式为

$$Q_t = M_t \gamma \tag{2-39}$$

式中：t——预测年份。

⑦ 产销平衡法。产销平衡法是指在一定范围内，把用途相同的某种物资的生产量、消费量和运输量进行平衡的方法。通过产销平衡计算，可推算出该种物资在一个车站、一个枢纽、一条线路或一个地区的发送量和到达量（输出量和输入量）。产销平衡法是一种细致的运输量预测方法，从理论上说它可以达到相当的精确度，而且还可以为下一步继续研究地区间物流打下基础。但该方法所要求的条件比较严格，需要非常详细的数据，而且只能对用途一致的少数几种物资进行详尽的分析预测。

对于生产量大于当地消费量的地区，物资是输出的；对于消费量大于当地生产量的地区，其关系式为

$$Q_f = Q_s - Q_c \tag{2-40}$$
$$Q_d = Q_c - Q_s \tag{2-41}$$

式中：Q_f——该种物资的当地发送量；

Q_d——该种物资的当地到达量；

Q_s——该种物资的当地生产量；

Q_c——该种物资的当地消费量。

⑧ 比重法。比重法是在总运输量已用某种方法预测出，进而估算其中部分运输量的方法。例如，各种运输方式的运输量在总运输量中所占的比重，总有一定的规律变化。当总运输量已知，各种运输方式的运输量就可以在分析历年变化趋势的前提下加以分配。

乘车系数法、产值系数法、产运系数法、产销平衡法和比重法一般称为传统预测方法，使用起来比较简单，在某些情况下也能够达到预测要求。

2. 常用的定性预测方法

经济现象的发展变化是错综复杂的，不可能准确地对全部复杂关系做出定量描述。在应用数理方法预测的同时，运用预测者的经验，综合考虑多种影响因素，分析经济活动的特点和构成，对运输量进行预测，这类方法在历史数据很少、预测期较长的情况下，可以与其他预测方式结合使用。

该类预测方法主要包括以下几种。

（1）运输市场调查法。

运输市场调查法是通过一定的方法征求购买运输产品的顾客的意见，了解顾客购买的意向和心理动机，从而对运输需求情况进行收集、记录、整理和分析，在此基础上进行运输量预测的方法。运输市场调查法一般采用抽样调查，既可以利用口头询问方式，又可以利用书面询问方式。利用运输市场调查法进行预测，运输企业不仅可以估计未来市场的需求量，而且有利于促进企业与顾客的关系。不过，运输市场调查法的费用通常比较高。而且，在许多情况下，不少顾客不愿暴露自己的购买意向，如果不给予充分合作，或者调查对象没有足够的能力清晰准确地表达自己的意愿，预测结果的可靠性就会受到较大影响。

（2）专家咨询法。

专家咨询法是以预先选定的专家作为征询对象，并与适当数量的专家建立直接的联系，预测小组以匿名方式发函征求专家意见，将收集到的专家意见汇总整理，作为参考资料再发给每个专家，供他们分析判断，提出新的论证。如此反复多次，专家的意见逐步趋于一致。这种方法的优点是可独立发表意见，能发扬民主且有许多不同意见供参考；缺点是意见分散、不集中，有一定的主观性。综合其优缺点，此法适用于专家人数较多，而面对面交流思想效率较低的情况。

（3）类比法。

类比法是应用经济现象间相似性的发展规律，通过找出先导事件进行预测。先导事件可以是历史上发生过的同类事件，也可以是国外或其他地区发生过的同类事件，还可以是其他领域发生过的同类事件。该种方法在运输量预测中也可以使用。社会经济运动是有规律的，但人对这一规律的认识能力在当前是有限的，因此预测误差是不可避免的。

2.2.4 运输需求预测的作用

道路客货运输需求预测的作用是把握需求发展趋势，为编制规划提供数量参考依据。

（1）预测所需资料由道路客货运输需求调查获得，包括道路客货运输历史资料、需求现状与发展趋势等。

（2）需求预测内容包括客运量、货运量（物流）及其分布，客运周转量、货运周转量及其构成，代办机构的数量及通过代办完成的货物运输量，货运配载机构的数量及通过配载完成的货物运输量，货运代办和货运配载的经营主体结构等。

（3）预测方法。

根据规划区域道路客货运输发展历史规律，选择预测方法和预测模型。预测方法应采用定量计算与定性分析相结合，预测模型不应少于三种，以弥补各种预测模型的局限性。

阅读材料

济南：加快智能信号"绿波城"建设 提升道路通行能力

打造最强"大脑"，提高分析决策能力。加快城市交通大脑2.0版深度开发应用，依托数据采集分析优势，实现交通态势预测由概略式、区域级向精确式、道路级延伸，对于常发性拥堵等异常事件，自动生成包含诱因、流量、流向等指标的数据分析报告，科学指导组织优化、信号调优，自动追踪评估治理成效。对于偶发性拥堵、交通事故，落实自动预警、远程调控、现场处置、成效评估全流程、闭环式管理机制，为交通治堵、治乱提供全新路径。

打造最亮"双眼"，提高感知识别能力。依托全维感知网建设，构建完善智能交通感知层，升级100处点位老旧电警及卡口设备，增加视频监控、违停抓拍、AR鹰眼、多功能电警等科技设施，加快城管、交通、治安、高速等部门前端设备融合，自动筛选重要数据，激活数据价值。深化AI人脸识别、牌证识别等技术应用，实现全网覆盖、全维感知，提高交通数据采集质量和交通运行态势的精准感知识别能力。

打造最巧"双手"，提高诱导服务能力。探索"车路协同济南模式"，深化户外显示屏、导航软件、微信推送、泉城行+App播报等方式延展交通诱导广度，扩大覆盖面。向济南交警微信用户推出基于历史通勤规律的"定制化通勤建议"，使交通诱导逐步由"点对面"的大众化服务向"点对点"的定制式服务发展。加快智能信号"绿波城"建设，打造高智能、高稳定的绿波网，加快推进流量均衡动态调整通勤干道样板路建设，实现信号控制智能联网，实施市区750个重要路口信号配时深度优化，实现道路通行能力提升。

思考题：进行智能信号"绿波城"建设的意义有哪些？建设过程中使用了哪些先进的技术手段？

资料来源：中国山东网.

2.3 交通工程基础

2.3.1 人—车—路交通特性

道路交通是一个复杂的动态系统，它主要由人（如驾驶员、行人、乘客、交通管理者等）、车（如汽车、电动车、自行车等）、道路和环境等交通要素组成。这些要素相辅相成，只有在各要素相互协调时，系统才能维持平衡，交通的顺畅和安全才能得到保证。各要素的特性如何，是交通运输工程学研究的主要内容之一。

1. 驾驶员的交通特性

在交通要素中，驾驶员具有特别重要的作用。交通事故统计表明，绝大多数交通事故直接、间接地与驾驶员有关。驾驶员在驾驶车辆过程中，首先通过眼、耳、鼻等感觉器官产生视觉、听觉、嗅觉等，感知车内外的各种行车信息。随后，这些信息经过选择进入大脑，并结合驾驶员的经验进行加工，形成所谓"深度知觉"，如目测距离、估计车速和时间等。最后，驾驶员凭借这种"深度知觉"形成判断，从而指挥操作。在这个过程中，起控制作用的是驾驶员的生理、心理素质和反应特性。

（1）视觉特性。眼睛是驾驶员在行车过程中最重要的生理器官，视觉给驾驶员提供80%的交通信息。因此，驾驶员的视觉机能直接影响到信息获取和行车安全。对于驾驶员的视觉机能，主要包括视力、视野和色感三个方面。

① 视力是指人眼分辨影像的能力。根据眼睛所处的状态和时间不同,视力可分为静视力和动视力。静视力即人体静止时的视力,可通过视力表进行测定;动视力是汽车运动过程中驾驶员的视力。动视力随速度的增大而迅速降低,同时,动视力还与驾驶员的年龄有关,年龄越大,动视力越差。视力还与亮度和色彩等因素有关,视力从暗到亮或从亮到暗都要有一个适应的过程。

② 视野是指当两眼注视某一目标时,注视点两侧可以看到的范围。车辆静止不动的情况下,驾驶员能够观察到的范围称为静视野;车辆行驶状态下,驾驶员能够观察到的范围称为动视野。静视野最大,随着车速增大,驾驶员的动视野明显变窄,注视点随之前移,两侧景物变得模糊。

③ 色感是指驾驶员对不同颜色的辨认和感觉。红色刺激性强,易见性高,使人兴奋、警觉;黄色亮度最高,反射光强度最大,易唤起人们的注意;绿色比较柔和,给人以平静、安全感。因此,交通工程中将红色作为禁行信号,黄色作为警告信号,绿色作为通行信号。交通标志的色彩配置也是根据不同颜色对驾驶员产生不同的生理、心理反应而确定的。

(2) 反应特性。反应是指由外界因素的刺激而产生的知觉—行为过程。驾驶员的反应包括驾驶员从视觉产生认识后,将信息传到大脑知觉中枢,经判断,再由运动中枢给手脚发出命令,开始动作的整个过程。在驾驶员的所有反应中,制动反应是控制汽车行驶性能的重要因素之一。

图 2.1 为驾驶员在接受了紧急制动信号后,汽车制动力与驾驶员反应时间、汽车制动时间的关系曲线。驾驶员接到紧急停车信号后,并没有立即行动,要经过一段时间后才意识到应进行紧急制动,并将脚从油门踏板上移开,这段时间称为知觉—反应时间,其是衡量驾驶员制动反应的指标。驾驶员的脚经过一段时间,移动到了制动踏板上,这段时间称为抬脚时间,一般不少于 0.2s。由于制动踏板自由行程(即制动踏板踩下去但刹车不起作用的那段距离,通常为 1~8mm)的存在,刹车系统要经过大约 0.1s 的踏下时间,才产生制动力。在这之后,随着驾驶员踩踏板的动作,制动力迅速增大,经过一段过渡时间,达到一个最大值。此后为持续制动时间,制动力保持不变。待车辆停止后,驾驶员松开制动踏板,但是制动力的消除还需要一段时间,称为制动消除时间。

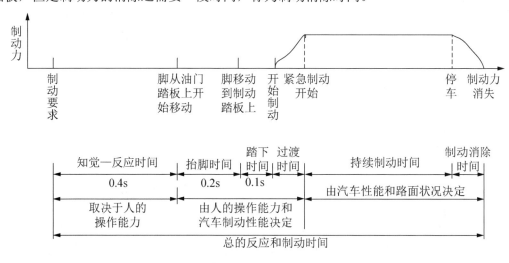

图 2.1 反应时间和制动动作

驾驶员的知觉—制动的反应时间通常为0.4~1.0s，其长短取决于驾驶员的素质、个性、年龄、情绪、行车途中思想集中情况、工作经验，及其所处的环境。抬脚时间、踏下时间、过渡时间一方面取决于驾驶员踩制动踏板的速度，另外更重要的是受制动系统结构形式的影响。持续制动时间与制动消除时间由汽车性能、路面附着系数等决定。

（3）驾驶疲劳。驾驶疲劳是指由于驾驶作业引起的身体上的变化、心理上的疲劳，以及客观测定驾驶员机能低落的总称。驾驶员驾车超过一定的时间，此时感觉、知觉、判断力、意志力、运动等都受到影响。在一般情况下，驾驶员一天行车超过10h，前一天睡眠时间不足4.5h时，事故率明显增高。目前对疲劳的检查方法一般有生化测定、生理机能测定、神经机能测定、自觉症状申述等。

2．车辆交通特性

车辆的特征和性能在确定交通工程的某项任务中起着重要的作用。车辆尺寸、质量决定道路桥梁的几何设计、结构设计及停车场地等交通设施的设计。车辆的各种运行性能（如动力性能、制动性能等）与使用这些性能的驾驶员相结合，决定交通流的特性和安全。车辆可分为机动车和非机动车两种。机动车包括各种汽车、无轨电车、摩托车、拖拉机、轮式专用机械车等；非机动车包括自行车、三轮车、人力车、畜力车等。这里仅扼要介绍汽车的交通特性。

（1）车辆的设计尺寸。

车辆尺寸与道路设计、交通工程有密切关系。例如，制定公共交通规划时要使用公共汽车额定载客量的参数，研究道路通行能力时要使用车辆长度等数据，在进行车行道宽度设计时要考虑车辆的宽度等。我国《公路工程技术标准》（JTG B01—2014）规定了公路设计所采用的设计车辆外廓尺寸，如表2-2所示。

表2-2 《公路工程技术标准》（JTG B01—2014）规定的设计车辆外廓尺寸　　　　单位：m

车辆类型	总长	总宽	总高	前悬	轴距	后悬
小客车	6	1.8	2	0.8	3.8	1.4
大型客车	13.7	2.55	4	2.6	6.5+1.5	3.1
铰接客车	18	2.5	4	1.7	5.8+6.7	3.8
载重汽车	12	2.5	4	1.5	6.5	4
铰接列车	18.1	2.55	4	1.5	3.3+11	2.3

注：铰接列车的轴距(3.3+11)m，其中3.3m为第一轴至铰接点的距离，11m为铰接点至最后轴的距离。

（2）动力性能。

汽车动力性能通常用三个指标来评定，即最高车速、加速时间、最大爬坡能力。

① 最高车速（v_{max}）。汽车的最高车速是指在良好的水平路段上，汽车所能达到的最高行驶速度，单位为km/h。

② 加速时间（t）。加速时间分为原地起步加速时间和超车加速时间。原地起步加速时间是指汽车由Ⅰ挡起步，以最大的加速度逐步换至高挡后达到某一预定的距离或车速所需要的时间。超车加速时间大多是用高挡或次高挡由30km/h或40km/h全力加速至某一高速度所需的时间。

③ 最大爬坡能力（i_{max}）。用汽车满载时，Ⅰ挡在良好的路面上可能行车的最大爬坡度表示。小汽车主要是在平坦路面上行驶，所以一般不强调其爬坡能力；货车经常要在各种路面上行驶，所以要求其具有足够强的爬坡能力。

（3）制动性能。

制动性能是汽车的主要性能之一，直接关系到交通安全，是汽车安全行驶的重要保障。汽车制动性能主要体现在制动距离、制动减速度、制动效能的力度稳定性、制动时汽车的方向稳定性上。制动过程实际上是汽车行驶的动能通过制动器转化为热能。所以在制动片温度升高后，能否保持在冷状态时的制动效能，对于高速时制动或长下坡连续制动都是至关重要的。方向稳定性是指制动时不产生跑偏、侧滑及失去转向能力的性能。制动跑偏与侧滑，特别是后轴侧滑是造成事故的主要原因。

3. 道路基本特性

道路是汽车交通的基础和支撑物。道路必须符合其服务对象的交通特性，满足它们的交通需求。道路服务性能的好坏体现在量、质、形三个方面，即道路建设数量是否充足，道路结构和质量能否保证安全快速行车，路网布局、道路线形是否合理。另外，还有附属设施、管理水平是否配套等。

（1）道路率。道路率又称道路面积率，是指一个国家、地区或城市的道路面积与各自行政区域的面积之比。道路率是衡量一个区域的道路状况好坏的指标之一。

（2）路网密度。路网密度是衡量道路设施数量的一个基本指标。一个区域的路网密度等于该区域内道路总长与该区域的总面积之比。一般来说，路网密度越高，路网总的容量、服务能力越大。但路网的密度过大，交叉路口就会增多，则会影响行车速度和通行能力，也会造成城市道路建设投资的增加，因此路网密度的大小应与所在区域的经济发展水平相当、与所在区域内的交通需求相适应。

（3）铺装率。铺装率是铺装路面（包括混凝土道路和沥青混凝土道路）的长度与道路总长度之比，它是衡量一个区域道路好坏的重要标志。

（4）路网布局。路网布局的好坏对整个运输系统的效率有很大影响，良好的路网布局可以大大提高运输系统的效率，增加路网的可达性，节约大量的投资，节省运输时间和运输费用，取得良好的经济效益、社会效益与环境效益。对于不同的区域，不存在统一的路网布局模式。路网布局必须根据所在区域的自然、社会、经济情况等选取。典型的公路网布局有三角形、并列形、放射形、树叉形等。典型的城市道路网布局有棋盘形（方格形）、带形、放射形、放射环形等。

2.3.2 交通量特性

交通量是指在单位时间段内，通过道路某一地点、某一断面或某一条车道的交通实体数。按交通类型不同划分，有机动车交通量、非机动车交通量和行人交通量，一般不加说明则指机动车交通量，且指来往两个方向的车辆数。

交通量时刻在变化，在表达方式上通常取某一时间段内的平均值作为该时间段的代表交通量，当时间段不足 1h 时，所计算的平均交通量通常称为流率。如果单位时间为天（d），即以辆/d 为单位，平均交通量（average daily traffic，ADT）的计算公式为

$$\text{ADT} = \frac{1}{n}\sum_{i=1}^{n} Q_i \qquad (2\text{-}42)$$

式中：Q_i——各规定时间段内的日交通量，单位为辆/d；

n——各规定时间段的时间，单位为 d。

按平均值所取的时间段的长度计，常用以下平均交通量。

1. 月平均日交通量（month average daily traffic，MADT）

$$\text{MADT} = \frac{1}{n_\text{月}}\sum_{i=1}^{n} Q_i \tag{2-43}$$

式中：$n_\text{月}$——各自然月的天数，有 30d、29d、31d 和 28d。

2. 周平均日交通量（week average daily traffic，WADT）

$$\text{WADT} = \frac{1}{7}\sum_{i=1}^{7} Q_i \tag{2-44}$$

3. 年平均日交通量（annual average daily traffic，AADT）

$$\text{AADT} = \frac{1}{n_\text{年}}\sum_{i=1}^{n} Q_i \tag{2-45}$$

式中：$n_\text{年}$——年的天数，有平年（365d）和闰年（366d）。为简便起见，年平均日交通量亦可用下式计算。

$$\text{AADT} = \frac{1}{12}\sum_{i=1}^{12} (\text{MADT})_i \tag{2-46}$$

年平均日交通量是一项极其重要的控制性指标，用于道路交通设施规划、设计、管理等的依据。其他平均交通量主要用于交通量统计分析、求各时段交通量变化系数及将各时段平均交通量进行相互换算。

4. 高峰小时交通量

一天 24 小时中，每个小时的交通量都在不断变化。在城市道路上，交通量在上下午各有一个高峰，在交通量呈现高峰的那个小时，称为高峰小时，高峰小时内的交通量称为高峰小时交通量。

高峰小时交通量占该天全天交通量之比称为高峰小时流量比（以%表示），它反映高峰小时交通量的集中程度，并可供高峰小时交通量与日交通量之间进行相互换算之用。我国公路部门的统计资料表明，城市道路高峰小时流量比为 9%～10%，平均为 9.6%。

高峰小时系数（peak hour factor，PHF）是指高峰小时交通量与高峰小时内某一时段的交通量扩大为高峰小时的交通量之比。一般将高峰小时划分为 5min、6min、10min 或 15min 的连续时段内的统计交通量，此连续 5min、6min、10min 或 15min 所计交通量中最大的那个时段，就是高峰小时内的高峰时段。把高峰时段的交通量扩大为 1h 的高峰小时交通量，因此，高峰小时系数是指高峰小时交通量与扩大的高峰小时交通量之比。高峰小时系数的一般表达式为

$$\text{PHF}_t = \frac{\text{高峰小时交通量}}{t\text{时段内统计所得最高交通量} \times \frac{60}{t}} \tag{2-47}$$

根据 t 值的不同，高峰小时系数有 PHF_5、PHF_6、PHF_{10}、PHF_{15} 等。城市道路中短时间交通量过分集中往往会造成交通阻塞，如最大 15min 交通量可达小时交通量的 40%，最大 5min 交通量可达小时交通量的 20%。

2.3.3 道路通行能力和服务水平

【拓展视频】

1. 道路通行能力的定义及其种类

道路通行能力是指在一定的道路和交通条件下,道路上某一路段或某交叉口单位时间内通过某一断面的最大车辆数。进行通行能力分析,可以求得在不同运行质量情况下 1h 所能通行的最大交通量,亦可求得在指定的交通运行质量条件下所能承担交通的能力。

道路通行能力可分为基本通行能力、可能通行能力和设计通行能力三种。由于时间单位越大,交通不均匀性也越大,就越不能很好地反映交通量与运行质量之间的关系。我国现阶段是以小时为单位来计算通行能力和设计交通量。

(1) 基本通行能力是指公路组成部分在理想的道路、交通、控制和环境条件下,该组成部分一条车道或一车行道的均匀段上或一横断面上,不论服务水平如何,1h 所能通过标准车辆的最大辆数。

(2) 可能通行能力是指一已知公路的一组成部分在实际或预测的道路、交通、控制及环境条件下,该组成部分一条车道或一车行道对上述诸条件有代表性的均匀段上或一横断面上,不论服务水平如何,1h 所能通过标准车辆的最大辆数。

(3) 设计通行能力是指一设计中的公路的一组成部分在预测的道路、交通、控制及环境条件下,该组成部分一条车道或一车行道对上述诸条件有代表性的均匀段上或一横断面上,在所选用的设计服务水平下,1h 所能通过标准车辆的最大辆数。

2. 车辆折算系数和换算交通量

(1) 车辆折算系数。分析计算通行能力和服务水平时,需要将标准车辆交通量与实际或预测的交通组成中各类车辆交通量进行折算,需要用到车辆折算系数。此系数的定义是:在通行能力方面某类车辆一辆等于标准车辆的辆数。我国《公路工程技术标准》(JTG B01—2014)给出公路中各汽车代表车型折算成标准车辆的系数,如表 2-3 所示。需要指出的是,城市道路中的折算系数与公路中的折算系数有些许差异,交叉口与路段也有差异。

表 2-3 公路中各汽车代表车型及车辆折算系数

汽车代表车型	车辆折算系数	说明
小客车	1.0	座位≤19 座的客车和载重量≤2t 的货车
中型车	1.5	座位>19 座的客车和 2t<载重量≤7t 的货车
大型车	2.5	7t<载重量≤20t 的货车
汽车列车	4.0	载重量>20t 的货车

(2) 换算交通量。换算交通量也称当量交通量,是将实际的各种机动车和非机动车交通量按一定的折算系数换算成某种标准车型的当量交通量。我国大多以小客车为标准车型,因此总交通量中各类车辆交通量换算成标准车型交通量之和,单位可用 PCU(passenger car unit,标准车当量数)表示。其计算公式为

$$V_e = V \sum P_i E_i \tag{2-48}$$

式中：V_e——当量交通量，单位为PCU；
　　　V——未经换算的总交通量，单位为辆；
　　　P_i——第i类车交通量占总交通量的百分比；
　　　E_i——第i类车的车辆折算系数（见表2-3）。

3. 公路服务水平定义

公路服务水平是驾驶员感受公路交通流运行状况的质量指标，即公路在某种交通条件下所提供运行服务的质量水平。公路通行能力的分析计算离不开交通运行质量。因此通行能力的分析计算必须与服务水平的分析计算一起进行。根据《公路工程技术标准》（JTG B01—2014），通常采用V/C值来衡量拥挤程度，作为评价服务水平的主要指标，同时采用小客车实际行驶速度与自由流速度之差作为次要评价指标。V/C是指在基准条件下，最大服务交通量与基准通行能力之比。所谓基准通行能力，是指六级服务水平下对应的最大小时交通量。

根据《公路工程技术标准》（JTG B01—2014），服务水平分为六级，分别代表一定运行条件下驾驶员的感受。根据交通流状态，各级服务水平对应以下定性描述。

（1）一级服务水平，交通流处于完全自由流状态。交通量小，速度高，行车密度小，驾驶员能自由地按照自己的意愿选择所需速度，行驶车辆不受或基本不受交通流中其他车辆的影响。在交通流内驾驶的自由度很大，为驾驶员、乘客或行人提供的舒适度和方便性非常优越。较小的交通事故或行车故障的影响容易消除，在事故路段不会产生停滞排队现象，很快就能恢复到一级服务水平。

（2）二级服务水平，交通流状态处于相对自由流的状态，驾驶员基本上可按照自己的意愿选择行驶速度，但是开始要注意到交通流内有其他使用者，驾驶员身心舒适水平很高。较小的交通事故或行车障碍的影响容易消除，在事故路段的运行服务水平比一级的差些。

（3）三级服务水平，交通流状态处于稳定流的上半段，车辆间的相互影响变大，选择速度受到其他车辆的影响，变换车道时驾驶员要格外小心。较小的交通事故仍能消除，但事故发生路段的服务水平大大降低，严重的阻塞后面形成排队车流，驾驶员心情紧张。

（4）四级服务水平，交通流处于稳定流范围下限，但是车辆运行明显地受到交通流其他车辆的相互影响，速度和驾驶的自由度受到明显限制。交通量稍有增加就会导致服务水平的显著降低，驾驶员身心舒适水平降低。即使较小的交通事故也难以消除，会形成很长的排队车流。

（5）五级服务水平，为交通流拥堵流的上半段，其下是达到最大通行能力时的运行状态。对于交通流的任何干扰，如车流从匝道驶入或车辆变换车道，都会在交通流中产生一个干扰波，交通流不能消除它，任何交通事故都会形成长长的排队车流，车流行驶灵活性极端受限，驾驶员身心舒适水平很差。

（6）六级服务水平，是拥堵流的下半段，是通常意义上的强制流和阻塞流。这一服务水平下，交通设施的交通需求超过其允许的通过量，车流排队行驶，队列中的车辆出现停停走走的现象，运行状态极不稳定，可能在不同交通流状态间发生突变。

4. 需分别进行通行能力和服务水平分析的公路组成部分

（1）高速公路（控制进入）的基本路段。
（2）不控制进入的汽车多车道公路路段。
（3）不控制进入的汽车双车道公路路段。
（4）混合交通双车道公路路段。
（5）匝道，包括匝道—主线连接部分。
（6）交织区。
（7）信号控制的平面交叉。
（8）无信号控制的平面交叉。
（9）市区及近郊干线道路。

5. 道路通行能力和服务水平的作用

（1）用于道路设计。根据设计通行能力与设计小时交通量的对比，可分析得出所设计公路的技术等级及多车道公路的车道数，以及是否需要设置爬坡车道，亦可在道路设计阶段，进行公路各组成部分的通行能力和服务水平分析，发现潜在的瓶颈路段，设计改进后，可在设计阶段就消除将来可能形成的瓶颈段。

（2）用于道路规划。在分析当前交通流的服务水平、评估现有公路网承受交通的适应程度的基础上，通过交通量预测及投资效益和环境影响等的评估，提出改善和提高公路网的规模和建设项目及其实施步骤。

（3）用于道路交通管理。根据预测交通量增长情况对运行条件的分析，计算各阶段交通管理措施。

6. 影响道路通行能力的主要因素

影响道路通行能力的主要因素有道路状况、车辆性能、交通条件、环境、气候等。

道路状况是指道路的几何线形组成，如车道宽度、侧向净空、路面性质和状况、平纵线形组成、实际能保证的视距长度、纵坡的大小和坡长等。车辆性能是指车辆行驶的动力性能，如减速、加速、制动、爬坡能力等。交通条件是指交通流中车辆组成、车道分布、交通量的变化、超车及转移车道等运行情况的改变。环境是指街道与道路所处的环境、景观、路面使用质量、自然状况、沿途的街道状况、公共汽车停站布置和数量、单位长度的交叉数量及行人过街道等情况。气候是指气温的高低、风力大小、雨雪状况等。

需要指出的是，虽然路面使用质量（尤其是路面平整度）、气候条件对通行能力有较大的影响，但是这两个方面所造成的影响程度变化范围很大，且不易用数字具体表示，因此通行能力和服务水平的各种关系及参数值均是在路面使用质量良好及气候正常的情况下得出的。

本 章 小 结

运输需求是指在一定时期内、一定价格水平下，社会经济活动在货物与旅客位移方面具有支付能力的需要。运输需求包括客运需求和货运需求。客运需求主要来源于人类生产、交换、分配及消费等活动;而货运需求主要来源于自然资源地区分布不均、生产与消费的分离,以及地区间商品品种、质量、性能、价格上的差异。

在与运输相关的各项经济分析、研究和决策中,运输需求预测是一项基础性的重要工作。虽然运输需求预测、运输量预测有所不同,但是在实际运用中,通常是从运输量(包括运量和周转量)的角度去预测运输需求的大小。运输量预测有多种类型,用到的方法有定量预测方法和定性预测方法。前者主要包括从时间序列的角度进行预测及从影响因素入手进行预测两种不同的类型;后者包括运输市场调查法、专家咨询法、类比法等。

驾驶员的交通特性主要包括视觉特性、反应特性和驾驶疲劳等。车辆交通特性主要包括车辆的设计尺寸、动力性能和制动性能等。道路基本特性主要包括道路率、路网密度、铺装率、路网布局等。交通量通常取某一时间段内的平均值作为该时间段的代表交通量,常用的平均交通量包括月平均日交通量、周平均日交通量、年平均日交通量、高峰小时交通量。道路通行能力可分为基本通行能力、可能通行能力和设计通行能力三种。公路服务水平分为六级。

案例分析

2021年3月我国公路物流各项指数

2021年3月我国公路物流运价指数为100.3点,比上月回升1.1%,比去年同期回升1.9%。

从车型指数看,各车型指数环比均有所回升,同比继续小幅增长。以大宗商品及区域运输为主的整车指数为100.8点,比上月回升1.11%,比去年同期回升2%。零担指数中,零担轻货指数为98.1点,比上月回升1.06%,比去年同期回升1.4%;零担重货指数为100.6点,比上月回升1.05%,比去年同期回升1.9%。

从需求看,春节后国内外市场需求保持较好扩张态势,经济恢复势头持续向好。采购经理人指数(purchasing manager's index,PMI)数据显示,3月份制造业PMI为51.9%,环比回升1.3个百分点。在此基础上,企业复工复产加快,公路物流需求总体平稳,进入恢复期。从供给看,本月返岗复工率和司机出工率优于往年,运力供给较为充足,环比前期小幅增长。综合来看,受经济平稳恢复、宏观政策调控和季节性复工等多重积极因素影响,公路运输运行态势良好,运价指数小幅回升,继续高于去年同期水平。

从后期走势看,一季度经济形势开局良好,市场供需关系趋稳,春节后公路运输市场迎来回升期,相关物流需求有望保持小幅回升态势,但目前市场暴露出的企业原料价格、物流成本上涨,可能对公路运价造成短期影响,预计运价指数波动仍将较为频繁,或将呈现震荡回升走势。

根据本案例所提供的材料,试分析以下问题。
1. 公路物流需求主要包括哪些内容?
2. 影响我国公路物流需求的主要因素有哪些?

资料来源:中国新闻网.

 关键术语

运输需求（transportation demand） 　　运输需求预测（transport demand forecasting）
运输量预测（transport volume forecast） 　交通特性（traffic characteristics）
道路通行能力（road capacity） 　　　　　公路服务水平（highway service level）

习　题

1. 填空题

（1）运输需求必须满足两个条件，即_____和_____。

（2）按运输需求的实现方式不同，运输需求可以分为_____、_____、_____、_____、_____等运输需求。

（3）按运输需求的实体类型不同，运输需求可以分为_____和_____。

（4）运输量是_____、_____和_____相互作用的结果。

（5）时间序列趋势外推的方法很多，常用的有_____、_____和_____等。

（6）常用的定性预测运输量的方法有_____、_____和_____。

（7）汽车动力性能通常用_____、_____和_____这三个指标来评定。

（8）道路通行能力可分为_____、_____和_____三种。

2. 简答题

（1）简述运输需求的定义及其特性。

（2）影响运输需求的因素有哪些？

（3）运输需求和运输量有何区别和联系？

（4）按时间长短，运输量预测可以分为几种类型？其预测期有何不同？

（5）简述常用的几种定量预测方法的优缺点。

（6）常用的平均交通量有哪些？其在交通工程中有什么作用？

（7）什么是公路的服务水平？其有哪几种类型？服务水平的作用有哪些？

第3章 公路运输

【教学目标】
- 掌握公路运输的定义及其特点。
- 了解公路及公路交通控制设备。
- 了解公路的组成及分类。
- 熟悉公路客运站及站务作业的内容。
- 掌握公路客运班次组织的过程。
- 掌握普通货物运输组织的方法。
- 掌握零担货物运输组织的形式。
- 了解特种货物运输组织的方法。
- 熟悉货运车辆行驶线路的种类。
- 了解交通事故的分类及调查方法。
- 了解车辆维修制度。
- 了解公路运输安全管理的评价指标。

公路运输 第3章

【思维导图】

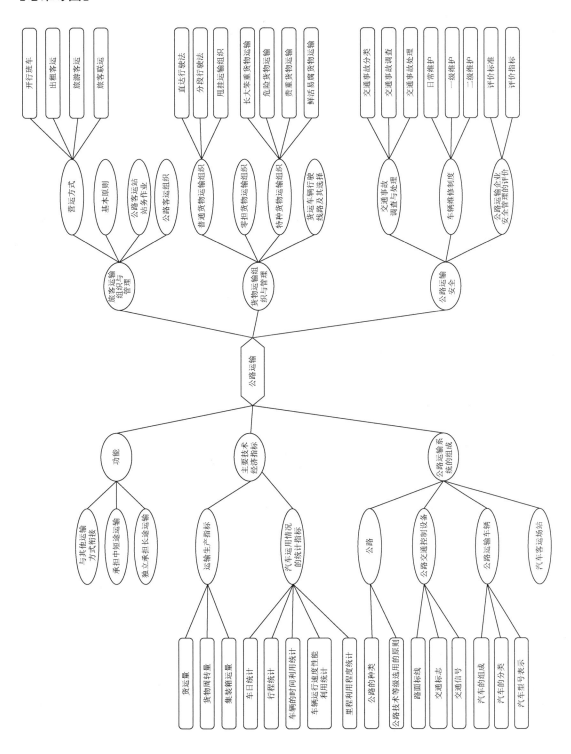

导入案例

交通运输部：进一步规范和降低物流运输收费

2021年1月，交通运输部印发了《关于服务构建新发展格局的指导意见》，制订了三年行动计划，主要的举措有以下5个方面。

一是扩大循环规模。大力完善综合交通网络，按照国家综合立体交通网主骨架的布局，畅通综合运输大通道，优化快速网，提升干线网，完善基础网。新增城际铁路和市域铁路运营里程3000千米，新改建高速公路里程2.5万千米，新增民用机场30个以上。

二是提高循环效率。努力构建现代物流服务体系，推动建设与产业布局、消费格局相适应的物流网络，强化大容量、低成本、高效率物流骨干通道的建设，统筹物流枢纽设施、骨干线路、区域分拨中心和末端配送节点的建设，健全县乡村三级物流配送体系。

三是增强循环动能。积极推动交通运输与现代农业、先进制造业、旅游业、商贸流通业等相关产业的融合发展，大力发展枢纽经济，培育和壮大交通运输新模式、新业态。

四是保障循环安畅。全力保障国际物流供应链安全，积极拓展多元化的国际物流通道，维护国际海运重要通道的安全畅通，加强国际航空货运能力建设，加快补齐冷链物流等短板，形成内外联通、安全高效的物流网络。

五是降低循环成本。从全产业链的视角，不断降低物流体系的制度成本、要素成本、税费成本和信息成本。进一步规范和降低水路、公路、铁路运输等物流运输收费，全面清理和规范涉企收费。通过一系列的务实举措和扎实工作，努力发挥好交通运输的支撑和保障作用，为服务构建新发展格局当好先行。

思考题：除降低高速公路通行费外，还有哪些技术手段可以降低公路运输成本？

资料来源：中国网财经频道.

3.1 公路运输概述

3.1.1 公路运输的定义及我国公路运输的主要成就

1. 公路运输的定义

公路运输又称城乡道路运输，是使用汽车和其他运输工具在城乡道路上从事旅客和货物的运输。它是交通运输系统的重要组成部分，主要承担短途客货运输。在地势崎岖、人烟稀少、铁路运输和水路运输不发达的边远和经济落后地区，公路运输是主要运输方式，起着运输干线作用。

2. 我国公路运输的发展

我国的公路交通从严格意义上来说，开始于1949年，因为在那之前的相当长一段时期，我国公路对国民经济没有什么实际的意义，表现为数量少、等级差、不完整，国内机动车保有量太少。从中华人民共和国成立以来，直至实现公路运输现代化，分为3个阶段。

（1）中华人民共和国成立初期至改革开放前夕（1949—1977年）——公路运输现代化建设期。

20世纪五六十年代，根据当时形势需要和条件，公路建设基本是在原大车道、便道上修补改造进行，也有相当部分是人民解放军在进军途中一边行军一边施工的应急公路。之后，根据战备国防需要，依靠国家边防公路建设投资和"民工建勤"等方式，全国公路通车里程增长较快，达到89万千米，其中干线公路23.8万千米，县乡公路58.6万千米，企事业单位专用公路6.6万千米。虽然公路等级普遍很低，但与当时国内汽车工业水平相比，特别是与缓慢的经济发展要求相比，总体上尚能适应。

（2）改革开放（1978—2020年）——公路运输现代化转型期。

在这一转型期，中国的公路运输得到了迅速的发展。这段时期又可分为以下4个阶段。

① 转型初期（1978—1985年）。

该阶段国民经济恢复较快，对公路运输的需求迅速增长，各种交通紧张问题凸显，交通运输系统内结构不合理的问题逐渐暴露出来。突出的问题是除了公路里程仍然不能满足国民经济的增长需求外，公路等级低、效率低下的问题也日益显露出来。所有这些造成了中国公路运输业在转型的初期发展缓慢。

② 转型成长期（1986—1998年）。

由于国民经济水平的提高和人民生活水平的提高，整个运输产业的结构调整和竞争加剧，加速了公路运输业的发展。国家明确交通运输业是国民经济发展的瓶颈产业，实现了我国高速公路零的突破。

③ 转型成熟期（1999—2010年）。

从"九五"中期开始，我国公路运输业进入了转型成熟期。随着中国经济结构的转型，增加了对运输的方便性和快捷性的要求，而公路运输可实现门到门服务，这就加大了人们选择它的可能性。另外，公路作为铁路运输的互补品，随着铁路运输业的发展，必然也要求公路运输业更快的发展。

④ 转型完善期（2011—2020年）。

在2011年左右，我国公路运输业进入转型完善期，这时的公路客周转量达到14490亿人千米，公路货物周转量达到10687亿吨千米。到2021年，公路客周转量达到28313亿人千米，公路货物周转量达到15946亿吨千米。这时的客运市场进一步饱和，增长速度变慢。

（3）2021年到21世纪中叶（2021—2050年）将实现公路运输高度现代化。

从2021年到21世纪中叶，预计我国公路运输现代化水平的增长速度会有所减缓，到2050年将实现公路运输的高度现代化，与发达国家并驾齐驱。

3. 我国公路运输的主要成就

我国现已成为世界上运输最繁忙的国家之一。据统计，2019年，我国公路客、货运输量分别达到130亿人次和343.5亿吨，公路完成客运周转量8857.1亿人千米，货物周转量59636.4亿吨千米。截至2019年9月，全国拥有50辆及以上货运车辆的企业达21980个。

2019年5月31日，中俄互联互通的重要基础设施——中俄黑龙江大桥顺利合龙，一条新的国际公路大通道诞生，中俄人文和经贸往来更顺畅。2021年7月28日，中巴经济走廊陆路通道的核心路段——KKH二期项目赫韦利扬至塔科特段全线竣工通车，成为"一带一路"建设的早期收获项目之一，也成为巴基斯坦公路网南北主要骨架的重要组成部分。中蒙俄经济走廊上，新一代公路口岸车辆管理系统已在满洲里公路口岸上线运行。管理系统与内蒙古国际贸易"单一窗口"系统无缝对接，大幅提升进出境旅客通关效率及便捷性。

我国与周边国家互联互通的大通道建设加快，国际道路运输合作加速拓展。2016年，我国正式加入《国际公路运输公约》（简称《TIR公约》）。2018年，新疆霍尔果斯、黑龙江绥芬河、内蒙古满洲里等6个口岸完成了TIR试点工作。我国初步建成开放有序、现代高效的国际道路运输体系，国际道路运输便利化水平显著提高。

围绕服务经济走廊建设，我国已与21个"一带一路"合作伙伴开展了国际道路运输合作，共签署了13个双边、5个多边国际道路运输协定，建立了18个双多边事务级会谈机制。与此同时，我国国际道路运输经营业户的企业规模化、专业化程度不断提高，市场竞争力日益增强。在我国已开放的77个国际公路口岸中，有73个口岸已开展国际道路运输业务，国际道路运输年过客量、过货量稳定在800万人次和5000万吨以上水平。

"十三五"以来，全国高速公路建设次第开花，一批批重大公路项目在大江南北纷纷落地。在青藏高原、彩云之南、千湖之省、粤港澳大湾区等地"十纵十横"综合运输大通道加快联通，每年投入超过1万亿元铺就的中国公路网不断延伸。如今，我国公路通车里程约510万千米，其中高速公路15.5万千米，居世界第一位，覆盖了98.6%的20万人口以上的城市和地级行政中心。普通干线公路实现提质升级，基础服务网络广泛覆盖，截至2019年底，全国二级及以上等级公路里程达67.2万千米。四通八达的公路网在便捷人们出行的同时，也为我国经济社会发展注入了无限的生机与活力。

3.1.2 公路运输的特点、功能及作用

1. 概念的比较与分析

在理论和实践之中，我们常常用到一些既有联系，又有区别的概念，明确这些概念对准确把握本专业领域的知识是非常必要的。

（1）公路运输与汽车运输。

公路运输是按运输依托的通行途径来定义的，而汽车运输则是按运输所使用的工具来定义的。仅从概念上看，前者不仅包含后者，而且还包含拖拉机、人力车、畜力车、人工运输。但从实际运用上看，公路运输主要指汽车在公路上的运输（不包括汽车厂内运输），因此两个概念通常互换使用。

（2）道路运输与公路运输。

广义地说，道路是指能够通行的途径。不同的行为主体，对道路的界定标准不同。本领域引用的道路概念，一般是指机动车辆和行人均能通行的途径。而公路，则是公共道路的简称，习惯上指各级政府所建的连接城市之间、城乡之间、乡村之间的具有一定技术标准和设施配置的道路。以往由于管理体制的原因，通常将城市道路与公路加以区分，前者是在城建部门职责范围内管理的城市交通道路，而后者则是由交通部门管理的道路。从发展趋势看，两者逐步融为一体。公路与城市道路的概念逐步被道路概念所取代。

2. 公路运输的特点

公路运输在所有运输方式中是影响面最为广泛的一种运输方式，其具有以下特点。

（1）运用灵活。

由于我国公路网密度约比水路网、铁路网大10~20倍，其分布面也广，因而汽车可去之处多，运输方便。公路运输时间上的机动性也明显大于其他运输方式，车辆可随时调度、

装载、起运，各运输作业环节衔接时间较短。公路运输还对客、货运输批量大小具有很强的适应性，特别是对较小批量的货物或人员的紧急运输工作非常适应，这个特点使得公路运输适用于救灾工作和军事运输。

（2）载运量小。

对于汽车载运量，小客车不过载运几个人，大型巴士也仅能载运数十人，普通货运汽车可载运 3～5 吨，即使使用挂车也不过数十吨，不能与铁路列车或轮船的庞大载运量相比。

（3）"门到门"的直达运输。

公路运输可以把旅客从居住地门口直接送到目的地门口，也可以把货物从发货人仓库门口直接送到收货人仓库门口。这是由于汽车体积较小、质量较轻，既可以沿密度大、分布面广的路网运行，又可以离开路网深入工厂区内或车间内、农村田间地头、城市街道，以及机关单位和居民住宅区内。这一点是其他运输工具（如火车、轮船和飞机）所办不到的。

（4）全运程速度快。

由于公路运输可以实现"门到门"的直达运输，因此对于旅客可以减少转换运输工具所需要的等待时间和步行时间；对于限时运送货物或为适应市场临时急需货物，公路运输服务优于其他运输工具，尤其是中短途运输，其整个运输过程的速度，较任何其他运输工具都更加迅速、方便。运送速度快不仅可以加快资金周转，而且有利于保持货物质量不变和提高客、货运输的时效性。这一点对于运输贵重物品、高档电子产品、鲜活易腐货物及需要紧急运输的人员等特别重要。

（5）原始投资少。

公路运输的信号设施设备、运输线路和车站等的安装建设费用不像铁路运输那样昂贵，而且公路运输车辆的购置费用比较低，原始投资回收期短。根据统计资料，在正常经营情况下，公路运输的投资每年可以周转 2～3 次，而铁路运输的投资 3～4 年才能周转一次。汽车驾驶技术容易掌握，培养汽车驾驶员一般只需半年左右，而培养火车、轮船和飞机驾驶员则需几年时间。此外，公路运输资金周转快，产业经营容易扩大再生产。

（6）安全性较差。

公路运输由于车型多样、道路状况复杂、驾驶人员易疲劳等因素，发生交通事故相对频繁，故安全性较差。

（7）环境污染严重。

汽车在运行中对环境的污染主要是指废气污染和噪声污染。废气污染指汽车发动机排出的废气中的有害成分，包括 CO、HC、SO_2、NO_x 等，它们排入空气中达到一定浓度后，将污染大气，对人、动物和建筑物造成危害。噪声污染主要指汽车运行中的发动机噪声、喇叭噪声、车体振动噪声、排气噪声、轮胎与地面摩擦噪声、传动机构噪声等，若噪声强度超过 70dB，将损害人体健康。

3. 公路运输的功能

公路运输系统由基础设施和运输工具两部分组成。基础设施主要包括公路及其附属设施，站、场及其附属设施，公路交通控制与管理设施等；运输工具主要是汽车。

在理论上，通常将运输基本功能划分为通过与送达功能。通过功能是指在干线上完成大批量的运输；送达功能是指为通过性运输承担集散客货任务的运输。根据公路运输的特点，公路运输具备以下基本功能。

（1）与其他运输方式衔接。

衔接是指承担其他运输方式之间或其起终点处的中短途接力运输。货物从生产地点到消费地点，或者旅客由出发地到目的地的全部运输过程，往往需要由几种运输工具分工协作才能完成，并达到经济、合理的运输效果。因为公路运输具有机动灵活和"门到门"直达运输的特性，使之不仅具有各种运输方式之间的纽带作用，将其联结成为综合运输网络，而且可以完成将运输对象送到最终目的地的任务。

（2）承担中短途运输。

中短途运输主要包括城间公路客货运输、城市市区与郊区客货运输及厂矿企业内部生产过程运输等。其中，短途运输是指运距在 50km 以内的运输；中途运输是指运距为 50～200km 的运输。

（3）独立承担长途运输。

由公路运输承担长途运输时，一般要求经济运距超过 200km。根据有关资料，发达国家公路运输的平均运距为 600km 左右，近几年来，运距达 1600km 左右的水果和蔬菜、油料及蛋品的运输大部分由公路运输承担。发展中国家公路运输的经济运距虽然低于 200km，但是基于国家政治与经济建设等方面的需要，也常常由公路运输承担长途运输。

4. 公路运输的作用

公路运输在整个交通运输业中处于基础地位并发挥以下作用。

（1）公路运输灵活机动、快速直达，可以实现"门到门"的直达运输，是最便捷也是唯一具有送达功能的运输方式。

（2）铁路、水路和航空运输方式组织运输生产时需要公路运输提供集疏运的条件，各种运输方式之间的衔接，也需要公路运输来完成倒载、换装。

（3）随着高等级公路的建成及公路技术等级的逐步提高，公路客货运量在综合运输体系中所占的比重不断提高。

（4）公路运输覆盖面广、通达深度高，对城乡经济的发展起着举足轻重的作用，特别在我国中西部和一些经济不发达地区，公路运输是最主要的运输方式。

（5）公路运输发展迅速，公路交通的现代化程度直接决定了一个国家的交通发展水平。

3.1.3 公路运输的发展趋势

1. 目前我国公路运输存在的主要问题

改革开放打破了计划经济时期国有运输企业在运输市场中的垄断地位，公路运输市场也发生了巨大的变化，公路运输行业的竞争日益激烈，市场主体多元化日趋明显。为了满足国民经济对公路运输新需求，公路货物运输生产方式和经营内容不断扩展，服务方式多样化，大大促进了公路运输业的发展。但是在取得巨大成绩的同时，我国的公路运输也存在一些问题，主要表现在以下方面。

（1）公路交通的区域路网不平衡，农村交通运输基础设施仍存在短板，还不能完全满足国民经济及社会发展的需求。随着机动车数量持续增加，我国公路交通压力不断加剧，不仅影响了群众出行,而且还导致了二氧化碳排放量增加,致使生态环境受到破坏。

(2)货运站场基础功能单一、设施落后。一个完善的运输线路系统,除了道路条件外,还需要一系列的专门配置,如货运站、枢纽、快速装卸、集散运输系统等。场内搬运装卸等设备落后、不配套,无法向用户提供高效率、高质量的站场作业服务。

(3)运输车辆的车型结构不合理,技术性能较差,货物运输的效率与效益不高。随着我国大气污染防治及超限超载治理力度的加大,运输市场中老旧车辆的淘汰速度正在加快,部分货运企业及个体货车司机面临较大的成本压力。

(4)运输经营组织与管理的手段还比较落后,经营主体结构不合理,缺乏能在市场上发挥骨干作用的龙头企业,建立高效、有序的运输市场缺乏基础。

2. 公路运输发展趋势

(1)世界各国公路运输发展总趋势是它在各种运输方式中所占比重持续增大,并与铁路运输一起发展成为现代化综合运输体系中的主要力量,公铁联运趋势增强。

(2)随着公路技术等级的逐步提高,特别是高速公路的建成并投入使用,积极开展公路快速直达客、货运输已成为运输组织形式方面的主要趋势。

(3)随着公路网络的完善,特别是高速公路网的形成,按规模化要求建立集约化经营的运输企业成为趋势。

(4)随着区域经济的发展及公路基础设施和车辆的不断改进,中长距离公路运输需求增加,公路货运将向快速、长途、重载方向发展。大吨位、重型专用运输车辆因高速安全、单位运输成本低而成为我国未来公路运输车辆的主力。

(5)公路运输将与现代物流日益融合。物流业作为一种新的经济运行方式,已成为国民经济的重要服务部门之一。随着公路运输需求的逐步提高,公路货运中小批量、多品种、高价值的货物越来越多,公路运输凭借自身优势与现代物流结合组成的新的物流服务行业,是中国经济发展新的生产力。

(6)智能运输系统是未来公路运输的发展方向。智能运输系统使人、车、路及环境密切配合、和谐统一,使汽车运行智能化,从而建立一种在大范围内全方位发挥作用的实时、准确、高效的公路运输综合管理系统。随着智能运输系统技术的发展,电子技术、信息技术、通信技术和系统工程等高科技在公路运输领域将得到广泛应用,物流运输信息管理技术、运输工具控制技术、运输安全技术等均将发生巨大的飞跃,从而大幅度提高公路网络的通行能力。

3.1.4 公路运输主要技术经济指标

1. 运输生产指标

(1)货运量,指报告期内运输车辆实际运送的货物质量。

(2)货物周转量,指报告期内运输车辆实际运送的每批货物质量与其相应运送距离的乘积之和。计算公式为

$$货运周转量 = \sum(每批货物质量 \times 该批货物的运送距离) \quad (3-1)$$

(3)集装箱运量,指报告期内运输车辆运送集装箱的实际数量。

计算方法是按折算系数折合为20英尺(1英尺≈0.3048米)集装箱的数量计算。

2. 汽车运用情况的统计指标

（1）车日统计。

① 总车日，指报告期内每天在用营运车辆的累计数。一辆营运车辆，不管其技术状况是否完好，每保有一天即计为一个车日。计算公式为

$$总车日=\sum(每辆在用车辆\times 相应在用车日) \quad (3-2)$$

② 完好车日，指报告期内总车日中，营运车辆技术状况完好，不需要进行修理或维护即可参加运输的车日，包括实际出车工作及由于各种非技术性原因而停驶的车日。计算公式为

$$完好车日=总车日-非完好车日 \quad (3-3)$$

③ 非完好车日，指报告期内总车日中，因技术状况不好不能出车的车辆所占的车日，包括正在进行或等待进行维护、修理的车辆及待报废车辆所占的车日。

④ 工作车日，指报告期内完好车日中，实际出车工作的车日。一辆营运车辆，只要当天出过车（以签发路单为依据），不管其出车时间长短、出车班次多少和完成运输量多少，也不管是否发生过保养、修理、停驶或中途抛锚等情况，均计为一个工作车日。

⑤ 停驶车日，指报告期内完好车日中未出车工作的车日。一般是因为无客或无货、燃料供应中断、缺司机、缺轮胎、线路阻障，以及风、雨、雪等气象因素及其他原因而未能出车工作的车辆所占车日。工作车日与停驶车日之和为完好车日。

（2）行程统计。

① 总行程，指报告期内车辆在实际工作中所行驶的总里程数，不包括为进行保养、修理而进出保修厂及试车的里程。总行程是载运行程和空驶行程之和。

② 载运行程，指报告期内总行程中车辆载有客、货（不论是否满载）的行驶里程。

③ 空驶行程，指报告期内车辆总行程中空车行驶的里程，包括回空和调车等无载运行的里程。

（3）车辆的时间利用统计。

① 完好率，指报告期内完好车日在总车日中所占比重。车辆完好率表明在报告期内，技术状况良好可随时出车进行运输工作的车辆的情况，是反映车辆的技术状况、车辆管理、运用和修理、保养工作质量的指标。计算公式为

$$完好率 = \frac{完好车日}{总车日}\times 100\% = \frac{工作车日+停驶车日}{总车日}\times 100\% \quad (3-4)$$

② 非完好率，指报告期内非完好车日在总车日中所占的比重。计算公式为

$$非完好率 = \frac{非完好车日}{总车日}\times 100\% = 1-完好率 \quad (3-5)$$

③ 工作率，指报告期内工作车日在完好车日中所占的比重，用以反映车辆的利用程度。计算公式为

$$工作率 = \frac{工作车日}{完好车日}\times 100\% = \frac{完好车日-停驶车日}{完好车日}\times 100\% \quad (3-6)$$

车辆工作车日与车辆停驶车日之和为车辆完好车日。可见，要提高工作率必须提高完好率和减少停驶车日。

(4) 车辆运行速度性能利用统计。

① 技术速度，指车辆在运行时间内平均每小时行驶的里程。技术速度实际上是车辆的行驶速度。计算公式为

$$技术速度 = \frac{总行程}{运行小时数} \tag{3-7}$$

② 营运速度，指车辆在出车时间内平均每小时行驶的里程。计算公式为

$$营运速度 = \frac{总行程}{出车时间} \tag{3-8}$$

③ 平均车日行程，指报告期内平均每一个工作车日车辆所行驶的里程，是车辆速度性能利用与出车时间利用的综合性指标。计算公式为

$$平均车日行程 = \frac{总行程}{工作车日} = 营运速度 \times 平均每日出车时间 \tag{3-9}$$

(5) 里程利用程度统计。

① 里程利用率，指报告期内载运行程在总行程中所占的比重。提高里程利用率是提高车辆运用效率、降低运输成本的重要途径之一。计算公式为

$$里程利用率 = \frac{载运行程}{总行程} \times 100\% \tag{3-10}$$

② 空驶率，指报告期内空驶行程在总行程中所占的比重。计算公式为

$$空驶率 = \frac{空驶行程}{总行程} \times 100\% \tag{3-11}$$

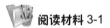
阅读材料 3-1

陕西又一高速公路即将建成通车

据陕西高速集团消息，陕西省安康市至岚皋县高速公路于 2020 年 12 月 23 日正式通车，通车后安康市至岚皋县车程将由 1 个小时 40 分钟缩短为 30 分钟。岚皋县是目前安康市唯一不通高速公路的县区，安康至岚皋高速公路正式通车后，安康将实现"县县通高速"。

安康至岚皋（陕渝界）高速公路线路全长 88.554 千米，采用双向四车道高速公路技术标准建设。其中，安康至岚皋段全长 47.414 千米，设计速度 100 千米/小时；岚皋至陕渝界段全长 41.14 千米，设计速度 80 千米/小时。全线设互通式立交 5 处，服务区 2 处。

安康至岚皋（陕渝界）高速公路是银百线的重要组成路段，线路起于安康市汉滨区建民镇忠诚村，设枢纽立交与十天高速公路相接，止于陕渝界大巴山隧道省际分界处，接在建的银百线重庆段城口县至开县段高速公路。联通后将成为陕西南向又一条出省大通道。

资料来源：光明网.

3.2 公路运输系统的组成

公路运输系统由公路运输基础设施和各种公路运输车辆组成。公路运输基础设施则包括公路及其相关建筑物、公路交通控制设备等。

3.2.1 公路

公路指连接城市、乡村，主要供汽车行驶的具备一定技术条件和设施的道路。

【拓展视频】

1. 公路的种类

（1）按行政等级不同划分。

公路按行政等级不同可分为国家公路、省公路、县公路、乡公路（分别简称国道、省道、县道、乡道），以及专用公路五个等级。

① 国道是指具有全国性政治、经济意义的主要干线公路，包括重要的国际公路，国防公路，连接首都与各省（自治区、直辖市）首府的公路，连接各大经济中心、港站枢纽、商品生产基地和战略要地的公路。国道中跨省的高速公路由交通运输部批准的专门机构负责修建、养护和管理。

② 省道是指具有全省（自治区、直辖市）政治、经济意义，并由省（自治区、直辖市）公路主管部门负责修建、养护和管理的公路干线。

③ 县道是指具有全县（县级市）政治、经济意义，连接县城和县内主要乡（镇）、主要商品生产和集散地的公路，以及不属于国道、省道的县际间公路。县道由县、市公路主管部门负责修建、养护和管理。

④ 乡道是指为乡（镇）内部经济、文化、行政服务的公路，以及不属于县道以上公路的乡与乡之间及乡与外部联络的公路。乡道由乡（镇）人民政府负责修建、养护和管理。

⑤ 专用公路是指专供或主要供厂矿、林区、农场、油田、旅游区、军事要地等与外部联系的公路。专用公路由专用单位负责修建、养护和管理，也可委托当地公路主管部门修建、养护和管理。

（2）按技术等级不同划分。

公路按技术等级不同可分为高速公路、一级公路、二级公路、三级公路、四级公路五个技术等级。

① 高速公路为专供汽车分方向、分车道行驶，全部控制出入的多车道公路。高速公路设计的年平均日交通量（annual average daily traffic，AADT）宜在15000辆当量小客车以上。

② 一级公路为供汽车分方向、分车道行驶，可根据需要控制出入的多车道公路。一级公路设计的年平均日交通量宜在15000辆当量小客车以上。

③ 二级公路为供汽车行驶的双车道公路。二级公路设计的年平均日交通量宜为5000~15000辆当量小客车。

④ 三级公路为供汽车、非汽车交通混合行驶的双车道公路。三级公路设计的年平均日交通量宜为2000~6000辆当量小客车。

⑤ 四级公路为供汽车、非汽车交通混合行驶的双车道或单车道公路。双车道四级公路设计的年平均日交通量宜在2000辆当量小客车以下；单车道四级公路设计的年平均日交通量宜在400辆当量小客车以下。

2. 公路技术等级选用的原则

一般把国道和省道称为干线，县道和乡道称为支线。对于主要干线公路应选用高速公路；次要干线公路应选用二级及二级以上公路；主要集散公路宜选用一、二级公路；次级集散公路宜选用二、三级公路；支线公路宜选用三、四级公路。

此外，公路技术等级还应根据公路网的规划及远期预测的交通量，从全局出发结合公路的使用任务、性质等综合决定。高速公路和一级公路设计交通量预测年限为 20 年；二、三级公路设计交通量预测年限为 15 年；四级公路可根据实际情况确定。设计交通量预测年限的起算年为该项目可行性研究报告中的计划通车年。

3.2.2 公路交通控制设备

随着交通量的增长，公路上的交通日益拥挤，交通混乱、阻塞的现象屡见不鲜，这不仅影响车辆的行驶速度和公路的通行能力，而且容易产生交通事故，因而特别需要加强对交通的控制与管理。公路交通控制设备主要有路面标线、交通标志、交通信号三类，其功能主要是对车辆、驾驶员和行人起限制、警告和诱导作用。

1. 路面标线

路面标线是将交通的警告、禁令、指示和指路用画线、符号、文字等标示嵌、画在路面、缘石和路边的建筑物上。路面标线有道路中心线、车道边缘线、停车线、禁止通行区等。路面标线的颜色有黄色和白色两种：白色一般用于允许车辆越过的标线，如车道线、转弯符号等；黄色一般用于不允许车辆越过的标线，如禁止通行区、不准超车的双中心线等。

路面标线还包括路标，是沿道路中线或车道边线或防撞墙埋设的反光标志物。车辆夜间行驶时，在车灯照射下，路标的反光作用勾画出行车道或车道的轮廓，从而为驾驶员提供行驶导向。

2. 交通标志

交通标志与路面标线具有相同的作用，是把交通指示、交通警告、交通禁令和指路等交通管理与控制规定用文字、图形或符号形象地表示出来，设置于路侧或公路上方的交通控制设施。它是交通的先导，交通标志分为以下四种。

（1）警告标志，唤起驾驶员对前方公路或交通条件的注意，如陡坡、急转弯、窄桥、铁路平交道口，以及影响行车安全地点的标志。

（2）禁令标志，禁止或限制车辆、行人通行的标志，如限速、不准停车、不准超车、不准左转等。

（3）指示标志，指示车辆、行人行进或停止的标志，如绕道标志、目的地标志和距离标志等。

（4）指路标志，指出前方的地名或其他名胜古迹的位置和距离，预告和指示高速公路或一级公路的中途出入口、沿途的服务设施和必要的导向等。

齐全的交通标志能有效保护路桥设施，保障交通秩序，提高运输效率和减少交通事故。它是公路沿线设施必不可少的组成成分。交通标志必须简单、明了、醒目，使驾驶员在极短的时间内能看清并识别，并具有统一性，使不同地区或国家的驾驶员都能看懂。

3. 交通信号

交通信号是重要的交通控制设备，是用于给在时间、空间上互相冲突的交通流分配通行权，使各个方向和车道上的车辆安全而有序地通过交叉口的一种交通管理措施。交通信号基本上可分为定时式和感应式两种。

（1）定时式。定时式信号是利用定时控制器，按预先设定的时间顺序，重复变换红、黄和绿三色灯。信号周期时间可按照交叉口处不同方向车流的情况预先规定一种或几种。这种方式既经济又准确可靠。

（2）感应式。感应式信号是通过车辆检测器测定到达交叉口的车辆数，及时变换信号显示时间的一种控制方式。它能充分利用绿灯时间，提高通行能力，使车辆在停车线前尽可能不停车，从而可得到安全通畅的通车效果，但感应式信号装置的造价很高。

3.2.3 公路运输车辆

汽车是由动力装置驱动，具有4个或4个以上车轮，不依靠轨道和架线在陆地上行驶的运载工具。因为我国最早出现的这种车辆多采用汽油发动机，所以称为汽车。公路运输是伴随着汽车的出现和发展而发展起来的。

【拓展视频】

1. 汽车的组成

汽车是公路运输的基本工具。它由车身、动力装置、底盘和电器仪表等部分组成。

（1）客车车身是整体车身，货车车身一般包括驾驶室和各种形式的车厢。

（2）动力装置是驱动汽车行驶的动力源，包括发动机及其燃料供给系统和冷却系统。

（3）底盘是车身和动力装置的支座，同时是传递动力、驱动汽车、保证汽车正常行驶的综合体，它包括传动系（离合器、变速器、万向传动装置、驱动桥）、行驶系（车架、轮胎及车轮、悬架、从动桥）、转向系（带转向盘的转向器及转向传动机构）和制动系（制动器和制动传动机构）。

（4）电器仪表包括电源、发动机的起动系和点火系，以及汽车照明、信号、仪表等电气设备。

2. 汽车的分类

根据GB/T 15089—2001，机动车辆和挂车分为L类、M类、N类、O类和G类。L类是指两轮或三轮机动车辆；M类是指至少有4个车轮并且用于载客的机动车辆；N类是指至少有4个车轮并且用于载货的机动车辆；O类是指挂车（包括半挂车）；G类是指越野车。其中，M类和N类汽车分类如表3-1所示。

表3-1 M类和N类汽车分类

M类（客车）		N类（货车）	
M1	座位数（包括驾驶员座位在内）≤9	N1	最大设计总质量≤3.5t
M2	座位数（包括驾驶员座位在内）>9 厂定最大总质量≤5t	N2	3.5t<最大设计总质量≤12t
M3	座位数（包括驾驶员座位在内）>9 厂定最大总质量>5t	N3	最大设计总质量>12t

厢式汽车、罐式汽车、仓栅式汽车等专用汽车，以及由多节车辆组成的汽车列队都属

于载货车辆的范畴。载客车辆包括轿车、微型客车、轻型客车、中型客车、大型客车及特大型客车（如铰接客车、双层客车等）。

3. 汽车型号表示

我国汽车产品型号表示如图3.1所示。

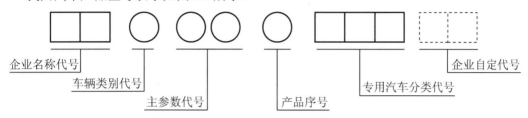

图 3.1 我国汽车产品型号表示

注：□或▭用汉语拼音字母表示；○用阿拉伯数字表示。

企业名称代号一般由企业名称头两个汉字的第一个拼音字母表示。

车辆类别代号：1——货车；2——越野汽车；3——自卸汽车；4——牵引汽车；5——专用汽车；6——客车；7——轿车；8——（暂空）；9——半挂车及专用半挂车。

主参数代号：货车、越野汽车、自卸汽车、牵引汽车及半挂车均用车辆总质量（t）表示；客车用车辆长度（m）表示，小于10m时，应精确到小数点后一位，并以其值的10倍数表示；轿车用发动机排量（L）表示，精确到小数点后一位，并以其值的10倍数表示。

专用汽车分类代号：X——厢式汽车；G——罐式汽车；T——特种结构汽车等。第二、三格为表示其用途的两个汉字的第一个拼音字母。

例如，CA1091表示中国第一汽车集团公司所产9.1t货车（第二代）；JS6820表示江苏亚星集团公司所产长度8.2m中型客车；TJ7100表示天津微型汽车厂生产的排量0.993L的轿车。

3.2.4 汽车客运站级别划分和建设要求

汽车客运站是公益性交通基础设施，是道路旅客运输网络的节点，是道路运输经营者与旅客进行运输交易活动的场所，是为旅客和运输经营者提供站务服务的场所，是培育和发展道路运输市场的载体。汽车客运站的主要功能包括运输服务、运输组织、中转换乘、多式联运、通信、辅助服务等。

【拓展视频】

1. 车站类别

（1）按车站规模不同划分。

① 等级站：具有一定规模，可按规定分级的车站。

② 简易车站：以停车场为依托，并且具有集散旅客、售票和停发客运班车功能的车站。

③ 招呼站：道路沿线（客运班线）设立的旅客上落点。

（2）按车站位置和特点不同划分。

① 枢纽站：可为两种及两种以上交通方式提供旅客运输服务，且旅客在站内能实现自由换乘的车站。

② 口岸站：位于边境口岸城镇的车站。

③ 停靠站：为方便城市旅客乘车，在市（城）区设立的具有候车设施和停车位，用于长途客运班车停靠、上下旅客的车站。

④ 港湾站：道路旁具有候车标志、辅道和停车位的旅客上落点。

(3) 按车站服务方式不同划分。

① 公用型车站：具有独立法人地位，自主经营，独立核算，全方位为客运经营者和旅客提供站务服务的车站。

② 自用型车站：隶属于运输企业，主要为自有客车和与本企业有运输协议的经营者提供站务服务的车站。

2. 站址选择

车站站址应纳入城镇总体规划，合理布局。车站站址选择应遵循以下原则。

(1) 便于旅客集散和换乘，尽可能地节省旅客出行时间和费用，减少在市内换乘次数。

(2) 与公路、城市道路、城市公交系统和其他运输方式的站场衔接良好，确保车辆流向合理，出入方便。

(3) 具备必要的工程、地质条件，方便与城市的公用工程网系（如道路网、电力网、给排水网、排污网、通信网等）的连接。

(4) 具备足够的场地，能满足车站建设需要，并有发展余地。

3. 级别划分

根据车站设施和设备配置情况、地理位置和设计年度平均日旅客发送量（以下简称日发量）等因素。车站等级划分为五个级别，以及简易车站和招呼站。

(1) 一级车站。除必备的设施和设备外，一级车站须具备下列条件之一。

① 日发量在 10000 人次以上的车站。

② 省（自治区、直辖市）及其所辖市、自治州（盟）人民政府和地区行政公署所在地，如无 10000 人次以上的车站，可选取日发量在 5000 人次以上具有代表性的一个车站。

③ 位于国家级旅游区或一类边境口岸，日发量在 3000 人次以上的车站。

(2) 二级车站。除必备的设施和设备外，二级车站须具备下列条件之一。

① 日发量在 5000 人次以上，不足 10000 人次的车站。

② 县以上或相当于县人民政府所在地，如无 5000 人次以上的车站，可选取日发量在 3000 人次以上具有代表性的车站。

③ 位于省级旅游区或二类边境口岸，日发量在 2000 人次以上的车站。

(3) 三级车站。除必备的设施和设备外，三级车站是指日发量在 2000 人次以上，不足 5000 人次的车站。

(4) 四级车站。除必备的设施和设备外，四级车站是指日发量在 300 人次以上，不足 2000 人次的车站。

(5) 五级车站。除必备的设施和设备外，五级车站是指日发量在 300 人次以下的车站。

4. 设施规模

车站占地面积按每 100 人次日发量指标进行核定，且不低于表 3-2 所列指标的计算值，规模较小的四级车站和五级车站占地面积不应小于 $2000m^2$。

表 3-2　车站占地面积指标　　　　　　　　　　　　　　　单位：m²/百人次

车站等级	一级车站	二级车站	三、四、五级车站
占地面积	360	400	500

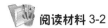
阅读材料 3-2

智能物流试水 5G 网络

智能物流领域将成为 5G 应用的重要突破口。借助 5G 高带宽、低时延、广连接的技术特性，京东物流已经建成的 5G 智能园区通过 5G+高清摄像头不仅可以实现人员的定位管理，还可以实时感知仓内生产区拥挤程度，及时优化调度资源，极大提高生产效率；5G 与工业物联网的结合，能帮助实现园区内人员、资源、设备管理与协同；5G 还能帮助园区智能识别车辆，并智能引导货车前往系统推荐的月台作业，让园区内的车辆更加高效有序。

京东物流已经全面达成了与我国三大通信运营商的战略合作，联合探索 5G 技术应用场景。2019 年 9 月，京东物流宣布将在东莞"亚洲一号"仓库开展 5G 智能物流园区建设，打造 5G 智能物流联合创新实验室。在北京召开的 2019 年全球智能物流峰会上，京东物流 CEO 透露，位于北京"亚洲一号"智能物流运营中心的 5G 智能物流示范园区已经基本落成。同时，京东物流 5G 智能物流平台 LoMir（络谜）也首次公开亮相，这是以"5G+物联网+人工智能"为底层核心的技术平台，实现了 5G 网络通信技术及物联网平台与物流应用的深度融合创新。

资料来源：环球网.

3.3　公路运输组织与管理

3.3.1　公路旅客运输组织与管理

旅客运输是交通运输中最活跃的领域。公路旅客运输由于其独特的优势在综合运输体系中占据了重要地位。它不仅承担了铁路、水路和航空旅客运输的集散任务，而且还担负相当数量的旅客直达运输任务。

1. 公路客运的营运方式

公路客运的营运方式大体上可以分为开行班车、出租客运、旅游客运和旅客联运四种方式。

（1）开行班车。

开行班车以售票作为组织客流的手段，是目前汽车运输企业经营客运业务的主要方式。按照国家及有关部委的规定，班车可按以下几种方式分类。

① 按班次性质不同分类。

a. 普通班车指站距较短、停靠站点（含招呼站）较多，通常配备随车乘务员的班车。其特点是沿线按站停靠，沿线客运各站均可发售车票、上下旅客、装卸行包，无特殊情况一般不准超载。

b. 直达班车指由始发站直达终点站，中途只作技术性停留，不上下旅客的班车。直达班车可以按距离长短，分为长途直达班车和普通直达班车。长途直达班车指跨区、跨省，运距长的直达客运班车。其运行速度通常比普通班车快，发售车票限制在一定里程以上的站点，不发售短途客票，除指定停靠的站点外，其他站点不予停靠，要求车厢宽敞，座位舒适，对于特别长的线路车厢内还应设有卧铺，并尽可能地在车厢内设置空气调节设备等。普通直达班车是指中短途的直达班车，其只停靠县、市及大镇等主要站点。

c．城乡公共汽车指由城区开往附近农村乡镇，站距短，旅客上下频繁，并配备随车乘务员的短途班车。其特点是按点停靠，随车乘务员负责售票和提供站务服务，车厢较为宽敞，座位较少，容载量较大，票价一般较普通班车的低。公共汽车又可根据城镇、农村的不同情况，分别开行城镇公共汽车和农村公共汽车。城镇公共汽车行驶于城镇之间，多为城市居民探亲访友，机关、厂矿职工上下班采用，随身携带的行李较少，要求迅速方便。农村公共汽车行驶于城乡或农村之间，多为城乡居民探亲访友、赶集采用。

② 按班次的时间不同分类。

a．白班车指白天运行的各种客运班车。

b．夜班车指在夜间运行，发车时间或到达时间都在夜间的客运班车。

③ 按运行区域不同分类。

a．县境内班车指运行在本县境内的各种客运班车。

b．跨县班车指运行在本地（市、州）境内，县与县之间的各种客运班车。

c．跨区班车指运行在本省（自治区、直辖市）境内，地（市）与地（市）之间的各种客运班车。

d．跨省班车指运行在国内省与省之间的各种客运班车。

e．跨国班车指在国与国之间运行的客运班车。

④ 按运行距离不同分类。

a．一类班车指运行距离在 800km 及以上的客运班车，一般称超长客运。

b．二类班车指运行距离在 400（含 400）～800km 的客运班车。

c．三类班车指运行距离在 150（含 150）～400km 的客运班车。

d．四类班车指运行距离在 25（含 25）～150km 的客运班车。

e．短途班车指运行距离在 25km 以下的客运班车。

（2）出租客运。

出租客运指为了适应集体用车需求，如大型会议交通用车、集体参观访问用车、厂矿职工上下班的交通用车等，可用计时、计程的方式予以包车。为了满足租车用户乘车人数和舒适程度的不同要求，运输企业要有不同车型、不同座位、不同豪华程度的大、中、小型客车，制定不同运价，供租车人选用。出租客运与班车客运的区别在于没有固定线路和固定客流。

（3）旅游客运。

旅游客运指在旅客较多的旅游线路上开办的旅客运输方式。这种客运通常对舒适性要求较高，而且车型不能单一，应具备较高级的大、中、小型客车，以满足不同旅客的需要，同时还应配有导游人员。运输企业应按照不同情况，开展不同方式的旅游客运业务，如旅游班车、旅游包车及交通食宿一条龙的旅游客运业务等。

（4）旅客联运。

旅客联运是方便旅客和组织客流的一种有效措施。开展旅客联运的企业要与各运输部门签订联售火车、轮船、汽车、飞机等客票协议；在港、站设立联合售票所，开展火车、汽车、轮船、飞机客票的代订、联售业务，并代办行包托运、旅客接送、旅行咨询等服务项目；在旅客中转量大的城市，可设立代办中转客票的专门机构等。旅客联运可以免去旅客中途换乘时购票、候车、候船、候机的诸多困难，减少中转时间，因此受到旅客的欢迎。

2. 公路客运组织工作的基本原则

旅客运输的基本任务是最大限度地满足人们对于旅行的需要，尽可能地为旅客提供物质和文化生活方面的良好服务，保证安全、迅速、经济、舒适、便利地将旅客送到目的地。为此，旅客运输组织工作应遵循以下基本原则。

（1）注意与其他运输工具间的衔接配合和综合利用，最大限度地满足社会对于旅客运输日益增长的需要。

（2）加强客运工作的计划性，坚持正点运行，确保服务的可靠性和及时性。

（3）争取最大限度的直达化，减少中转环节，提高运送速度，尽量缩短旅客在途时间。

（4）不断改善客运站务工作，配备必要的现代化服务性设施，为旅客提供良好的旅行环境和服务质量。

（5）确保人身安全和车辆完好，坚持生产必须安全的方针。

3. 公路客运站及站务作业

公路客运站是公路客运企业的主要基层生产单位，它担负着接送旅客和组织客车运行等工作。客运站通过一系列站务作业，保证旅客安全、及时、经济、方便、舒适地到达目的地，同时为企业制订客运计划、统计、经济核算等工作提供原始资料，为企业改善经营管理，提高经济效益作出贡献。因此，客运站的站务作业是客运工作的重要内容。

客运站站务作业是指旅客发送和到达的业务工作，如图 3.2 所示。

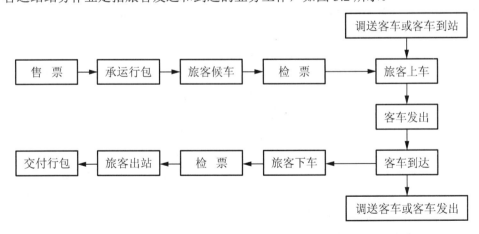

图 3.2　客运站站务作业

（1）售票工作。

车票是乘车票据的总称（包括全价票、减价票等），它是旅客乘车的凭证，也是旅客支付票价的依据和凭证。在旅行前，旅客最关心的是按自己的需要买到车票，因此售票工作十分重要。对旅客而言,能否买到所需的车票,是能否按预订计划到达旅行目的地的主要依据;对车站而言,售票是组织客运工作,为旅客提供服务的开始或第一步。

售票工作的基本要求是准确、迅速、方便,其中最重要的是准确(包括乘车日期、车次及发车时间、票款等)。为使广大旅客能迅速、方便地买到车票,车站应采取多种形式售票,如网上售票、手机售票、自助售票机售票、人工窗口售票等。

一些汽车站全面推行电子客票,旅客可提前在汽车站微信公众号、支付宝、旅游网站上提前购票,线下所有窗口支持电子支付。购票成功后将收到的短信,点击短信内的链接即可显示电子客票二维码和相关班次信息,持此电子客票二维码即可在发车前检票乘车。

(2) 行包托运和交付。

行包是指旅客随身携带的行李和物品,如衣服、日常用品、土特产等。它应当随车同行,并保证安全运输。行包应由托运人包装完整,捆扎牢固,每件质量不超过 30kg,体积不超过 $0.12m^3$。危险品、禁运品、机密文件、贵重物品、易碎品等不得夹入行包内托运。

行包的发送作业包括承运、保管和装车。行包的到达作业包括卸车、保管和交付。行包自承运时起到交付时止,运输部门要承担安全运输责任。在运输过程中因运输部门责任发生损坏或丢失,应由运输部门负责修理或赔偿;但若因自然灾害而发生损坏或丢失等情况,运输部门不负赔偿责任。

行包在运输过程中要经过很多环节,彼此间应办好交接手续,以便分清责任,防止差错,驾驶员在行包装运和交付时,如发现交付单与货物不符、行包破损和其他异状时,经确认后应在交托单上注明现状,由交出方签章,以明确责任。

(3) 候车室服务工作。

候车室服务工作是客运站站务作业的必要组成部分。做好候车室服务工作,是保证客运工作正常进行的必要条件,而且为旅客创造一个良好的候车环境,提供热情周到的服务,可直接提高旅客运输服务质量。

候车室服务人员不仅要保持候车室内清洁,宣传交通常识和旅行安全知识,正确回答旅客的询问,而且要根据不同旅客的具体情况,提供良好的服务和帮助,特别要对老弱病残旅客进行重点照顾。因此,客运站服务人员不仅要树立全心全意为人民服务的思想,而且要具有为旅客服务的能力,除了熟悉本站客运工作的各个程序、客运规章制度、本站营运线路、全程站名、始发和经过的各次班车及停靠站点,还应了解当地及附近地区的情况,如当地机关、学校、厂矿、企业、招待所、主要旅馆和服务行业情况,以及旅游景点、名胜古迹等,才能及时回答旅客的询问,更好地为旅客服务。

(4) 组织乘车及发车。

组织旅客有秩序地上车并使班车安全正点地发出,投入正常营运,是客运站站务作业的一项重要内容。为了维护上车秩序,保证旅客不错乘、漏乘,必须对持有车票的旅客办理检票手续,即上车前对旅客车票上的车次、日期、到达站等进行检查。检票后标志着车站的一切准备工作已就绪,旅客的旅行生活已开始。做好检票工作,可以复查旅客是否有错乘漏乘,正确统计上车人数,为有计划地输送旅客提供可靠的数据和资料。

旅客上车就座后,驾驶员和乘务人员应利用发车前的时间做好宣传工作,使旅客了解本次班车到达的终点站、沿途停靠站、途中膳宿地点、到达时间及行车中的注意事项等。开车前的宣传工作是保证安全行车的有效措施之一。班车发出前,车站值班站长或值班员应作最后检查,确认各项工作就绪,车辆情况正常,才能发出允许放行信号。驾驶员在得到允许放行信号后方可启动班车。客运班车能否安全正点地从车站发出,是衡量站务工作的管理水平和全体客运工作人员业务水平的重要指标。

(5) 接车工作。

班车到达,值班员应指挥车辆停靠在适当地点,查看路单、交接清单等资料,了解本站下车人数,点交本站的行包、公文及物品等,并立即通知有关人员进行各项站务作业,包括照顾旅客下车,提醒下车旅客不要将随带物品遗留在车厢内,检验车票,解答旅客提出的问题,还包括准确卸下到达车站的行包,并与交接清单核对;在路单上填清班车到达时间;根据路单上的有关记录或驾驶员的反映,处理其他临时遇到的事项。

4. 公路客运组织

搞好公路旅客运输工作的关键是客运组织工作。客运组织工作主要包括行车组织方法、客运班次安排、编排循环代号、单车运行作业计划和调度工作等。

(1) 行车组织方法。

公路客运除了特殊需要的旅客包车外,通常都是以定量客运班车方式组织旅客运输。当客运汽车的周转时间超过驾驶员的正常工作时间时,可采用直达行驶法和分段行驶法两种行车组织方法。但是,由于采用分段行驶法时,在路段衔接处旅客需要换车,增加了旅客在途时间并使旅客感到不便,从而可能导致部分旅客放弃乘用客运汽车出行,使客运汽车的工作效率降低。因此,在大多数情况下,公路客运的行车组织方法都是采用直达行驶法。

(2) 客运班次安排。

客运班次主要包括行车线路、发车时间、起讫站、中途站及停靠点等。

客运班次是车站提供给旅客安排旅行的依据,也是车站完成旅客运输任务和企业据以安排运输计划的一项重要的基础工作。客运班次安排得科学合理,可使旅客往返乘车方便,省时省钱,使客车运行不超载、不空载,确保企业生产计划的完成并提高车辆工作效率及经济效益。

安排客运班次,必须深入进行客流调查,在掌握各线、各区段旅客流量、流向、流时及其变化规律的基础上研究确定。在安排客运班次时应考虑以下因素。

① 根据旅客流向及其变化规律,确定班次的起讫站和中途站,兼顾始发站及各中途站旅客乘车的需要。凡有条件开行直达班次的就不要中途截断分成几个区间班次,从而减少旅客的中转换乘。

② 安排班次的多少,取决于客流量大小。遇到节假日及集会等客流量猛增时,要及时增加班车或组织专车、提供包车等来疏导客流,以解燃眉之急。

③ 根据旅客流时规律来安排班次时刻。例如,农村公共客运要适应农民早进城晚归乡的习惯,很多旅客要经由其他线路、其他班次,或火车、轮船中转换乘,因此各线班次安排要尽量考虑相互衔接及与其他交通工具的中转换乘。

④ 安排班次时刻,应考虑车辆运行时间、旅客中途膳宿地点、驾驶员作息时间及有关站务作业安排。

以上各项要求,难以面面俱到,只能从具体情况出发,分清主次,统筹兼顾。可见客运班次的安排,是一项很重要而又细致复杂的工作。客运班次经确定后由车站公布执行,一经公布,应保持班次的稳定性和严肃性。除冬夏两季因适应季节变化需调整行车时刻外,平时应尽量避免临时变动,更不应任意停开班次、减少班次或变动班次时刻,如果需调整最好在冬夏季调整时刻的同时进行。

（3）编排循环代号。

客运班次确定后，就要安排车辆如何运行。对属于本企业经营分工范围内的全部班次，通过合理编排，确定需要多少辆客车运行，即编出多少个循环代号。所谓一个循环代号，就是一辆客车在一天内的具体任务，运行指定的一个或几个班次。全部循环代号即包括全部班次。有了循环代号，才能进一步编制单车运行作业计划和进行车辆调度。根据不同班次和不同车型，可以分为小组定线循环，在特定条件下，也可以定线定车行驶。

循环代号的内容一般包括代号名称（一般用数字编号表示）、班次的起讫站名、开到时间、距离里程、车日行程等相关内容。由于班车运行是连续的，因此编制循环代号要合理分配运行任务，各个代号的车日行程要基本相当，代号要首尾相连，便于循环，使各单车均衡地完成生产任务。

编制客车运行周期循环表，首先要确定客车运行周期循环。客车运行周期循环的方式主要有大循环运行、小循环运行与定车定线运行三种。

① 大循环运行是指将全部计划编号统一编成一个周期，全部车辆按确定的顺序循环始终的运行方式。这种循环方式适用于各条线路的道路条件相近、车辆状况基本相同的情况。其优点是每辆客车的任务安排基本相同，车日行程接近，驾驶员的工作量比较平均；缺点是循环周期长，驾、乘人员频繁更换运行线路，不利于掌握客流及道路变化的情况，并且一旦某个局部计划被打乱，会影响整个计划的进行。按大循环运行方式编制的客车运行计划表如表3-3所示。

表3-3 客车运行计划表（大循环运行）

车辆动态	车号	任务代号/座位 日期	1	2	3	4	5	6	7	8	9	10	11	12	13	14	15	16	31	工作车日	车月行程
A	001	40	二保	1	2	3	4	5	6	7	8	9	10	11	12						
E	005	40		二保	1	2	3	4	5	6	7	8	9	10	11	12					
A	003	40			二保	1	2	3	4	5	6	7	8	9	10	11	12				
E	004	40				二保	1	2	3	4	5	6	7	8	9	10	11	12			
B	002	40	12				二保	1	2	3	4	5	6	7	8	9	10	11			
A	006	40	11	12				二保	1	2	3	4	5	6	7	8	9	10			
C	007	40	10	11	12				二保	1	2	3	4	5	6	7	8	9			
A	009	40	9	10	11	12				二保	1	2	3	4	5	6	7	8			
D	008	40	8	9	10	11	12				二保	1	2	3	4	5	6	7			
A	010	40	7	8	9	10	11	12				二保	1	2	3	4	5	6			
E	012	40	6	7	8	9	10	11	12				二保	1	2	3	4	5			
A	011	40	5	6	7	8	9	10	11	12				二保	1	2	3	4			
E	013	40	4	5	6	7	8	9	10	11	12				二保	1	2	3			
A	014	40	3	4	5	6	7	8	9	10	11	12				二保	1	2			
E	015	40	2	3	4	5	6	7	8	9	10	11	12				二保	1			
A	016	40	1	2	3	4	5	6	7	8	9	10	11	12				二保			

② 小循环运行是指将全部计划编号分成几个循环周期,将车辆划分为几个小组分别循环的运行方式。其优点是有利于驾、乘人员了解与掌握运行范围的线路和客流变化等情况,有利于安全运行和提高服务质量;缺点是有时客车运用效率不如大循环运行方式。按小循环运行方式编制的客车运行计划表如表3-4所示。

表3-4 客车运行计划表（小循环运行）

车辆动态（上月底夜宿地点）	车号	日期 任务代号 座位	1	2	3	4	5	6	7	8	9	10	11	12	13	14	31	工作车日	车月行程
A	001	40	二保	1	2	3	4	5	6	1	2	3	4	5	6	1			
E	005	40	6	二保	1	2	3	4	5	6	1	2	3	4	5	6			
A	003	40	5	6	二保	1	2	3	4	5	6	1	2	3	4	5			
E	004	40	4	5	6	二保	1	2	3	4	5	6	1	2	3	4			
A	002	40	3	4	5	6	二保	1	2	3	4	5	6	1	2	3			
E	006	40	2	3	4	5	6	二保	1	2	3	4	5	6	1	2			
A	007	40	7	8	7	8	7	8	二保	7	8	7	8	7	8	7			
D	009	40	8	7	8	7	8	7	8	二保	7	8	7	8	7	8			
A	008	40	9	10	9	10	9	10	9	10	二保	9	10	9	10	9			
C	010	40	10	9	10	9	10	9	10	9	10	二保	9	10	9	10			
A	012	40	11	12	11	12	11	12	11	12	11	12	二保	11	12	11			
B	011	40	12	11	12	11	12	11	12	11	12	11	12	二保	11	12			
A	013	40	1	2	3	4	5	6											
A	014	40							7	8									
A	015	40									9	10							
A	016	40											11	12					

③ 定车定线运行是指将某一车型固定于某条线路运行的方式,一般在营运区域内道路条件复杂或拥有较多车型时采用,或在多班次班线时采用。其优点是有利于驾、乘人员较详细地了解与掌握运行线路客流变化等情况,有利于提高服务质量;缺点是客车不能套班使用,对提高车辆运用效率有一定影响。按定车定线运行方式编制的客车运行计划表如表3-5所示。

表3-5 客车运行计划表（定车定线运行）

车辆动态（上月底夜宿地点）	车号	日期 任务代号 座位	1	2	3	4	5	6	7	8	9	10	11	12	13	14	31	工作车日	车月行程
A	001	40	二保	1	2	1	2	1	2	1	2	1	2	1	2	1			
E	005	40	2	二保	1	2	1	2	1	2	1	2	1	2	1	2			
A	003	40	3	3	二保	3	3	3	3	3	3	3	3	3	3	3			
E	004	40	5	4	5	二保	4	5	4	5	4	5	4	5	4	5			
A	002	40	4	5	4	5	二保	4	5	4	5	4	5	4	5	4			
E	006	40	11	6	7	6	7	二保	6	7	6	7	6	7	6	7			

续表

车辆动态(上月底夜宿地点)	车号	任务代号	座位	1	2	3	4	5	6	7	8	9	10	11	12	13	14	31	工作车日	车月行程
A	007		40	6	7	6	7	6	7	二保	6	7	6	7	6	7	6			
D	009		40	9	8	9	8	9	8	9	二保	8	9	8	9	8	9			
A	008		40	8	9	8	9	8	9	8	9	二保	8	9	8	9	8			
C	010		40	7	10	11	10	11	10	11	10	11	二保	10	11	10	11			
A	012		40	10	11	10	11	10	11	10	11	10	11	二保	10	11	10			
B	011		40	12	12	12	12	12	12	12	12	12	12	12	二保	12	12			
A	013		40	1	2	3	4	5	6											
A	014		40							7	8									
A	015		40									9	10							
A	016		40											11	12					

(4) 单车运行作业计划和调度工作。

客运调度室应依据循环代号、车辆状况及其运行情况（车辆型号、技术性能、额定座位、完好率、工作率、平均车日行程、实载率、车座产量等），预计保留一定数量的机动车辆以备加班、包车及其他临时用车等，加以统筹安排、综合平衡后，编制各单车运行作业计划并组织执行。在执行计划过程中，可能会遇到各种因素干扰，调度人员应采取相应措施排除扰乱计划的因素，保证运行作业计划的实施。

客运调度室是代表企业执行生产指挥的职能机构，各级调度有权在计划范围内指挥客车运行，在特殊情况下实施计划外调度。驾驶员、乘务员对调度命令必须严格执行，即使有不同意见，在调度未作出更改之前，仍应执行调度命令，以确保运行组织工作顺利进行。

5. 安全正点行车技术组织

客运工作的服务对象是人。保证旅客运输的绝对安全是运输企业及全体客运工作人员（驾驶员、乘务员、调度员、站务员等）义不容辞的职责。客运工作人员要以对旅客生命财产极端负责的态度科学调度、精心驾驶、周到服务，做好本职工作。

为保证客运车辆安全运行，应注意以下事项。

（1）注重驾驶员的安全行车教育，避免出现违章驾车现象。

（2）按时对客运车辆进行维修技术作业，定期检测，消除行车故障隐患。

（3）提高驾驶员在特殊条件下的驾驶技术，保证行车安全。

（4）在条件允许的情况下，尽量采取固定线路、班期运营方式，使驾驶员对行驶的道路条件比较熟悉。

（5）针对旅客进行安全旅行知识的宣传，严防旅客携带易燃易爆等危险品上车。

客运班车的正点发车和正点到达，对保证旅客按计划旅行，保证车站作业和运行组织工作顺利进行，并最终实现安全正点运输，有重要意义。在旅客运输全过程中，必须以安全正点为中心，合理组织各个方面的工作，明确各自的职责，全面提高旅客运输服务质量。

6. 稽查工作管理

（1）组织机构和工作范围。

地、州（市）级运输企业及一、二级车站，均应设置稽查职能机构，配备必要的稽查人员，由单位的一位领导分管稽查工作。根据二级管理原则，在辖区范围内开展运输稽查活动，及时处理和研究运输稽查中存在的问题及改进措施。

稽查人员应选择工作认真负责、坚持原则、作风正派、熟悉运输业务，敢于同不良现象作斗争的人员担任，稽查人员应报经上级主管部门审定，发给证件。凡是企业所属站、车人员必须接受并配合稽查人员执行稽查任务。稽查主要包括以下内容。

① 检查运输规章制度及运行执行情况。
② 票据的管理、使用和营收报结情况。
③ 站务组织，行车管理，站、车秩序，安全、卫生、宣传等情况。
④ 站务、驾、乘人员的服务工作质量。
⑤ 纠正无票乘车、私运旅客、贪污舞弊等违章、违纪、违法行为。

（2）稽查工作方法及有关纪律。

稽查工作方法及有关纪律包括以下内容。

① 可采取"定期与不定期""定点与流动"检查等形式，必要时可组织全省范围内的联合大检查或分片、分区的互查。

② 一、二级车站应经常组织稽查人员上路、上车、下站开展稽查工作，但必须有两名以上的稽查人员，佩戴稽查工作证，共同执行任务。

③ 稽查人员应模范执行运输法规，从维护法纪、改进工作出发，态度和蔼、实事求是地处理问题，不得假公济私变相进行私人报复。

④ 发现问题，应认真填写稽查记录，对违反公路运输规章的单位和个人，视情节轻重有权进行批评教育，建议有关部门给予处理。对无票或持无效客票乘车的旅客，有权责成乘务员办理补票、罚款手续。对拒绝检查、态度蛮横、无理取闹、一再说服无效及严重违纪案件，稽查人员有权暂扣车辆、路签、票据，当面出具收据，并立即用电话报请上级处理。

⑤ 每次稽查工作结束后要有报告，内容包括时间、地点、任务、参加成员、发现的问题及处理情况和意见等。报告一般一式三份：一份稽查单位存查，一份送被查单位，一份报主管运输企业。

⑥ 各级稽查部门应认真处理信访工作，并定期召开稽查工作会议，交流、总结经验，表彰先进，不断改进稽查工作。

3.3.2 公路货物运输组织与管理

近年来，我国公路货物运输发展较快，特别是改革开放以来，国营、集体、个体一起参与运输市场竞争，使得运输市场蓬勃发展。但同时也带来一些问题，如货运市场自揽自运、分散经营的落后状态使运输经营效益不高、信息不灵通、组织化程度低、联运能力差等。随着现代化的公路网、车辆及站场的不断完善，如何运用现代管理理论和方法实现运输组织管理的现代化，就显得尤为重要。

1. 普通货物运输组织

对运输、装卸、保管没有特殊需求的一般货物（如煤炭、建材、粮食、化肥、日用工业品等）统称为普通货物。普通货物运输组织方法将直接影响其运输费用，因此，做好普通货物运输组织工作尤为重要。普通货物运输组织方法包括以下几种。

（1）直达行驶法。

直达行驶法是指每辆汽车装运货物由起点经过全线直达终点，卸货后再装货或空车返回，即货物中间不换车［图3.3（a）］。

① 直达行驶法的工作特点。采用直达行驶法时，因车辆在线路上的运行时间较长，为保证驾驶员休息和行车安全，驾驶员每天的工作时间不应超过 8h。在特殊条件下可适当延长，但最多不得超过 12h。在工作日内最多每经过 4h 要休息一次（休息时间 0.5h 以上），以便进餐和检查车辆。

车辆采用直达行驶法，因中途无须换装，从而可以减少货物装卸作业劳动量。直达行驶法适用于货流稳定，但运量不大的货运任务，如零担货物的长途运输等。

② 驾驶员工作制度。采用直达行驶法时，驾驶员的工作制度可根据具体情况采取以下几种方式。

a．单人驾驶制。单人驾驶制是指车辆在整个周转时间内，由一名驾驶员负责和照管全程运输。在整个周转结束后，驾驶员在线路起点换班。

b．双人驾驶制。双人驾驶制是指车辆在整个周转时间内，由两名驾驶员轮流驾驶。这样可以大大缩短车辆的周转时间，提高车辆的有效利用程度和货物运输速度。

c．换班驾驶制。换班驾驶制是指车辆由一组驾驶员共同负责，每名驾驶员负责担任一个固定路段的驾驶任务，换班后再休息。

（2）分段行驶法。

分段行驶法是指将货物全线运输线路适当分成若干段，即称区段。每一区段均有固定的车辆工作，在区段的衔接点，货物由前一个区段的车辆转交给下一个区段的车辆接运，每个区段的车辆不出本区段工作［图3.3（b）］。为了缩短装卸货交接时间，在条件允许的情况下，也可采取甩挂运输。

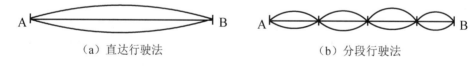

图3.3　行车组织方法简图

① 分段行驶法的工作特点。采用分段行驶法时，采用载拖式牵引车或半挂车运输货物是最理想的。这样，货物在路段衔接处只需换牵引车即可。这种行驶方法可避免货物多次倒装，减少货损货差现象。组织分段行驶法时，需要在路段衔接处设置相应的站点、场地和装卸设备，以供车辆换装货物或交换牵引车之用。

② 分段行驶法的工作组织。分段行驶法中，每个货运站各自分管所属路段的车辆和货运组织管理工作。根据货运站在所属路段中的位置不同，可分为短路段和长路段两种工作方法。

a．短路段工作法。当货运站设在两个路段的衔接处时，称为短路段工作法［图3.4（a）］。短路段工作法宜采用单人驾驶制，路段的长度应使车辆能在驾驶员的一个工作班时间内完成一个周转。

b．长路段工作法。当货运站设在路段中间，且将货运站所属路段分成两个区段时，称为长路段工作法［图3.4（b）］。

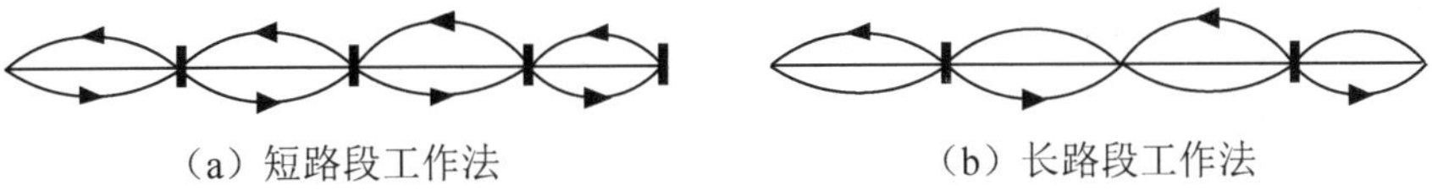

（a）短路段工作法　　　　　　　（b）长路段工作法

图 3.4　分段行驶法示意图

长路段工作法可使货运站的数目减半。工作制度宜采用换班驾驶制，一名驾驶员负责由货运站到路段起点这一段，另一名驾驶员负责由货运站到路段终点这一段。

（3）甩挂运输组织。

甩挂运输也称甩挂装卸，是指汽车列车在运输过程中，根据不同的装卸和运行条件，由载货汽车或牵引车按照一定的计划，相应地更换拖带挂车继续行驶的一种运行方式。由于甩挂运输既保留了定挂运输的优点，又克服了增加载重量后造成车辆过长的装卸作业停歇时间，使得车辆载重和时间利用均能得到充分的发挥，具有较佳的经济效益。

在不同的运输条件下，可以有多种甩挂方式，其依据的基本原理和采用的基本方法是相同的。以汽车列车行驶在往复式线路上进行两头甩挂作业情况为例（图 3.5）：一辆货车配备 3 辆挂车，当汽车列车在甲地装货行驶至乙地时，先摘下重挂车①，卸车工人集中力量卸空主机，然后挂上已卸空的挂车②返回甲地；与此同时，乙地卸车工人完成甩下挂车①的卸车作业；汽车列车回到甲地时，先摘下挂车②，装车工人集中力量装载主机，然后挂上已装毕的挂车③继续向乙地行驶；同时，甲地装车工人完成挂车②的装车作业。

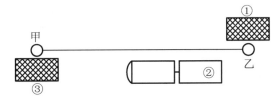

图 3.5　甩挂原理图

2. 零担货物运输组织

（1）零担货物运输的概念。

零担货物运输是与整车货物运输相对而言的。凡托运人一次托运计费质量不足 3t 的货物时，称为零担货物，对上述货物的运输称为零担货物运输。零担货物运输是运输企业为适应社会零星货物运输的需要，采用一车多票、集零为整、分线运送的一种货物运输的营运方式。

汽车零担货物具有数量小、批次多、包装不一、品种繁杂、到站分散的特点，而且许多商品价格较高，多数品种怕潮湿、怕重压、怕污染。经营零担货物运输需要库房、货棚、货场等设施，以及与之配套的装卸、搬运、堆码的机械工具和苫垫设备。在受理运输过程中，验收、检斤、量方、仓储保管、配装发放、跨区跨省中转接驳、运费结算等方面，都有其独特的作业程序和要求，因而与普通整车货物运输比较，零担货物运输在经营管理上有更高的要求。

（2）零担货物运输的组织形式。

零担货物运输由于集零为整，站点、线路较为复杂，业务烦琐，因而开展零担货物运输业务，必须采用合理的运输组织形式。

① 固定式。固定式也称"五定运输",指车辆运行采取定线路、定站点、定班期、定车辆、定时间的一种组织形式。

这种组织形式要求根据营运区内零担货物流量、流向等调查资料,结合历史统计资料和实际需要,在适宜的线路上开行定期零担货物运输班车。固定式零担货物运输组织形式为零担货主提供了许多方便,有利于他们合理地安排生产和生活。对汽车运输部门来说,固定式也有利于实行计划运输。

② 非固定式。非固定式指按照零担货流的具体情况,根据实际需要,随时开行零担货车的一种组织形式。

这种组织形式由于缺少计划性,必将给运输部门和货主带来一定不便。因此只适宜于在季节性或在新辟零担货物运输线路时作为一种临时性的措施。

③ 直达式。直达式指在起运站,将各发货人托运到同一到达站,而且性质适合配装的零担货物,同车装运直接送达到达站,途中不发生装卸作业的一种组织形式,如图 3.6 所示。

④ 中转式。中转式指在起运站将各个托运人,发往同一去向,不同到达站,而且性质适合于配装的零担货物,同车装运到规定的中转站另行配装,继续运往各到达站的一种组织形式,如图 3.7 所示。图 3.7 中,从 A 站到 C 站或 D 站,需在 B 站中转,途中发生一次换装作业。

图 3.6 直达式简图　　　　　　　图 3.7 中转式简图

⑤ 沿途式。沿途式指在起运站将各托运人发往同一线路,不同到达站,而且性质适合于配装的零担货物,同车装运,按计划在沿途站点卸下或装上零担货物,运往各到达站的一种组织形式。沿途式组织工作比较复杂,车辆途中运行时间比较长,但能满足沿途各站点的需要,充分利用车辆的载重及容积。

3. 特种货物运输组织

货物运输中,有一部分货物由于本身的性质、质量、体积特殊,因此对装卸、运送和保管等环节有特殊要求,这类货物统称为特种货物。特种货物通常可分为长大笨重货物、危险货物、贵重货物和鲜活易腐货物。

(1) 长大笨重货物运输。

① 长大笨重货物的概念。

a. 长大货物。凡整件货物,长度在 6m 及 6m 以上,宽度超过 2.5m,高度超过 2.7m 时,称为长大货物,如大型钢梁、起吊设备等。

b. 笨重货物。货物每件质量在 4t 以上(不包括 4t),称为笨重货物,如锅炉、大型变压器等。

② 运输长大笨重货物应注意的事项。

a. 托运长大笨重货物时,除按一般普通货物办理托运手续外,还应向发货人索要货物说明书，必要时还应索要货物外形尺寸的三面视图（以"+"表示重心位置），拟定装货、加固等具体意见及措施。在特殊情况下，还需向有关部门办理准运证。

b. 指派专人观察现场道路和交通情况。沿途有电缆、电话线、煤气管道或其他地下建筑物时，应研究车辆是否能进入现场，现场是否适合装卸、调车和运送工作等。

c. 了解运行线路上桥、涵、渡口、隧道、道路的负荷能力及道路的净空高度。如需修筑便道或改拆建筑物，应事先洽请托运方负责解决。

d. 货物装卸应尽可能使用适宜的装卸机械。装车时应使货物的全部支撑均匀而平稳地分布在车辆底板上，以免损坏车辆底板或大梁。

e. 对于集重货物，为使其质量能均匀地分布在车辆底板上，必须将货物安置在纵横垫木上或相当于起垫木作用的设备上。

f. 货物重心应尽量置于车辆底板纵横中心交叉垂线上，如无可能时，则应对其横向位移严格限制，纵向位移在任何情况下，不得超过轴荷分配的技术数据。

g. 根据具体运输业务情况，研究加固措施，以保证运输服务质量。重件的加固，应在重件的重心高度相等处捆扎为"八"字形、拉线纵横角度尽量接近15°，拉线必须牢固绞紧，避免货物在行进中发生移位，而使重心偏离。

h. 按指定的线路和时间行驶，并在货物最长、最宽、最高部位悬挂明显的安全标志，日间挂红旗、夜间挂红灯，以引起往来车辆的注意。特殊的货物要有专门车辆在前方引路，以便排除障碍。

（2）危险货物运输。

① 危险货物的概念。

凡具有爆炸、易燃、毒害、腐蚀、放射性等性质，在运输、装卸和储存保管过程中，容易造成人身伤害和财产损毁而需要特别防护的货物，均称危险货物。

② 申请从事道路危险货物运输经营，专用车辆及设备应当具备下列条件。

a. 自有专用车辆（挂车除外）5辆以上；运输剧毒化学品、爆炸品的，自有专用车辆（挂车除外）10辆以上。

b. 专用车辆的技术要求应当符合《道路运输车辆技术管理规定》。

c. 配备有效的通信工具。

d. 专用车辆应当安装具有行驶记录功能的卫星定位装置。

e. 运输剧毒化学品、爆炸品、易制爆危险化学品的，应当配备罐式、厢式专用车辆或压力容器等专用容器。

f. 罐式专用车辆的罐体应当经质量检验部门检验合格，且罐体载货后总质量与专用车辆核定载重量相匹配。运输爆炸品、强腐蚀性危险货物的罐式专用车辆的罐体容积不得超过 $20m^3$，运输剧毒化学品的罐式专用车辆的罐体容积不得超过 $10m^3$，但符合国家有关标准的罐式集装箱除外。

g. 运输剧毒化学品、爆炸品、强腐蚀性危险货物的非罐式专用车辆，核定载重量不得超过10t，但符合国家有关标准的集装箱运输专用车辆除外。

h. 配备与运输的危险货物性质相适应的安全防护、环境保护和消防设施设备。

③ 申请从事道路危险货物运输经营，从业人员和安全管理人员应当具备下列条件。

a. 专用车辆的驾驶人员取得相应机动车驾驶证，年龄不超过60周岁。

b. 从事道路危险货物运输的驾驶人员、装卸管理人员、押运人员应当经所在地设区的市级人民政府交通运输主管部门考试合格，并取得相应的从业资格证；从事剧毒化学品、爆炸品道路运输的驾驶人员、装卸管理人员、押运人员应当经考试合格，取得注明为"剧毒化学品运输"或者"爆炸品运输"类别的从业资格证。

c. 企业应当配备专职安全管理人员。

④ 申请从事道路危险货物运输经营，应有符合下列要求的停车场地。

a. 自有或者租借期限为3年以上，且与经营范围、规模相适应的停车场地，停车场地应当位于企业注册地市级行政区域内。

b. 运输剧毒化学品、爆炸品专用车辆及罐式专用车辆，数量为20辆（含）以下的，停车场地面积不低于车辆正投影面积的1.5倍，数量为20辆以上的，超过部分，每辆车的停车场地面积不低于车辆正投影面积。

c. 停车场地应当封闭并设立明显标志，不得妨碍居民生活和威胁公共安全。

⑤ 危险货物运输车辆与设备管理注意事项。

a. 危险货物运输车辆生产企业应当按照工业和信息化主管部门公布的产品型号进行生产。危险货物运输车辆应当获得国家强制性产品认证证书。

b. 运输危险货物的可移动罐柜、罐箱应当经具有专业资质的检验机构检验合格，取得检验合格证书，并取得相应的安全合格标志，按照规定用途使用。

c. 禁止使用报废的、擅自改装的、检测不合格的、车辆技术等级达不到一级的和其他不符合国家规定的车辆从事道路危险货物运输。除铰接列车、具有特殊装置的大型物件运输专用车辆外，严禁使用货车列车从事危险货物运输；倾卸式车辆只能运输散装硫黄、萘饼、粗蒽、煤焦沥青等危险货物。

d. 道路危险货物运输企业或单位应当到具有污染物处理能力的机构对常压罐体进行清洗（置换）作业，将废气、污水等污染物集中收集，消除污染，不得随意排放，污染环境。

e. 设区的市级道路运输管理机构应当定期对专用车辆进行审验，每年审验一次。审验按照《道路运输车辆技术管理规定》进行，并增加以下审验项目：专用车辆投保危险货物承运人责任险情况；必需的应急处理器材、安全防护设施设备和专用车辆标志的配备情况；具有行驶记录功能的卫星定位装置的配备情况。

⑥ 运输危险货物应注意的事项。

a. 托运与承运。托运危险货物，仅限于汽车运输危险货物品名表内列载的货物，托运时需提交技术说明书。承运危险货物，需经有关部门审核批准，危险货物托运单必须为红色或带有红色标志，以引起注意。

b. 包装与标志。危险货物在包装时，应根据不同的货种、要求用特定的材料来制造容器，并要以一定的包装方法进行包装。容器的封口、衬垫、捆扎及每件最大质量等都必须符合规定要求，每件包装上应有规定的包装标志及危险货物包装标志。

c. 配装。危险货物必须严格按照危险货物混装表的规定进行配装，不同性质而相互有影响的货物不得拼装一车。装运火药类的爆炸品，以车辆核定吨位的80%为限。装运一级腐蚀性酸类物资，不得超过两层，严禁用铁货箱、平板车装危险货物，并一律不带挂车。装运危险货物的车厢，应配备必要的消防防护设备。装运易燃物资的车辆，排气管应装置火星熄灭器，防止火星飞溅造成火灾。

d. 装车。在危险货物装车之前，要调查清楚该危险货物的特性、处理方法、防止措施等。作业场所最好选在避免日光照射、隔离热源和火源、通风良好的地点。要详细检查所装危险货物与运输文件上所载内容是否一致，容器、包装、标志是否完好。如发现包装有损坏、容器有泄漏现象，应请发货单位调换包装、容器或修理加固，符合安全运输要求方可装运，严禁冒险装运。装车时，装卸人员要注意防护，穿戴必要的防护用品，严格执行装卸安全操作规程，不得使用发生火花的工具，必须轻装轻卸，防止货物撞击、震动、摩擦、重压、倒置、滚翻、摔倒，确保安全装卸。

e. 运送。运送危险货物，应选择技术良好、熟悉道路的驾驶员担任。装载爆炸性、放射性物品，托运方必须派人随车押运。凡装载危险货物的车辆，除押运人员外，不得乘搭其他人员。车前悬挂有危险字样的三角旗，并按当地公安部门指定的线路、时间行驶。行驶中，驾驶员应严格遵守交通规则和操作规程，思想集中、谨慎驾驶，保持一定车距中速行驶，并做到经过不平路要慢，经过铁路要慢，上下坡、起步、倒车也要慢，避免紧急制动，严禁超速和强行超车，中途停车应选择安全点停放，押运人员不得远离。

f. 卸车交付。危险货物卸车时，不得采用抛扔、坠落、拖拽等方法，避免货物之间的撞击和摩擦。要做到交付无误，交付后要对车辆进行清洗、消毒处理。

g. 漏散处理。在装运危险货物时，出现泄漏现象，应按规定的防护办法及时采取措施。

h. 消防措施。装运危险货物的车辆发生火警，有关人员应根据所装货物的特性，采取不同的灭火方法，立即尽力扑救，防止火势蔓延，减少损失。

（3）贵重货物运输。

贵重货物指价格昂贵，运输责任重大的货物。贵重货物可分为货币及主要证券、贵重金属及稀有金属、珍贵艺术品、贵重药材和药品、贵重毛皮、珍贵食品、高级精密机械及仪表、高级光学玻璃及其制品、高档日用品等。

贵重货物价格昂贵，运输责任重大，因此装车时应严格清查。检查包装是否完整，货物的品名、质量、件数与货单是否相符，装卸时怕震的贵重货物要轻拿轻放，不要挤压。运送贵重货物需派责任心强的驾驶员运送，要有托运方委派专门押运人员跟车。运输途中严防交通事故和盗抢事件发生，为此有时需武装押运。交付贵重货物要做到交接手续齐全，责任明确。

（4）鲜活易腐货物运输。

鲜活易腐货物指在运输过程中，需要采取一定措施，以防止货物腐坏变质或动、植物死亡。鲜活易腐货物主要有鲜鱼虾、鲜肉、瓜果、蔬菜、牲畜、观赏野生动物、花木秧苗、蜜蜂等。

① 鲜活易腐货物的运输特点。

a. 季节性强，运量变化大。例如，水果、蔬菜大量上市的季节，沿海渔场的渔汛期等，都会随季节的变化，运量呈大幅度的变化。

b. 运送时间上要求紧迫。大部分鲜活易腐货物极易变质，要求以最短的时间、最快的速度及时运到。

c. 运输途中需要特殊照顾的一些货物，如牲畜、家禽、蜜蜂、花木秧苗等的运输，需配备专用车辆和设备，并有专人沿途进行饲养、浇水等特殊照顾。

② 鲜活易腐货物的运输组织工作。

良好的运输组织工作对保证鲜活易腐货物质量十分重要。如前所述，鲜活易腐货物的运输有其独特性，这就要求运输部门应掌握这些特点，事前做好货源摸底和核实工作，根据其运输规律，适当安排运力，保证及时运输。

发货人托运鲜活易腐货物前，应根据货物不同特性，做好相应的包装。托运时需向承运方提出货物最长的运到期限，某一种货物运输的具体温度及特殊要求，提交卫生检疫等有关证明，并在托运单上注明。

承运鲜活易腐货物时，应由货运员对托运货物的质量、包装和温度进行认真的检查。要求质量新鲜，包装合乎要求，温度符合规定。对已有腐烂变质征象的货物，应加以适当处理，对不符合规定质量的货物不予承运。

鲜活易腐货物装车前，必须认真检查车辆的状态，车辆及设备完好方能使用，车厢如果不清洁，应进行清洗和消毒，适当风干后，才能装车。装车时应根据不同货物的特点，确定其装载方法。例如，冷冻货物需保持货物内部蓄积的冷量，可紧密堆码；水果、蔬菜等需要通风散热的货物，必须在货件之间保留一定的空隙；怕压的货物必须在车内加搁板，分层装载。

鲜活易腐货物的运输途中，应由托运方指派押运人员沿途照料，承运方对押运人员应交代安全注意事项，并提供工作和生活上的便利条件。炎热天气运送时，应尽量利用早晚行驶。运输牲畜、蜜蜂等货物时，应注意通风、散热，尽力避免在运送中的掉膘与死亡。

4. 货运车辆行驶线路及其选择

货运车辆行驶线路是指在完成运输工作中的运行线路，包括空驶和有载行程。由于货运任务的性质和特点不同，道路条件及所用车辆类型不同，即使在相同的收发货物之间，货运车辆也可以选择不同的行驶线路来完成给定的货运任务。显然，车辆按不同的线路完成计划的运输任务时，对运输效率和运输成本会有不同的影响。因此，在满足货运任务要求的前提下，选择经济效益较好的行驶线路，是组织车辆运行的一项十分重要的工作。

（1）行驶线路的种类。

在一定的货流条件下，货运车辆的行驶线路可分为往复式、环形式、汇集式和辐射式四大类。

① 往复式行驶线路。往复式行驶线路是指车辆在两个装卸作业点之间的线路上，作一次或多次重复运行的行驶线路。它又可以分为单程有载往复式行驶线路、回程部分有载往复式行驶线路和双程有载往复式行驶线路三种形式。

单程有载往复式行驶线路。单程有载往复式行驶线路在运输方式中属于常见方式，但车辆里程利用率不可能大于 50%，生产效率在三种往复式行驶线路中最低。

回程部分有载往复式行驶线路。假如车辆在回程载有货物，但是没有达到全程，或全程有载但是实载率低，这就构成了回程部分有载往复式行驶线路。这种形式的车辆里程利用率大于 50%，但是小于 100%，因而相对于单程有载往复式行驶线路，其利用率有所提高。目前许多企业通过回程"配载"的方式，尽量减少回程空驶路段或空载现象。

双程有载往复式行驶线路。假如车辆在回程中全程有载，就构成了双程有载往复式行驶线路。这种形式的车辆里程利用率最高，其值可以接近 100%。

由此可见，上述三种往复式行驶线路中，双程有载往复式行驶线路的里程利用率最高，其工作效率也最高；其次是回程部分有载往复式行驶线路；生产效率最低的是单程有载往复式行驶线路。

② 环形式行驶线路。环形式行驶线路是指车辆在若干个装卸作业地点所组成的封闭回路上，作连续单向行驶的线路。它又可以分为简单式环形行驶线路、交叉或三角形式环形行驶线路和复合式环形行驶线路三种形式。

货物运输方向基本上相向或平行，但两端装卸货场都不在同一地点上的循环回路，称为简单式环形行驶线路。由相向的两条单程运输线形成一个三角形或交叉组成两个三角形的循环回路，称为交叉或三角形式环形行驶线路。兼有简单式环形行驶线路和交叉或三角形式环形行驶线路特征的环形行驶线路，称为复合式环形行驶线路。

环形式行驶线路的选择，以完成同样货运任务时，里程利用率最高，即空车行程最短为原则。

③ 汇集式行驶线路。汇集式行驶线路是指按单程进行货运生产组织的车辆行驶的线路。车辆由起点发车，在货运任务规定的各货运点依次装（卸）货，并且每次装（卸）货量都小于一整车，车辆完成各货运点运输任务后，最终返回原出发点。汇集式运输时，车辆可能沿一条环形线路运行，也可能在一条直线线路上往返运行。一般汇集式行驶线路可以分为分送式行驶线路、收集式行驶线路和分送—收集式行驶线路三种形式。沿运行线路上各货运点依次进行卸货的线路，称为分送式行驶线路；沿运行线路上各货运点依次进行装货的线路，称为收集式行驶线路；沿运行线路上各货运点分别或同时进行分送及收集货物的线路，称为分送—收集式行驶线路。当车辆按汇集式行驶线路完成运输工作时，通常以单程或周转为基本运输过程进行组织。

④ 辐射式行驶线路。辐射式行驶线路是指货物由某一地点运往不同方向的收货点，或由不同方向发货点运往同一收货点而形成的车辆行驶线路，实际上它是由若干往复式行驶线路组合而成的线路。在城市货运工作中，车站、码头的货物集散，以及煤炭、粮食仓库的煤、粮分运工作，一般都采用辐射式行驶线路。

（2）货运车辆行驶线路的选择。

行驶线路的选择是运输所要考虑的主要因素，也是影响运输成本的主要因素。在运输过程中往往会面临许多具体的问题。例如，有时从单一的起点出发到单一的终点，有时从多个起点出发到多个终点；有时每一个起点既有货物要送，又有货物要取；有时有多辆运输工具可以使用，每一运输工具都有自己的容量和承载量的限制；因车辆容量的限制或其他因素，要求先送货再取货；考虑司机的就餐和休息；有时追求的目标是互相矛盾的。所以，运输问题就不可能有一个普遍适用的解决方案。这部分内容，有兴趣的读者可以参考运筹学中的运输问题、最短路径问题、旅游者问题等，求解的方法有图上作业法、表上作业法、Dijkstra算法、蚁群算法、遗传算法等。在实际运用中，需根据实际情况选择合适的模型和算法。

（3）货运车辆的选择。

运输车辆的选择主要是指车辆选择和载重量的选择。

合理选择车辆不仅可以保证货物完好，而且可以提高车辆载重量的利用率、装卸工作效率，缩短运达期限并减少运输费用。

① 车辆类型的选择。车辆类型的选择主要是指对通用车辆和专用车辆的选择。专用车辆是考虑到专门或特种物资的运输需求而对汽车本身的设备装置进行改造，使之更适合专门或特种物资运输的车辆。针对不同类型货物的运输，需采用相应的专用车辆，可以保证货物的完好，减少劳动消耗量，改善劳动条件，提高行车安全及运输经济性。

货运汽车专用化的最大优点是减少或不进行运输包装而采用散装运输，从而节约大量包装材料，减少运输成本。但是其缺点也很明显，由于是专用车辆，当运输货物种类发生变化时，其适应性就比较差，并且专用车辆较普通货运车辆的购置和维护成本也比较高。

随着现代物流的发展，小批量、多批次、多品种、集装化的运输出现的频率越来越高，因此如何在通用车辆和专用车辆间进行选择，将直接影响运输企业的运输生产柔性。

② 车辆载重量的选择。确定车辆最佳载重量选择的首要因素是货物批量。对于大批量货物运输，在道路法规允许的范围内采用最高载重量车辆是合理的。而当货物批量有限时，车辆载重量需要与货物批量相适应，否则车辆载重量过大，必将增加材料与动力消耗量，增加运输成本。

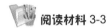

阅读材料 3-3

公安部新《道路交通事故处理程序规定》实施

为进一步规范道路交通事故处理工作，保护当事人合法权益，公安部 2017 年 7 月 22 日修订发布了《道路交通事故处理程序规定》（公安部令第 146 号），于 2018 年 5 月 1 日起施行。

公安部交通管理局有关负责人介绍，事故处理事关群众切身利益，事关社会公平正义，事关公安机关执法公信力。修订《道路交通事故处理程序规定》的目的，就是要积极回应群众对依法、公正、高效处理道路交通事故的新期待、新要求，不断推进道路交通事故处理规范化，切实维护当事人合法权益。对比修订前的《道路交通事故处理程序规定》，新规定深入贯彻党的十九大精神和以人民为中心的发展理念，集中体现了便民利民、公平效率、严格规范、公开透明的要求，对交通事故处理的多项制度进行调整完善，出台了 4 个方面 15 项新措施。

资料来源：公安部网站.

3.4 公路运输安全

3.4.1 交通事故调查与处理

1. 交通事故分类

（1）按事故发生造成的损失、责任不同划分。

根据事故发生造成的损失、责任不同划分，交通事故可分为轻微事故、一般事故、重大事故及特大事故。

① 轻微事故是指一次造成轻伤 1～2 人，或者财产损失机动车事故不足 1000 元、非机动车事故不足 200 元的事故。

② 一般事故是指一次造成重伤 1～2 人，或者轻伤 3 人以上，或者财产损失不足 3 万元的事故。

③ 重大事故是指一次造成死亡 1～2 人，或者重伤 3 人以上 10 人以下，或者财产损失 3 万元以上不足 6 万元的事故。

④ 特大事故是指一次造成死亡 3 人以上，或者重伤 11 人以上，或者死亡 1 人同时重伤 8 人以上，或者死亡 2 人同时重伤 5 人以上，或者财产损失 6 万元以上的事故。

(2) 按事故损害后果的表现类型不同划分。

根据事故损害后果的表现类型不同划分,交通事故可分为死亡事故、伤人事故、财产损失事故。

① 死亡事故是指仅有人员死亡,或者既有人员死亡又有人员受伤和财产损失的交通事故。

② 伤人事故是指仅有人员受伤,或者既有人员受伤又有财产损失的交通事故。

③ 财产损失事故是指仅有财产损失的交通事故。

2. 交通事故调查

(1) 交通事故数据类型。

① 表征交通事故状况的数据,如交通事故发生次数、受伤人数、死亡人数、经济损失额、万车死亡率、10万人死亡率、安全度等。

② 表征交通事故发生条件的数据,如交通事故发生的地点、时间、现场的道路几何参数、路面状况、行驶车速、车辆的性能参数等。

③ 表征交通事故环境条件的数据,如人口数、机动车保有量、驾驶员数量、交通流量、交通违章数量、道路里程、路网密度、交通设施密度等。

④ 表征交通管理条件的数据,如警力配置、勤务管理、纠正违章、交通管制、安全设施等。

(2) 交通事故调查的项目。

根据职责分工、调查目的的不同,可分为以下几项。

① 交通事故现场勘查。

内容包括:a. 接到报案的时间,事故发生和发现的时间、地点,以及报案人的基本情况;b. 现场保护人员的基本情况、现场保护措施及发现的情况;c. 现场勘查的时间、地点及周围的情况;d. 现场的类型、有无变动及异常情况;e. 现场丈量记录(包括伤、亡、车辆和其他物质损失情况,痕迹的详细情况,提取的痕迹、物证的名称、数量等);f. 现场照片与现场图;g. 现场技术鉴定材料(包括车辆技术鉴定、道路鉴定、尸体检验等)。

② 交通事故成因调查。

内容包括:a. 交通事故当事人调查;b. 交通事故车辆调查;c. 交通事故地点的道路与环境调查;d. 交通事故成因分析。

③ 交通安全专项调查。

内容包括:a. 区域交通安全调查;b. 交通事故多发地点调查;c. 肇事逃逸调查等。

3. 交通事故处理

交通事故处理是车辆在道路上因过错或意外造成的人身伤亡或财产损失事件的处理。交通事故处理的依据是《中华人民共和国道路交通安全法》和《中华人民共和国道路交通安全法实施条例》。交通事故的处理包括以下几个步骤。

(1) 受理报案。公安交通管理部门接到当事人或其他人的报案之后,按照管辖范围予以立案。

(2) 现场处理。公安交通管理部门受理案件后,立即派员赶赴现场,抢救伤者和财产,勘查现场,收集证据。

（3）责任认定。在查清交通事故事实的基础上，公安交通管理部门根据事故当事人的违章行为与交通事故的因果关系、作用大小等，对当事人的交通事故责任作出认定。

（4）裁决处罚。公安交通管理部门应依据有关规定，对肇事责任人予以警告、罚款、吊扣或吊销驾驶证、拘留的处罚。

（5）损害赔偿调解。对交通事故造成的人员伤、亡及经济损失的赔偿，按照有关规定和赔偿标准，根据事故责任划分相应的赔偿比例，由公安交通管理部门召集双方当事人进行调解。双方同意达成协议，由事故调解人员制作并发给损害赔偿调解书。

（6）向法院起诉。如双方当事人在法定期限内调解无效，公安交通管理部门终止调解，并发给调解终结书，由当事双方向法院提起民事诉讼。

3.4.2 车辆维修制度

1. 道路运输车辆技术管理概述

道路运输车辆技术管理是指对道路运输车辆在保证符合规定的技术条件和按要求进行维护、修理、综合性能检测方面所做的技术性管理。根据《道路运输车辆技术管理规定》，道路运输车辆技术管理应当坚持分类管理、预防为主、安全高效、节能环保的原则。道路运输经营者是道路运输车辆技术管理的责任主体，负责对道路运输车辆实行择优选配、正确使用、周期维护、视情修理、定期检测和适时更新，保证投入道路运输经营的车辆符合技术要求。

2. 车辆检测诊断

（1）车辆检测诊断的作用和主要内容。

车辆的检测诊断是指在不解体情况下，判断汽车或总成的技术状况、查明故障部位及原因的技术。车辆检测诊断技术在汽车制造厂、汽车运输部门、汽车维修行业、车辆安全管理部门得到了广泛应用。汽车新产品的性能鉴定、在用汽车技术等级的评定、维修过程中的检测诊断、维修竣工后的验收及维修质量检测、车辆安全性能年度审验等，都离不开车辆检测诊断技术。运用车辆检测诊断技术，就是应用必要的仪器设备，准确、迅速地确定车辆的技术状况和工作能力，查明故障的部位及原因，用以代替几十年来的人工经验判断方法，达到科学、高效、正确的目的。车辆检测诊断的主要内容包括：汽车的安全性（制动、侧滑、转向、前照灯等）；可靠性（异响、磨损、变形、裂纹等）；动力性（车速、加速性能、底盘输出功率、发动机功率、转矩、燃油供给系统、点火系统状况等）；经济性（燃油消耗）；噪声和废气排放状况等。

对车辆进行上述全部或多种性能检测，统称综合性能检测。能承担车辆综合性能检测的检测机构即为综合性能检测机构，只测定某种性能的检测机构为单一性能检测机构。在车辆检测诊断工作中所用的设备称为检测诊断设备。检测诊断设备与一般检测仪器的基本区别为能否在汽车或总成不解体状况下确定其工作能力和技术状况，并查明故障或隐患的部位和原因。

（2）车辆技术状况监控体系的建立。

汽车运输业车辆检测制度的制定和汽车综合性能检测机构的建立是车辆技术状况监控体系的重要内容。

① 车辆检测制度的制定。《道路运输车辆技术管理规定》规定交通运输部主管全国道路运输车辆技术管理监督，县级以上地方人民政府交通运输主管部门负责本行政区域内道路运输车辆技术管理监督。县级以上道路运输管理机构具体实施道路运输车辆技术管理监督工作。

按照规定，对营运车辆按行驶里程或行驶时间实行定期或不定期检测，对非营运车辆实行不定期检测，对维修车辆实行质量抽检。检测项目应满足综合性能检测的要求，并要建立管理制度，严格执行检测标准。客车、危货运输车自首次经国家机动车辆注册登记主管部门登记注册不满60个月的，每12个月进行一次检测和评定；超过60个月的，每6个月进行一次检测和评定。其他运输车辆自首次经国家机动车辆注册登记主管部门登记注册的，每12个月进行一次检测和评定。客车、危货运输车的综合性能检测应当委托车籍所在地汽车综合性能检测机构进行。货车的综合性能检测可以委托运输驻在地汽车综合性能检测机构进行。

② 汽车综合性能检测机构的建立。建设汽车综合性能检测机构是加强车辆技术管理的重要措施。各省、自治区、直辖市交通运输厅（局）是汽车综合性能检测机构的主管部门，负责规划、管理和监督，以使汽车综合性能检测机构与车辆检测诊断工作协调发展，布局合理，避免盲目性；制定本地区的行业检测标准和检测制度，以及对汽车综合性能检测机构的检测条件、检测质量和管理水平等进行管理和监督。各省、自治区、直辖市交通运输厅（局）应对汽车综合性能检测机构进行认定。经认定后的检测机构可代表交通运输管理部门对车辆行驶质量进行监控。目前，我国已初步形成了全国性的车辆综合性能检测网络，为适应车辆综合检测的要求，交通厅（局）应根据《汽车综合性能检测机构能力的通用要求》（GB/T 17993—2017）的有关规定，对已经建成的汽车综合性能检测机构进行认定。对认定合格后的检测机构，由当地交通厅（局）颁发检测许可证。

3. 车辆的维护

（1）车辆维护的要求。

车辆维修是指在汽车使用过程中，为维持和恢复车辆的技术状况、保持车辆的工作能力所采取的技术措施。车辆的维修思想和维修工艺组织是否科学、维修装备是否先进、维修技术和规范是否合理，对车辆维修质量都有重大影响；而车辆维修质量的高低对于车辆使用技术状况的好坏和使用寿命的长短也具有决定性作用。车辆维修具体可分为车辆维护和车辆修理。

车辆维护是保持车容整洁、及时发现和消除故障及其隐患、防止车辆早期损坏的技术作业。通过车辆的技术维护，应使车辆达到下列要求：①汽车经常处于技术状况良好的状态，可以随时出车；②在合理使用的前提下，不会因中途损坏而停车，或因机械故障而影响行车安全；③在运行过程中，降低燃料、润滑油及配件和轮胎的消耗；④各总成的技术状况应尽量保持均衡，以延长汽车大修间隔里程；⑤减轻车辆噪声和排放污染物对环境的污染。

（2）汽车维护原则。

道路运输经营者应当建立车辆维护制度。车辆维护分为日常维护、一级维护和二级维护。日常维护由驾驶员实施，一级维护和二级维护由道路运输经营者组织实施，并做好记录。

日常维护是驾驶员保持车辆正常工作状况的经常性工作。一级维护由专业维修工负责执行，其作业中心内容除日常维护作业外，以清洁、润滑、紧固为主，并检查制动、操纵等安全部件。也就是说，在车辆经过较长里程的运行后，要特别注意对车辆的安全部件进行检视维护。二级维护由专业维修工负责执行，其作业中心内容除一级维护作业外，以检查、调整为主，包括拆检轮胎、进行轮胎换位。这是因为车辆在经过更长里程的运行后，必须对车况进行较全面的检查、调整，维持其使用性能，以保证车辆的安全性、动力性和经济性达到使用要求。

道路运输经营者应当依据国家有关标准和车辆维修手册、使用说明书等，结合车辆类别、车辆运行状况、行驶里程、道路条件、使用年限等因素，自行确定车辆维护周期，确保车辆正常维护。道路运输经营者可以对自有车辆进行二级维护作业，保证投入运营的车辆符合技术管理要求，无须进行二级维护竣工质量检验。道路运输经营者不具备二级维护作业能力的，可以委托二类以上机动车维修经营者进行二级维护作业。机动车维修经营者完成二级维护作业后，应当向委托方出具二级维护出厂合格证。用于运输剧毒化学品、爆炸品的专用车辆及罐式专用车辆（含罐式挂车），应当到具备道路危险货物运输车辆维修资质的企业进行维修。专用车辆的牵引车和其他运输危险货物的车辆由道路运输经营者消除危险货物的危害后，可以到具备一般车辆维修资质的企业进行维修。

4. 车辆的修理

（1）车辆修理的含义。

汽车修理是为恢复汽车完好技术状况或工作能力和寿命而进行的作业，目的是及时排除故障，补偿有形磨损，恢复汽车的技术经济性能，延长使用寿命。

（2）车辆修理的分类。

车辆修理按作业范围可分为车辆大修、总成大修、车辆小修和零件修理四类。

① 车辆大修。车辆大修是新车或经过大修后的车辆，在行驶一定里程（或时间）后，经过检测诊断和技术鉴定，用修理或更换车辆任何零部件的方法，恢复车辆的完好技术状况，完全或接近完全恢复车辆寿命的恢复性修理。汽车大修是对汽车进行全面的检修，一般要整车解体和总成解体，需要的作业时间较长。

② 总成大修。总成大修是车辆的总成经过一定使用里程（或时间）后，用修理或更换总成任何零部件（包括基础件）的方法，恢复其完好技术状况和寿命的恢复性修理。

汽车是由发动机附离合器总成、车架总成、前桥总成、后桥总成、车身总成等构成的。在使用过程中，各个总成的磨损程度不尽相同，技术性能的变化情况也不一致。有些总成在车辆大修间隔里程定额未达到之前不需修理，个别总成则由于技术状况变差不宜继续使用，应立即进行解体修理或更换部分零部件，以恢复其应有的技术性能。

总成大修有两种作业方式：就车大修，即某辆汽车的总成修竣后仍装在原车上，汽车同时停厂等待；总成互换大修，是将预先修竣或新购置的总成换装到汽车上，然后对换下的总成进行大修，以备下次替换用。

③ 车辆小修。车辆小修是用修理或更换个别零部件的方法，保证或恢复车辆工作能力的运行性修理，主要是消除车辆在运行过程或维护作业过程中发生或发现的故障或隐患。

小修亦称运行性修理，作业范围一般没有相对固定的作业项目，也没有严格的作业周期。多数小修作业是替换零部件的作业，对有些有一定规律性的小修作业，可以有计划地安排在某次二级维护作业中合并进行，作为二级维护附加作业。当汽车的小修频率很高时，表明汽车的技术状况恶化，应通过技术检测诊断，确定是否需要进行大修或总成大修。

④ 零件修理。零件修理亦称旧件修复，是对因磨蚀、变形、损伤等原因不宜继续使用但尚有修复价值的零件进行的恢复性修理。零件修理应符合经济合理的原则。一般情况下，修复的零件，价值低于新购零件，装车使用可以降低修理费用。修复后的零件应符合其原有的规格、标准，可以继续使用。零件修理是一种机械加工作业，不纳入车辆维修计划中。

车辆的检测诊断和维修是保证运行车辆技术状况完好的重要手段，也是实现车辆运输行业管理的关键。对车辆实行定期、不定期检测，认真做好车辆的维护和维修工作，对保持运输行业车辆技术状况良好，降低零部件和总成故障率，延长车辆使用寿命，减少维修费用，保证安全运输生产，提高经济效益、社会效益、环境效益，有着十分重要的作用。因此，加强车辆检测诊断和维修的管理，是各级交通运输管理部门和各运输、维修单位不可忽视的重要工作。

3.4.3 公路运输企业安全管理的评价

安全管理是指在运输生产的全过程中，为保证承运对象的安全可靠，所进行的各项活动的总和。公路运输企业安全管理需要建立在一定的评价标准上。

1. 评价标准

根据国外的有关资料，结合我国汽车运输企业的特点和现状，提出下列基本评价标准，供考核企业安全管理质量时参考。

（1）企业制订全面的安全管理长远规划和详细的年度安全管理计划。

（2）企业内部所有人员每月安全培训教育 8 小时以上。

（3）外勤班组成立安全管理小组的面达到 100%，内勤班组达到 60%，并真正开展了安全管理活动。

（4）企业的高层建立有保证安全管理的领导机构和决策机构，下属各层次设有推行安全管理工作的专门机构。

（5）企业具有整体的安全方针目标，建立了安全保证体系。

（6）企业各层次的安全预防措施完善、有效。

2. 评价指标

公路运输的安全质量是由其生产特性决定的。现有的公路运输安全质量考核包括以下指标。

（1）百万车千米事故率。

$$百万车千米事故率 = \frac{事故次数}{汽车总行程} \times 10^6 \text{（单位为次/百万车千米）} \tag{3-12}$$

（2）万车行车事故死亡率。

$$万车行车事故死亡率 = \frac{行车事故致死人数}{年均车辆数} \times 10^4 \text{（单位为人/万车）} \tag{3-13}$$

(3) 厂、队、站、库安全事故率。

$$厂、队、站、库安全事故率 = \frac{厂、队、站、库安全事故次数}{厂、队、站、库平均车位数}(单位为次/年车位) \quad (3-14)$$

(4) 货损率。

$$货损率 = \frac{货物损坏件（吨）数}{周期交运总件（吨）数} \times 100\% \quad (3-15)$$

(5) 货差率。

$$货差率 = \frac{货物差错件（吨）数}{周期交运总件（吨）数} \times 100\% \quad (3-16)$$

(6) 货运损失赔偿金额率。

$$货运损失赔偿金额率 = \frac{赔偿金额}{周期货运总收入} \times 100\% \quad (3-17)$$

(7) 行包赔偿率。

$$行包赔偿率 = \frac{赔偿金额}{周期行包总收入} \times 100\% \quad (3-18)$$

(8) 客车准班率。

$$客车准班率 = \frac{正班车数}{总发车数} \times 100\% \quad (3-19)$$

(9) 发车正点率。

$$发车正点率 = \frac{正点发车数}{总发车数} \times 100\% \quad (3-20)$$

(10) 旅客正运率。

$$旅客正运率 = \frac{正运人数}{总人数} \times 100\% \quad (3-21)$$

(11) 行包正运率。

$$行包正运率 = \frac{行包正运件数}{总件数} \times 100\% \quad (3-22)$$

(12) 售票差错率。

$$售票差错率 = \frac{售票差错张数}{周期售票张数} \times 100\% \quad (3-23)$$

上述指标随着公路运输事业的不断发展，管理水平的不断提高，管理手段的逐渐完善，还要结合企业实际情况进一步充实。

本 章 小 结

公路运输又称城乡道路运输，是使用汽车和其他运输工具在城乡道路上从事旅客和货物的运输。公路运输的基础设施包括公路及其相关建筑物、公路交通控制设备等，所使用的运输工具为汽车，可以说公路运输是伴随着汽车的出现和发展而发展起来的。公路运输组织与管理可以分为旅客运输组织与管理以及货物运输组织与管理两种。公路运输的安全非常重要，其安全质量的保证取决于公路运输企业强而有力的组织与管理工作。本章主要介绍了公路运输的定义及其发展过程、公路运输的特点、公路运输的主要技术经济指标、公路运输基础设施、公路运输车辆、公路旅客运输组织与管理、公路货物运输组织与管理，以及公路运输安全等。

汽车制造企业实施循环取货物流

循环取货是汽车物流行业的专用术语，是指卡车按照规定的线路和时间依次到不同的供应商处，卸下上一次收走货物的空容器，并将该处零部件装车，最终将所有零部件送到汽车整车生产商仓库或生产线的一种公路运输方式。这种运输方式既提高了车辆的装载率，又能及时供给汽车生产所需的零部件，最大程度地实现了准时制生产供给。

循环取货的基本特点是多频次、小批量、定时性。零部件在汽车生产商和零部件供应商之间进行小批量、多频次的移动。它采用闭环运作模式，卡车按照预先设计好的行驶线路，在预定的时间依次经过多家供应商，直到卸下所有空容器并装载满车的零部件，最后按照预定的配送时间抵达生产商仓库或车间完成零部件交付，不仅保证了车辆的满载，而且能保证零部件的及时供应。

相比之下，传统的汽车零部件物流模式则是由多辆车辆分别到不同的供应商处装载零部件，每辆车只装载一个供应商的零部件，最后送至生产商处，这样的配送模式必然存在车辆无法满载的问题，而导致供应失调及资源浪费等。循环取货的流程如下。

（1）卡车司机从汽车生产商的仓库装载空托盘，并拿到零部件清单及线路规划。

（2）按照线路规划开往该次取货的第一个供应商处，如卸货区空闲，卸下属于该供应商的空托盘，卸完后，如装货区空闲，则按提货清单装载规定数目的零部件；如无空闲，则在等待区排队等待。

（3）装卸完成后，如果此供应商不是最后一站，司机开往下一站供应商处，重复第2步作业，否则司机返回生产商处。

（4）卡车回到汽车生产商处卸下零部件，本次提货结束。

根据本案例所提供的材料，试分析以下问题。

1. 什么叫循环取货物流？
2. 循环取货物流对降低汽车企业的物流成本有何好处？

资料来源：孙堃，梁文馨，2020. 基于循环取货的汽车零部件物流仿真模型研究[J]. 物流技术与应用，25(5): 133-137.

公路运输（road transportation）　　　　甩挂运输（transportation with dumping trailers）
班车（regular bus）　　　　　　　　　　零担运输（sporadic freight transportation）
包车运输（rent automobile transportation）　整车运输（transportation of truck-load）
汽车维护（vehicle maintenance）　　　　汽车技术状况（technical condition of vehicle）

习 题

1. 填空题

（1）反映运输能力时间利用状况的指标是_____，反映车辆使用强度的衡量指标是_____，反映燃料消耗水平的指标是_____。

（2）根据公路的作用及使用性质，可划分为_____、_____、_____、_____及_____。

（3）公路客运的营运方式，大体上可以分为_____、_____、_____及_____四种方式。

（4）客车运行周期循环的方式主要有_____、_____与_____三种形式。

（5）货运车辆的行驶线路可分为_____、_____、_____和_____四大类。

（6）按企业的生产特点不同，公路运输企业的生产安全管理，可分为_____管理和_____管理两大类。

（7）根据事故发生造成的损失、责任不同划分，交通事故可分为_____、_____、_____及_____。

（8）车辆维护分为_____、_____和_____。

（9）车辆修理按作业范围不同可分为_____、_____、_____和_____四类。

（10）随着区域经济的发展及公路基础设施和车辆的不断改进，中长距离公路运输需求增加，公路货运将向_____、_____、_____方向发展。

2. 简答题

（1）简述公路运输的优缺点。

（2）根据 GB/T 15089—2001，汽车被分为哪几种类型？其中哪些属于客运车辆，哪些属于货运车辆？

（3）简述公路客运组织工作的基本原则。

（4）简述公路客运站及站务作业过程。

（5）什么是普通货物运输？其组织方法有哪几种？

（6）什么是零担货物运输？其组织形式有哪几种？

（7）货运车辆行驶线路有哪几种类型？如何优化？

（8）车辆检测诊断的内容有哪些？其有什么作用？

（9）公路运输安全管理的基本任务有哪些？

（10）申请从事道路危险货物运输经营的从业人员和安全管理人员应当具备哪些条件？

第4章 铁路运输

【教学目标】

- ➢ 掌握铁路运输的概念、特点及适用范围。
- ➢ 了解铁路运输系统的组成。
- ➢ 熟悉铁路旅客运输计划的编制过程。
- ➢ 了解铁路旅客运输日常组织工作的内容。
- ➢ 掌握铁路货物运输的方式。
- ➢ 熟悉铁路货物运输业务的流程。
- ➢ 掌握列车运行图的定义、分类及站名线的画法。
- ➢ 了解列车运行图的编制过程。

【思维导图】

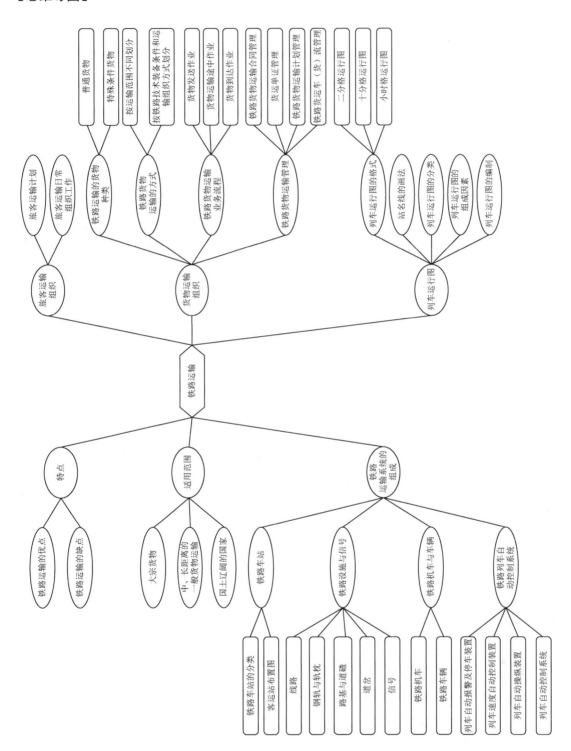

导入案例

2020 年前 7 月铁路货运量增长 4.3%，创新服务助力铁路货运跑出加速度

中国国家铁路集团有限公司披露，2020 年前 7 月，被称为经济运行"晴雨表"的铁路货运跑出"加速度"，发送量累计完成 20.1 亿吨，同比增长 4.3%。"公转铁"稳住铁路货运基本盘，"散改集"优化铁路货运结构，国际联运增势喜人。一系列创新服务举措，助力铁路货运跑出加速度。翻开中国铁路货运成绩单，一串亮眼的数据振奋人心，16.8 万车，7 月铁路日均装车量刷新历史纪录；1232 列，中欧班列连续第三个月开行超千列。

对铁路货运来说，大宗物资运输是重头戏，抓好大宗物资"公转铁"运输，就牵住了货运增量的"牛鼻子"。2020 年全国复工复产以来，铁路货运在危机中育新机、于变局中开新局，加大"公转铁"运输组织力度。"公转铁"不仅稳住了铁路货运基本盘，也进一步降低了货主企业运输物流的成本。以北京局集团公司为例，2020 年上半年，为支持企业"公转铁"，为企业减免 26 项货运杂费，累计为企业降低成本 9 亿元；降低电气化附加费收费标准，整车货物运输每吨千米降低 0.005 元，累计为企业降低成本 12.7 亿元。

思考题：为什么铁路货运被称为国民经济的"晴雨表"？

资料来源：人民日报。

4.1 铁路运输概述

4.1.1 铁路运输的产生及我国铁路运输的主要成就

1. 铁路运输的产生

1825 年，英国人斯蒂芬森首先在英国修建了世界上第一条公共服务铁路，这条铁路长约 20km，由时速约 13km 的蒸汽机车牵引 34 节车厢行驶，共载有 4 百多名乘客和 90t 的货物，这就是世界铁路运输史的开端。此后，欧洲各国开始对这种车头冒着浓烟，行驶于两条平行铁轨上的新型车辆产生兴趣而纷纷试建，到 1850 年，英国与欧洲大陆已修建了约 7000km 的铁路。美国为了开疆拓土，也于 1833 年开始修建铁路，并于 1869 年 5 月在犹他州盐湖城附近的布罗蒙特瑞完成东、西两岸铁路的通车典礼。从此，美国东、西两岸的交通往来可缩减为 5~6 天，而在当时如果乘坐马车需耗时五六个月之久，如果改乘轮船则必须绕行好望角，费时 3 个月，所以美国东、西两岸铁路连线的完成，实为美国之后的繁荣奠定了很好的基础。这段时期铁路运输在社会上所处的地位可谓相当重要，除了影响经济发展的货物运送，在国防运输上更有其绝对的重要性，因此欧美各国纷纷兴建铁路运输系统。以美国为例，1920 年全美国铁路里程数合计达 40 万 km，铁路经营企业也有 1085 家之多；到 1941 年，全世界的铁路总长度达约 126 万 km，其中美洲占 47%，欧洲占 33%。

随着人民生活水平的提高和社会的发展，运行时速为 100km 左右的传统铁路已无法满足现代化国家人们往来于长途城际间的交通需求，因此当航空业发达以后，大批的旅客选择了飞机作为往来于城际间的主要交通工具，造成飞机航次大增。由于机场无法容纳如此密集的飞机航次，导致飞机起降时间延滞，再加上往来于机场与城市市区之间的时间，航空运输似乎也无法满足旅客对缩短时间的需求。因此，人们又将注意力转向铁路，希望能借铁路的专用路权与车辆行驶的自动导引性，发展出适合城际间快速、大运输量的高速铁路运输系统。所谓高速铁路，是指列车运行速度达 200km/h 及以上的铁路系统。

世界上第一条高速铁路于 1964 年诞生于日本。东海道新干线从东京起始，途经名古屋、京都等地终至大阪，全长 515.4km，运行速度高达 210km/h，它的建成通车标志着世界高速铁路新纪元的到来。随后，法国、意大利、德国纷纷修建高速铁路，如法国的 TGV 铁路系统，德国的 ICE 城市高速铁路系统。上述铁路系统都属于轮轨式高速铁路系统。

与此同时，磁悬浮式高速铁路系统的发展也值得关注。这种高速铁路将列车跨坐在铁轨上，再利用磁力将列车略微撑起 1～10cm，利用线性马达驱动列车。因此，这种磁悬浮式高速铁路系统不需要与地面接触，列车行驶起来不但噪声小，而且可轻易地将时速提高到 500km 以上。从 20 世纪 70 年代开始，德国、日本等发达国家就开始研究磁悬浮列车，在一些试验线上的速度已超过 600km/h。

2. 我国铁路运输的主要成就

我国的铁路运输在中华人民共和国成立之前，由于工业基础薄弱，一直落后于西方发达国家。1876 年，由英国怡和洋行投资铺设的吴淞铁路（上海—吴淞），全长 14.5km，是中国第一条运营铁路，但该条铁路翌年即被清政府赎回拆除。直至 1881 年，清政府为了开采煤矿所需，兴建了唐山至胥各庄之间的唐胥铁路，才真正揭开了中国铁路运输史的序幕。在清政府时期（1876—1911 年），共修建铁路约 9400km，其中由国外资本直接修建经营的约占 41%，国外资本通过贷款控制的约占 39%，以致铁路权丧失，外力侵入。辛亥革命后的北洋政府时期（1912—1927 年），在关内修建了约 2100km 铁路。南京国民政府时期（1928—1948 年），主要是以官僚买办资本与国外垄断资本"合资"方式修建铁路，共修建铁路约 13000km。我国早期铁路的设计标准不一，装备杂乱，造成了当时我国铁路业的混乱和落后局面。

1949 年中华人民共和国成立之后，我国铁路建设有了统筹的规划和统一的标准，进入了一个新的大发展时期。当前，我国"四纵四横"高速铁路主骨架全面建成，"八纵八横"高速铁路主通道和普速干线铁路加快建设，重点区域城际铁路快速推进。中国铁路不断在高峰中再攀新高，科技取得新进步，发展迈上新台阶。截至 2022 年末，全国铁路营业里程 15.5 万 km，其中高铁营业里程 4.2 万 km。铁路复线率为 59.6%，电化率为 73.8%。全国铁路路网密度为 161.1km/万 km^2。2022 年全年完成货运总发送量 49.84 亿 t，完成货运总周转量 35945.69 亿 t·km；完成旅客发送量 16.73 亿人，完成旅客周转量 6577.53 亿人·km。铁路货运市场化定价机制不断完善，累计为客户节省物流成本约 600 亿元，在运价降低的同时，效率和品质逐步提升；高铁快运覆盖全国 80 多座城市；西部陆海新通道已建立跨省市运输协调机制；中欧班列通达国内 29 座城市。我国已基本形成布局合理、覆盖广泛、层次分明、安全高效的铁路网络。中国铁路加速奔跑，成为推动经济发展、社会进步、人民幸福的强劲引擎。

中国高速铁路，简称中国高铁。高速铁路作为现代社会的一种新的运输方式，中国的高铁速度代表了目前世界的高铁速度。中国是世界上高速铁路发展最快、系统技术最全、集成能力最强、运营里程最长、运营速度最高、在建规模最大的国家。在运行速度上，高速铁路时速可达 350km，京沪高速铁路设计的最高时速达 380km，堪称陆地飞行；在运输能力上，一个长编组的高速列车可以一次运送 1000 多人，每隔 3min 就可以开出一趟，运力强大；在适应自然环境上，高速列车可以全天候运行，基本不受雨雪雾的影响；在列车开行上，采取"公交化"的模式，旅客可以随到随走；在节能环保上，高速铁路是绿色交通工具，非常适应节能减排的要求。2011—2022 年，中国铁路年均增加营运里程 5614km，复合增速 4.73%。其中，普通铁路年均增加营业里程 2396km，复合增长率 2.44%；高速铁路营业里程达 4.2 万 km，年均增加营业里程 3218km，复合增长率 18.32%。高速铁路营业里程占铁路营业里程的比重由 2011 年的 7.08%提高到 2022 年的 27.10%。随着高铁运营里程的不断增长，高铁路网协同效应不断强化，高铁出行成为旅客出行的重要方式之一。2021 年高铁旅客周转率占总铁路旅客周转量的 63.38%，占中国国内客运市场总周转量的 30.83%。由此可见，在中长距离上，高铁已经成为主流的出行方式。

铁路货运是经济发展的"晴雨表"。我国铁路基础设施建设稳步推进，货运结构不断优化。2019 年，智能京张高铁、北煤南运重载通道浩吉铁路等一大批新线开通运营，"陆海内外联动、东西双向互济"新格局让西部地区发展驶上快速道。全国路网布局持续优化，路网质量显著提高，中西部地区铁路网不断完善，枢纽及配套设施不断强化。如今，南北走向的浩吉铁路和东西走向的大秦、包唐、朔黄、瓦日等重载铁路形成了覆盖中西部、京津冀、环渤海和长江经济带的铁路货运网。在货运车辆上，我国铁路已全面运用载重 70t 级的通用货车；载重 80t 的运煤专用敞车已在大秦线投入运用；针对铁路小汽车运输的双层平车、针对笨重货物运输的长大货物专用平车也相继得到应用；适应各种货物运输的特种集装箱型也得以不断研发并投入使用。与此同时，铁路物流信息化水平不断提高，货主体验大幅改善，社会满意度明显提高。截至 2022 年，全国铁路 3649 个货运营业站、8392 条专用线全部具备网上办理条件，全程通过 95306 网站、客户端和微信公众号办理货运业务的货主比例达 81%，电子运单使用比例达 97%。目前，我国铁路货运量位居世界第一，为形成以国内大循环为主体，国内国际双循环相互促进的新发展格局提供了有力支撑。

4.1.2 铁路运输的概念

铁路运输是指利用机车、车辆等技术设备沿铺设轨道运行的运输方式。

铁路运输按轨距（两条平行钢轨内侧的距离）的不同，可分为窄轨距、标准轨距和宽轨距 3 种类型。轨距分别为小于 1435mm、等于 1435mm 和大于 1435mm。

铁路运输按列车质量不同可大致分为两种类型：一种是长、大、重型，以俄罗斯和美国为代表的幅员广阔的国家多采用这种列车，我国铁路列车也属于此类；另一种是短、小、轻型，西欧和日本等幅员狭小的国家和地区多采用这种列车。

铁路运输按列车的支持和驱动方式不同，可分为普通铁路运输和悬浮式铁路运输。

4.1.3 铁路运输的特点及适用范围

1. **铁路运输的优点**

（1）牵引力大，输送能力强。铁路运输采用大功率机车牵引列车运行，不同类型的机车的最大牵引质量分别可达几千吨甚至上万吨，可以承担长距离、大运输量的运输任务。

（2）运行速度快。作为陆上运输方式，列车运行速度快，平均车速在 5 种基本运输方式中排在第二位，仅次于航空运输。1997—2007 年，我国铁路共经过六次大提速，铁路客车速度由从前的 50km/h 左右，飙升至最高 250km/h，至此我国旧有铁路大面积提速宣告结束。随后，我国铁路提速方式由挖掘旧有线路潜力向新建高速线路转变。2008 年京津城际高铁通车，成为中国第一条时速 350km/h 的高速铁路。此后，武广高铁、京沪高铁等一批高等级高铁建成投用，高铁网越织越密，高速动车越来越多，国人出行体验感、获得感空前提高。

（3）运输成本低。一般来说，铁路运输成本比水路运输成本高一些，但比公路运输与航空运输低得多。我国铁路运输成本分别为公路运输和航空运输的 1/20 和 1/128，而且由于铁路列车运行阻力小、能源消耗量低，故整体价格低廉。

（4）环境污染小。工业发达国家的社会及经济与自然环境之间的平衡受到了严重破坏，运输业作为高碳行业对此有很大的影响。铁路运输对环境和生态的影响与公路运输和航空运输相比，污染性较低，特别是电气化铁路影响更小。在噪声方面，铁路运输所带来的噪声污染，不仅比公路运输要低，而且是间断性的，而城市道路则是持续性的高噪声污染。在空气尘埃污染方面，铁路运输也比公路运输要小。

（5）适应性强。依靠现代科学技术，铁路几乎可以在任何需要的地方修建，可以全年全天候运营，受地理和气候条件的限制较小，具有较高的连续性和可靠性。铁路运输可货运可客运，可以运送几乎所有的货物，通用性很强。

（6）行驶具有自动控制性。铁路运输由于具有专用路权，而且在列车行驶上具有高度导向性，因此可以采用列车自动控制方式控制列车运行，以达到车辆自动驾驶的目的。目前最先进的列车已经可以通过计算机控制，使列车的运行达到全面自动化，甚至无人驾驶的地步，从而可以大大提高运输安全，减轻司机劳动强度。

（7）有效使用土地。铁路运输是以列车为基本运输单元，故可以在有限的土地上进行大量的运输。因此，与公路运输相比可以节省大量的土地，使土地资源达到最有效的利用。

2. 铁路运输的缺点

（1）资本密集、固定资产庞大和需要大量的资金和钢材。铁路的投资大都属于固定设备的沉没成本，难以移作他用，故其固定资产比例较其他运输方式高出许多。而且，铁路运输的原始投资较大，建设周期较长。

（2）始发与终到作业时间长和短途运输平均成本高。铁路运输按列车组织运行，在运输过程中有列车的编组、解体和中转改编等作业环节，占用时间较长，因而增加了货物的在途时间。因为在单位运输成本中，始发和终到作业所占的比重与运输距离成反比，所以 50km 以下的短途运输成本，铁路运输要比公路运输高。

（3）货损较高。铁路运输因行驶时的振动或货物装卸不当，容易造成所承载货物的损坏，并且由于运输过程需经多次中转，因而常常容易导致货物遗失。根据统计，美国铁路运输的货损比例高达 3%，远远高于公路运输的货损比例，这使得货主不敢将价值高的货物送交铁路运输承运。

(4) 运营缺乏弹性。公路运输一般可以随货源或客源所在地而变更运营线路，而铁路运输则不行，故容易产生空车回送现象，从而造成运营成本的增加。

(5) 设备庞大不易维修，且战时容易遭受破坏。铁路运输过程必须依赖所有设施协同配合。整个运输体系十分庞大，不易达到完善的维修。此外，从历史中还可以发现，每次战争爆发，由于铁路设施具有国防价值，而且目标明显，因此很容易遭受严重破坏。

3. 铁路运输的适用范围

通过上述对铁路运输优缺点的分析，可知铁路运输的一般适用范围。在国土辽阔的国家，铁路运输比其他方式更具有吸引力，高速铁路在国土面积小的国家有较强的优势。从货物品种来说，大宗货物（如煤炭、粮食、矿石、建材等）比较适合铁路运输。铁路运输也适合中、长距离的一般货物运输。在石油等能源比较缺乏的地区，铁路运输是一种比较好的方式。由于铁路运输的基建投资比较大，一般全年货运量达到 100 万吨时，修建铁路才具有经济意义。

另外，发展中国家的铁路运输适用范围比工业发达国家的铁路运输适用范围可能更为宽广。在研究和评估铁路运输适用范围时，一定要结合本地区的实际情况来进行，而不能拘泥于铁路运输的一般性质。

4.1.4 铁路运输的发展趋势

1. 国有铁路公司化

国有铁路公司化主要有两种形式：一是全部路网及设备由一家公司统一管理，通常该公司又依业务性质再划分成若干个分公司，如意大利和德国；二是基础设施与运营管理分开，即基础设施由政府投资，而运营业务摆脱政府干预，实行公司化管理，瑞典就是这种模式。

【拓展视频】

2. 国有铁路民营化

国有铁路民营化大致有两种形式。

(1) 国有铁路采取民营公司的形式经营。这种形式又可以分为以下两类。

① 全部路网及设施民营化。这种形式是将全国路网和设施按区域或业务性质分割，然后成立各铁路股份公司，并向社会公开发售股票，推进民营化管理。

② 局部路网或设施采取民营化方式经营。这种形式是把那些过去由政府承担的业务（如设备维修、餐饮供应等）以合同形式承包给民间企业经营。例如，土耳其铁路中的局部业务民营化的改革，把港口铁路、机车车辆、一些线路的养护业务交给民营公司管理；英国铁路将机车车辆工厂和一些车站、旅馆等转给民间企业经营。

(2) 国有铁路私有化。这种形式也可以分为以下两类。

① 将铁路的产权全部卖给民间财团，如新西兰在 1993 年以 2.2 亿美元的价格将其境内铁路的产权卖给了美国威斯康星中央铁路财团。

② 转让部分铁路的产权，如阿根廷铁路。

国有铁路采取民营公司的形式经营和国有铁路私有化这两个方案几乎都涉及政府从直接经营者向监督者的转变，同时也需要在政府和民营企业之间签订合同，用契约关系确定下来。而且，这样的合同要确定资产所有权和其他权力，政府也需要有专门的程序（一般通过招标竞争方式）来确定由谁来接受专卖权或特许权合同。

3. 开展多种经营活动，扩大铁路经营范围

所谓铁路开展多种经营活动，就是除了铁路的传统客货运输业务，还进行房地产和铁路资产的开发及其他业务。多种经营是铁路业务的一部分，可以提高铁路的经济效益，是运输服务业的必要补充。法国铁路界人士认为，铁路运输服务应该也是"门到门"的服务，而不应仅停留在铁路线上。因此，他们大力开展了一些铁路传统业务以外的其他经营活动，如联合运输、货物的寄存和仓储、经营快餐业等相关的服务。

4. 铁路旅客运输重新受到各国政府的重视

铁路运输已有近200年的历史，具有很多优势，促进了现代经济的发展。而第二次世界大战后，一些国家把交通运输重点转向了公路和民航，同时也引发了一系列问题，如环境恶化、公路拥挤、事故频繁、不能满足运输需求等。因此，各国政府重新正视铁路运输的优越性，把发展交通运输再度转向了铁路。

5. 大力提高旅客列车速度已是共同的趋势

速度是交通运输，尤其是旅客运输最重要的技术指标，也是主要的质量指标。自从有了铁路以后，人们就致力于列车速度的提高，在发展高速铁路技术的同时，各个国家都在大幅度地提高车速。早在1987年，就有多个国家的特、直快列车的速度达到或超过了120km/h；在欧洲大陆，非高速线上特、直快列车的速度达到了160km/h；法、德、英等国个别线路的列车速度可达200～225km/h；日本的窄轨铁路列车速度已普遍达130km/h，最高可达200km/h。我国在20世纪90年代就在广深铁路上开行160km/h的旅客列车，并运用摆式可倾斜动车组开行时速达200km的新时速列车。其他一些发展中国家（如印度）也在致力于列车速度的提高。由此可见，提高列车速度是当前各国铁路旅客运输发展的一大趋势。

6. 发展高速铁路已成为世界潮流

为适应旅客运输高速化的需要，20世纪在世界范围内掀起了修建高速铁路的浪潮。短短几十年，世界已有日、法、英、德等国家新建和改建的高速铁路达1000km以上，最高时速已由210km提高到了300km，21世纪初达到350km。高速铁路是铁路现代化的重要标志，也是改善铁路旅客运输服务质量的新的契机。

7. 重载运输

铁路重载技术创始于20世纪20年代的美国，后来被世界上越来越多的国家广泛重视。多年来，一些国家依靠科技进步，采用先进的技术设备和应用整体优化的理念，进行重载运输系统的设计，使重载铁路技术装备总体水平和运输效率有了极大的提高。

实践证明，重载运输是扩大运输能力、提高运输效率、加快货物输送和降低运输成本的有效方法。

重载列车（牵引质量≥8000t/列）所能达到的质量，在一定程度上反映了一个国家铁路

重载运输技术综合发展的水平。目前，不同国家之间在列车质量标准上存在较大的差异，基本上都是根据各自的铁路机车车辆特性、线路条件和运输实际需要确定列车质量标准。

8. 新型大功率机车

为适应重载列车质量大和列车编组长的特点，世界各国都在积极研究采用新型大功率机车，增加轮周牵引力；装设机车多机同步牵引遥控和通信联络操纵系统；车辆提高轴重，减轻自重，采用刚性结构，增加载重量；装设性能可靠的制动装置及高强度车钩和大容量缓冲器等。

9. 先进的信息控制技术和指挥系统

研制和采用先进的信息控制技术和通信信号设备；在运营中实现管理自动化，货物装卸机械化和行车调度指挥自动化等。同时，对技术站、装车站和卸车站进行与之配套的自动化设备改造。

除此之外，在改造既有线路或修建重载专线中采用新型轨道基础，铺设重型钢轨无缝线路，强化线路结构和提高承载能力。对车站站场线路轨道进行相应的改造和延长。选用先进的通信信号设备，在运营中实现管理自动化、货物装卸机械化和行车调度指挥自动化等。

案例 4-1

郑万高铁重庆段是目前国内施工最复杂、风险最高的高速铁路

2021年，《人民日报》公布全国36项超级工程，郑万高铁项目位列其中。郑万高铁被称为世界高铁领域难度最大、风险最高的铁路，又因为其桥隧比高得惊人，大多在洞内施工，所以又称之为"地铁式"高铁。

郑万高铁将地处三峡腹地的重庆，以近乎直线的形式，与华北、华中地区连接起来，成为重庆打通对外联系的一条重要陆路大通道：项目通车后，重庆与北京、郑州车程时间缩短至4小时和6小时。

这条大通道中，重庆段关键性控制工程——一条全长18.95千米的小三峡隧道，穿越在连绵起伏的群峰中，施工进度直接关系着全线通车时间。小三峡隧道一头连着奉节，一头连着巫山。在开工前，中国铁路总公司专家组踏勘后，认为郑万高铁重庆段是目前国内施工最复杂、风险最高的高速铁路。其中小三峡隧道则是重庆段地质条件最复杂、风险最高的隧道。

因地处复杂的地质构造中，小三峡隧道沿线可能多为岩溶、滑坡、危岩落石、崩塌、岩堆、顺层等不良地质和特殊岩土，属一级高风险隧道。经预测，整个隧道日最大涌水量达16.8万立方米，相当于60多个标准游泳池（2500立方米）的蓄水量；其中岩溶段长达7.2千米，最大日涌水量达15.7万立方米。不仅如此，小三峡隧道也是目前亚洲在建的时速350千米高铁项目最长的单洞双线隧道。

资料来源：重庆日报.

4.2 铁路运输系统的组成

4.2.1 铁路车站

铁路车站是铁路运输的基本生产单位,它集中了运输有关的各项技术设备,并参与整个运输过程的各个作业环节。

【拓展视频】

1. 铁路车站的分类

铁路车站按技术作业性质不同可分为中间站、区段站、编组站;按业务性质不同可分为客运站、货运站、客货运站;按等级不同可分为特等站、一至五等站。

中间站是为提高铁路区段通过能力,保证行车安全和为沿线城乡及工农业生产服务而设的车站,主要任务是办理列车会让、越行和客货运业务。其主要设备有到发线、货物线、牵出线和旅客乘降设备等。

区段站多设在中等城市和铁路网上牵引区段的分界处,主要任务是办理货物列车的中转作业,进行机车的更换或机车乘务组的换班及解体,编组区段列车和摘挂列车。其主要设备有到发线、调车线、牵出线、机务段、车辆段及其他有关设备。

编组站是铁路网上办理大量货物列车解体和编组作业,并设有比较完善调车设备的车站,有列车工厂之称。其主要设备有到发线(场)、调车线(场)、驼峰、牵出线、机务段及车辆段等。

编组站和区段站统称技术站,但二者在车流性质、作业内容和设备布置上均有明显区别。区段站以办理无改编中转货物列车为主,仅解编少量的区段、摘挂列车;而编组站主要办理各类货物列车的解编作业,且多数是直达列车和直通列车,改编作业往往占全站作业量的60%以上,有的甚至高达90%。编组站主要是解编各类货物列车,组织和取送本地区车流,供应列车动力和整备检修机车,货车的日常技术保养4项任务。

车站内除了与区间直接连通的正线,还有供接发列车使用的到发线,供解体和编组列车使用的调车线和牵出线,供货物装卸作业使用的货物线,为保证安全而设置的安全线、避难线,以及进行其他作业的线路(如机车走行线、存车线、检修线等),应该配置相应的客货运输设备。

2. 客运站布置图

客运站的布置图按线路配置的不同可分为通过式、尽头式和混合式3种。

(1)通过式客运站布置图。

通过式客运站布置图如图4.1和图4.2所示。其全部旅客列车到发线为贯通式,站房在正线一侧,高架候车室为跨线式,基本站台与中间站台用地道相连,客运站与整备所和机务段纵列布置。正线是指直线通过车站区间而不分岔的线路。站线是指在铁路车站范围内,除正线以外的其他铁路线路的统称。客车整备所是客车进行技术检查、修理、整备和停留的场所。机务段是管理机车运用和进行检修、整备作业的基地。将客运站与整备所、机务段顺列布置的形式称为纵列布置。图4.1为整备所和机务段布置在正线一侧,图4.2为整备所和机务段布置在两正线之间。图中数字表示铁路线路;表示去整备所和机务段的铁路站线。

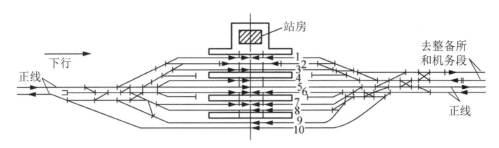

图 4.1 通过式客运站布置图（整备所和机务段布置在正线一侧）

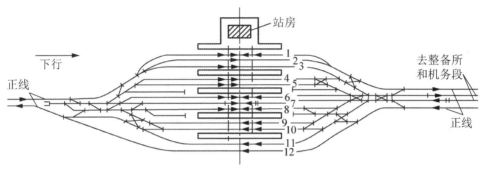

图 4.2 通过式客运站布置图（两正线外包整备所和机务段）

通过式客运站的优点是：车站有两个咽喉区，能分别办理接发车作业，减少旅客列车到发与车底取送和机车出入段之间的交叉干扰，通过能力较大，运营条件较好；通过式旅客列车到发线能接入和通过较多方向的列车（除折角列车外），不必变更列车运行方向，到发线使用机动灵活，互换性大；便于设计为跨线式高架候车室，便于组织旅客进出站，缩短旅客进出站走行距离；旅客进出站与行包搬运流线交叉干扰少。其缺点是：对城市干扰较大，由于有两个咽喉区，站坪较尽头式客运站长，因此占用城市用地较多。新建客运站应按通过式客运站形式设计。

（2）尽头式客运站布置图。

尽头式客运站布置图如图 4.3 所示。其全部旅客列车到发线为尽头式，站房设在到发线一端或一侧，中间站台用分配站台相连接，整备所和机务段与客运站纵列布置。图中表示去整备所和机务段的铁路站线。

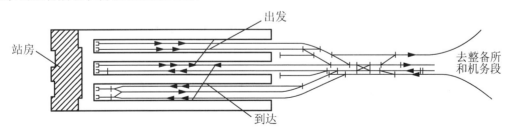

图 4.3 尽头式客运站布置图

尽头式客运站的优点是：车站容易伸入市区中心，旅客出行乘车方便，可缩短出行时间，与城市道路交叉干扰较少；站坪较短，占地少；旅客出入站可不必跨越线路。其缺点较多，主要有：车站作业集中在一端咽喉区进行，进路交叉干扰大，车站通过能力小；对通过列车的换挂机车和变更运行方向等作业均不方便；列车进站速度低，占用咽喉时间长；旅客进出站和行包搬运都要经过靠近站房一端的分配站台，人流与行包流互相交叉；旅客进出站走行距离长。因此，新建客运站一般不采用尽头式客运站，只有在以始发、终到旅客列车为主的客运站，当采用通过式客运站将引起巨大工程或当地条件不允许时，方可采用尽头式客运站。

（3）混合式客运站布置图。

混合式客运站布置图如图 4.4 所示。其一部分线路为贯通式，另一部分线路为尽头式。贯通式线路供接发长途旅客列车用，尽头式线路供接发市郊旅客列车用。

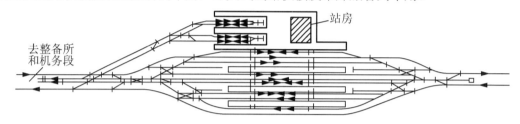

图 4.4　混合式客运站布置图

混合式客运站的优点是：当车站衔接的某一方向市郊列车较多时，设置部分有效长度较短的尽头式线路，可节省投资和用地；市郊旅客与长途旅客进出站流线互不干扰。其缺点是：到发线互换性差，使用不灵活；在市郊旅客列车进、出咽喉区时，市郊旅客列车与长途旅客列车产生到、发交叉；当二者共用整备所时，又产生市郊车底取送与长途旅客列车的到达交叉。因此，仅在改、扩建既有客运站且有充分依据时，方可采用混合式客运站。

在混合式客运站中，为了方便地接发市郊列车，尽头式线路应设在市郊列车到发较多端，并与客车整备所有便捷的通路。

4.2.2　铁路设施与信号

1. 线路

合适的铁路线路，不仅在施工期间可以节省工程费用，而且投入运营后，更可以发挥最大运营效益，减少运营费用以增加收益，达到服务于社会及繁荣经济的目的。因此，要兴建一条铁路，选择线路的工作尤为重要。一般来说，选线时若仅就地形与工程方面考虑，必须注意路程最近、线路平直、坡度平坦和工程最易 4 项原则。

2. 钢轨与轨枕

列车通过车轮与钢轨的摩擦得以前进、减速并制动停车，所以钢轨是铁路设施中列车行驶的基础设施，它的材料质量对于行车安全而言非常重要。根据传统铁路的行车经验来看，单位长度越重的钢轨越能承受车轮的重压，适合高运量列车行驶。一般钢轨的分类用单位长度质量来表示，即每米的千克数（kg/m）表示。由此可将钢轨分为 3 个等级：轻型钢轨，单位长度质量为 31～40kg/m，适用于运量较小的支线；中型钢轨，单位长度质量为 45～57.5kg/m，适用于普通线路；重型钢轨，单位长度质量为 50～69kg/m，适用于大运量的干线。

两条平行钢轨之间的内侧距离称为轨距，可分为宽轨、标准轨、窄轨3类。标准轨宽为1.435m，凡轨宽大于此数者属宽轨，小于此数者为窄轨。例如，我国铁路主要采用标准轨；俄罗斯、芬兰、爱沙尼亚等国家则使用1.52m的宽轨。目前各国现代化的高速铁路都属标准轨。

轨枕是铺设于钢轨下面的坚固耐用物体，可以使两条钢轨之间保持一定的轨距，以确保行车安全，并承受列车行驶所产生的压力。一般而言，轨枕必须具有良好的弹性以减少列车行驶所产生的剧烈振动，并增加旅客乘坐的舒适性。目前铁路系统上所使用的轨枕，根据材质的不同，分为木枕、钢枕及混凝土枕3种。

3. 路基与道碴

路基是指用以铺设铁轨设施的路面，而为了适合铁轨铺设，原有的路面高者必须挖掘成路堑，过低者必须填筑使之成为路堤。

道碴则是指铺设于路基上的碎石，其主要作用在于均匀分散轨枕所传来的列车压力，使其均匀地分布于路基上。如果遇雨天，道碴更可利于排水，避免轨枕积水妨碍行车安全。

4. 道岔

行驶中的列车如果欲驶向其他线路，必须在不同线路的钢轨会合处装上特殊的装置，用以引导车轮进入他轨，这项装置即为道岔。通常铁路列车经过道岔时，需降低行车速度，因此可能造成旅行时间的延误。

【拓展视频】

5. 信号

铁路运输中列车必须遵守信号的命令行驶，以确保行车安全。铁路信号是用特定的物体（包括灯）的颜色、形状、位置，或用仪表和音响设备等向铁路行车人员传达有关机车车辆运行条件、行车设备状态以及行车的指示和命令等信息。其作用是保证机车车辆安全有序地行车与调车作业。

铁路信号按其作用不同可分为指挥列车运行的行车信号和指挥调车作业的调车信号；按信号设置的处所不同可分为车站信号、区间信号，以及行车指挥和列车运行自动化等；按信号显示制式不同可分为选路制信号和速差制信号；按信号设备结构不同可分为臂板信号、色灯信号、灯列信号和机车信号。

铁路信号设备可分为三大类：一是信号机，其原始形式是手灯、手旗、明火、声笛等，现代信号机主要有进站信号机、出站信号机、通过信号机、进路信号机、驼峰信号机、驼峰辅助信号机、预告信号机、遮断信号机、调车信号机等，以及其他复示信号机等辅助性信号机；二是标志，主要有预告标、站界标、警冲标、鸣笛标、作业标、减速地点标及机车停止位置标等；三是表示器，其作用是补充说明信号的意义，主要有发车表示器、发车线路表示器、进路表示器、调车表示器、道岔表示器等。

信号显示以红、黄、绿为基本色，分别表示停止、注意或减速、按规定速度运行3种含义。此外还有白色和蓝色，分别表示准许和不准许越过该信号机调车。

4.2.3 铁路机车与车辆

1. 铁路机车

【拓展视频】

铁路机车是列车的动力来源。因此，机车的台数与牵引力大小对列车的行驶速度与服务质量有直接的影响。理想的机车除了能够提供足够的动力，在维修保养方面也必须具有较好的方便性，才可以提高运营效率。目前，世界上常用的铁路机车有以下4种形式。

（1）蒸汽机车。这是早期的铁路机车类型，它利用燃煤将水加热成水蒸气，再将水蒸气送入气缸，借以产生动力，来推动机车的车轮转动。它主要由锅炉、蒸汽机、车架走行部和煤水车四大部分组成。这类机车的主要优点是价格低廉而且维修容易；缺点则是牵引力不够大，热效率也很低（仅为6%），而且会污染环境。此外，在重联牵引时还需要增加驾驶人员，从而导致费用增加。

（2）内燃机车。这类机车是一种以内燃机产生动力，并通过传动装置驱动车轮的机车。按用于机车的内燃机种类不同可分为柴油机车和燃气轮机车。柴油机车使用最广泛。在中国，内燃机车这一概念习惯上指的是柴油机车。1911年美国通用公司开始试验以内燃机作为铁路机车的动力来源，因而制造了世界上第一辆柴油机车。此后，内燃机车受到各国铁路业的青睐而加以采用。内燃机车由柴油机、传动装置、辅助装置、车体走行部（包括车架、车体、转向架等）、制动装置和控制设备等组成。

（3）电力机车。这类机车是利用机车上的受电弓将高压电流从轨道上空的接触电线网直接输入机车内的电动机，再将电流导入牵引马达，使之驱动机车车轮。

（4）动车组。铁路列车除了以机车联挂客、货车牵引行驶，还可以将驾驶室及动车与客车结合在一起，这种车辆在铁路运营中称为动车组。动车组是按动力分布方式而命名的，其实就是动力分散式列车。动力组列车把动力装置分散安装在每节车厢上，使其既具有牵引动力，又可以载客，这样的客车车辆便叫动车。而动车组就是几节自带动力的车辆加几节不带动力的车辆编成一组，就是动车组。自带动力的车辆叫动车，不带动力的车辆叫拖车。动车组最早只用于支线，后来扩大到地下铁道客运、城市市郊快速客运、大城市间特快客运。地下铁道和电气化铁路采用电力动车组；非电气化的铁路采用内燃动车组。大城市间特快客运速度接近或超过每小时200km的高速客运列车，需用电力动车组或用燃气轮动车组。

此外，世界上最新发展的铁路机车形式还有涡轮机车与磁悬浮列车，这两种机车都期望能达到牵引力大、速度快、污染低及节省能源的最佳性能。

2. 铁路车辆

铁路运营主要是为客运与货运。为了满足不同消费层次的旅客需求，需要配备各种不同等级的客车；为了运送不同性质和类型的货物，也需要配备各种类型和功能不同的货车。

对于客车，根据旅客旅行生活的需要和长、短途旅客的不同要求，常见的客车有硬座车（YZ）、软座车（RZ）、硬卧车（YW）、软卧车（RW）、餐车（CA）、行李车（XL）、邮政车（UZ）等（括号内为车种代号，下同）。

对于货车，种类很多，主要有以下几种形式：棚车（P），装运怕湿及贵重货物；敞车（C），装运不怕湿的散装货物及一般机械设备；平车（N），装运长大货物与集装箱；罐车

（G），装运液体、半液体或粉状货物；保温车（B），又称冷藏车，装运新鲜易腐货物。

铁路车辆还可按轴数不同分为四轴车、六轴车和多轴车。货车通常还按载重不同分为 50t、60t、75t 和 90t 等多种。铁路车辆由车体、车底架、走行部、车钩缓冲装置和制动装置 5 个基本部分组成。走行部分采用转向架结构，能相对于车底架自由转动，缩短了车辆的固定轴距，使车辆顺利通过曲线，从而提高车速和载重。由于车轮踏面为锥形，故能在轨道上以蛇形方式运行，以使踏面磨损均匀并能在通过曲线时使外侧车轮以较大半径滚动，减少轮轨间的滑动。

4.2.4 铁路列车自动控制系统

【拓展视频】

铁路运输系统开发出调度集中控制行车制度以后，铁路的行车方式在命令传达与信息显示上，已可以达到实时状态。但是，对于在铁路上运行的列车还缺乏直接控制的能力。因此，若司机在列车运行过程中，因健康或气候等因素致使列车无法遵循调度命令行车时，仍将可能发生严重的行车事故。而铁路列车自动控制系统在列车运行过程中，可以及时制止违规现象，从而避免重大事故的发生。列车自动控制系统的发展经历了从列车自动报警及停车装置、列车速度自动控制装置和列车自动操纵装置，到列车自动控制系统的发展过程。

（1）列车自动报警及停车装置。列车自动报警及停车装置已可以初步达到列车自动控制的目标，可以在列车冒进时自动将列车制动装置启动，迫使列车停车。这一设施是在信号机前方 1500～1800m 处，装设一警告用感应器（W），并于信号机前方 150m 处装设一停车感应器（S）。当信号机显示停车信号时，列车一经过 W 点就会自动发出声响，警告司机，司机必须在 4s 内按下按钮确认，否则列车将自动启动制动装置，迫使列车停车；若列车超过 S 点未停车，则列车也将自动制动停止前进，以确保列车按信号显示行车。

（2）列车速度自动控制装置。这项装置最初使用于 1964 年日本新干线高速铁路上，它不仅可以控制列车冒进，而且可以控制列车按照各行车区间的限制速度运行，如果司机超速，则该装置将强制列车自动减速至限制速度。

（3）列车自动操纵装置。列车自动操纵装置的目的是实现列车运行的自动化，无论是调度员还是行车人员都可以由列车自动操纵控制中心的计算机加以控制，人工只需处理紧急例外情况。

（4）列车自动控制系统。列车自动控制系统不同于 1964 年日本新干线上所使用的列车速度自动控制装置，它是一种将列车运行过程全部加以整合，并采用自动控制方式实现列车运行的系统，是目前世界上最先进的列车运行控制系统。该系统由列车自动监督系统、列车自动防护系统和列车自动操纵系统 3 部分组成。

① 列车自动监督系统。这一子系统的主要功能是协助控制中心的调度员，监督整个系统是否按列车运行图运行。一般而言，控制中心内均装设有一控制板，可以显示整个系统当前列车运行状况，当系统出现问题时，将自动提醒调度员注意，并自动修正。因此，这一系统与列车自动停车装置有所不同。

② 列车自动防护系统。这一子系统的主要功能是监视轨道的状况及列车的运行速度，以保证列车在最安全的状况下运行；次要功能是向列车司机提供必要的信息和警告信号，并保持适当的制动距离，以防止列车追尾碰撞或进入未经许可的区间。

③ 列车自动操纵系统。这一子系统的最终目标是要实现列车在控制和运行上的完全自动化，不仅列车无须人员驾驶，而且调度上也全部由控制中心统一完成，操作上完全实现自动化。因而，这一系统较之早期的列车自动操纵系统的功能更强。

由上述列车自动控制系统的子系统可以看出，这一系统具备了以下 4 项功能：监督，即由调度员从显示板来监督列车运行；指挥，即调度员可通过列车自动控制系统来指挥各连锁系统；执行（或操作），即列车经由信号机、转辙器的现场及车上的操作，完成调度中心的行车命令；反馈，即当有任何问题时，可由司机立刻报告调度中心即时处理。

阅读材料 4-2

中国国家铁路集团有限公司简介

中国国家铁路集团有限公司（简称中国铁路）是经国务院批准、依据《中华人民共和国公司法》设立、由中央管理的国有独资公司。经国务院批准，公司为国家授权投资机构和国家控股公司。公司注册资本为 17395 亿元，由财政部代表国务院履行出资人职责。

根据《中国共产党章程》的规定，公司设立中国国家铁路集团有限公司党组，发挥领导作用，把方向、管大局、保落实，依照规定讨论和决定公司重大事项。

中国国家铁路集团有限公司以铁路客货运输为主业，实行多元化经营。负责铁路运输统一调度指挥，统筹安排路网性运力资源配置，承担国家规定的公益性运输任务，负责铁路行业运输收入清算和收入进款管理。自觉接受行政监管和公众监督，负责国家铁路新线投产运营的安全评估，保证运输安全，提升服务质量，提高经济效益，增强市场竞争能力。坚持高质量发展，确保国有资产保值增值，推动国有资本做强做优做大。

中国国家铁路集团有限公司所属企业如下。

（1）铁路局集团公司（18 个）：中国铁路哈尔滨局集团有限公司、中国铁路沈阳局集团有限公司、中国铁路北京局集团有限公司、中国铁路太原局集团有限公司、中国铁路呼和浩特局集团有限公司、中国铁路郑州局集团有限公司、中国铁路武汉局集团有限公司、中国铁路西安局集团有限公司、中国铁路济南局集团有限公司、中国铁路上海局集团有限公司、中国铁路南昌局集团有限公司、中国铁路广州局集团有限公司、中国铁路南宁局集团有限公司、中国铁路成都局集团有限公司、中国铁路昆明局集团有限公司、中国铁路兰州局集团有限公司、中国铁路乌鲁木齐局集团有限公司、中国铁路青藏集团有限公司。

（2）川藏铁路有限公司。

（3）专业运输公司（3 个）：中铁集装箱有限责任公司、中铁特货运输有限责任公司、中铁快运股份有限公司。

（4）非运输企业（11 个）：中国铁路投资有限公司、中国铁道科学研究院集团有限公司、中国铁路经济规划研究院有限公司、中国铁路信息科技有限责任公司、中国铁路设计集团有限公司、中国铁路国际有限公司、铁总服务有限公司、中国铁道出版社有限公司、《人民铁道》报业有限公司、中国铁路专运中心、中国铁路文工团有限公司。

资料来源：中国国家铁路集团有限公司官网。

4.3 铁路运输的组织

4.3.1 旅客运输组织

1. 旅客运输计划

铁路为了有计划、有组织、均衡地运送旅客，必须编制旅客运输计划。旅客运输计划是铁路运输计划的主要内容之一，是整个国民经济计划的一个组成部分，它不仅是编制旅客列车运行图的基础，也是旅客运输组织工作的前提，同时也是确定旅客列车对数和客运机车车辆需要数的基础，还是确定客运设备、客运机车、车辆制造计划及客运运营支出计划的重要依据。

（1）旅客运输计划的分类。

① 长远计划，一般为 5 年、10 年或更长期的计划，是铁路客运的发展规划，主要规划旅客运输的发展方向、技术政策、旅客列车的速度、质量及有关的主要指标，通常根据国民经济计划的期间进行编制。

② 年度计划，依据长远计划，结合年度具体情况编制，是旅客运输的任务计划。它是确定旅客列车量和客运机车车辆需求数，以及客运设备改建、扩建的主要依据。

③ 日常计划，根据年度计划任务，考虑假期、季节及日常波动情况而编制，是指导旅客日常运输的工作计划。在日常计划中，还根据各站提报的日计划，按照各次旅客列车的运输能力，对各站、各区段客流进行统一的平衡调整，以保证旅客运输计划任务的完成和旅客列车运送能力的充分利用。

（2）旅客运输计划的主要内容。

旅客运输计划主要包括以下内容。

① 旅客运输量（客运量）：一定时期内，车站为旅客始发和中转人数；铁路局为始发、接运到达和接入通过的旅客人数；铁路总公司为全路各站始发的全部旅客人数和由国际联运、新线、地方铁路接运的旅客人数。

② 旅客发送量：一定时期内，车站、铁路局或全路始发的旅客人数，分别按直通、管内、市郊计算，然后加总。

③ 旅客周转量：一定时期内，车站、铁路局或全路所完成的旅客人千米数。

④ 旅客平均行程：铁路运送的每一旅客的平均运输距离。

（3）旅客运输计划的依据。

① 客流调查与客运量预测资料。旅客按需要选用一定的运输方式，在一定时间和空间范围内发生的位移，形成客流。客流的主要组成要素是流量、流向和流程。

客流调查是编制旅客运输计划的基础。根据客流调查资料，可以掌握客运量的变化和发展情况。客流调查分为综合调查、节假日调查和日常调查 3 种形式，一般以日常调查为主，调查对象为居民或旅客。客流调查一般以车站为单位，在车站吸引范围内进行；铁路局主要是重点调查，汇总并分析各站上报的调查资料；全路范围内的调查，由铁路总公司统一发文部署。

客运量预测是指对客运量的发展进行动态分析，并在定性基础上进行定量计算，为编制旅客运输计划提供科学依据。客运量预测是编制旅客运输年度计划、5 年计划和长远计划的基础，也是铁路新线建设和旧线技术设备改造的重要依据。预测分近期预测、中期预测和长期预测 3 类。对客运量来说，5 年以内的预测为近期预测，5～10 年的预测为中期预测，10 年以上的预测为长期预测。

客运量预测方法有直接计算法、乘车系数法、递增率法、指数平滑法、回归分析法等，详细内容可参考第 2 章。

② 旅客运输统计报告资料。旅客运输统计报告资料是掌握旅客运输变化规律的重要资料。根据统计资料，可以分析历年实际客流的流量、流向及其变化规律，可以查明旅客运输的季节性波动。通过分析各方向各次列车乘车人数的统计资料，可以确定各区段列车的利用情况。旅客运输统计报告资料主要包括旅客运输部门掌握的日常统计分析资料和由统计部门编制的客流统计资料。

（4）客流计划的编制。

客流计划是旅客运输计划的重要组成部分，它既是年度客流资料的分区段汇总，又是客流的年度性预测。客流计划的编制工作在铁路总公司的集中统一领导下，根据客流资料，采取上下结合、集中编制的方法进行，分为绘制客流图和编制客流计划两大步骤。

① 绘制客流图。根据铁路客货运输统计规则和铁路总公司运输、统计部门的要求，由各局统计部门向客运部门提供指定月份的直通、管内、市郊分区段的客流资料，按日均数绘制客流图。客流图直观地反映了各区段客流流向和流量变化情况。按客流性质不同，客流图分为直通、管内、市郊 3 种。

a．直通客流图是一个铁路局所属各直通客流区段产生的直通客流，外局产生的到达、通过该客流区段客流的图解表示。为了清楚地表示出各客流区段的客运密度，一般都按客流的分类编制客流斜表和绘制客流图。

b．管内客流图是在一个铁路局各管内客流区段产生，在本铁路局管内各客流区段消失的客流图解表示。为使上述管内客流资料更为明显、清晰，绘制管内客流图时，要用不同颜色代表不同管内客流区段所产生的客流。管内客流区段由铁路局统一划定，一般小于或等于直通客流区段。管内区段客流包括同一客流区段始发、到达和通过的客流。区段内各站发送到其他区段及本区段的客流，视为区段首站发送的客流；其他区段到达本区段内各站的客流，视为到达本区段尾站的客流；由一区段接入通过本区段到另一区段的客流，视为通过本区段的客流。同一区段内上述 3 部分客流总和即为管内区段的客流密度。管内客流区段的客流密度计算方法，也适用于直通客流区段。

c．市郊客流图是在大城市、大工矿企业周围各市郊客流区段产生并消失的客流图解表示。市郊客流图的编制方法与管内客流图的编制方法相似，由于市郊客流行程较短，一般将每两站之间的距离作为一个客流区段，因而没有在区段内中途到发的客流。

各铁路局将直通客流密度、管内客流密度和市郊客流密度，汇总在区段客流密度图上。

② 编制客流计划。根据上述客流汇总资料，与过去几年同期实际资料相比，并预计可能的发展，推算计划期间客流的增长率，编制客流计划。按干、支线分区段汇总成客流计划表，并编制计划客流密度与现行运行图规定的旅客列车能力比较表，即可提供编制列车运行图所需的资料。

2. 旅客运输日常组织工作

旅客运输日常组织工作是旅客计划运输组织工作的重要组成部分。做好旅客运输日常组织工作，可以使每日之间，各次列车之间，各站发送客流量和旅客列车运能之间互相配合，达到均衡运输。旅客运输日常组织工作包括旅客输送日计划编制、客运调度工作、车站客流信息传报工作、旅客运输的日常统计与分析、检查旅客运输各项指标的完成情况。

（1）旅客输送日计划。

旅客输送日计划是车站根据旅客运输年度计划任务、票额分配计划，并考虑客流变化情况而编制的旅客乘车组织计划，目的是严格掌握旅客列车的乘车人数并及时调整各站的票额数量。三等及以上客流量较大的车站，均须编制旅客输送日计划，以确定计划日各次列车的计划乘车人数，计划经铁路局客调批准后，各站即可依此组织发售车票和中转签证。三等及以上客流量较大的车站，应按定员编制标准配备客运计划员，在客运副站长（或客运主任）领导下，负责日常和节假日的计划与组织工作。

编制旅客输送日计划的主要依据包括：各次旅客列车的票额分配计划；临时加开旅客列车及（列车运行图）图定列车变更编组情况；近日来各次列车上车实际人数及其规律；中转换乘旅客签证的规律；节假日与平日客流的差异情况及其规律；未来天气变化情况和过去天气变化时对客流影响的规律；有无团体预约和到达本站的团体（对后者应调查其回程日期和拟乘车次）；各次列车预售客票数量和情况；其他因素对客流的影响。

旅客输送日计划内容包括：分线别（分方向别）的旅客列车车次；分线别的管内、直通区段；分车次、分区段的软、硬卧和软、硬座票额；分车次、分区段的软、硬卧和软、硬座预售，当日售、剩余数量，中转、持铁路乘车证人数；车辆的甩挂计划；分车次的计划硬座合计数；分车次、区段的硬座实际上车人数及合计数；分车次的硬座计划兑现率；全站硬座日计划兑现率；客运副站长（或客运主任）审核签字；铁路局客调调整数；铁路局客调审批命令号；其他。

旅客输送日计划按零点至 24 点编制，分市郊、管内、直通列车，分车次并按客流区段进行，时间以列车的开车时间为标准。车站的发送、中转及持铁路乘车证旅客都要统一纳入日计划。编制旅客输送日计划必须从全局出发，按照长短途列车合理分工的原则，注意运输能力的均衡使用，通过计划来指导、组织售票和其他服务工作。

对有硬座票额分配计划的列车，按固定票额分配计划、限售区段及有关调度命令执行；对无票额分配计划的列车，按平日上车规律数执行；同时考虑影响客流变化的各种因素。遇有长途客流发生变化时，车站应将变化数量及其流向上报铁路局客调，必要时提出加挂车辆或加开临客的请求。对软、硬卧铺和软座客流，各站应根据固定票额、限售区段及列车预报组织售票，无须在日计划中安排。

节假日日计划的编制方法与平时有些不同。节假日期间客流量大、波动性大、时间集中，且常为单方向客流，需请求增开临客和加挂车辆来弥补固定列车运输能力不足。

旅客输送日计划编制完毕后，经客运副站长（或客运主任）审查并签字（或盖章）后，报局客调批准。对管内旅客列车，小站则由车务段平衡后上报铁路局客调。铁路局客调根据各大站的日计划、小站上车人数、各次列车旅客在管内下车规律数，算出各次列车在各客流区段内的客流密度，本着始发站照顾中间站，大站照顾小站的原则进行调整或采取加挂车辆、加开临客的措施解决。铁路局客调对日计划进行调整时，各次列车在铁路局管内各站计划数量之和，不得超过该次列车在本铁路局管内的固定票额；对外局始发的列车不得将自铁路局前方站的票额调整到后方站，以防列车严重超员或影响始发站对票额的套用。客调对日计划审批后，以调度命令下达。

各站接到铁路局客调批准的日计划后，即可将预售及团体预订票数量和中转签证的数量从调整后的计划人数中减去，就可得出本站次日可以发售的硬座票额，由计划人员下达给售票处所发售，并要认真做好票务的管理和交接。售票处所要严格按计划组织售票、不得超售。检票口要认真检票并做好上车人数统计工作。

为了考核旅客输送日计划的编制质量和有关部门的执行情况，车站应对每一车次统计实际上车人数（分软、硬座和软、硬卧），并与旅客输送日计划对照，查明超员或欠员情况，并建立分析考核制度。

（2）客运调度工作。

铁路总公司调度中心、铁路局调度所、各站段调度室三级客运调度，应在同级客运主管部门领导下，负责日常旅客计划运输的组织工作。在发布旅客列车的加开、停运、客车甩挂及软、硬卧票额临时调用命令时，需经同级客运主管部门领导的批准。

全路日常的客运工作必须由各级客运调度实行统一调度、集中指挥、下级服从上级。各级客运调度的基本任务是正确地编制和执行客运工作日常计划，有预见地组织客流，经济合理地使用客车和客运设备，组织客运各部门紧密配合，保质保量地完成旅客运输任务。其具体包括以下职责。

① 铁路总公司客运调度员。掌握全路客流和国际旅客列车及直通旅客列车的运行；组织各局有计划地、均衡地运送旅客；处理跨局旅客列车的加开、停运、折返、变更线路、客车甩挂及调用。

② 铁路局客运调度员。掌握团体旅客运输工作，按级监督组织旅客列车按运行图安全、正点运行；经济合理地运用客车，掌握旅客列车编组和车辆检修、整备情况，及时调整车组的配挂；检查掌握专运车辆和加开临时旅客列车及中转站的合理接续；掌握客流动态和行李包裹运输的变化，及时提出增减车辆计划。

客运调度的日常工作包括以下内容。

① 铁路总公司经常分析各铁路局、主要站发送旅客人数的波动情况，并及时提出决策建议；经常检查各铁路局直通旅客、行李包裹的运送情况，掌握旅客列车编组临时调整及车辆调用情况；对节假日和大批旅客、行李包裹的运送，做到有计划地安排车辆和加开临时旅客列车。

② 铁路局按日、旬、月对局管内的发送旅客波动情况做好分析、总结工作；向铁路总公司汇报跨局旅客列车利用情况，并提出解决建议；处理局管内旅客列车的停运、加开或增、减车辆，对停运、增开的旅客列车应向铁路总公司报告；对大批管内旅客的输送（包括节假日）应采取分批乘坐正常旅客列车、加开临时客车和增加车辆、套用客车底等办法。

③ 站段督促检查各站做好计划运输工作。严格按固定票额或规律数售票，如客流发生变化，应根据管内各站硬座固定票额，对各站上报的日计划进行合理调整后，下达各站执行；对始发、终到时刻适宜，客流集中的列车应重点掌握；按日、旬、月对自站段管内发

送旅客人数波动情况做好分析、总结工作，并报铁路局客调；掌握日常及节假日客流变化，制订旅客输送日计划，并进行登记和报告铁路局客调；掌握各次列车的区段密度、分界站报告，严格控制超员率，组织本站段管内旅客均衡运输。

4.3.2 货物运输组织

1. 铁路运输的货物种类

按货物的性质不同，铁路运输的货物可分为普通货物和特殊条件货物。

（1）普通货物，是指在运输过程中，按一般运送条件办理的货物，如煤、矿石、粮谷、棉布等。

（2）特殊条件货物，是指由于货物本身的性质，在运输过程中，需要采取特殊的运送措施才能保证货物完整和行车安全的货物。按照特殊条件货物的不同运送要求，又可再分为以下几类。

① 危险货物。易燃、易爆、有腐蚀性、有毒、有放射性及易分解放氧等的货物，在运输过程中可能引起人身伤亡或发生损毁的货物，均属危险货物。危险货物在运输过程中，要分别按其特性在包装、标志、承运、装卸、编组、挂运、防护和管理等方面采取妥善的安全措施。

② 鲜活货物。凡是在运输、保管过程中，需要采取冷藏或加温、供应饲料或饮水等特殊措施，以防腐坏变质或死亡的货物，称为鲜活货物。保证鲜活货物运输质量的关键，是根据鲜活货物的性质，认真执行其所要求的运送条件。

③ 超限货物。一件货物装车后，在直线上停留时，货物的高度和宽度有任何部位超出机车车辆限界或特定区段装载限界的，称为超限货物。对超限货物，要在车辆选择、装载方案制定、装车和挂运等方面采取妥善措施，确保运输安全。

④ 超长货物。一件货物的长度超过所装普通平车的长度，需要使用游车或跨装而不超限的，称为超长货物。无论使用游车或跨装，均需保证货物装载和加固的安全技术条件。

⑤ 集重货物。一件货物的质量大于所装普通平车的负重面长度最大容许载重量的，称为集重货物。对集重货物，应在确定装载方案时，避免车底架受力过于集中，造成其工作应力超过设计的容许限度。

2. 铁路货物运输的方式

（1）按运输范围不同划分。

① 管内运输，指在一个铁路局管辖范围内的运输。

② 直通运输，指跨及两个或两个以上铁路局的运输。

以上两种运输发生在铁路局内部，包括相同轨距和不同轨距的铁路之间的货物运输。当货物的运程包括轨距不同的铁路区段时，在衔接地点必须进行换装并遵守有关的运输规定。

③ 铁水联运，指以一份货运票据，在换装地点不需发（收）货人重新办理托运，由铁路和水路共同参加的运输。

④ 公铁联运，指以一份货运票据，在换装地点不需发（收）货人重新办理托运，由铁路和公路共同参加的运输。

铁水联运和公铁联运都是多式联运。多式联运是由两种及以上的运输方式参加，在运输计划、运送条件、换装作业、费用清算和事故理赔等方面，需要有各方均能适用的规章制度。

⑤ 国际铁路货物联运，指参加国际联运协定（或公约）的国家之间办理货物运输时，在国境站换装或车辆直通过轨运输时，不需发（收）货人参加或重新办理托运的运输。国际铁路货物联运免除了国境站重新填制运送票据和核收运费的手续，从而加速了货物送达，为发展国际贸易创造了有利条件。国际铁路货物联运应按《国际铁路货物联运协定》及《国际铁路货物联运协定办事细则》办理相关业务。与我国铁路开展国际铁路货物联运的国家有：蒙古、越南、朝鲜、俄罗斯、哈萨克斯坦、乌兹别克斯坦、吉尔吉斯斯坦、塔吉克斯坦、土库曼斯坦、白俄罗斯、乌克兰、立陶宛、波兰、德国、法国、比利时、西班牙、意大利、捷克、斯洛伐克、拉脱维亚、爱沙尼亚、摩尔多瓦、罗马尼亚、保加利亚、格鲁吉亚、亚美尼亚、匈牙利、塞尔维亚、阿塞拜疆、阿尔巴尼亚、阿富汗、伊朗、土耳其等。

（2）按铁路技术装备条件和运输组织方式划分。

按铁路技术装备条件和运输组织方式划分，现行铁路货物运输可分为整车运输、零担运输和集装箱货物运输，还包括快运、整列行包快运，但现在开展的范围不大。一批货物的质量、体积或形状需要以一辆及以上货车运输的，应按整车运输办理；不够整车运输条件的，可按零担运输办理；符合集装箱运输条件的可按集装箱运输办理。

① 整车运输。一批货物的质量、体积或形状需要以一辆及以上货车运输的，按照整车运输办理，主要用于煤炭、石油、矿石、钢铁、焦炭、粮食、化肥、化工、水泥等大宗品类物资运输。一批质量在40吨以上或体积在80立方米以上的部分塑料制品、金属制品、工业机械、日用电器、果蔬、食品、纺织品、纸制品、文教用品、医药品、瓷砖、板材等批量货物，也按整车组织运输。整车运输是铁路的主要运输方式。

② 零担运输。对于一批质量不足40吨且体积不足80立方米的货物，可按零担运输办理。不得按零担运输办理的货物包括：散堆装货物；危险货物，超限、超重和超长货物；活动物及需冷藏、保温运输的易腐货物；易于污染其他货物的污秽货物；军运、国际联运、需在米轨与准轨换装运输的货物；在专用线（专用铁路）装卸车的货物；煤炭、石油、焦炭、金属矿石、钢铁、非金属矿石等大宗货物，以及棚车以外车辆装运的货物；国家法律法规明令禁止运输的货物；其他不宜采用零担运输的货物。

③ 集装箱运输。集装箱运输具有标准化程度高、装卸作业快、货物安全性好、交接方便等技术优势，是铁水联运、国际联运、内陆公铁联运等多式联运的主要方式，也是我国铁路的重点业务发展方向。集装箱运输可为客户提供"门到门"运输和全程物流服务。办理集装箱运输的条件包括：每批必须是同一箱型，适用不同箱型的货物不得按一批托运；每批至少一箱，最多不得超过铁路一列货车所能装运的箱数；承运人按箱计费和负责运输，一般不负责查点箱内货物。

3. 铁路货物运输业务流程

铁路货物运输业务流程由货物发送作业、货物运输途中作业、货物到达作业3部分组成。

（1）货物发送作业。

货物发送作业包括托运人向作为承运人的发站申报运输要求、提交货物运单、进货、缴费，与发站共同完成承运手续；发站受理托运人的运输要求，审查货物运单、验收货物及其运输包装、计量、计费,与托运人共同完成承运手续。承运顺序因运输种类不同而异,整车货物是先装车后承运,零担和集装箱货物则是先承运后装车。目前,我国铁路受理物流服务要求的平台有:互联网渠道,包括12306网站、95306中国铁路货运网上营业厅(12306网站主要开展客运相关服务业务,95306网站主要开展货运相关服务业务,但为方便广大旅客货主办理相关业务,12306网站和95306网站互相链接);电话渠道,包括12306或95306客服电话、货运营业站受理服务电话;人工渠道,包括货运营业场所、铁路物流客服人员上门服务。

① 整车运输的办理流程。

我国铁路货运提供大宗货运直达班列、批量货物快运、专用线接轨服务等个性化服务产品。整车运输办理流程如图4.5所示。其主要环节包括:客户通过访问12306网站、95306网站、手机App、微信公众号、客服电话、营业站点等向铁路货运业务受理平台提报(首次提报时需填写注册信息,客户可选择企业或个人两种类型进行注册,注册完成后凭客户ID和密码登录铁路货运业务受理平台);客户可按阶段或日提出需求,如客户能够确定运输日期可直接提出"日装车需求"(包括具体装运日期、吨数),如客户不能确定运输日期则选择"阶段装车需求"方式,待确定装运日期后再提出"日运输需求";系统自动判断需求是否符合运输办理条件,符合条件的予以受理,系统会通过手机短信等方式告知客户进行需求确认;客户根据确定的装车方案办理上货装车。

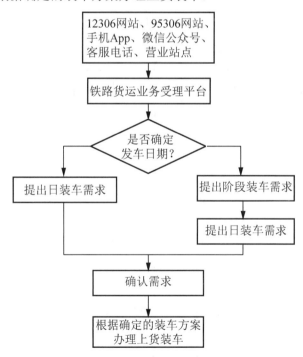

图4.5 整车运输办理流程

② 零担运输的办理流程。

零担运输按货物实际质量(体积)进行受理和承运。铁路零担运输从2002年开始陆续停止,初衷是突出铁路运输大宗物资的优势,引导零担货物运输向集装箱运输发展。但是,铁路集装箱运输市场拓展并不理想,大批零担货源转向了公路运输。铁路货运如果只盯着大宗物资，必然在市场竞争中难以立足，因此促使零担货物回流已成为铁路货运改革的一大目标。目前，除大宗物资、危险货物、鲜活货物、超限超重货物、国际联运货物外，均可按零担货物办理。

零担货物可以由货主自己到货运站发货或自提，也可以由铁路部门上门取送货。但是铁路部门上门取送货的价格较高。例如，北京铁路货运站市区上门取送货按 100kg、10km 收取 150 元，不足 100kg 也按 100kg 计算取送货费用。因此，货量低于 100kg 走铁路零担并不划算，除非货主自己到货运站发货或自提，铁路的运价优势才能体现。此外，由于必须凑够去往一个方向的整车货物才能发送，因此铁路零担业务时效性也不如公路，目前铁路部门规定散货运输一旦受理 15 天之内必须装车发运。

零担运输办理流程如图 4.6 所示。其主要环节包括：客户通过多种方式向铁路货运业务受理平台提报；对于作业站（中心站）直接受理的货物，铁路部门首先对其进行安全检查（包括审核托运单填写内容与货物实际情况是否相符，检查包装，过磅量方，扣、贴标签、标识等），符合条件的予以承运制票，随后客户将货物搬至作业站装车；对于在非作业站办理的货物，办理站同样可以办理安全检查及承运制票业务，并对客户的货物进行保管，在规定的期限内将货物搬至作业站（中心站），由作业站进行装车；客户也可要求铁路部门上门取货、进行安全检查、承运制票、搬至作业站，由作业站进行装车。

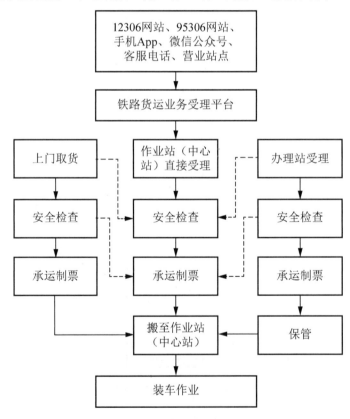

图 4.6 零担运输办理流程

③ 集装箱运输的办理流程。

集装箱运输的货物为标准包装尺寸，饮料、食品等都能整整齐齐装箱，不需要再增加包装程序，运输效率大幅提升。集装箱货运列车与普通货运列车相比，没有沿途停站、解编、再重新编组的烦琐流程，运行时间可压缩一半左右，定点开行也便于货主掌握发货和收货的准确时间。集装箱运输办理流程如图 4.7 所示。其主要环节包括：客户通过多种方式向铁路货运业务受理平台提报；如需要向铁路部门订箱则到车站拉运空箱、组织装箱并在铁路货运业务受理平台完善订单，如无须向铁路部门订箱，则直接在平台内填写运单即可；按车站指定日期将重箱搬入车站接受验收，车站验收完毕，缴纳铁路运输费用，办理上货装车。

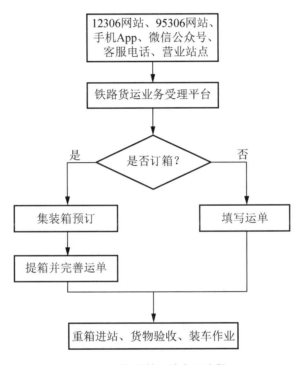

图 4.7　集装箱运输办理流程

（2）货物运输途中作业。

货物运输途中作业包括重车运行及途中的货物常规交接与检查、特殊作业及异常情况处理。常规交接与检查是指货物运输途中车站人员同列车服务人员相互在铁路局规定地点和时间内办理的列车或货物的交接检查工作。特殊作业一般包括零担货物在中转站的作业、整车分卸货物在分卸站的作业、加冰冷藏车在冰所的加冰作业、托运人或收货人提出的货物运输变更的办理等业务。异常情况的处理是指货车继续运行或货物继续运送有碍运输安全或货物完整时必须做出的处理，如货物装载偏重、超载或货物装载移位需进行换装或整理，对运输阻碍的处理等。

（3）货物到达作业。

货物到达作业包括：到站作为承运人向收货人发出货物催领通知，接受到货查询、收费、收单、交货，与收货人共同完成交货手续；收货人向作为承运人的到站进行查询、缴费、交单、领货，与到站承运人共同完成交付手续。

由铁路组织卸车，到站在向收货人办理交接手续、交付货物后，即算交付完毕；发站由托运人组织装车,到站由收货人组织卸车的货物,到站在货车交接地点交接完毕,即算交付完毕。

领取货物的有关手续、程序如下。

① 收货人凭领货凭证到车站办理领货手续,若为个人货物需同时出示身份证,若为单位货物需同时出示含该单位所领货物和领货人姓名的证明文件及领货人本人身份证。如果领货凭证未到或丢失时,可凭有经济担保能力的企业出具担保书领货。

② 按规定缴纳装卸等有关费用。

③ 接收、清点车站交付的货物,接收完毕即为车站办完交付手续。

4. 铁路货物运输管理

铁路货物运输管理一般包括铁路货物运输合同管理、货运单证管理、铁路货物运输计划管理和铁路货运车(货)流管理四大内容。

(1) 铁路货物运输合同管理。

铁路货物的组织管理过程是按照合同的约定进行的,因此有必要熟悉铁路货物运输合同的主要内容和相关规定。

铁路货物运输合同是铁路运输部门与托运人之间签订的运输合同,它明确了铁路与收、发货人之间的权利、责任、经济关系,合同的当事人是托运人、铁路运输部门和收货人。铁路货物运输合同一般有预约合同和承运合同两种形式。

铁路货物运到期限是铁路运输合同的重要内容,是对铁路运输企业的要求和约束,也是对托运人、收货人合法权益的保护。铁路货物运到期限是根据铁路现有技术条件确定的,铁路应尽量缩短货物的运到期限,对因铁路责任超过运到期限的要负违约责任,收货人则无论货物提前或逾期到达,均应及时领取货物。

运价里程也称计费里程,是指用于计算货物运价的里程。这个概念与实际行驶的里程有所不同,但它通常遵循一定的规则和标准。在某些情况下,两地之间的运价里程可能会根据核定的经由线路来确定,并且这些信息会通过主管机构统一发布的运价里程表进行公布。在进行货物运输费用的计算时,无论实际的运输路径如何,都会按照运价里程表中规定的运价里程来进行收费。此外,为了合理利用运输资源和便于计算,有规定的最低运价里程,即起码计费里程。对于那些运距不足以达到这个里程的货物,也会按照这个里程来收取运费。一旦运价里程被公布并开始执行后,除非营业线路或港站位置发生了永久性的变化,否则不得随意修改。

我国铁路货物运到期限由货物发送时间、货物运输时间和特殊作业时间 3 部分组成。现行规定如下。

① 货物发送时间为 1 日。

② 货物运输时间:每 250 运价里程或其未满为 1 日;按快运办理的整车货物每 500 运价里程或其未满为 1 日。

③ 特殊作业时间:需要途中加冰的货物,每加一次冰,另加 1 日;运价里程超过 250km 的零担货物和 1t 型、5t 型集装箱货物,另加 2 日,超过 1000km 的加 3 日;一件货物质量超过 2t、体积超过 3m³ 或长度超过 9m 的零担货物和零担危险货物另加 2 日;整车分卸货物,每增加一个分卸站,另加 1 日;轨距不同的整车货物,因需要在接轨站换装的另加 1 日。

货物实际到达日数,从货物承运次日起算,在到站由铁路组织卸车的,至卸车完毕终止;在到站由收货人组织卸车的,至货车调到卸车地点或交接地点时终止。货物运到期限的起码时间是 3 日。

在货物运输过程中,由于不可抗力、托运人或收货人责任,以及非铁路责任造成的货物途中滞留时间,应从实际运到时间中扣除。

(2) 货运单证管理。

货运单证是铁路货物运输中适用的各种单据和票证。铁路货物运输一般涉及以下几种单证。

① 铁路货物服务单证。根据货运形式的不同,一般有整车运输、零担运输、集装箱运输、货运"五定"班列 4 种形式。

② 货物运单。货物运单随货通行,在运输途中作为交接检查的凭证,到站后随同货物交付给收货人。

③ 货票。货票具有存根、收据、运输凭证等多种用途,一般是一式四联。其用途包括:发站存查、报局审核清算、托运人报销,以及连同运单随货同行供到站存查之用。其中,丙联为承运人及收款凭证,丁联为运输凭证。

④ 领货凭证。领货凭证是发货人在支付运费后向承运人换取的在到站领取货物时必须出具的凭证之一。对整车货物装车后,发货人需向货运室支付运杂费,换取领货凭证和承运证。收货人领取货物时必须出具领货凭证。除此之外,由于铁路货物是记名式运单,承运人应向托运人指示的收货人交货,因此,领货人还要出具能够证明其身份的证明文件,如身份证、盖有企业公章的证明文件等。

⑤ 运杂费收据。运杂费收据是一种收费凭证,对于不能在货票上核收的费用(如到站发生费用、临时发生费用等)均适用于此项收据核收。

(3) 铁路货物运输计划管理。

铁路货物运输计划是指根据国家发展计划,调查研究和科学预测,确定铁路近远期战略,安排各部门、各环节发展,做好货物运输需要和资源综合平衡,合理分配人、财、物,以求达到最大社会效益。

① 铁路货物运输计划的分类。

a. 长远计划,根据国民经济的远景目标,可分为五年计划或十年计划。

b. 年度计划,确定年度发送量、流向、平均运程、周转量、货运密度等,制订机车车辆运用计划、列车编组计划、运行图等。

c. 月度货物运输计划是年度计划在计划月的具体安排。但是需要指出的是,月度货物运输计划并不是年计划的月平均数。月度货物运输计划主要以托运人与铁路签订的运输合同为基础,并结合自身资源约束,所作出的一种综合的平衡。

月度货物运输计划是联系铁路与市场的纽带,是货运营销的首要内容。只有编制了月度货物运输计划之后,才能编制铁路运输工作技术计划、运输方案和日常工作计划,以安排全月工作。月度货物运输计划与铁路运输工作技术计划构成铁路运输工作计划(或运输生产计划)。

② 月度货物运输计划的编制。

a. 提报要车计划。托运人可根据自己的运输要求,随时向铁路货运计划管理中心提报任何时限的要车申请,大宗稳定货源可根据生产情况提出均衡的运量安排意见。

b. 受理要车申请。铁路货运计划管理中心随时受理托运人提出的要车申请，货运计划人员及时核实要车申请的填报内容及货源情况，并将其传输到铁路局数据库。

c. 各局货运任务和运输生产计划指标的下达。铁路总公司根据生产能力、同期货运计划任务量，定时下达各局下一计划周期的货运任务和运输生产计划指标。月度运输生产计划指标主要包括发送吨数、装车数、货物到达吨数、卸车数、货物周转量及货物平均运距等。

d. 确定月度货物运输计划。各局根据下达的货运任务和运输生产技术指标，生成可装车货源数据库，通过信息网络逐步上报和下达到各网点并通知托运人，根据货源货流、车种、去向和分界口通过能力，收集、处理有关信息，生成完整的月度货物运输计划。各网点根据上级批准同意的要车申请内容和车站作业能力，与货主签订运输服务合同。

③ 月度货物运输计划的执行。

a. 调节计划及实施。整车货物原则上都应纳入月度货物运输基本计划。月度货物运输计划批准后，在落实货源的基础上，落实日要车计划，提报日要车计划的依据是当日托运单位提出的运单。它必须是：符合批准的基本计划或调节计划；需要补装的未装车货物；特殊情况，经上级批准的其他需要紧急运输的货物。铁路各级运输业务部门在日常工作中以编制旬间装车计划的手段，组织发货单位按规定日期装车备运，保证月度货物运输计划的顺利执行。

b. 运输计划变更及日常计划的处理。在货物运输计划执行中，难免存在因各种原因导致不能按计划进行，存在不定时变更运输计划的可能。变更运输计划是指由于货主临时要变更收货人、到站和货物品名而导致运输业务内容的改变。变更的新到站应和原到站顺路，不超过原到达局范围，不增加限制区段运量；变更的货物品名应是原单位经营的物资，并在同一品类范围内；发站原则上不得变更。发生运输计划变更时，托运单位应按照规定提出变更运输计划要求书，运输计划只能变更一次，日常要车计划不办理变更。

日常计划的处理包括：托运人提出的日常计划，铁路随时受理，随时审批；对国际联运、多式联运、国际货运和通过重点困难区段的计划由铁路总公司审批或由铁路总公司会同有关部门共同审批；无须铁路总公司审批的计划，由铁路局审批，但要及时逐级上报，按规定权限审批。

（4）铁路货运车（货）流管理。

铁路局应积极将符合条件的货源货流，组织开行"五定"班列，即定点、定线、定时、定价、定车次，按公布开行方案组织开行的货物列车。开行"五定"班列应满足以下条件。

① 具备稳定、均衡的货源，特别是高附加值的零散货源，货源量要达到至少两天一列，并具备向每天一列发展的潜力。

② "五定"班列发到站具有相对固定的货物作业线、储存和作业场地，具备整列或成组作业能力。

③ 相关技术站具有集结、解体、取送车等作业能力。

④ 铁路局、装车站具有班列货源组织能力和班列运输组织管理能力。

班列运输尽可能组织装卸车站间直达；需要多站集结时，可采取阶梯式或集散式。阶梯式由同一径路上的几个相邻装车站共同组织集结成整列；集散式由发站附近多个装车站共同组织集结成整列。

铁路专业运输公司可向铁路局提出建议方案。对铁路局、铁路专业运输公司报送的建议方案，由铁路总公司运输局组织相关铁路局研究，统一确定班列开行方案。铁路总公司对符合开行条件的建议，组织相关铁路局铺画跨局班列运行线，运行线要全程贯通，尽可能组织直通，途经技术作业站要紧密接续，班列运行速度双线每天要达到800km以上，单线要达到500km以上。班列装车站要将班列的到达站、开行周期、开车时刻、运行时间等方案内容对外公布，做好宣传。

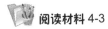
阅读材料 4-3

列车运行图是如何诞生的？

1814年，英国工程师史蒂芬森成功地制造了第一台蒸汽动力火车机车，成为工业革命发展的重要标志之一，欧洲多国也纷纷拉开了建设铁路的大幕，人们出行距离变得越来越长。在差不多是"晨钟暮鼓"计时的年代，路网规模持续扩大，开行列车数量增多，因各地时间不同步引发的铁路事故时有发生，推动精确同步的铁路时间成为铁路发展的重要前提。因此，现代标准化时间就这样被铁路发展催生了，并沿着铁路线不断扩展延伸，成为人们的共识。有了统一的标准化时间，列车到各车站的时间就可以进行准确计算。于是1839年在英国诞生了最早的列车时刻表，也就是布雷萧指南（Bradshaw's Guide）手册。这本手册集合整理了英国各家铁路公司的运营信息，包含英国各铁路线上车站的列车到发时间，还发布了一张英国铁路网络图，涵盖当时英格兰和威尔士主要的运营铁路线路和在建线路。这种列车时刻表给民众出行提供了丰富的参考信息，到今天仍然发挥着作用。但这最多算是列车运行图的雏形，距离铁路运输组织部门的专业列车运行图需求还有相当大的距离。

最终发明出时空二维列车运行图要到几十年后的法国。1842年，法国议会决定建设全国性的铁路网。1885年，马雷为法国巴黎至里昂的铁路设计了二维时空的列车运行图，时间和铁路沿线车站才最终被摆在横纵垂直的两根坐标轴上。因此，有些人把列车运行图称为马雷图（Marey Diagram 或 Marey Chart）。在图中，时间沿横轴变化，纵轴按次序排列的是铁路沿线车站，刻度线间距离表示站间距，每一条斜线是一条列车运行轨迹线。列车运行线与横线的交点表示列车到站和出站时刻，到达时刻和出发时刻间截距表示列车停车时长。显然，运行线越陡峭列车速度越快。一百多年来列车运行图几乎没有太大变化。

综上，列车运行图的巧妙构思源自于对铁路运输行业的深刻理解，也受到社会发展进程的巨大驱动。这也是做好铁路规划设计工作的重要动力源泉。

资料来源：搜狐网.

4.4 列车运行图

4.4.1 列车运行图概述

铁路列车运行图（简称列车运行图）是指用于表示列车在铁路各区间运行时刻及在各车站到发或通过时刻的技术文件，它规定了列车占用区间的次序，列车在每一车站出发、到达或通过的时刻，在区间的运行时分，在车站的停站时分，以及列车的质量和长度等。在列车运行图这一基本概念的基础上，还有某一列车的列车运行图、区段列车运行图、铁路网列车运行图和时间段列车运行图等概念。

4.4.2 列车运行图的格式

列车运行图是以坐标的形式表示列车运行的图解。它有两种不同的形式。第一种形式是以横轴表示时间，纵轴表示距离（图 4.8）。这种列车运行图中，水平线表示各车站的中心线，水平线和水平线之间的间隔表示站间距离；垂直线表示时间；斜直线表示列车的运行，称为列车运行线。这种形式的列车运行图为俄罗斯、日本等多数国家铁路部门所采用。第二种形式是以纵轴表示时间，横轴表示距离，这种列车运行图为德国等少数国家铁路部门所采用。实际上列车在各区间内运行，由于线路纵断面的不同，列车在车站起车和停车速度变化较大，列车运行线本应画成曲线，但为了列车运行图铺画的方便，均以斜直线表示。目前，我国的列车运行图采用第一种形式。为适应不同需要，列车运行图分为以下 3 种格式。

（1）二分格运行图（图 4.9）。横轴以 2min 为单位用细竖线加以划分，10min 格和 1h 格采用较粗的竖线表示。二分格运行图主要在编制新列车运行图时做草图用。

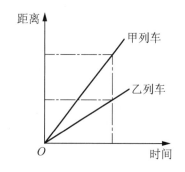

图 4.8 第一种形式列车运行图示例

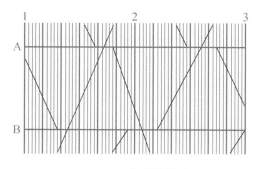

图 4.9 二分格运行图

（2）十分格运行图（图 4.10）。横轴以 10min 为单位用细竖线加以划分，0.5h 格用虚线表示，1h 格用较粗的竖线表示。十分格运行图主要供列车调度员在日常调度指挥工作中编制调度调整计划和绘制实际列车运行图时使用。

（3）小时格运行图（图 4.11）。横轴以 1h 为单位用竖线加以划分。小时格运行图主要在编制旅客列车方案图和机车周转图时使用。

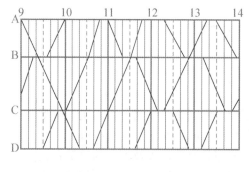

图 4.10 十分格运行图

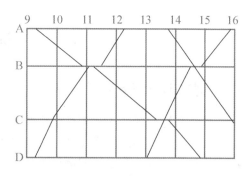

图 4.11 小时格运行图

4.4.3 站名线的画法

站名线,即列车运行图中表示车站中心线的横线,如图 4.9~图 4.11 中的横线。站名线的确定方法有以下两种。

(1) 按区间里程的比率确定,即按整个区段内各车站间实际里程的比率来画横线,每一横线即表示一个车站的中心线。采用这种方法时,列车运行图上站名线间的距离能明显地反映出站间距离的大小。但由于各区间线路平面和纵断面情况不一,列车运行速度有所不同,这样,列车在整个区段的运行线往往是条斜折线,既不整齐,也不易发现列车在区间运行时分上的问题。所以,一般不采用这种办法。

(2) 按区间运行时分比率确定,即按整个区段内下行(或上行)列车在各区间运行时分的比率来画横线。采用这种方法时,可以使列车在整个区段的运行线基本上是一条斜直线,既整齐美观,又便于发现运行时分上的问题。所以,多采用此法。如图 4.12 所示,A—B 区段下行列车运行时分共计为 170min。作图时,首先确定技术站 A、B 的位置;然后在代表 B 站的横线上向右截取相当于 170min 的线段,得 F 点,连接 A、F 两点,得一斜直线;最后按照下行列车在各区间的运行时分,将 BF 线段划分为 5 个时间段,过这 5 个时间段端点作垂直线,在 AF 斜直线上可得交点,过各交点作水平线,即可画出代表 a、b、c、d 车站的横线。

列车运行图上的列车运行线(斜线)与车站中心线(横线)的交点,即为列车到达、出发或通过车站的时刻。根据列车运行图的格式,到发时刻有不同的表示方法。在二分格运行图上,以规定的标记符号表示,不需填写数字;在十分格运行图上,填写 10min 以下数字;在小时格运行图上,填写 60min 以下数字。所有表示时刻的数字,都填写在列车运行线与横线相交的钝角内。列车通过车站的时刻,一般填写在出站一端的钝角内。

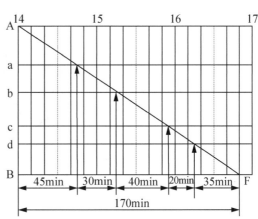

图 4.12 按区间运行时分比率确定站名线示意图

我国铁路规定,开往北京方向为上行方向,反之为下行方向。在列车运行图上,下行列车的运行线由左上方向右下方倾斜,上行列车的运行线由左下方向右上方倾斜。

4.4.4 列车运行图的分类

根据铁路线路的技术设备和列车运行速度、上下行列车的列车数量、列车的运行方式等条件,列车运行图可分为各种类型。

1. 按照区间正线数目不同分类

(1) 单线运行图,即在单线区段采用的运行图。在单线运行图上,上下行方向列车都在同一正线上运行,因此上下行方向的列车必须在车站上进行交会,如图 4.13 所示。

(2) 双线运行图,即在双线区段采用的运行图。在双线区段上,上下行方向列车在各自的正线上运行,因此上下行方向列车的运行互不干扰,可以在区间内或车站上交会,但列车的越行必须在车站上进行,如图 4.14 所示。

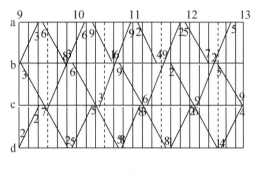

图 4.13 单线运行图　　　　图 4.14 双线运行图

(3) 单双线运行图,即在单双线区段采用的运行图。在有部分双线的区段,单线区间和双线区间各按单线运行图和双线运行图的特点铺画运行线,如图 4.15 所示。

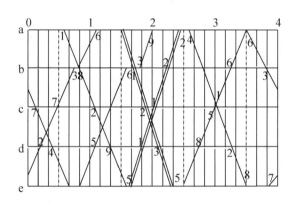

图 4.15 单双线运行图

2. 按照列车运行速度不同分类

(1) 平行运行图。在列车运行图上同一区间内,同方向列车的运行速度相同,因而列车运行线相互平行,且区段内无列车越行,如图 4.13 和图 4.14 所示。

(2) 非平行运行图。在列车运行图上铺有各种不同速度和不同种类的列车,因而列车运行线互不平行,在区段内可能产生列车越行,如图 4.16 所示。

3. 按照上下行方向列车数目不同分类

(1) 成对运行图,同一区段内,上下行方向列车数目是相等的,如图 4.13 和图 4.14 所示。

(2) 不成对运行图,同一区段内,上下行方向列车数目是不等的,如图 4.17 所示。

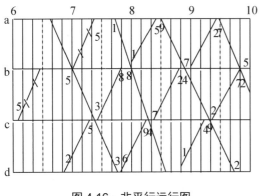
图 4.16 非平行运行图

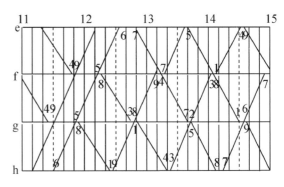
图 4.17 不成对运行图

4. 按照同方向列车运行方式不同分类

（1）追踪运行图，在自动闭塞区段上，同方向的列车是以闭塞分区为间隔运行。在这种运行图上，一个站间区间允许同时有几辆列车按追踪方式运行，如图 4.18 所示。

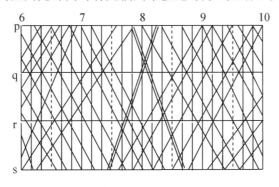
图 4.18 追踪运行图

（2）非追踪运行图，同方向的列车是以站间区间或所间区间为间隔运行，即在非自动闭塞区段采用的列车运行图，如图 4.17 所示。

4.4.5 列车运行图的组成因素

列车运行图的组成要素包括列车区间运行时分、列车在中间站的停站时间、列车在车站的间隔时间、追踪列车间隔时间、机车在基本段和折返段所在站的停留时间、列车在技术站的技术作业时间。

1. 列车区间运行时分

列车区间运行时分是指列车在两个相邻车站或线路所之间的运行时间标准，它由机务部门采用牵引计算和实际试验相结合的方法进行查定。

列车区间运行时分应按以下几种情况分别查定。

（1）旅客列车和货物列车要分别查定。

（2）上行方向和下行方向要分别查定。

（3）列车在区间两端停车与不停车分别查定。当区间两端均无技术需要停车时，应按通通、通停、起通、起停 4 种情况分别查定。

2. 列车在中间站的停站时间

列车在中间站的停站时间是指列车在中间站上办理列车技术作业、客货运作业及列车会让等所需要的最小停留时间。

3. 列车在车站的间隔时间

列车在车站的间隔时间是指车站为办理两列车的到达、出发或通过作业所需要的最小间隔时间。

车站间隔时间主要包括以下几种。

（1）相对方向不同时到达间隔时间（$\tau_{不}$）。

在单线区段，来自相对方向的两列车在车站交会时，从某一方向列车到达车站时起，至相对方向列车到达或通过该站时止的最小间隔时间，称为相对方向不同时到达间隔时间，如图 4.19 所示。为确保行车安全，在进站信号机外制动距离内进站方向为超过规定的下坡道，而接车线末端又无隔开设备的车站，禁止办理相对方向同时接车。凡不能办理相对方向同时接车的车站，由相对方向到站停车的两列车也需保持必要的不同时到达间隔时间。

（a）下行列车到站停车后，上行列车到站停车

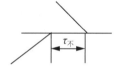

（b）上行列车到站停车后，下行列车到站停车

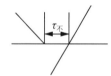

（c）下行列车到站停车后，上行列车通过该站

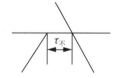

（d）上行列车到站停车后，下行列车通过该站

图 4.19　相对方向不同时到达间隔时间示意图

相对方向不同时到达间隔时间由车站准备接车进站、开放进站信号作业时间和列车通过进站距离所需时间组成。

（2）会车间隔时间（$\tau_{会}$）。

会车间隔时间是指在单线区段的车站上，两列车交会时，自某一方向列车到达或通过车站之时起，至该站向同一区间发出另一相对方向列车之时止的最小间隔时间，如图 4.20 所示。

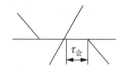

（a）下行列车到站停车，上行列车通过，下行列车出站

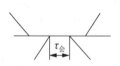

（b）下行列车到站停车，上行列车到站停车，下行列车出站，上行列车出站

图 4.20　会车间隔时间示意图

会车间隔时间由车站值班员监督列车到达或通过后,为向同一区间发出另一列车所需办理必要作业的作业时间组成。

(3)同方向连发间隔时间($\tau_{连}$)。

同方向连发间隔时间是指在单线区段和双线区段上自前行列车到达或通过邻接的前方车站之时起,至本站向该区间发出另一同方向列车之时止的最小间隔时间。同方向连发间隔时间可有以下4种类型。

① 两列车通过前后两车站,如图4.21(a)所示。

② 第一辆列车在前方站停车,第二辆列车在后方站通过,如图4.21(b)所示。

③ 第一辆列车在前方站通过,第二辆列车在后方站先停车再出站,如图4.21(c)所示。

④ 两辆列车在前后两站均先停车再出站,如图4.21(d)所示。

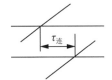
(a)两列车通过前后两车站

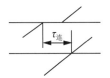
(b)第一辆列车在前方站停车,
第二辆列车在后方站通过

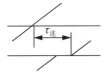
(c)第一辆列车在前方站通过,
第二辆列车在后方站先停车再出站

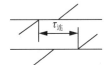
(d)两列车在前后两站均先停车再出站

图4.21 同方向连发间隔时间示意图

同方向连发间隔时间是发生在前后两个车站,而相对方向不同时到达间隔时间和会车间隔时间是发生在同一个车站上。

(4)同方向不同时开到间隔时间($\tau_{开到}$)及同方向不同时到开间隔时间($\tau_{到开}$)。

同方向不同时开到间隔时间是指自某一列车由车站出发时起,至同方向另一列车到达车站时止的最小间隔时间,如图4.22(a)所示。

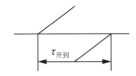
(a)同方向不同时开到间隔时间

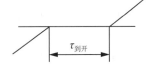
(b)同方向不同时到开间隔时间

图4.22 同方向不同时开到间隔时间及同方向不同时到开间隔时间示意图

同方向不同时到开间隔时间是指自某方向列车到达车站时起,至由该站发出另一列同方向列车时止的最小间隔时间,如图4.22(b)所示。

同方向不同时到开间隔时间为由车站值班员监督列车到达后,向同一方向发出另一列车所需办理必要作业的作业时间组成;而同方向不同时开到间隔时间,则由出发列车通过出站距离的时间、车站办理必要作业的时间和到达的同方向列车通过进站距离的时间组成。

（5）相对方向不同时通过间隔时间（$\tau_{通}$）。

在一端连接双线区段、另一端连接单线区段的车站（或线路所）上，两个相对方向的列车不同时通过该站（或线路所）的最小间隔时间，称为相对方向不同时通过间隔时间，如图4.23所示。相对方向不同时通过间隔时间由前一列车进站后，车站办理必要的作业所需时间（$t_{作业}$）和列车通过进站距离所需时间（$t_{进}$）两部分组成。

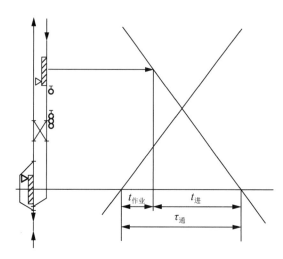

图4.23 相对方向不同时通过间隔时间组成图

上述各种车站间隔时间的数值大小与列车运行速度和列车长度有关。因此，应分别对旅客列车和货物列车进行查定。

4. 追踪列车间隔时间。

（1）自动闭塞区的定义。

传统的铁路信号系统是由各类信号显示、轨道电路、道岔转辙装置等主体设备及其他有关附属设施构成的一个完整的"信号、联锁、闭塞"体系，在行业内简称为"信联闭"。相关的设备称为信联闭设备。自动闭塞区是指利用通过信号机把区间划分为若干个装设轨道电路的闭塞分区，通过轨道电路将列车和通过信号机的显示联系起来，使信号机的显示随着列车运行位置而自动变换的一种闭塞方式。这些信号机平时显示绿灯，称为"定位开放式"；只有当列车占用该闭塞分区或发生断轨故障时，才自动显示红灯，要求后续列车停车。

自动闭塞的优点是：由于划分成闭塞分区，可用最小运行间隔时间开行追踪列车，从而大大提高区间通过能力；整个区间装设了连续的轨道电路，可以自动检查轨道的完整性，提高了行车安全度。

自动闭塞是目前比较常用的一种行车闭塞法，但它仍以固定的空间间隔（闭塞分区）来保障列车行车安全。随着新一代无线电通信技术运用到铁路行车控制领域，不依赖地面固定电路和信号的更为先进的移动闭塞产生了。移动闭塞采用现代通信技术，使用地面基站处理每列列车实时发出的信号，计算出列车运行位置，再将需要的动作指令反馈给列车。移动闭塞通过强大的计算机系统，可以精确给出列车在每个节点需要进行的动作和达到的目标速度。

(2)追踪列车间隔时间的定义。

在自动闭塞区,列车以闭塞分区为间隔运行,称为追踪运行。追踪列车之间的最小间隔时间,称为追踪列车间隔时间($I_{追}$),如图 4.24 所示。追踪列车间隔时间决定于同方向列车间隔距离、列车运行速度及信联闭设备类型。

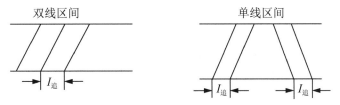

图 4.24 追踪列车间隔时间示意图

(3)三显示自动闭塞区追踪列车间隔时间。

① 按区间运行条件计算。

三显示自动闭塞区是指区间通过信号机显示红、黄、绿 3 种信号的自动闭塞区。在使用三显示自动闭塞的区间,追踪列车之间的间隔通常情况下需相隔 3 个闭塞分区,如图 4.25 所示。

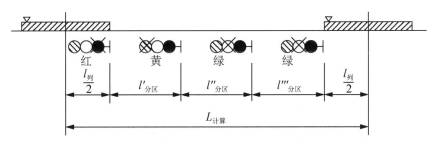

图 4.25 追踪列车向绿灯运行时的间隔时间示意图

这样,可以保证后行列车经常能看到绿灯显示,从而使列车保持高速运行。在这种情况下,追踪列车间隔时间($I_{追}^{绿}$)用下式计算(min)。

$$I_{追}^{绿} = 0.06 \times \frac{l_{列} + l'_{分区} + l''_{分区} + l'''_{分区}}{v_{运}} \quad (4\text{-}1)$$

式中:$v_{运}$——列车平均运行速度(km/h),$l_{列}$——列车的长度(m),$l'_{分区}, l''_{分区}, l'''_{分区}$——第一、第二、第三闭塞分区长度(m)。

但是,当列车在长大坡道上运行时,由于运行速度较低,追踪列车间隔时间也可以按照前后列车间隔两个闭塞分区的条件来确定,如图 4.26 所示。

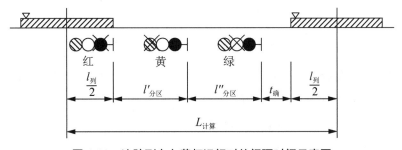

图 4.26 追踪列车向黄灯运行时的间隔时间示意图

此时,追踪列车间隔时间($I_{追}^{黄}$)用下式计算(min)。

$$I_{追}^{黄}=0.06\times\frac{l_{列}+l'_{分区}+l''_{分区}}{v_{运}}+t_{确} \qquad (4\text{-}2)$$

式中：$t_{确}$——司机确认信号转换显示时间(min)。

② 按列车在站到、发、通过条件计算。

根据列车在区间内追踪运行的上述条件计算出追踪列车间隔时间后,还应分别按列车到站停车、列车从车站出发和前后列车不停车通过车站的条件进行验算。

a. 按列车到站停车的条件确定追踪列车间隔时间时,应确保后行列车不因站内未准备好接车进路而降低速度。因此,车站准备好进路和开放好进站信号的时刻,应不迟于第二辆列车首部接近站外第二通过色灯信号的时刻,如图4.27所示。

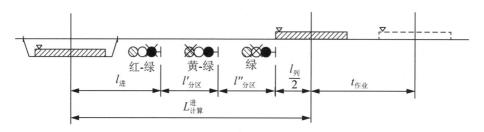

图4.27 列车到站停车时追踪列车间隔时间示意图

此时,追踪列车间隔时间($I_{到}$)用下式计算(min)。

$$I_{到}=t_{作业}+0.06\times\frac{0.5l_{列}+l'_{分区}+l''_{分区}+l_{进}}{\overline{v}_{进}} \qquad (4\text{-}3)$$

式中：$t_{作业}$——车站准备进路和开放进站信号的时间(min);
$l_{进}$——进站信号机距离车站的距离(m);
$\overline{v}_{进}$——列车通过进站计算距离的平均速度(km/h)。

b. 按列车从车站出发的条件确定追踪列车间隔时间时,应确保后行列车在出站信号机显示绿灯的条件下出发,如图4.28所示。

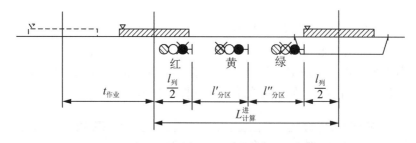

图4.28 列车从车站出发时追踪列车间隔时间示意图

只有在第一辆列车腾空两个闭塞分区后,出站信号机才能显示绿灯。因此,列车从车站出发时追踪列车间隔时间($I_{发}$)用下式计算(min)。

$$I_{发}=t_{作业}^{发}+0.06\times\frac{l_{列}+l'_{分区}+l''_{分区}}{\overline{v}_{发}} \qquad (4\text{-}4)$$

当准许列车凭出站信号机显示黄灯发车时，则追踪列车间隔时间（$I_{发}^{黄}$）用下式计算（min）。

$$I_{发}^{黄} = t_{作业}^{发} + 0.06 \times \frac{l_{列} + l'_{分区}}{\bar{v}_{发}} \qquad (4-5)$$

式中：$t_{作业}^{发}$——车站开放信号和司机确认信号的时间（min）；

$\bar{v}_{发}$——列车通过出站计算距离的平均速度（km/h）。

c. 按前后两列车不停车通过车站的条件确定追踪列车间隔时间时，应确保在第一辆列车通过出站道岔，并为后行列车开放进站信号后，后行列车才能处在与第一辆列车相隔 3 个闭塞分区（包括车站闭塞分区）距离的位置，如图 4.29 所示。

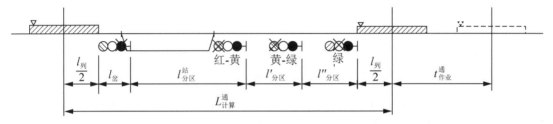

图 4.29 前后两列车不停车通过车站时追踪列车间隔时间示意图

此时，追踪列车不停车通过车站的间隔时间（$I_{通}$）用下式计算（min）。

$$I_{通} = t_{作业}^{通} + 0.06 \times \frac{l_{分区}^{站} + l_{列} + l'_{分区} + l''_{分区} + l_{岔}}{\bar{v}_{通}} \qquad (4-6)$$

式中：$t_{作业}^{通}$——车站为第二辆列车开放进站信号和司机确认信号的时间（min）。

$l_{分区}^{站}$——车站闭塞分区长度（m）；

$l_{岔}$——出站信号机至最外方道岔的距离（m）；

$\bar{v}_{通}$——列车通过车站计算距离的平均速度（km/h）。

③ 追踪间隔时间的最后确定。

按上述条件计算出各种追踪间隔时间之后，取其中最大者作为计算平行运行图通过能力的追踪间隔时间

（4）四显示自动闭塞区追踪列车间隔时间。

一般称通过色灯信号机能显示诸如红、黄、绿黄和绿 4 种灯光信号的自动闭塞为四显示自动闭塞。四显示自动闭塞通常在既有密度大、速度低、时间集中的市郊列车，又有直快和特快等列车运行的运输繁忙的市郊铁路上，或者列车速度高、制动距离长、运输繁忙的高速铁路上采用。

四显示自动闭塞的轨道电路根据前行列车位置，发出不同的码序，表示一定的限制速度。当装设超速防护装置时，列车超速运行，将迫使列车发生紧急制动。所以，四显示信号是具有预告功能的速差式信号。如图 4.30 所示，在四显示自动闭塞区间，列车追踪运行至少应保证有 5 个闭塞分区的间隔。其中，防护区用于保护区间，要求列车停车；提醒区用于提醒司机，列车将进入减速地段。

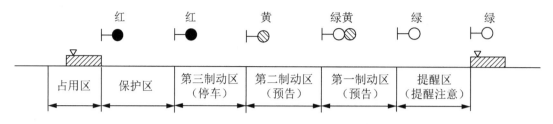

图 4.30 四显示追踪列车间隔时间示意图

据此,在四显示自动闭塞条件下,在区间内运行的追踪列车间隔时间可用下式计算(min)。

$$I_{追}=0.06\times\frac{5l_{分区}+l_{列}}{v_{运}} \quad (4-7)$$

式中：$l_{分区}$——闭塞分区长度（m）。

5. 机车在基本段和折返段所在站的停留时间

机车在基本段和折返段所在站办理必要作业所需要的最小时间,称为机车在基本段和折返段所在站的停留时间。机车折返停留时间由以下几项组成。

(1) 机车在到达线上的作业时间。
(2) 机车入段走行时间。
(3) 机车在段内整备时间。
(4) 机车出段走行时间。
(5) 机车在发车线上的作业时间。

6. 列车在技术站的技术作业时间

为了保证车站与区段工作协调,必须编制与车站技术作业过程相配合的列车运行图。因此,在编制列车运行图时,需具备技术站、客货运站技术作业过程的主要作业时间标准。它包括以下内容。

(1) 在到发场办理各种列车作业编组和解体列车的时间标准。
(2) 在牵出线或驼峰上编组和解体列车的时间标准。
(3) 旅客列车车底在配属段、折返段所在站的停留时间标准。
(4) 货物站办理整列或分批装卸作业时间标准等。

4.4.6 列车运行图的编制

1. 列车运行图的编制步骤

列车运行图的编制通常分以下 3 个步骤。

(1) 编制列车运行方案。其目的是解决列车运行线的布局和衔接问题,尽量使列车运行线均衡排列。
(2) 编制列车运行详图。所谓列车运行详图,即详细的列车运行图,它包括列车在所有经过站的到达、出发或通过时刻。
(3) 计算列车运行图指标。

2. 列车运行方案的编制

列车运行图编制前，应先编制运行方案。

直通列车的对数、运行区段、列车种类和车底担当局，由铁路总公司确定，并由铁路总公司组织有关人员成立列车运行方案小组，具体负责编制直通列车运行方案。各局管内列车运行方案，由铁路局根据直通列车运行方案进行编制。

编制列车运行方案，要对客流进行充分的调查研究，广泛征求有关意见，在此基础上，直通列车运行方案由铁路总公司决定、管内列车运行方案由铁路局决定。

编制客货列车运行方案时，应结合客流和货流，结合车站技术作业过程，注意列车密度的均衡，充分利用线路通过能力，合理地使用机车车辆。

为加强货物列车运行线与车流的结合，应事先编制区段管内工作方案、快运货物列车运行方案及定期直达货物列车运行方案，并纳入整个货物列车运行方案中。

3. 列车运行详图的编制

编制列车运行详图时应注意以下事项。

（1）保证行车安全和旅客乘降安全。

① 列车间隔时间应满足车站间隔时间和追踪列车间隔时间的有关规定。

② 遵守车站不准同时接发列车的有关规定。

③ 避免在不准停车或停车后起动困难的车站上停车。

④ 列车在车站上会车或越行时，同时停在车站的列车数应与该站到发线数目相适应。

⑤ 尽量避免旅客列车在中间站停车时该站有其他列车通过，以保证旅客乘降的安全。

（2）有效利用区间通过能力。

单线区段通过能力有较大富余时，为保证机车的良好运用，可从机车折返站开始成对铺画。当在列车运行图上铺画的列车对数达到区间通过能力利用率的 80% 以上时，应从限制区间开始铺画。

（3）努力提高货物列车运行速度。

要提高货物列车运行速度，应做到：尽量减少停车次数，以减少起停车附加时分；尽量减少列车在中间站的停站时间；在单双线区段，应首先铺画单线区间的运行线，尽量使列车的交会在双线区间进行。

4. 列车运行图的审核和批准

各铁路局应全面审查编制的列车运行图，分析指标完成情况，总结编图工作，然后将编制的列车运行图、机车周转图、运行图和机车运用指标及分析资料、区间通过能力、旅客列车编组表及编图工作总结等一并报铁路总公司。

铁路总公司列车运行图编制委员会听取各铁路局的汇报，并审核各铁路局的列车运行图提请铁路总公司领导批准。

全路列车运行图的实行日期和时间，由铁路总公司统一规定。

本 章 小 结

铁路运输是指利用机车、车辆等技术设备沿铺设轨道运行的运输方式。铁路运输在国土辽阔的国家更具吸引力,高速铁路在国土面积小的国家有较强的优势。铁路运输系统包括铁路车站、铁路线路与信号、铁路机车、铁路车辆及铁路列车自动控制系统。铁路运输的组织可分为旅客运输组织及货物运输组织两大类。前者主要包括旅客运输计划的编制及日常组织工作两个方面的内容;后者需要了解铁路运输货物的种类、运输的方式,以及主要的业务流程。列车运行图是指用于表示列车在铁路各区间运行时刻及在各车站到发或通过时刻的技术文件,它规定了列车占用区间的次序,列车在每一车站出发、到达或通过的时刻,在区间的运行时分,在车站的停站时分,以及列车的质量和长度等。它是安排铁路旅客运输和货物运输的重要技术文件。本章主要介绍了铁路运输的概念及特点、运输系统的组成、旅客运输和货物运输组织、列车运行图等内容。

京雄保国际智慧港打通国际货运新通道

2021 年 5 月 13 日,在位于保定市的京雄保国际智慧港综合服务大厅内,泰通国际运输有限公司与汉班托塔国际港口集团有限公司签约,双方将共同推进斯里兰卡汉班托塔港与京津冀企业的经贸合作,共同促进双边贸易与货物往来畅通,实现合作共赢。

2021 年以来,泰通国际运输有限公司建设的省重点建设项目京雄保国际智慧港(简称智慧港),作为"服务北京、联动雄安"的重要承接平台,在多式联运国际班列、一站式通关、高效仓储分拨、铁路线软硬件建设等方面取得重大进展。前 4 个月,智慧港共开行国际班列 12 列。其中,中欧班列 6 列,发送货物 10580 吨;东盟班列 6 列,发送货物 10500 吨。有 3.5 万余吨的货物通过回程班列运往京津,包括乳清粉、机电产品及零配件、仪器仪表等产品。

智慧港内铁路海关监管作业场所已通过海关验收,并投入使用,是目前河北省内第一家、国内第三家可通行整列满载国际班列的铁路海关监管场所,成为河北省重要的多式联运进出口国际贸易服务平台,具备一站式数字化通关服务功能。智慧港与国内外各大港口、口岸、铁路公司建立了紧密的合作关系。国内方面,智慧港已成为唐山港的内陆延伸港,客户不用再到港口办理货物过境手续。国际方面,与俄罗斯铁路总公司、哈萨克斯坦铁路总公司、白俄罗斯铁路公司、德国联邦铁路公司、奥地利联邦铁路公司等国外大型铁路公司签订了多式联运国际班列方面的合作协议,服务区域进一步扩大。

为进一步扩大对外贸易成果,智慧港将加大国际班列的开行频次,力争每天到达国内班列 2 列,每月开行国际班列 15 列,成为国内首个零补贴、实现常态化运行的多式联运国际班列示范工程。

根据本案例所提供的材料,试分析以下问题。

(1)为何要开行国际班列?其有何优势?

(2)通过上述措施,智慧港在货物运输上取得了哪些成绩?

资料来源:河北省人民政府网.

 关键术语

铁路运输（railway transportation）　　铁路货物运输计划（rail cargo transport plan）
铁路线路（rail track）　　　　　　　　铁路旅客运输计划（rail passenger transport plan）
铁路机车（locomotive）　　　　　　　　列车运行图（train diagram）

习　题

1．填空题

（1）铁路车站按技术作业性质不同可分为＿＿＿＿、＿＿＿＿、＿＿＿＿。

（2）铁路旅客运输计划的主要内容有＿＿＿＿、＿＿＿＿、＿＿＿＿、＿＿＿＿4种。

（3）铁路客流调查分为＿＿＿＿、＿＿＿＿和＿＿＿＿3种形式。

（4）按货物的性质不同，铁路运输的货物可分为＿＿＿＿和＿＿＿＿。

（5）按运输范围不同划分，铁路货物运输的方式可以分为＿＿＿＿、＿＿＿＿、＿＿＿＿、＿＿＿＿和＿＿＿＿5种。

（6）列车运行图分为＿＿＿＿、＿＿＿＿和＿＿＿＿3种形式。

2．简答题

（1）简述铁路运输的优缺点。

（2）简述铁路货物运输物流业务流程。

（3）铁路货物运输一般涉及哪几种单证？

（4）什么是铁路旅客输送日计划？其编制依据有哪些？

（5）按铁路技术装备条件和运输组织方式划分，现行铁路货物运输可分为哪几种？每种运输形式的适用条件如何？

（6）如何按区间运行时分比率确定站名线？

第5章 水路运输

【**教学目标**】
- 掌握水路运输的概念、分类及特性。
- 了解水路运输系统的组成。
- 熟悉客运航线设置与配船的方法。
- 掌握水路运输货物的分类、积载。
- 了解货运航线配船的方法。
- 熟悉班轮运输组织的特点及班轮船期表的编制。
- 了解不定期船和驳船运输组织的方法。
- 了解港口通过能力的概念和影响因素。

水路运输 第5章

【思维导图】

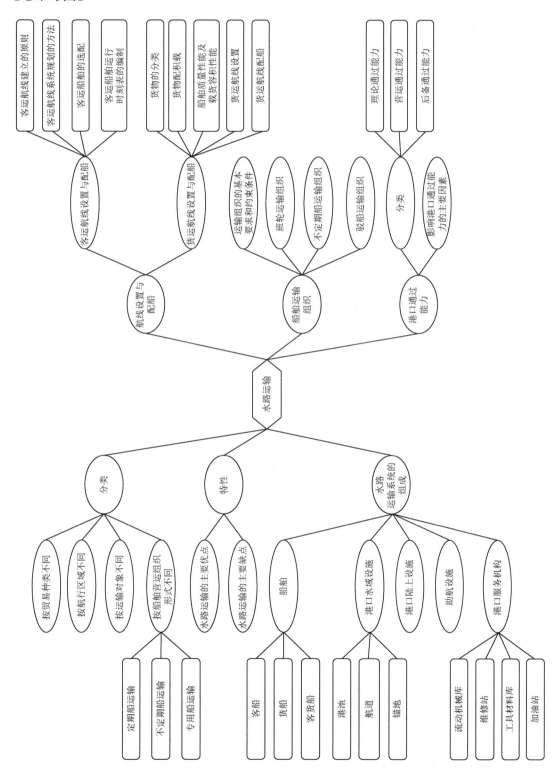

导入案例

改造京广铁路漯河桥 确保沙颍河航道通航能力

京广铁路是我国境内连接北京市与广州市的国家Ⅰ级客货共线铁路,由于建成年代较早,沿线桥梁设计标准较低,京广铁路漯河桥对河南省沙颍河航道漯河至平顶山段通航能力造成较大影响。2021年全国两会期间,有全国人大代表呼吁,尽快对京广铁路漯河桥进行改造升级,或者高标准建设新的京广铁路漯河桥,保障沙颍河航道漯河至平顶山段通航能力和航行安全。

2019年7月漯河港正式开港,沙颍河周口至漯河段通航。沙颍河周口至漯河至平顶山航道规划设计均为Ⅳ级标准,最低通航水位为2.3米,可以通行500吨级船舶。周口港以下航道为Ⅲ级航道,可通行2000吨以上的船舶。

目前,我国内河运输发展较快,500吨以下的船舶在内河被逐步淘汰,现在运营的船舶大多在1000吨以上,500吨船舶在运输成本上已没有优势。2020年漯河港只完成48.12万吨货物吞吐量,与省定货物运输目标350万吨相差较大。为解决现有航道等级较低对航运能力的制约,有关部门已经规划将沙颍河航道周口至漯河至平顶山航段通航标准改造提升为Ⅲ级。

然而,由于京广铁路漯河桥建设年代早,桥梁跨径、与水面之间净高等均达不到通航安全要求,沙颍河航道京广铁路漯河桥所处航段只能为七级,大大制约漯河至平顶山航段的实际通航能力,成为沙颍河航道的"卡脖子"航段,亟须升级改造。

除了建议对京广铁路漯河桥进行改造升级外,代表还建议国家铁路主管部门在全国范围内进行集中排查,对严重影响和制约地方经济社会发展的铁路桥涵列入规划,逐步进行改造升级。

思考题: 对航道进行升级改造有何好处?

资料来源:大河网.

5.1 水路运输概述

5.1.1 水路运输的产生及我国水路运输的主要成就

1. 水路运输的产生

人类以舟筏作为运输、狩猎和捕鱼的工具,至少起源于石器时代。据记载,远在公元前4000年,古埃及就有了帆船。我国使用帆船的历史也可以追溯到殷商时期。18世纪蒸汽机发明后,许多人都试图将蒸汽机用于船上。1807年,美国人富尔顿首次在克莱蒙特号船上用蒸汽机驱动装在两舷的明轮,在哈德逊河上航行成功。此后,汽轮机船、柴油机船相继问世,又有油船、散货船及大型远洋客船制造成功。柴油机船问世后发展很快,逐渐取代了蒸汽机船。第二次世界大战结束后,工业化国家经济的迅速恢复和发展,国际贸易的空前兴旺,中东等地石油的大量开发,促使运输船舶迅速发展。

为了提高船舶运输的经济效益,船舶出现了大型化、专业化、高速化、自动化和内燃机化的多种趋势。船舶大型化首先是油船吨位的增长和油船的大型化。船舶专业化则产生于第二次世界大战以后,各种专用船发展很快。船舶高速化始于20世纪50年代,航运界为了加快船舶周转,一度掀起船舶高速化的热潮,普通杂货船航速提高到每小时18海里

（1海里≈1.852千米），集装箱船航速在每小时20海里以上，美国建造的"SL-7"型高速集装箱船，以两台6万马力汽轮机为主机，最高航速达每小时33海里。船舶自动化始于20世纪60年代，各国航运企业为了减少船员人数、降低船员劳动强度和提高船舶营运的经济效益，逐步实现了轮机、导航和舣装3个方面的自动化，如20世纪60年代中期造出机舱定期无人值班的船舶，已得到各国船级社的承认。船舶内燃机化是指船舶普遍采用柴油机为主机，柴油机同蒸汽机相比，具有热效率高、油耗低、占地小等优点。第二次世界大战后，低速大功率柴油机由于增压技术的进步，单机功率不断提高，过去必须安装汽轮机的大型高速船也能应用柴油机。另外柴油机对燃用劣质油的适应性也不断改善，这样在经济上便具有优越性。对于机舱空间受限制的滚装船、集装箱船、汽车渡船等，则可以选用体积小、质量轻的中速柴油机，通过减速箱来驱动螺旋桨。油耗低、能燃用劣质油的不同功率的柴油机现在几乎占领了船用发动机的全部市场。

我国的大陆海岸线18000多km，岛屿海岸线14000多km，流域100km²以上的天然河流有5000多条，大小湖泊有900多个，具有发展水路运输的自然条件。

2. 我国水路运输的发展

我国是世界上水路运输发展较早的国家之一。据记载，我国在公元前2500年就已经制造舟楫，从事水路运输。早在商代就已经出现帆船运输。春秋吴国阖闾九年（公元前506年），开凿了世界上第一条运河——胥溪，全长约100km。秦始皇三十三年（公元前214年），挖成长约30km的灵渠，连接长江和珠江两大水系。灵渠上的斗门（又称陡门），堪称世界上最早的船闸。举世闻名的京杭大运河始建于春秋吴国，以后经历代特别是隋、元两代的大规模开凿，沟通了钱塘江、长江、淮河、黄河、海河五大水系，长1794km。公元8—9世纪，唐代对外运输丝绸及其他货物的船舶，直达波斯湾和红海之滨，被誉为"海上丝绸之路"。北宋时为增加粮食载运量和提高结构强度而建造的对槽船，是当今航运发达国家所用分节驳船的雏形。12世纪初，我国首先将指南针应用于航海导航。1405—1433年，明朝航海家郑和率领巨大船队7次下西洋，经历亚洲、非洲三十多个国家和地区。

综上所述，在相当长的历史时期内，我国的水路运输事业不论是在对本国的经济文化发展方面，还是在开展对外贸易和国际交流方面，均起着十分重要的作用。

3. 我国水路运输的主要成就

水路运输是经济社会发展的基础性、先导性产业和服务性行业，是综合交通运输体系的重要组成部分，在支撑国民经济平稳较快发展、优化国土开发和产业布局、促进对外贸易和国际竞争力提升、维护国家权益等方面发挥了重要作用。

【拓展视频】

1949年以后，我国水路运输事业获得了很大的发展。水路客货运量，轮驳船总载重吨位和在全国各种运输方式总货物周转量中，水路运输的比重都有了大幅度的增长。目前，我国的商船航行于世界100多个国家和地区的400多个港口，已基本形成具有相当规模的水路运输体系。

随着时代的快速发展，科技变革的日新月异，新的经济发展方式不断涌现，便捷高效的物流运输实现了各个产业的互联。水路运输作为最经济的运输方式亦发展迅猛，得益于我国内河水路运输资源丰富、沿海水域面积辽阔的自然优势。我国水域面积辽阔，内河有长江、珠江两大横贯东西的内核水系，沿海（领海）有渤海、黄海、东海和南海，其中渤海为内海，为水路运输提供了有利条件。在此基础上，我国大力发展水路运输行业。在沿海以及珠江和长江中下游等主要港口地区，内河航运、江海联运、远洋运输以及相关造船和修船业得到了快速发展，也促进了我国水路运输体系的不断完善。运输行业对我国的经济、文化发展、对外贸易有着十分重要的作用。全球经济化的推进和互联网经济下衍生的经济发展模式，给水路运输带来了发展机遇。近年来，我国水路货物运输量及周转量稳步增长。2019 年，水路运输客运量达到 2.7 亿人，旅客周转量达到 80.2 亿人千米，货运总量达到 74.72 亿吨，货物周转量达到 103963.0 亿吨千米；2020 年，受新冠疫情影响，水路运输的客运量和旅客周转量下降明显，分别为 1.5 亿人和 33 亿人千米，水路货运受疫情影响较小，货运总量达 76.16 亿吨，同比增长 1.93%，货物周转量达 105834.44 亿吨千米，同比增长 1.8%。

5.1.2 水路运输的概念及分类

水路运输简称水运，是指利用船舶、排筏和其他浮运工具，在江、河、湖泊、人工水道及海洋上，完成旅客与货物运送的一种运输方式。

水路运输有以下几种分类方法。

（1）按贸易种类不同，水路运输可以分为外贸运输和内贸运输。外贸运输是指本国同其他国家和地区之间的贸易运输；内贸运输是指本国内部各地区之间的贸易运输。

（2）按航行区域不同，水路运输可以分为远洋运输、沿海运输、内河运输。

① 远洋运输通常是指除沿海运输以外所有的海上运输，在现实中又有"远洋"和"近洋"之分。前者是指我国与其他国家或地区之间，经过一个或整个大洋的海上运输，如我国至非洲、欧洲、美洲等地区进行的运输；后者是指我国与其他国家或地区之间，只经过沿海或大洋的部分水域的海上运输，如我国与朝鲜半岛、日本及东南亚等国家和地区所进行的运输。这种区分主要以船舶航程的长短和周转的快慢为依据。

② 沿海运输是指利用船舶在我国沿海区域各港之间的运输。其范围包括：自辽宁的鸭绿江口起，至广西壮族自治区的北仑河口止的大陆沿海，以及我国所属的诸岛屿沿海及其与大陆间的全部水域内的运输。

③ 内河运输是指在江、河、湖泊、水库及人工水道上从事的运输。航行于内河的船舶，除客货轮、货轮、推（拖）轮、驳船以外，还有一定数量的木帆船、水泥船、机帆船。内河运输通常多利用天然河流，因此建设投资少，运输成本低。

（3）按运输对象不同，水路运输可以分为旅客运输和货物运输。旅客运输是指以旅客和部分货物为载运对象的运输，有单一客运（包括旅游）和客货兼运之分。货物运输是指以货物为载运对象的运输，按货类不同分为散货运输和杂货运输两类。前者是指无包装的大宗货物，如石油、煤炭、矿砂等的运输；后者是指批量小、件数多或较零星的货物运输。

（4）按船舶营运组织形式不同，水路运输可以分为定期船运输（即班轮运输）、不定期船运输和专用船运输。定期船运输是选配适合具体营运条件的船舶，在规定航线上，定期停靠若干固定港口的运输；不定期船运输是指船舶的运行没有固定的航线，而是按照运输任务或按照租船合同所组织的运输；专用船运输是指企业自置或租赁船舶从事本企业自有物资的运输。

5.1.3 水路运输的特性

1. 水路运输的主要优点

（1）运输量大。

船舶货舱与机舱的比例比其他运输工具都大。因此，可以供货物运输的舱位及载货量均比陆上运输或航空运输庞大。世界上最大的油轮装载量达 55 万吨，最大的集装箱船可承载 24 万吨货物，能够装载 24000 个标准集装箱，最大的客轮总吨位达 15 万吨。内河运输中，美国最大的顶推船队运载能力超过 5 万吨。

（2）运输成本低。

运输成本低是水路运输最突出的优点。虽然水路运输的站场费用极高，但由于船舶的载运能力大，运输距离远，路途费用低，因此总体来说运输成本低。美国内河运输成本是铁路运输的 1/5～1/4，海洋运输成本只是铁路运输的 1/8 多一些。我国长江干线运输成本为铁路运输的 84%。

（3）通过能力强。

无论是海上航道还是内河航道，它们的通过能力几乎都不像铁路运输那样受到限制。特别是海上运输，是利用天然航道完成的，这些航道四通八达，将世界各地的港口连在一起，如果遇到政治、经济贸易及自然等条件的变化，可随时改选最有利的航线。

（4）航道投资少。

水路运输利用天然航道，投资较少，且节省土地资源。海上运输航道的开发几乎不需要支付费用。内河运输虽然有时要花费一定的开支疏通河道，但比修建铁路的费用少很多。据估计，开发内河航道每千米投资仅为铁路旧线改造的 1/5 或新线建设的 1/8。而且，航道的建设还可以与兴修水利和水电站结合起来。

（5）劳动生产率高。

船舶的载运能力大，所需要的劳动力与载运量并不成比例增加，所以劳动生产率相对较高。我国内河运输和海洋运输的劳动生产率，分别为公路运输的 13 倍和 20 倍。

2. 水路运输的主要缺点

（1）速度慢。

一方面，轮船在水中行驶，阻力较大，速度提高比较困难；另一方面，虽然航运界一度掀起船舶高速化的热潮，但从石油危机以来，燃料费在运输成本中的比重直线上升，迫使营运中的高速船纷纷减速行驶，新造船舶的航速也出现下降趋势。因此，可以说水路运输是几种运输方式中速度最慢的一种。

（2）适应性差。

内河运输受自然条件的限制很大，在无水或水利资源不好的地方无法进行，有些河道通航质量不好，季节性缺水或冬季常因冰冻而停航，无法保证全年通航。有些航道的走向和经济要求方向不一致，不便利用。海洋运输也受到港湾的水深、风浪等气候和水文条件的限制。

（3）货物直达性较差。

水路运输实现的是装卸区到装卸区的运输，不能实现像公路运输一样的"门到门"的运输作业。如果托运人或收货人不在航道上，就要依靠公路运输或铁路运输进行转运，不能实现直达运输。也就是说,在此情况下会增加装卸搬运的次数,且需要使用多种物流设备及货载工具,这样会比直达运输的成本有所增加,另外经过多次转运还存在货损的风险。

(4) 设备投资额巨大且回收期长。

航运企业订造或购买船只需要巨额资金,如新造一艘大型集装箱船(运能为3500TEU)的造价为5000万～6000万美元。船舶是航运企业固定资产,折旧期较长,一般多以20年为准。就投资分析而言,用于固定资产的比例比其他企业要高,且船舶没有改作其他用途的可能。

(5) 国际化经营且竞争激烈。

海洋运输经营具有国际化的特点,船舶航行于公海,需要争取各国的货载。但由于世界船吨严重过剩,而且需要面对其他运输方式的竞争,因此竞争非常激烈。

(6) 兴衰循环,运费收入不稳。

海运市场同经济变化一样有其周期性,这对于运费高低影响很大。如果世界经济景气,货物运输需求增加,则运费上扬,进而刺激造船业发展;而一旦船舶吨位增加,又逢世界经济趋于低迷,则立即反映到海运市场,运费必定下跌,继而使造船业萎缩,海运公司甚至不得不将船舶拆解以期吨位减少,运费回升。如此变化的结果,致使运费收入很不稳定。

3. 水路运输的适用范围

水路运输利用天然航道,占地少、运量大、运输成本低,因而适用于大宗货物长途运输,在运输长、大、重件货物时,与铁路、公路运输相比具有明显的优点。其中,海洋运输是实现国际贸易和各国友好往来的主要运输方式。

5.1.4 水路运输的发展趋势

1. 观念、运输方式变革和运输功能拓展

【拓展视频】

在水路运输市场激烈的竞争形势下,航运企业经营观念从单纯追求利益转变为追求低运输成本和高质量服务,以使自己能获得新的生存和发展机会。现代运输强调物流的系统观念,在拓展港口功能、充分发挥港口集疏运作用的前提下,建立以港口为物流中心,由5种运输方式优化组合的联运系统,从原材料供应、产品生产、储存、运输到商业销售的整个物流过程更为畅通,从而使货方、运输方、销售方和购买方在合理的联运方式中全面受益,体现运输服务于社会经济的宗旨。物流的系统观念还改变了船方、港方、货方在运输中过分顾及各自利益的传统做法,转而树立了全新的物流系统利益的观念,使运输服务于社会经济的观念得到升华,这是运输的时代新特征。

2. 经营机制新变革

我国港口对外开放以来,吸收了大量外资,沿海各大城市港口的集装箱码头的中外合资经营屡见不鲜,以"政企分开"和"港口经营民营化"为主要内容的建立港口现代企业制度已经成为我国港口管理体制改革的核心任务。港口组合经营、港航联合经营、港方和货方合作经营正成为一种新的港口经营机制。近几年来,世界航运业正在向"强强联手,优势互补"的经营机制变革。

3. 船型专业化与泊位深水化

从船型构成看，油轮和散货船等专业化船舶占有极大的比重，作为新型运输方式的集装箱租船的发展也非常迅速。船舶大型化的趋势对港口航道水域和泊位前沿的水平提出了更高要求。例如，随着第四代、第五代集装箱船和大型油轮、散货船的出现，要求港口航道和集装箱泊位前沿水域的水深不断加深。

4. 码头专用化、装卸机械自动化及运输全球化

对于流量大而稳定的货物，如散货、石油及其成品油类和集装箱的运输，专用码头的产生，加上专用装卸机械自动化程度的提高，大大提高了港口通过能力，同时也提高了港口的装卸效益。因此，码头专用化和装卸高效率已成为现代化港口的发展趋势。此外，在经济贸易全球化的今天，运输全球化成为必然的发展趋势。

阅读材料 5-1

全球海运出现拥堵

2021 年 4 月，受新冠疫情蔓延导致劳动力不足等因素影响，美国、欧洲等地港口，自 2020 年第四季度以来，发生严重拥堵。物流供应链紊乱和效率降低也导致集装箱班轮船期大面积延误，准班率已由通常的 70%以上，降至目前的 20%左右，加剧了集装箱船运力和空集装箱供需矛盾。

据上海国际航运研究中心此前发布的《2021 年第一季度中国航运景气报告》显示，超八成集装箱运输企业认为空箱紧缺局面仍将持续 3 个月及以上。

集装箱空箱紧缺已成为一个持久性问题。自 2020 年 6 月以来，国际集装箱运输需求集中释放，船舶运力已基本全部投入市场。然而，运价上涨、集装箱紧张、港口拥堵等问题也一直持续，并成为全球面临的共同问题，国际贸易市场深受影响。

在我国，受到防疫物资的运输需求和居家消费市场的带动，集装箱市场从 2020 年底起就一直处于高位运行。要解决全球性海运问题，单靠企业和市场显然不行。目前来看，自上而下积极协调有关班轮公司，优化中国航线船舶运力配置，增加中国航线运力和空集装箱回运力度，才有可能降低境外港口拥堵导致的船期大面积延误对中国进出口运输的影响。

资料来源：中国政府网.

5.2 水路运输系统的组成

5.2.1 船舶

船舶有多种分类，可按用途、航行区域、航行状态、推进方式、动力装置、船体材料及船体数目等分类。按用途不同，可分为客船、货船和客货船。

1. 客船

客船又称客轮。凡以载运旅客为主要业务的船舶都称为客船。根据《国际海上人命安全公约》，凡载客 12 人以上的船舶即为客船，无论是否同时载有货物。客船多以定期方式经营，兼营邮件、行李及贵重物品运输。通常，客船分为以下 5 种类型。

（1）海洋客船，包括远洋客船和沿海客船。远洋客船原多兼运邮件，故又称邮船。

（2）旅游船，又称游船，供游览用，其服务设施与娱乐设施十分发达，现代旅游船已向豪华型发展。

（3）汽车客船，用于运输旅客及其自备汽车。

（4）高速客船，是高速航行的客船，包括水翼船和气垫船，具有速度快、适航性好的特点，多用于短途运输。

（5）内河客船，是航行于江、河、湖等内陆水域的客船，载客量大且停靠频繁。

2. 货船

以载运货物为主要业务的船舶称为货船。在当今世界商船队中有95%以上的为货船。由于造船技术的进步，使得货船在性能、设备方面日益改进，并因各种特殊货物而制造出各种不同用途的专用船舶。根据承运货物种类的不同，货船分为以下9种。

（1）杂货船。凡定期行驶于货运繁忙的固定航线港口，以装运不能集装箱化的杂货为主要业务的商船，统称杂货船。

（2）散装货船。凡专供装运无包装货物的船舶，统称散装货船，为不定期航业的主要船舶。散装货物的数量庞大、价值低廉、运费负担能力较低，通常有定向性或季节性流动。装载无须特别设备的农产品或工业原料，如谷物、矿砂、煤炭、水泥等。

（3）集装箱船。集装箱船是载运规格统一的标准集装箱的货船。集装箱船具有装卸效率高、经济效益好等优点，因而得到迅速发展。集装箱船可分为部分集装箱船、全集装箱船和可变换集装箱船3种。

① 部分集装箱船，是以船的中央部位作为集装箱的专用舱位，其他舱位仍装普通杂货。

② 全集装箱船，指专门用来装运集装箱的船舶。它与一般杂货船不同，其货舱内有格栅式货架，装有垂直导轨，便于集装箱沿导轨放下，四角有格栅制约，可防倾倒。全集装箱船的舱内可堆放3～9层集装箱，甲板上还可堆放3～4层集装箱。

③ 可变换集装箱船，其货舱内装载集装箱的结构为可拆装式的。因此，它既可装运集装箱，必要时也可装运普通杂货。

集装箱船航速较快，大多数船舶本身没有起吊设备，需要依靠码头上的起吊设备进行装卸。

（4）冷冻船。凡将鱼、肉、蔬菜、水果等货物装入保持一定温度的冷冻舱或冷藏舱内从事运输的船舶，统称冷冻船或冷藏船。冷冻船一般在其货舱内装有调节空气温度与湿度的设备，货舱舱壁及甲板、舱盖等均加装隔温材料以保持舱内温度。

（5）液体货船。这类船舶多用来装运特种液体货物，如化学品类的硫酸、液化石油、液化天然气及液体硫黄等。这类船舶多将船舱分隔成若干密封货舱，彼此绝对隔离，管道及货舱内壁镀有特殊金属，以防腐蚀。

【拓展视频】

（6）木材船。凡专门用来运输木材或原木的船舶，统称木材船，为不定期航业船舶之一。木材船船舱宽大，舱内无梁柱及中层甲板，起重机需有10吨左右的起重能力，并装置于高架台上或船楼甲板上，甲板两侧舷墙应加高，以便甲板上也能装载木材。

【拓展视频】

（7）车辆运输船。这是专门设计用来运送车辆的船舶。将车开入车辆运输船，到达目的地后，直接开出船舱，无须起吊装卸设备，但设计有驶入驶出车道及舷门，甲板层数也比一般船舶多，甲板上有系拴车辆的设备，以免海上颠簸倾倒碰撞。

（8）笨重船。这是专门用来装运超长、超重、超大货物而设计的船舶，如装运火车、小艇、锅炉、大型机器、飞机等。船上应有起重 50 吨至几百吨的起重机。笨重船舱口宽大，无二层舱，舱内没有系拴设备。

（9）油轮。凡以散装方式运输原油或燃料的专用船舶，统称油轮。它是近年货船专业发展最快的船舶。油轮都不直接靠港口，而是在港外利用管道等系统来装卸油品，装卸速度快，一般 20 万吨原油可在 24 小时内装毕或卸毕。

3. 客货船

客货船是兼作运输旅客和货物的船舶。有的以客运为主，有的以货运为主，不尽相同。以载客为主，兼运部分货物的是客货轮；以载货为主，兼运少量旅客的是货客轮。但只要是客货船必有一共同的特点，就是必须兼顾客船和货船两方面的优点而避免其缺点。例如，装卸设备必须使用电动，以免噪声妨碍旅客休息；起重装卸机具必须完备良好，以确保装卸迅速，并可严格控制船期；有完善的旅客生活起居设备；有合乎规定的救生、防水、防火及其他安全设施等。

5.2.2 港口水域设施

港口水域设施包括港池、航道和锚地。

1. 港池

港池一般指码头附近的水域。它需要有足够深度与宽度的水域，供船舶停靠驶离时使用。对于河港或与海连通的河港，一般不需要修筑防波堤，如上海黄浦江内的各港区和天津海河口的港口。对于开敞式海岸港口，如烟台港、青岛港、大连港等，为了阻挡海上风浪与泥沙的影响，保持港内水面的平静与水深，必须修筑防波堤。防波堤的形状与位置，可根据港口的自然环境来确定。

2. 航道

航道是指船舶进出港的通道。为保证安全通航，必须有足够的水深与宽度，弯曲度不能过大。为了避免搁浅而造成船舶损失与环境污染，船舶航行时必须在龙骨基线以下保持足够的水深。

3. 锚地

锚地是供船舶抛锚候潮、等候泊位、避风、办理进出口手续、接受船舶检查或过驳装卸等停泊的水域。锚地要求有足够的水深，使抛锚船舶经得起较大风浪引起的升沉与摇摆。锚地的底质一般为平坦的沙土或亚泥土，使锚具有较大的抓力，而且远离礁石、浅滩等危险区。锚地离进出口航道要有一定距离，以不影响其他船舶进出，但又不能离进出口航道太远，以便于抛锚船舶进出港操作。过驳装卸的锚地不仅要考虑锚泊大船本身的旋回余地，还要考虑过驳小船与装卸作业的安全。锚地水域面积的大小，根据港口进出港船舶艘次与风浪、潮水等统计数据而定。

5.2.3 港口陆上设施

为保证船舶货物的流通，港口要有配套的铁路、道路、仓库、装卸机械、给排水系统、供电系统和辅助船舶。

1. 铁路

由于我国海港基本集中在东部沿海，腹地纵深大，铁路运输是货物集疏的重要手段。完整的港口铁路应包括港口车站、分区车场、码头和库场的装卸线，以及连接各部分的港口铁路区间正线、联络线和连接线等。港口车站负责港口列车到发、交接、车辆编解集结；分区车场负责管辖范围内码头、库场的车组到发、编组及取送；码头和库场的装卸线承担货物的装卸作业；港口铁路区间正线用于连接铁路接轨站与港口车站；联络线连接分区车场与港口车站；连接线连接分区车场与装卸线。

2. 道路

港口的道路可分为港内道路与港外道路。港内道路由于要通行载货汽车与流动机械，对道路的轮压、车宽、纵向坡度与转弯半径等方面都有特殊要求。港内道路行车速度较低，一般为15km/h左右。港外道路是港区与城市道路或公路连接的通道，若通行一般的运输车辆，其功能及技术条件与普通道路相同。

3. 仓库

港口是车、船转换的地方，也是货物的集散地。出口货物需要在港口聚集成批等候装船；进口货物需要检查、分类或包装，等候散发转运。因此，港口必须具有足够容量的仓库，以保证港口的吞吐能力。按仓库所在位置可分为前方仓库和后方仓库。前方仓库位于码头的前沿地带，用于临时储存准备装船与从船上卸下的货物；后方仓库位于离码头较远处，用于较长期储存货物。按仓库的结构与用途可分为普通仓库和特种仓库（筒仓、油罐等）。普通仓库用于堆放杂货，也有堆放粮食或化肥等散装货物。筒仓主要用于储存散装水泥与粮食等。油罐主要用于储存油类等液体货物。随着海上油田的开采，还出现了大型海上油库。

4. 装卸机械

装卸机械是完成港口货物装卸的重要手段，用于完成船舶与车辆的装卸，货物的堆码、拆垛与转运等。港内流动的装卸机械有较大型的轮胎起重机、履带式起重机、浮式起重机、各种装卸搬运机械（如叉式装卸车、单斗车、索引车等）；固定装卸机械有门座式起重机、岸边起重机、集装箱起重机等；各种连续输送机械有带式输送机、斗式提升机、气力输送机和螺旋输送机等。

5. 给排水系统

给水系统是为船舶和港口的生产、生活、环境保护与消防提供用水，根据不同用途的需要提供不同的水量、水压和水质。排水系统的任务是：及时排除港区的生产、生活污水及地面雨水；对有害的污水进行净化处理，达到环境保护的要求后才能排放，以防止对水域的污染。

6. 供电系统

港口供电的对象主要是装卸机械、维修设备、港口作业辅助设施、照明设施、通信设备与导航设施等。

7. 辅助船舶

为了保证港口的生产生活安全，需要有各种辅助船舶，如拖轮、供水船、燃料供应船、起重船、垃圾船、巡逻艇、搜救船等。

5.2.4 助航设施——航标

为了保证进出港船舶的航行安全，每个港口、航线附近的海岸均有各种助航设施，其中最重要的助航设施是航标。它的主要功能是：为航行船舶提供定位信息；提供碍航物及其他航行警告信息；根据交通规则指示航行；指示特殊区域，如锚地、测量作业区、禁区等。航标可归纳为定位、警告、交通指示和指示特殊区域 4 方面功能。

按照设置地点不同，航标可分为沿海航标与内河航标。沿海航标建立在沿海和河口地段，引导船舶沿海航行及进出港口，可分为固定航标和水上浮动航标两种。固定航标设在岛屿、礁石、海岸，包括灯塔、灯桩、立标；水上浮动航标是浮在水面上，用锚或沉锤、链牢固地系留在预定海床上的标志，包括灯船与浮标。内河航标是设在江、河、湖泊、水库航道上的助航标志，用以标示内河航道的方向、界限与碍航物，为船舶航行指示安全航道，由航行标志、信号标志和专用标志 3 类组成。按照工作原理不同，内河航标可分为视觉航标、音响航标与无线电航标。

5.2.5 港口服务机构

港口服务机构包括保证港口生产和设备维修的各项辅助设施、行政办公和生活设施。

1. 流动机械库

流动机械库用于存放和养护港口装卸用的各种小型流动机械。对大型的轮式起重机和运输车辆等设备应有室外存放场地及冲洗设备。

2. 维修站

维修站用于装卸设备的维修、检修，其规模和配备范围随港口规模、装卸设备的规格数量和修理的协作条件等因素而有较大的变化。

3. 工具材料库

工具材料库用于存放、分发和维修装卸作业中所需的各种工具及材料。

4. 加油站

加油站负责港口设备燃料油的补充，站内设有储油设施（地面及地下油罐）、柴油过滤设施、计量及加油设备等。

除上述各项设施外，不同性质的港口还配备不同内容的辅助生产设施，如充电站、成组工具库、集装箱修理站及洗箱站等。

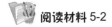

世界主要的海运航线（含港口）

1. 欧洲北美航线：西欧（鹿特丹、汉堡、伦敦、哥本哈根、圣彼得堡；北欧的斯德哥尔摩、奥斯陆等）—北大西洋—北美洲东岸（纽约、魁北克等）、南岸（新奥尔良港，途经佛罗里达海峡）。
2. 远东欧洲航线（苏伊士运河航线）：东亚（横滨、上海、巴士海峡等）—东南亚（新加坡、马尼拉等）—马六甲海峡—印度洋（科伦坡、孟买、加尔各答、卡拉奇等）—曼德海峡（亚丁）—红海—苏伊士运河（亚历山大）—地中海（突尼斯、热那亚）—直布罗陀海峡—英吉利（多佛尔）海峡—西欧各国。
3. 远东北美航线（北太平洋）：亚洲东部、东南部—太平洋—北美西海岸（旧金山、洛杉矶、温哥华、西雅图等），是亚洲同北美洲各国间的国际贸易航线，随着东亚经济的发展，这条航线上的贸易量不断增加。
4. 好望角航线：西亚（阿巴丹等，途经霍尔木兹海峡）、东亚、东南亚、南亚—印度洋—东非（达累斯萨拉姆）—莫桑比克海峡—好望角（开普敦）—大西洋—西非（达喀尔）—西欧，载重量在 25 万吨以上的巨轮无法通过苏伊士运河，需绕过非洲南端的好望角。
5. 巴拿马运河航线：北美洲东海岸—巴拿马运河（巴拿马城）—北美洲西海岸各港口，是沟通大西洋和太平洋的捷径，对美国东西海岸的联络具有重要意义。
6. 南太平洋航线：亚太地区国家—太平洋（火奴鲁鲁）—南美洲西海岸（利马、瓦尔帕莱索等）。
7. 南大西洋航线：西欧—大西洋—南美洲东海岸（里约热内卢、布宜诺斯艾利斯等）。
8. 北冰洋航线：东亚（海参崴）—太平洋—白令海峡—北冰洋—北欧（摩尔曼斯克）—大西洋—西欧。

资料来源：中国水利电力物资流通协会.

5.3 航线设置与配船

5.3.1 客运航线设置与配船

在正常情况下，已有的旅客运输航线一般不会做很大的变动，但随着国民经济的发展，海、河、湖泊沿岸厂矿企业的建立和港口站点的增多以及城市的发展，使得客流和货流都会发生较大的变化，这就需要相应地开辟新的航线或调整已有的航线，建立新的航线系统。

1. 客运航线建立的原则

制定或调整客货运输航线，应通过方案比较法进行。但在选择方案时，不仅要考虑营运经济效果，还要考虑最大限度地方便旅客。因此，在制定客运航线时，应遵循以下原则。

（1）水上客运航线的设置应与邻近的平行的其他运输方式（铁路、公路）合理分工、相互协调，为旅客策划经济合理的线路，满足不同旅客的要求。

（2）水上客运航线的布局应使彼此之间以及与其他运输方式线路之间，在空间和时间上很好地衔接，以方便旅客从某一航线换乘其他航线的船舶或其他交通工具。

（3）水上客运航线的设置应考虑不同旅客的愿望。例如，在某一航段内可以设置两条或两条以上的平行航线，它们可能由于配置的船舶航速、客舱等级和设施标准、停靠港站数量及船舶在各港到发时刻等的不同，而使各航线的客票票价及其他旅途开支（因等待换乘其他航线船舶或其他交通工具而宿夜等）和对不同旅客的方便程度等不同。这样就可便于不同旅客根据各自的旅行目的、经济条件和其他具体情况，选择他们认为合适的航线。又如，当两港间客运量较大时，可考虑设置中途不停靠的直达航线，以利于提高旅行速度。

（4）水上客运航线的设置和安排，在尽量方便旅客的原则下，还应考虑经济原则，即还应有利于提高船舶的客位利用率和载重量利用率（对客货船而言），有利于减少非生产性停泊时间，有利于加速船舶周转，提高船舶的营运经济效果。

2. 客运航线系统规划的方法

研究客运航线系统，不能孤立地从以往的客运航线来推断今后的发展趋势，而应从整个客运航线系统出发，采用系统分析的方法进行规划。客运航线系统规划大致包括以下步骤。

（1）分析现有客运航线的营运情况。

（2）综合分析客运航线两端点港间的各种客运方式。

（3）分析航区经营环境的变化。

（4）分析旅客需求的变化。

（5）新航线的构想及航线多方案设计。

（6）对设计的方案进行分析和评价。

（7）选择方案。

3. 客运船舶的选配

每一条客运航线都有其特点，在这些航线上经营的船舶必须符合航线的特征。客运航线在选配船舶时，应注意以下几点。

（1）同一航线上船舶的性能要求一致，以保证船舶都能按相同的规律有节奏地运行。

（2）在长距离的主干客运航线及旅游、休养航线上，应配置设备较完善的船舶，而且前者还要求配置速度较高的航舶。此外，长距离航线和休养航线还必须配备有卧铺的船舶。

（3）短距离的地方性客运航线，特别是支农航线，服务对象是自带物品较多的农民。因而在这些航线上配置的船舶，应有较多可供堆放物品的空间，甲板的层数也不宜太多。

（4）市郊和市内客运航线。市郊和市内客运航线与长距离航线相比，在航线安排、配船及组织船舶运行等方面，均有许多不同的特点与要求。

① 航线距离短，运输有很大频繁性。为了方便旅客，一般都要求有较大的发船密度。为此，可采用载客量较小的船舶，而且在一昼夜内的发船间隔时间，可根据客流量的变动调整。

② 市内客运航线的客流在时间上和方向上均有很大的不平衡性，这突出表现在一周内和一天内，而且将时间和方向结合起来的不平衡性更大。

③ 市郊客运航线客流的不平衡性不仅表现在时间上和方向上（如早上农民进城的多，下午返回市郊的多），而且在航线沿途越接近市中心或工业区中心，客流密度越大。为了满足旅客及时乘船的需要，应计算航线上若干地点需要的发船密度，确定发船次数，除全程航次外，在客流量大的时间内和区段上，可增加到达中间点的区间航次。

④ 市内客运航线的旅客主要是学生和职工，他们乘船时携带的物品不多，故舱室内的座位布置可以较为紧凑，但底层应有较大空间，以便停放车辆。对于客流量大的航线，为了及时输送旅客，要求发船密度大，旅客上船、上岸迅速，而不宜配置载客量太大的船舶。

⑤ 市郊客运航线船舶的往返航次时间不要求一定是昼夜（24 小时）的整数倍，只要是发船间隔时间的倍数，并能做到定时发船即可。

（5）在旅游季节、双休日和节假日等会出现客流高峰的时期，要事先做好计划和安排。除了需要增加运船，还应加强船舶的运行组织及港口客运站的工作安排，以最大限度地满足旅客的乘船要求。

（6）对于客货船航线，根据航线客货运量的数值，按船舶载客量与载重量计算出的发船密度可能不一致。在这种情况下，如果航线上货运量很大，按货运量计算发船密度需要的客货船数量较大，就必然降低客位利用率，造成经济损失。根据以旅客为主的方针，在这种情况下应按客运量计算发船密度，多余的货运量可组织机动货船完成。甚至在客货运量都很大的情况下，客货船也只装运一些运价较高的快运货物及邮件、行李、包裹等（部分原有货舱改为客舱），而其他货物组织机动货船运输，以减少客货船的装卸停泊时间、缩短往返航次时间、减少客货船需要量。这在经济上是否合理应根据具体情况经过方案比较决定。

4. 客运船舶运行时刻表的编制

在编制客运船舶运行时刻表时，既要保证航行安全，又要最大限度地方便旅客。在安排船舶在各港的到发时间及经过某些航段时间时，要求做到以下几点。

（1）长途客运航线一般始发港的发船时间最好是在傍晚，到达港口时间最好在早上，进入主要中途港和经过风景区的时间尽可能安排在白天。

（2）在中转港进行中转或者与其他运输方式进行衔接时，应与中转港的其他航线或者其他运输方式的运行时刻表相衔接，要保证旅客有足够的时间并且能够及时换乘。

（3）对于市内或市郊客运航线，其早上发船应保证职工有足够的时间在上班之前赶到工作地点，晚上收班应在市区下班时刻之后，保证职工下班后能够乘坐客船。

（4）运行时刻表的编制必须特别注意保证船舶安全，尽量使船舶不在夜间通过险要航道，如有暗礁、险滩、急流、狭窄的航段等，也不在险要航段处会船或超越，并力求减少或消除通过限制航段和船闸的等待时间。

（5）在安排长距离航程的运行时刻表时，对船舶应给予足够多的停泊时间，以便船舶检修、清扫、补给，并让船员得到适当休息。

（6）由于内河航道在不同季节，其水位和流速一般都有较大的差别，因此船舶运行时刻表应按照不同的水位历期分别制定。

对于编制好的船舶运行时刻表，应在候船室和船舶明显之处向旅客公布。若船舶因故晚点，应及时向旅客公布，以便旅客了解船舶的运行情况。

5.3.2 货运航线设置与配船

1. 货物的分类

货物是水路运输的主要对象。货物运输的任务就是根据国家计划将货物迅速地、完整无损地运到目的地。因此，要完成水上运输任务，保证各方的合法权益，就要注重货物与货物运输质量的研究,以利于水上货物运输,保证货物安全完好地交付收货人,加强各国之间的经济贸易和友好往来。

由于船舶载运的货物种类甚多,为了便于研究各种货物的运输保管方法,按一定的共同特征将它们归类是非常必要的。货物基本分为以下几类。

(1) 普通件货。

普通件货包括的货种极为广泛,凡各种加以包装或不加包装自然成件(称裸装)的,在装运中一般无过分特殊要求的货物基本上都属此类,如袋装粮食、茶叶、纸张、棉花、小五金、钢锭等。

普通件货通常又称杂货。运输中常以杂货区别于大宗货。杂货按货物性质或特点可分为清洁货物、异味货物、扬尘污染性货物、流质品、易碎品、冷冻货物、鲜活货物、笨重长大货物、贵重货物、危险货物等。

(2) 大宗货。

大宗货是在运量构成中占百分比较大或批量较大的货物(包括散装货和一些包装货)。粮谷、煤炭、矿石、石油、化肥、钢铁、水泥、糖等都是典型的大宗货,其在运输中的明显特点是通常以整船装运。

(3) 散装货。

散装货又称散货,主要是不加包装投入运输的块状、粒状、粉状的干质货物。例如,煤炭、大多数的矿石,不加包装的粮谷、盐、糖等。运输中,不按件计数,常以散堆方式装载。货物散运既可节约包装费用,又可较充分地利用货舱容积,更有利于装卸作业机械化。

(4) 液体货。

液体货是不使用包装,利用管道泵灌装卸的或以容器盛装的各种液体状货物。例如,石油及其大部分产品,各种矿物油及动植物油,乳胶液,以及罐、桶、瓶或其他容器盛装的饮料、酒类和液状化工产品等。

(5) 成组货。

成组货是小型货件利用绳扣、网络,或者用货板、框架等简易成组工具集零成组的货物。成组货与叉式装卸车等搬运机械相配合,能提高装卸效率,同时还节省人力,降低劳动强度,从而达到缩短船舶在港作业时间,加速船舶周转和减少货损货差,保证货物运输质量的目的。船舶装运成组货,应根据其特点做到紧密排列堆装,充分利用舱容,便于使用叉式装卸车等机械和不发生倒垛危险。

(6) 危险货。

危险货是具有燃烧、爆炸、腐蚀、毒害、放射等性质,在运输过程中可能引起人身伤亡、财产受到毁损的物质。我国国家标准《危险货物分类和品名编号》(GB 6944—2012)将危险货物分为爆炸品,气体,易燃液体,易燃固体、易于自燃的物质、遇水释放易燃气体的物质,氧化性物质和有机过氧化物,毒性和感染性物质,放射性物质,腐蚀性物质,杂项危险品共九大类。

2. 货物配积载

货物配积载是指根据货物种类、特性、数量、流向等多种货物的既定运

【拓展视频】

输任务，通过合理配装以充分利用运输工具的容积及载重能力的作业环节。配积载包括配载和积载两个阶段，配载是积载的前提和依据，积载是配载的继续和具体实施。

（1）船舶配载。

航运中将编制船舶装货计划的工作称为船舶配载，即根据货物的品种、数量、体积、质量，以及到达港口先后次序等因素，在保证船舶安全、充分发挥船舶载运能力的前提下将货物正确合理地分配到船舶各个部位，并绘制船舶配载图。

船舶配载图是装货港指导装船的文件。件杂货配载图一般由船舶大副编制，也可由船公司代理人编制并经船长或大副认可。集装箱配载图由船公司或其代理人编制预配载图，码头配载员根据预配载图编制正式配载图并经船长或大副确认。

（2）船舶积载。

航运中将实际装船的工作称为积载，即依据经船长或大副确认的正式配载图，在保证船舶安全、货物完好无损，充分发挥船舶运输能力，有利加速船舶周转和港口装卸作业的前提下，将货物正确、合理地装到船上各个部位，并绘制船舶积载图。

船舶积载图是货物在船上的实际位置图。它是由理货长在装船理货完成后绘制并经船长或大副签字认可的文件，是船方进行货物运输、保管和卸货工作的参考资料，也是卸港据以理货、安排泊位、货物进舱的文件。

（3）船舶配积载的基本要求。

船舶配积载的基本要求包括：充分利用船舶的装载能力；确保船舶强度不受破坏；保证船舶具有适度的稳定性和吃水差；保证货物运输质量；满足中途港卸货顺序的要求；便于装卸，缩短船舶在港停泊时间；正确合理地实现舱面积载。

（4）货物积载因数。

货物积载因数（stowage factor，S.F.）是船舶配积载工作中十分重要的资料，用于衡量一定质量的某种货物需占多少货舱容积，或者一定的货舱容积能装载多少吨某种货物，即各种货物每吨在货舱中正常堆积时所占的空间（单位为 m^3/t 或 ft^3/t）。在货物运输中，货物正常堆积时的货堆体积包括其货件之间必需的间隙及正当衬垫所占据的空间。确切的数据应根据对货堆的实际丈量和进行如下的计算得出。

$$货物积载因数 = \frac{货物正常堆积时占货舱容积}{货物质量} \quad (5-1)$$

在配积载时，要考虑哪些是重货，哪些是轻货，如何满舱满载才不会亏舱，这些均需较高的技术水平。

① 重货与轻货。

从船舶配积载角度考虑，凡货物积载因数小于船舶载货容积系数的货物称为重货；凡货物积载因数大于船舶载货容积系数的货物称为轻货。

从计算货物运费角度考虑，凡货物积载因数小于 $1.1328m^3/t$ 或 $40ft^3/t$ 的货物称为重货；凡大于上述规定的则称轻货。

我国现行规定，凡每立方米货物的质量大于 1t 的为重货；小于 1t 的为轻货。

② 满舱满载。

满舱满载是船舶载货处于既能充分利用货舱容积，又充分利用载重线的状态，即船舶货舱装满货物后，它的吃水达到允许的最高载重线。船舶满舱满载可以提高营运经济效果，因此在货源充足、货载可供选择的条件下，船舶配载时应妥当地处理轻重货的搭配。轻重货搭配达到满舱满载的基本计算公式为

$$\begin{cases} X + Y = D \\ aX + bY = Q \end{cases} \tag{5-2}$$

式中：D——船舶航次净载重量；

Q——船舶可利用的载货容积；

X——重货装载质量；

Y——轻货装载质量；

a——重货积载因数；

b——轻货积载因数。

解之得

$$X = \frac{bD - Q}{b - a} \tag{5-3}$$

$$Y = \frac{Q - aD}{b - a} \tag{5-4}$$

3. 船舶质量性能及载货容积性能

（1）船舶质量性能。船舶质量性能包括船舶的排水量和载重量，计量单位为 t。

① 排水量是指船舶排开同体积的水重，亦等于船的总质量。排水量可以分为空船排水量和满载排水量。

空船排水量是指船舶空载时的排水量，也就是空船质量，是船体、设备、锅炉中的燃料及冷凝船中的淡水等质量的总和。

满载排水量是指船舶满载时，吃水达到某一载重线时的排水量，是船体、设备、货物、燃料、物料和淡水、船员和行李等质量与船舶常数的总和。

② 载重量可分为总载重量和净载重量。总载重量是指在一定吃水的情况下，船舶所能装载的总质量，即船舶总载重量等于船舶满载排水量减去空船排水量。在一定吃水时，它是一个定值。

净载重量是指船舶所能装运的最大限度的货物质量，即从总载重量中扣除燃料、物料和淡水、船员和行李以及船舶常数后的质量。

（2）船舶载货容积性能。船舶载货容积性能包括货舱容积和船舶登记吨位，计量单位为以 m^3 或 ft^3 折算的登记吨。

① 货舱容积。货舱容积是指船舶实际能容纳装载货物的空间。一般分为散装容积和包装容积两种。

a. 散装容积是指货舱内能装散货（如粮谷、矿石、煤炭、盐等）的货舱容积。该容积包括船舶两舷壳板里缘、舱底板、舱盖板和横舱壁所包围的容积，并扣除肋骨、支柱和横梁所占的容积。

b. 包装容积是指货舱内能装包装货的货舱容积。因为一般包装货装不进肋骨间、横梁间等小的空隙，所以该容积比散装容积小，一般为散装容积的 90%～95%。包装容积是从肋骨里边护板内缘量起的，上边是以横梁的下缘起算到舱底板所包围的容积。

舱容系数也是船舶的质量容积性能，也是反映载货性能（指宜装重货或轻货而言）的质量指标。舱容系数是指船舶货舱容积与船舶净载重量的比值，即每一净载重吨占有多少立方米的货舱容积（单位为 m^3/t 或 ft^3/t）。

$$W = \frac{\sum V_{\text{coh}}}{\text{DWTC}} \tag{5-5}$$

式中：W——船客系数；

$\sum V_{\text{coh}}$——船舶货舱容积；

DWTC——船舶净载重量。

因为船舶净载重量是随航程不同而变化的，因此舱容系数也是变化的。一般船舶资料中所指的舱容系数是指最大续航能力情况下的数值。最大续航能力是指船舶在装满燃料、淡水、物料的情况下，不需要进港补给的最大航行距离。一般杂货船的舱容系数在 $1.5m^3/t$ 以上。

② 船舶登记吨位。船舶登记吨位也是船舶的重要载货容积性能，它是为船舶注册登记而规定的一种以容积折算的丈量单位。船舶登记吨位一般分为总吨位和净吨位两种。

a. 总吨位。总吨位是量吨甲板（船舶有一层或二层甲板时，以上甲板为量吨甲板；如有三层或三层以上甲板时，则以自下而上的第二层甲板为量吨甲板，但是遮蔽甲板船的遮蔽甲板不得作为上甲板）以下船体容积加上量吨甲板以上有遮蔽场所的容积，此外还需扣除船舷的安全设备、卫生等场所所占的容积，以此容积除以 $100ft^3$ 或 $2.83m^3$ 所得的数值，就是该船的总吨位，即

$$\text{GT} = \frac{V_m}{100ft^3 \text{或} 2.83m^3} \tag{5-6}$$

式中：GT——船舶总吨位；

V_m——船舶丈量容积（ft^3 或 m^3）。

总吨位的作用是：表示船舶规模的大小作为船舷数量的统计单位；作为计算净吨位的基础；作为计算客船和货船定期租金的根据；作为计算海损事故赔偿的基础。

b. 净吨位。净吨位是船舶能够实际营运的空间，是从总吨位中减去非营运（不能载运旅客和货物）的容积，即从总吨位中扣除船员宿舍、机舱、物料舱、压水舱等容积后，就可得到净吨位。

净吨位的作用是船舶向港口缴纳各种费用和税收的依据，如计算船舶在港的停泊费、拖带引水费、进坞费及海关税等费用。

此外还有运河吨位。当船舶通过运河时（如苏伊士运河、巴拿马运河、基尔运河等）必须缴付通过的运河费，其征收标准按特定的运河吨位计算。

4. 货运航线规划

货运航线系统规划是研究航运企业航线合理布局的技术管理问题，其任务是根据航区

一定时期内的货运任务及港航客观条件,合理地确定货运航线的数量、各航线的货流构成,以及各航线停靠的港口和停靠顺序。航线系统规划包括以下步骤。

(1) 通过对所掌握货流资料的分析(最好绘制出货流图),并结合港航条件和船舶的性能,将两港间往返都有稳定、大宗的货流组成简单往返航线。在为航线分配货流和预配船舶时,应注意货物积载因数与船舶舱容系数的配合。如果同向货流既有重货又有轻货,应尽量使轻重货物合理搭配,使船舶载重量和舱容系数都能得到充分利用。

(2) 在剩下的货流中,将同一方向的货流(指货流方向都是顺时针或逆时针)组成若干条环行航线或三角航线,也可以组织环行航线或三角航线代替几条简单往返航线,这主要是为了减少空驶里程。因此,在组成一条环行航线后,需检查航线上空驶里程的总和是否低于总里程的一半;否则,这条环行航线是不合理的。

(3) 环行航线或三角航线拟好后,再将剩下的货流组成若干条单程载货的简单往返航线。组织这种航线主要是因为反向没有货流,或是因为货种性质关系不能与其他货物纳入同一航线。

第一个航线系统方案拟好后,应对所有运输任务进行核对,检验是否都已纳入航线。然后对此方案进行初步分析,找出其优缺点,通过对不太满意的航线针对其缺点进行变更调整,便可以组成另一个航线系统方案。以此类推,就可以拟制出若干个航线系统方案。如果拟制的方案较多,可先进行初步预选,保留少量较好的方案,再经过全面的具体配船指标计算,选择出最佳的航线系统方案。

除上述航运企业面临的全面航线系统规划问题,还有局部性航线规划与调整问题。例如,研究开辟直达航线的合理性,就是一个局部性航线规划问题。

在船舶航行条件(水深、风浪、流速等)差别较大的情况下(如海与江、干流与支流),可能有两种组织货物运输的方法。一种方法是开辟一条直达航线,实现货物的直达运输;另一种方法是开辟两条航线,货物在中途港换装。显然,这两种方法各有优劣。

开辟直达航线的优势是可消除船舶在中转港的换装作业,节约中转费用和劳动力,减少货损货差,缩短货运期限,加速船舶周转,减少中转港压力等。这对于港航部门及物资单位都有好处。但优势是否显著,还与中转货物的品种、中转港的装卸效率及设备能力等有关。

直达航线也有劣势,首先是各段的航行条件不同,而船舶的结构强度、设备要求、功率大小等必须适合全航程航行条件的要求。例如,海船进江,其结构强度一定要适合海上要求,而大多数时间却在不需要如此高强度标准的河道上航行。

综上所述,开辟直达航线的合理性是有条件的。一般情况下,它适于在江上(或支流)距离不太长,水深、流速及风浪等航行条件差别不太悬殊,中途港的作业条件较差,装卸效率较低,货种易发生货损货差的条件下采用。

5. 货运航线配船

货运航线配船是研究各类船舶在航线上合理配置的技术管理问题。众所周知,在同一航线上使用技术营运性能和经济性能不同的船舶,将会产生不同的经济效果。同一类型的船舶,使用在不同的航线上,也将得到不同的结果。因此,船舶工作的效果在很大程度上是由正确的航线配船来保证的。航运企业欲在现有营运条件下取得最佳效果，必须重视航线配船问题。

无论是对原有航线进行调整还是新辟航线均会遇到航线配船问题。对原有航线进行调整是指，当市场和航线营运条件发生较大变化，需重新调整航线；或航运企业所拥有的运量发生了较大的增减，为求得总体营运效果最佳，航运企业需及时调整航线配船。当然，这常发生在多航线、多船型的情况下，也可称为重组航线配船。新辟航线配船应经过技术经济论证，选配技术上先进、经济上合理的最佳船型。

航线配船包括多线多船型、多线单船型和单线多船型3种情况。

（1）多线多船型的配船问题是研究多条航线和多船型情况下如何全面合理配船。根据安全优质的原则，首先应分析船舶的技术营运性能、航线上的货运任务及航线的港航条件，再按照经济合理的原则，为各航线选配技术营运上可行、经济性能好的配船方案，然后进行指标计算比较，并结合评价方案合理性的其他条件，选择出最佳配船方案。配船应遵循以下基本原则。

① 船舶与货物相适应。船舶的结构性能、装卸性能和设备等应适应航线上的货物性能。例如，专用船首先应配在运输相应货种的航线上。

② 船舶与港口相适应。船舶的尺度性能和设备条件应与港口泊位水深和装卸条件相适应。

③ 船舶与航线的航行条件相适应。船舶的尺度性能应与航道水深、船闸尺度、桥梁或过江电线净空高度等相适应，船舶的航行性能应与航线航行条件相适应。例如，航速过慢的船舶，不宜配在流急的航线上工作。

④ 应遵循一般的经济准则。在船舶能满载的情况下，应将吨位大、航速高的船舶首先配在装卸定额高、航程长的航线上，这有利于提高船舶的生产率和降低运输成本。将昼夜航行费用较高、停泊费用较低的船舶配置在短航线上；反之则应配置在长航线上，这也有利于运输成本的降低。

（2）多线单船型的配船问题远较多线多船型的配船问题简单，而且只有在运量大于运力时才有研究的必要。解决这样的问题，第一步仍然是从技术营运要求出发，在排除船舶不能工作的航线后，就可能工作的航线分别计算其营运经济效益指标，将保有的营运船舶优先用在营运经济效益较好的航线上，直至所有船舶分配完毕。应当指出，该类配船问题在国内航线上是很容易解决的，一般应根据货运任务的轻重缓急确定，而不能单纯从经济效益出发来决定承担或不承担某些航线的货运任务。但在保证完成国家运输计划的前提下，对其他一些货物，航运企业可以根据经济效益来抉择。对于远洋航线，当运量大于运力时，在外交和外贸政策允许的前提下，就可根据经济效益来决定。

（3）单线多船型的配船问题也比较简单，而且只有当运力大于运量时才有研究的必要。其原则步骤与前述相同，即先排除不适于在该航线工作的船舶，而后逐船计算其经济效益指标，优先选配经济效益好的船舶，直至满足货运任务的需要。

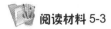
阅读材料 5-3

全球班轮公司运力 100 强排名（2023 年 5 月）

根据 Alphaliner 公布的数据，截至 2023 年 5 月 3 日，全球在运营集装箱船数量共计 6593 艘，总运力为 268.73 万 TEU，折合约 3.21 亿载重吨。其中，前三大班轮公司总运力占全球市场的 46.52%。

全球班轮公司运力排名前三的是地中海航运（490.26 万 TEU，占比 18.24%）、马士基航运（415.69 万 TEU，占比 15.47%）及达飞轮船（344.13 万 TEU，占比 12.81%）。

运力排名第 4 名至第 10 名依次为：中远海运集团、赫伯罗特、长荣海运、海洋网联船务、现代商船、阳明海运和以星综合航运。其中前 7 名运力都超过 150 万 TEU。

运力排名第 11 名至第 20 名依次为：万海航运、太平船务、海丰国际、高丽海运、X-Press Feeders Group、中谷物流、伊朗国航、UniFeeder、新加坡海领船务和长锦商船。

在上榜的班轮公司中，安通控股（泉州安盛船务）排名第 21 位，宁波远洋排名第 29 位，上海锦江航运排名第 33 位，中外运集运排名第 34 位，中联航运排名第 35 位，唐山港合德海运排名第 44 位，洋浦鑫远船务排名第 47 位，太仓港集装箱海运排名第 55 位，大连信风海运排名第 56 位，天津达通航运排名第 80 位，广西鸿翔船务排名第 91 位。

资料来源：国际船舶网.

5.4 船舶运输组织

5.4.1 船舶运输组织的基本要求和约束条件

船舶运输组织是指航运企业根据已揽取到或即将揽取到的运输对象和航运企业控制的运力情况，综合考虑船舶生产过程中各个环节及与其他运输方式的协调配合，对船舶生产活动所做出的全面计划安排。做这项工作的基本要求是强调运输的经济性、及时性、协调性和安全性。

船舶运输组织是以实现运输对象的流向、流量、时间、质量要求为目的，以船舶运行环境为客观约束条件。船舶运行主要包括以下航线参数。

（1）航线总距离和港口间各区段的距离。

（2）各港平均装卸定额，反映航线上各港口的平均装卸效率和组织管理水平。

（3）航线沿途水文气象条件及适航性，如风浪参数、海况、航道尺度等。

这些航线参数对船舶运输组织有直接的影响，制订船舶运行计划前应充分分析研究，在船舶运行中也要密切关注其变化，适时做出必要的调整。

虽然水路运输按船舶营运组织形式的不同，可分为班轮运输、不定期船运输和专用船运输三大类，但最主要的组织形式还是前两种，并且由于专用船运输主要是由企业自置或租赁船舶进行的，在组织时需要根据企业的实际情况进行调整，较难总结其中的规律，因此下面将只介绍班轮和不定期船的运输组织。

5.4.2 班轮运输组织

1. 班轮运输的特点

班轮运输又称定期船运输，它是指固定船舶按照公布的船期表在固定航线和固定港口间运行的运输组织形式。从事班轮运输的船舶称为班轮。

【拓展视频】

班轮对所有托运人提供货运空间，不论船舶是否被装满都要按计划日期启航，保证班期是班轮运输组织的核心工作。船舶按船期表公布时间抵离港口的程度可用准班率（K）表示。

$$K = \frac{n_0 - n_1}{n_0} \times 100\% \qquad (5-7)$$

式中：n_0——一定时期内（年、月）计划航次数；
n_1——同一时期内脱班（即不按时抵离港口）航次数。

班轮主要承运件杂货。件杂货价格高，且多为轻货，平均积载因数为 $2\sim3\mathrm{m}^3/\mathrm{t}$，这就要求有较快的运送速度和较大的舱容。传统的杂货班轮以包装、外形、质量千差万别的散件形式承运件杂货，致使船舶在港停泊时间过长，严重影响了船舶的营运效率，增加了船舶运输成本。为了改变这种落后局面，20 世纪 60 年代后半期，件杂货成组化得到了迅速的发展，其中以集装箱化最为突出。集装箱班轮运输组织与传统班轮相比最大的特点是船舶大型化、高速化，船舶在港停泊时间短、周转快，需要专门对集装箱进行调度和跟踪管理。目前，许多航线上的件杂货装箱率已达 70%~80%。

在班轮航线上营运的船舶包括集装箱船、多用途船、普通杂货船和滚装船。以集装箱船、多用途船和普通杂货船为主，滚装船多用在短距离的近海班轮航线上。

2. 班轮船期表的编制

（1）往返航次时间的计算。

往返航次时间是一艘班轮由始发港起航，经中途港、目的港，返回始发港再起航所经历的时间，或称船舶周转周期。往返航次时间计算的依据是：航线总距离、船舶航速、港口装卸效率和在港装卸货物的数量，以及其他可能发生的耗时因素（如进出港减速航行、通过运河等）。其计算公式为

$$t_r = \frac{L}{\overline{v}} + \sum\left(\frac{Q_l + Q_d}{\overline{M}}\right) \qquad (5-8)$$

式中：t_r——船舶往返航次时间或周转期（天）；
L——航线总距离（海里）；
$\overline{v}$——船舶平均航行速度，考虑了进出港航行和过运河、船闸等因素（海里/天）；
Q_l，Q_d——航线沿途各港装货量与卸货量（吨）；
$\overline{M}$——航线沿途各港的总平均装卸效率（吨/天）。

（2）航线配船数的计算。

一条班轮航线上需要配置船舶的艘数通常要由货运需求（运量的多少及发到船频率）、单船装载能力和往返航次时间等因素决定。其计算公式为

$$m = \frac{t_r \cdot Q_{\max}}{a_b \cdot D_d \cdot T} \qquad (5-9)$$

式中：m——航线配船数（艘）；

Q_{max}——运量较大航向的年货物发运量（吨）；

a_b——船舶载重量利用率（发航装载率）；

D_d——船舶净载重量（吨）；

T——平均每艘船舶年内营运时间（天）。

计算出 m 后，若 m 不为整数，则应将 m 取为整数。在具体计算时，要注意运量在往返方向上的不平衡性。

如果航线由一家航运企业独自经营，可按式（5-9）计算的 m 值决定配船数量，取大于 m 的最小整数；如果航线上有多家航运企业同时经营，则各家企业配船数取决于本企业的实力和货载占有份额。

（3）发船间隔时间的计算。

发船间隔时间是指一个班次的船舶驶离港口后，直至下一班次的船舶再次驶离该港的间隔时间。它可由船舶往返航次时间及航线配船数确定，即

$$t_i = \frac{t_r}{m} = \frac{a_b \cdot D_d \cdot T}{Q_{max}} \tag{5-10}$$

式中：t_i——发船间隔时间（天）。

班轮的发船间隔时间必须具备一定的规律性，以便于记忆，如常以月、旬、周、天、时等单位为发船间隔时间。所以，对于按式（5-10）计算得到的发船间隔时间还要按照规律性的要求加以调整。

（4）到发时间的计算与调整。

在以上计算的基础上，结合沿途各港的具体情况，先分别计算出相邻两港之间各航段的航行时间和在各港的停泊时间，然后根据始发港发船时间依次推算出船舶到、离各港的时间。当沿途各港所在地的时差不同时，在船期表上应给出船舶到发的当地时间。为此，需要将上述未考虑时差而计算出的各港到发时间加上或减去各港所在地与始发港所在地之间的时差。向东行为加，向西行为减。当航线上有几艘船舶运行时，后续船舶在各港的到发时间依次相差一个发船间隔时间。

班轮船期表是以表格的形式反映船舶在位置和时间上运行程序的文件，其主要内容包括：船名，航次编号，始发港，中途港和目的港的港名，到达和驶离各港的时间。根据前述4步的计算结果可编制船期表。

【例 5.1】某航线一端点港年货物发运量为 15 万吨，另一端点港年货物发运量为 12 万吨，航线配置的船舶载重量为 1 万吨，平均载重量利用率（即发航装载率）为 0.85，往返航次时间为 96 天。试计算该航线应配置同类型船舶的艘数及发船间隔时间。

解：该航线应配置同类型船舶的艘数为

$$m = \frac{t_r \cdot Q_{max}}{a_b \cdot D_d \cdot T} = \frac{96 \times 15}{0.85 \times 1 \times 365} \approx 4.64 \approx 5 \text{（艘）}$$

根据船舶往返航次时间及航线配船数，可计算航线间隔时间为

$$t_i = \frac{t_r}{m} = \frac{96}{5} = 19.2 \approx 20 \text{（天）}$$

5.4.3 不定期船运输组织

1. 不定期船运输的特点

不定期船是指船舶营运者在市场上寻求机会，不固定航线和挂靠港口，没有固定的船期表和费率，仅以签订租船合同从事某一具体航线或航次的船舶。由于不定期船的经营活动以租船活动为主，因此，不定期船运输也称租船运输。不定期船的主要运输对象是货物本身价格较低的大宗散货，如煤炭、矿石、粮食、石油、石油产品，以及其他农、林产品和少部分干杂货。这些货物难以负担很高的运输费用，但对运输速度和运输规则性方面要求不高，不定期船运输正好能以较低的营运成本满足它们对低廉运价的要求。在不定期船市场上成交的租船形式主要有光船租船、定期租船、航次租船、包运租船等。

（1）光船租船。船舶出租人只提供一艘空船，合同期一般较长；承租人负责配备船员、任命船长，并负担船员的工资及伙食费等；承租人负责船舶调度和安排营运，并负担一切营运费用；租金按船舶的装载能力和租期长短计算。

（2）定期租船。船舶出租人负责配备船员，负担船员工资、伙食费等；承租人负责船舶调度和营运组织工作，航次费用，如燃油费、港口费等均由承租人负担；租金按船舶的装载能力和租期长短计算。

（3）航次租船。船舶出租人负责运输组织工作，并负担船舶的营运费、燃料费、港口费等；租金可按装载货物的数量或按船舶总载重计算，也可按航线（或航程）计算。

航次租船又称定程租船，是以航程为基础的租船方式。在这种租船方式下，船方必须按租船合同规定的航程完成货物运输服务，并负责船舶的经营管理及船舶在航行中的一切开支费用，租船人按约定支付运费。航次租船的合同中规定装卸期限或装卸率，并计算滞期和速遣费。

航次租船的主要依据是航次经济性。根据货源情况和装卸港、航线情况进行航次估算。所谓航次估算，是船舶经营者根据各待选航次的货运量、运费率、挂靠港口、船舱特性及航线参数等有关资料，估算各航次的航次收入、航次成本和航次每天净收益，从而预知某个航次是否赢利。特别是当有多个航次货载机会时，根据估算结果，经营者就可做出最有利的决策，即选择单位时间净收益最大的航次签订运输合同。因此，航次估算是船东或经营人进行航次租船决策的基础，它被广泛地应用在不定期船的运输组织中。

通常以航次每天的净收益作为衡量一个航次经济效益优劣的指标。其计算公式为

$$每天净收益 = \frac{航次净收入 - 航次费用}{航次时间} - 每天营运费用 \qquad (5-11)$$

一般来说，每天净收益大的航次自然对船东具有较大的吸引力，但单纯的赢利数字高低并不是唯一的决定性因素，有时还要注意船主喜欢的航行方向，或考虑下一航次易于获得货载的港口位置等因素。

（4）包运租船。船舶出租人向承租人提供一定吨位的运力，在确定的港口之间，按事先约定的时间、航次周期和每航次较为均等的运量，完成合同规定的全部货运量的租船方式，这种方式下签订的合同称为"包运租船合同"或称"运量合同"。包运租船是在连续单航次程租船运营方式的基础上发展而来的。与连续单航次程租船相比，一方面包运租船不要求一艘固定的船舶完成运输，船舶出租人在指定船舶上享有较大的自由，另一方面包运

租船并不要求船舶一个接着一个航次完成运输，而是规定一个较长的时间，这段时间内，船舶出租人可以自行灵活安排运输。

2. 船舶期租

在期租过程中，通常船舶出租人负有保证船舶适航性的义务，并基于此收取一定的租金。因此，期租保本费率就是每一载重吨、每一个月分摊的船舶出租人为提供适航船舶和船员所发生的全年所有费用，也称船舶期租租金基价，简称 H/B（hire base）。即

$$船舶期租租金基价 = \frac{船东为提供适航船舶和船员发生的年总费用}{船舶总载重吨 \times 年营运月数} \tag{5-12}$$

显然，租金超过租金基价越多，赢利就越大；租金基价越低的船舶，在市场上的竞争力就越强。

3. 船舶闲置

在航运市场上，需求随着世界经济的发展和贸易量的变化而变化，而作为供给的船舶吨位一旦形成，一般是比较稳定的。因此，在运输需求与实际运力之间常会出现不平衡的现象，导致运价上下波动。当货少船多、运价下跌时，船舶赢利会逐渐减少，甚至出现亏损，企业将被迫考虑封存（闲置）一部分运力，以减少亏损，调整供需关系，使运价回升。尽管发现亏损就意味着运输收入不能抵偿运输成本，但也并不能一亏损就草率地将船舶封存起来，因为虽然亏损，还会有一部分收入来抵偿营运成本的支出；而船舶封存起来以后，仍需要发生一定的维持费用，如资本费（折旧费）、看守费、保险费、维护保养费等，称其为封存成本或闲置成本。虽然船舶的封存成本比其营运成本数额大为减少，但这些成本却是得不到任何来自船舶自身的补偿。权衡这两种状态的经济得失，可以得出船舶封存应具备以下经济条件。

（1）当船舶营运亏损额<船舶封存成本，应继续营运。

（2）当船舶营运亏损额=船舶封存成本，视其他情况而定（称为封存点或封存界限）。

（3）当船舶营运亏损额>船舶封存成本，应停航封存。

在日常的经营工作中，为简便、直接地判别，可将上述亏损额与封存成本之间的比较转换为费率之间的比较，以便根据市场运费率的高低，直接做出反应。

5.4.4 驳船运输组织

1. 驳船运输的特点

驳船是指本身没有动力装置，依靠其他船舶（拖船、推船）拖带或顶推运行的船舶。以拖船拖带驳船组成的拖驳船队运送货物和旅客的称为拖驳运输；以推船顶推驳船组成的顶推船队运送货物和旅客的称为顶推运输。拖驳运输和顶推运输统称驳船运输。主要用于货物运输的拖驳船队和顶推船队由作为船队动力部分的拖船或推船和用以装载货物的驳船组成，两部分可以灵活解结。当船队到达目的港或驳船装卸货物时，拖船、推船可以用于拖带、顶推其他驳船或从事其他作业。

驳船种类很多，按用途不同可分为客驳和货驳。

（1）客驳，专运旅客，设有生活设施，一般用于小河客运。

（2）货驳，用于载运货物，按所运货物可分为干货驳、矿砂驳、煤驳、油驳等。货驳

一般不设起重设备，靠码头上的装卸机械装卸货物。货驳也可在港口用于货物的中转。

驳船运输具有以下特点。

（1）驳船没有动力装置，在同样载货吨情况下，驳船吃水较机动船小得多。例如，载重量为1200吨的欧洲标准型驳船吃水为2.42m，而同吨位机动船吃水为3.75m。内河航道通常水深有限，因此要在内河经济地实现大规模运输，吃水浅的驳船就成为一种理想的运输工具。

（2）驳船可以几艘、几十艘编成船队航行。船队的规模和编队船数不再决定于吃水，而决定于航道宽度、弯曲度等航行条件，以及气象和船队的运行方式。因此，浅吃水的驳船编成大载量的船队，就成为在水深有限的内河航道上运输货物的一种主要方式。

（3）内河港口沿航道分布，船队可以沿途编解，无须换装倒载就能把小批量的单只驳船货物直接送到目的港，充分发挥了小吨位船的灵活性。与此同时，在航行途中由多个驳船编组成大船队，吨位越大、马力产量越高，因此又可以取得像大吨位船那样较高的马力产量。而且，一艘一万吨的机动船只能在一个泊位装卸，而10艘一千吨的驳船可分散到10个泊位装卸，可直接把货物送到沿河设置的货主码头。

（4）驳船运输把船舶的载货部分和动力部分分开，可以大大提高动力装置的利用率。当驳船到港进行装卸作业时，推（拖）船就可以和其他驳船编队开始新的航次，提高动力装置使用率、减少投资、降低成本。特别是在装卸效率低、停港时间长的短程航线上，其经济效果更加明显。

（5）驳船队的抗风能力较机动船差。

（6）与机动船相比，在同样吨位及航速条件下，因驳船队的浸水面积大，在静水中的摩擦阻力增加，故驳船队的阻力较大。因此，通常驳船队的运行速度较低，适于运输大宗货物。

顶推运输与拖驳运输相比，由于推船螺旋桨水流不对驳船产生干扰，可以提高船队的推进效率，节约能源；还由于顶推船队的长度通常短于拖驳船队，推船和驳船可连成整体，因而操纵也较为灵活。因此，驳船队的运行方式正在从拖带运输向顶推运输和分节船队的方向发展。但是，拖驳运输与顶推运输相比，也具有对驳船结构强度要求较低，船队组成较灵活的优点。

2. 驳船运输组织的形式

驳船的运输组织包括以下几种形式。

（1）按货物是否在中途港倒载、换驳划分。不在中途港换驳，直接由始发港装船运达目的港卸船的运输组织形式称为直达航线；需要在中途港由一个驳船倒载到另一个驳船上继续运输才能到达目的港的运输组织形式称为非直达航线。

（2）按推（拖）轮的运输组织方法划分。驳船队从航线的始发港至航线目的港，在中途不更换推（拖）轮者称为直通航线；如在中途更换推（拖）轮，实行分段牵引，则称为区段牵引航线。在沿途装货港或卸货港比较分散的一些航线上，驳船队中的部分驳船在航线沿途港加入船队或从船队中分离出去送达途经港口的运输组织形式，称为中途集解航线。

（3）按轮驳配合方式划分。一艘推（拖）轮每个航次将驳船从始发港送达目的港后，马上去运送其他驳船，称为单航次配合。这种方式充分体现了驳船队的动力部分与载货部分既可分离，又可组合的特点，提高了推（拖）轮与驳船的使用效率。一艘推（拖）轮在运送驳船时，只在装货港或卸货港更换一次驳船，每个往返航次，轮、驳重新组合一次，称为往返航次配合。一艘推（拖）轮与一组驳船长期固定组合运行，称为固定配合。

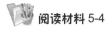

福建省加快建设世界一流港口

《福建省建设世界一流港口做大做强东南国际航运中心工作方案（2021—2023年）》提出，到2023年，福州港吞吐量力争达3亿吨、集装箱420万标准箱，厦门港、福州港绿色、智慧、安全发展实现重大突破；到2025年，福州国际深水大港建设卓有成效，全省建成功能分工合理、空间布局优化、保障能力充分、具有比较优势的现代化东南沿海港口群。

方案明确，聚焦重点港区整体连片开发，加快推进福州江阴、泉州石湖集装箱重点项目建设，推进湄洲湾罗屿岛整岛开发建设、福州罗源湾港区大型散货码头整合和建设，打造东南沿海能源矿产进口的重要口岸和大宗散货接卸中转储备基地。加快宁德漳湾、福州罗源湾与江阴、湄洲湾南北岸、泉州石井、漳州后石和古雷等产业配套港区建设，服务能源、化工、钢铁、装备制造等临港产业发展。完善港口集疏运通道，加快重点港区疏港公路建设，确保2025年11个重点港区实现15分钟内上高速公路，加快港口后方货运铁路通道建设，切实解决疏港铁路"最后一公里"。

资料来源：福州日报.

5.5 港口通过能力

5.5.1 港口通过能力的分类

港口通过能力是港口企业的生产能力。它是在外部环境条件一定时，港口各项生产要素和经营管理条件综合作用的结果。它分为理论通过能力、营运通过能力和后备通过能力。

（1）理论通过能力是港口最大的通过能力。它是港口在一定时期（通常是一年）内，在港口设施和劳动力既定时，在一定的组织管理条件下，最大限度地利用港口各生产要素所能装卸的一定结构的货物的自然吨数。

（2）营运通过能力是港口的实际通过能力。它是港口在一定时期（通常是一年）内，在港口设施和劳动力既定时，在一定的组织管理条件下，港口各生产要素在得到合理利用时所能装卸的一定结构的货物吨数。营运通过能力是港口编制年度生产计划和短期作业计划的基础。其与理论通过能力的区别在于生产要素的利用程度不同。

（3）后备通过能力则是应付运输工具或货物密集到港时的那部分生产能力，在非高峰时则以闲置状态存在。

5.5.2　影响港口通过能力的主要因素

影响港口通过能力的因素主要包括以下几个。

（1）货类结构。由于港口通过能力通常是指货类结构一定时的通过能力。在港口生产要素为一定的前提下，不同时期通过能力的变化，主要是由货类结构的变化所引起的。货类对通过能力的影响主要表现为货物种类、批量、单件质量、运输的形式（如散装和包装等），以及货物在流向和时间上的分布特征等。

（2）港口设施和设备。它们是港口企业进行生产活动的物质基础，其数量和规模、性能和技术状态是影响港口通过能力的主要因素。进港航道的水深、宽度、曲率半径及其可利用的潮位将限制进港船舶的最大尺度和来港船舶的艘数；锚地的规模、水深、掩护程度及其距港池或装卸泊位的距离决定着港口水上过驳能力、船舶让挡时间及内河港口对船队的编解能力；泊位的数量、结构、水深及其装备情况，包括岸壁机械的数量、技术性能和技术状态都决定着泊位的通过能力；仓库和堆场的面积及其布置、仓库的结构特征、进出库场的方便程度和库场使用的机械，不仅决定库场的能力，而且还决定装卸效率，它们是影响港口通过能力的主要因素；其他辅助设施和设备的性能，如供电能力、港内运输能力、装卸机械的维修能力、港内导航设备等都会影响主要设施和设备能力的充分发挥。

（3）港口的总体布置。其对通过能力的影响主要表现在码头的布置。码头前沿、堆场和仓库的相对位置；水域、路域面积是否满足需要；港内外交通的方便程度。此外，有水水中转的港区，船舶之间的换装是否方便等，也会影响通过能力。

（4）装卸工人和机械司机的技术水平、数量和积极性。这些都可以通过设备在时间上的利用程度及装卸效率的高低体现出来。此外，装卸工人与机械司机的劳动组织形式，如轮班制度及工组的组成等，对港口通过能力也有影响。

（5）港口的自然条件。自然条件如风、雨、雪、雾、气温、水深等，都会对港口通过能力产生影响。例如，有些货种雨天不能装卸；遇有大雾，船舶不能进出港，使港口无法作业等。

（6）港口的经营管理水平，以及港口系统和外部环境之间的协调发展程度等，对港口通过能力也有重大影响。

本 章 小 结

水路运输简称水运，是指利用船舶、排筏和其他浮运工具，在江、河、湖泊、人工水道及海洋上，完成旅客与货物运送的一种运输方式。水路运输系统由船舶、港口水域设施、港口陆上设施、助航设施、港口服务机构组成。在正常情况下，已有的旅客运输航线一般不会做很大的变动，但是当客流和货流发生较大的变化，就需要相应地开辟新的航线或调整已有的航线，建立新的航线系统。无论是对原有航线进行调整还是新辟航线均会遇到航线配船问题。船舶的运输组织是指航运企业根据已揽取到或即将揽取到的运输对象和航运企业控制的运力情况，综合考虑船舶生产过程中各个环节及与其他运输方式的协调配合，对船舶生产活动所做出的全面计划安排。船舶运输的主要组织形式为班轮运输、不定期船运输和专用船运输三大类。港口是水路运输系统最重要的基础设施，港口通过能力是港口企业的生产能力。本章主要介绍了水路运输的概念及特性、水路运输系统的组成、客运航线设置与配船、货运航线设置与配船、班轮运输组织、不定期船运输组织、驳船运输组织及港口通过能力。

案例分析

江海联运开新局

2020年12月19日上午，一艘满载近500吨染料的集装箱大货船从上虞港缓缓起航，通过杭甬运河这条"黄金水道"驶往宁波港，这批染料将从宁波港出口至海外。"自12月11日首航成功后，平均每天有2艘集装箱货船在上虞港至宁波港往来穿梭。"上虞区港航管理中心的工作人员告诉记者。

上虞港至宁波港集装箱航线的开通，打通了上虞长期以来由公路集装箱运输周转出海的交通物流瓶颈，完善了上虞集装箱航运的水上航线，开创了江海联运新时代。

一直以来，上虞不少企业的货物运往宁波港，要通过火车或汽车转运，不仅运费昂贵，而且给公路和铁路运输带来不小压力。

随着杭州湾上虞经济技术开发区规模越来越大，货物量也水涨船高，对物流行业需求剧增。而公路运输成本大、铁路运输专列少等问题日益凸显，开通上虞港至宁波港集装箱水上航线的呼声越来越高。

为此，上虞港航部门多次赴宁波港和当地海事部门进行沟通，最终，双方建立了协作关系。上虞区政府还出台了优惠扶持政策，引导、鼓励更多企业试水江海联运。

根据本案例所提供的材料，试分析如何才能有效地实施江海联运。

资料来源：绍兴市人民政府网．

关键术语

水路运输（water transportation） 　　班轮运输（liner transport）
港口设施（port facility） 　　不定期船运输（tramp shipping）
设置航线（setting courses） 　　运输驳船（transport barge）
配船（distribution of ships） 　　租船运输（shipping by chartering）

习　　题

1. 填空题

（1）按航行区域不同，水路运输可以分为_____、_____、_____和_____。

（2）按船舶营运组织形式不同，水路运输可以分为_____、_____和_____。

（3）港口的水域包括_____、_____与_____。

（4）按照设置地点不同，航标可分为_____与_____。

（5）航线配船包括_____、_____和_____ 3种情况。

（6）在不定期船市场上成交的租船形式主要有_____、_____、_____、_____等。

2. 简答题

（1）简述水路运输的优缺点。

（2）在建立客运航线时，需要遵循哪些原则？

（3）在海上运输中，如何区分重货与轻货？

（4）为什么说集装箱运输是运输方法上的一次革命？

（5）简述航线规划的步骤。

（6）简述多线多船型的配船问题应遵循的基本原则。

（7）什么叫驳船运输？它有哪些特点？

（8）影响港口通过能力的主要因素有哪些？

第 6 章 航空运输

【教学目标】
- 掌握航空运输的概念及基本条件。
- 了解民用飞机的分类及组成。
- 了解航空港的组成及功能。
- 了解无人机的基本结构及使用现状。
- 掌握航路和空中交通间隔规则。
- 了解空域划分、空中交通管制机构及助航设备。
- 熟悉民航旅客运输组织的主要内容。
- 熟悉民航货物运输组织的主要内容。
- 了解国际航空运输中主要的法规及多边协定。
- 掌握国际航空运输中关于航行权的划分。

【思维导图】

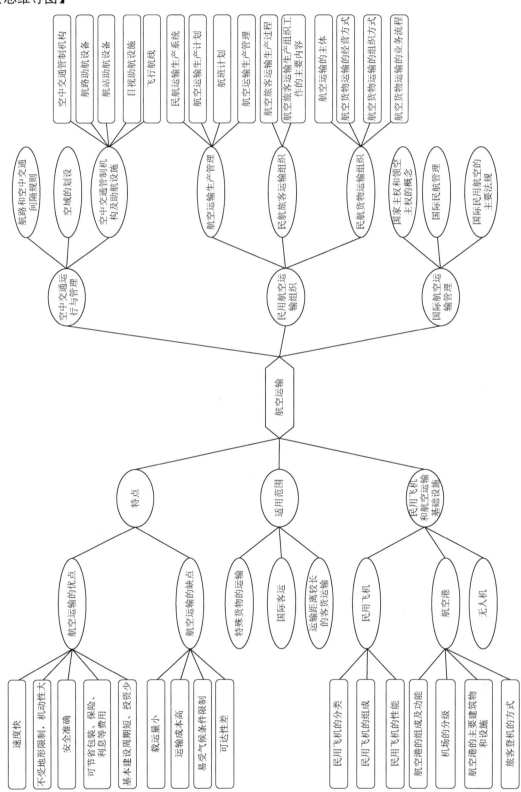

导入案例

2024年中国航空货运市场展望，复苏强劲有望回归常态化增长

2023年我国航空货运市场后劲十足，总体表现稳中向好。随着全球经济的逐步恢复和技术的不断进步，我国航空货运行业将在2024年强劲复苏，有望回归常态化增长。

1. 稳中向好于变局中谋新局。

基础保障能力持续增强，助力提升货运发展空间。跨境电商加速驱动，货源结构变化显著。智慧物流转型升级，数据信息互通加速。

2. 提质增量跑出发展加速度。

新兴市场和发展中国家的基础设施、互联互通不断加强。随着新兴市场经济的快速发展和生产力的提高，一些新兴市场航空货运市场潜力巨大。外贸新业态更新迭代，跨境电商持续赋能增长。受全球经济环境、行业周期等影响，国际市场消费电子需求明显放缓，而随着跨境电商新业态迅猛发展，航空货运将持续增长。

3. 多点发力构筑高质量产业生命线。

强化基础设施保障能力，提升航空物流服务水平。挖掘新兴市场发展潜力，拓展航空货运增长空间。加大跨境电商支持保障，推动货运需求持续提升。加快智慧物流体系建设，助力航空货运提质增效。建设安全、智慧、高效、绿色的航空物流体系迫切需要安全、智慧、高效、绿色的创新技术作支撑。

思考题：我国航空运输货运市场面临哪些机遇和挑战？

资料来源：中国民航报.

6.1 航空运输概述

6.1.1 航空运输的产生及我国航空运输的主要成就

1. 航空运输的产生

航空运输的产生历史可以追溯到19世纪70年代。1871年普法战争中，法国人用气球把法国政府官员和物资、邮件等送出被普军围困的巴黎。1903年12月美国莱特兄弟完成了首次飞行，实现了人类梦寐以求的翱翔蓝天的愿望。使用飞机的航空运输则始于1918年5月5日在纽约—华盛顿—芝加哥之间。

随着航空工业的发展，专门用于运输的飞机相继出现。20世纪30年代初期，美国生产的CD-3型运输机得到较为广泛的应用。在一些国家和地区已初步形成了航线网。同时，工业发达国家开始研制多台发动机的大型单翼全金属结构的运输机，进行远程、越洋飞行的尝试。

第二次世界大战中，喷气技术开始在航空领域应用，远程轰炸机和军用运输机在战争中得到很大发展。第二次世界大战结束后，这些发展起来的航空技术转为民用，定期航线网在全世界逐步展开。20世纪50年代初，大型民用运输机问世，到了20世纪60年代，航空运输就进入了现代化的世界航空运输时代。目前，世界航空运输业已发展成为一个规模庞大的行业。以世界各国主要城市为起讫点的世界航线网已遍及全球。

2. 我国航空运输的主要成就

我国筹办民用航空运输始于1918年3月，当时的北洋政府交通部于1920年4月24日筹办航空事宜处，组织了北京—上海航线的北京—天津段试航，载运了邮件和报纸；同年5月8日正式开航，载运了旅客和邮件，这是我国最早的民航飞行。

【拓展视频】

中华人民共和国成立以后，伴随着社会主义建设事业的蓬勃发展，国家实行改革开放政策，航空运输业发生了翻天覆地的变化，取得了历史性的辉煌成就，为我国经济社会发展做出了突出贡献，在世界民航发展进程中扮演着愈益重要的角色。

中华人民共和国成立初期，我国航空运输规模很小。1950年，航空运输总周转量、旅客运输量、货邮运输量分别仅为157万吨千米、1万人和767吨。到1978年，航空运输总周转量、旅客运输量、货邮运输量分别为2.99亿吨千米、230万人和6.38万吨，航空运输总周转量世界排名第37位。

经过改革开放之后30年的持续快速增长。2008年航空运输总周转量、旅客运输量、货邮运输量分别达到376.8亿吨千米、1.93亿人、407.7万吨。其中，国内航空运输总周转量、旅客运输量、货邮运输量分别达到247.9亿吨千米、1.77亿人、288.2万吨；国际航空运输总周转量、旅客运输量、货邮运输量分别达到128.9万吨千米、1519万人、119.5万吨。

改革开放以来，我国航空运输总周转量、旅客运输量和货邮运输量年均增长率分别为17.5%、15.9%和14.9%；航空运输总周转量年均增长速度是我国同期GDP增长速度的约1.87倍，为世界航空运输总周转量平均增长速度的3.2倍。航空旅客周转量在我国综合交通运输体系中的比重上升为12.3%。航空运输已经成为我国综合交通运输体系中不可或缺的组成部分。2005年，我国航空运输总周转量在国际民航组织各成员中的排名上升到第2位，我国成为名副其实的航空运输大国。

2015—2019年，航空运输总周转量、旅客运输量、货邮运输量年均增长率分别达到11.0%、10.7%和4.6%。2019年，航空旅客运输量为6.6亿人，旅客周转量达到11705.3亿人千米；货运量为753.1万吨，货运周转量达到263.2亿吨千米，航空旅客周转量在我国综合交通体系中的比重从24.2%提升至33.1%。

6.1.2 航空运输的概念、特点及适用范围

1. 航空运输的概念

航空运输是使用飞机及其他航空器运送人员、货物、邮件的一种运输方式，具有快速、机动等特点。航空运输是现代旅客运输，尤其是远程旅客运输的重要方式，也是国际贸易中的贵重物品、鲜活货物和精密仪器主要的运输方式之一。

2. 航空运输的优点

（1）速度快。这是航空运输的最大特点和优势。在客运方面，现代喷气式客机的速度为800~900km/h，比汽车、火车快5~10倍，比轮船快20~30倍。距离越长，航空运输

所能节约的时间越多，快速的特点也越显著。在货运方面，快捷的交通工具大大缩短了货物在途时间，对于那些易腐烂、变质的鲜活商品，时效性、季节性强的报刊，节令性商品，抢险、救急物品的运输，这一特点显得尤为突出。此外，当今国际市场商品竞争日益激烈，市场行情瞬息万变，为了获得较好的经济效益，必须争取时间把货物送到急需的市场，这就必须依赖航空运输，才有可能形成商品在国际市场上的竞争力。

（2）不受地形限制，机动性大。飞机在空中飞行，不受地形地貌等因素的限制，受航线条件限制的程度也远比汽车运输、铁路运输和水路运输小得多。它可以将地面上任何距离的两个地方连接起来，可以定期或不定期飞行。尤其对灾区的救援、供应、边远地区的急救等紧急任务，航空运输已成为必不可少的手段。

（3）安全准确。在客运方面，喷气式客机的巡航高度在 10000m 左右，飞行不受低空气流的影响，平稳舒适。现代民航客机的客舱宽敞，噪声小，机内有供餐、视听等设施，旅客乘坐的舒适度较高。此外，由于科学技术的进步和民航客机适航性严格的要求，航空运输的安全性比以往已大大提高。在货运方面，由于航空运输管理制度比较完善，空运时间短而准，货物破损率低，被偷窃的机会少，因此是比较安全的运输方式。

（4）可节省包装、保险、利息等费用。虽然航空运费要高于其他运输费用，但由于运输速度快，商品在途时间短、周转快，库存期可以相应缩短，因而可节省仓储费用，资金周转速度加快，综合成本相对而言具有一定优势。

（5）基本建设周期短、投资少。要发展航空运输，从设备条件上讲，只要添置飞机和修建机场就可基本满足。这与修建铁路和公路相比，建设周期短、占地少、投资省、收效快。

3. 航空运输的缺点

（1）载运量小。一般来说，飞机的舱容有限，对大件货物或大批量货物的运输有一定的限制，只能承运体积小、批量小的货物。

（2）运输成本高。由于飞机或航空器造价高、运营能耗大，因此航空货运的运输费用比其他运输方式更高，不适合低价值货物。

（3）易受气候条件限制。因飞行条件要求高，航空运输在一定程度上受到气候条件限制，如遇大雨、大雾、大雪、台风等特别天气，不能保证旅客、货物运输的准点性。

（4）可达性差。航空运输难以实现"门到门"的运输服务，需要借助其他运输工具转运，主要是借助公路运输。

4. 航空运输的适用范围

（1）特殊货物的运输。易损货物和质轻价重的商品；某些对时间要求高的货物，如急需物资、鲜活易腐货物、时令货物、邮件包裹等。

（2）国际客运。目前，国家之间的客运很大部分是由航空运输承担的，尤其是在被海洋、高山等地理因素隔开的国家之间。

（3）运输距离较长的客货运输。在客运方面，运距小于 750km 时高铁占有明显的市场优势，运距 750~1050km 是高铁与航空相互竞争的重要市场。运距大于 1050km 时，航空占有明显的竞争优势。在货运方面，对于运输距离超过 500km 以上的长途货运，航空运输具有很大的竞争优势。

阅读材料 6-1

中国五大航空公司简介

1. 中国南方航空股份有限公司

中国南方航空股份有限公司（China Southern，简称南航），总部设在广州，成立于 1995 年 3 月 25 日，以蓝色垂直尾翼镶红色木棉花为公司标志。南航是全球第一家同时运营空客 A380 和波音 787 的航空公司，是中国航班最多、航线网络最密集、年客运量最大的民用航空公司之一。截至 2022 年 12 月，南航机队规模达到 894 架。

2. 中国东方航空股份有限公司

中国东方航空股份有限公司（China Eastern，简称东航），是一家总部设在上海的国有控股航空公司，在原中国东方航空集团公司的基础上，兼并中国西北航空公司，联合中国云南航空公司重组而成。东航是中国民航第一家在香港、纽约和上海三地上市的航空公司，1997 年 2 月 4 日、2 月 5 日及 11 月 5 日，分别在纽约证券交易所、香港联合交易所和上海证券交易所成功挂牌上市。东航是中国三大国有大型骨干航空企业之一（其余二者是中国国际航空股份有限公司、中国南方航空股份有限公司）。截至 2022 年 12 月 31 日，东航机队规模达到 790 架。

3. 中国国际航空股份有限公司

中国国际航空股份有限公司（Air China，简称国航），其前身中国国际航空公司成立于 1988 年，总部设在北京，是中国唯一载国旗飞行的民用航空公司。国航是中国航空集团控股的航空运输主业公司，与中国东方航空股份有限公司和中国南方航空股份有限公司合称中国三大航空公司。截至 2023 年 3 月 31 日，国航共拥有以波音、空中客车为主的各型飞机 898 架，服务拓展到 180 多个国家（地区）的 1200 多个目的地。

4. 海南航空控股股份有限公司

海南航空控股股份有限公司（Hainan Airlines，简称海航），成立于 1995 年 12 月 29 日，总部设在海口。海航是中国第一家中外合资航空公司，也是唯一一家 SKYTRAX 五星航空公司。截至 2022 年 12 月，拥有波音 787、波音 737、空中客车 A330 等各式飞机 212 架。

5. 四川航空股份有限公司

四川航空股份有限公司（Sichuan Airlines，简称川航），成立于 2002 年 8 月 29 日，总部设在成都。截至 2023 年 5 月，川航机队规模达到 190 架飞机。

资料来源：整理自各航空公司网站。

6.2 民用飞机和航空运输基础设施

6.2.1 民用飞机

按飞机的用途不同，飞机可分为国家航空飞机和民用航空飞机。国家航空飞机是指军队、警察和海关等使用的飞机；民用航空飞机主要是指用于民用航空运输的飞机。

1. 民用飞机的分类

民用飞机包括民用的客机、货机和客货两用机。民用飞机按起飞质量不同分为小型、中型、大型 3 种；按航程不同分为近程、中程、远程 3 种。远

【拓展视频】

程飞机的航程为 11000km 左右，可以完成中途不着陆的洲际跨洋飞行。中程飞机的航程为 3000km 左右。近程飞机的航程一般小于 1000km。近程飞机一般用于支线，因此又称支线飞机。中、远程飞机一般用于国内干线和国际航线，又称干线飞机。

中国民用航空局（简称民航局）按飞机客座数将民用飞机划分为大、中、小型飞机。飞机的客座数在 100 座以下的为小型，100～200 座的为中型，200 座以上的为大型。

2. 民用飞机的组成

民用飞机主要由机身、机翼、尾翼、起落架、航空发动机等部分组成。

（1）机身是飞机的主体，其他各个组成部分都直接安装在机身上，机身前部布置有驾驶舱和操纵系统。机身还是承载的容器，客机的机身内有客舱、行李舱和服务舱，货机则安排有货舱。

（2）机翼是使飞机产生升力并在空中保持稳定性的主要部分。机翼上有襟翼、副翼等操纵面。大多数机型都把主要的燃油箱安置在机翼里面。

（3）尾翼通常由垂直尾翼和水平尾翼组成。垂直尾翼上安装方向舵，水平尾翼上安装升降舵，两者均为飞机的重要操纵面。

（4）起落架是飞机起飞离地前、着陆后滑跑和地面滑行时使用的机轮组及其支架的总称。大多数飞机的起落架在飞机升空后可以收入机身，以减小飞行阻力。在雪地或水上起降的飞机起落架，可以用橇板或浮筒代替轮子。

（5）航空发动机是飞机的动力装置。航空发动机有活塞式和涡轮式两大类。

① 活塞式航空发动机是早期在飞机或直升机上应用的发动机，用于带动螺旋桨或旋翼。大型活塞式航空发动机的功率可达 2500kW，后来为功率更大、高速性能更好的燃气涡轮发动机所取代。但小功率的活塞式航空发动机仍广泛地用于轻型飞机、直升机及超轻型飞机。

② 涡轮式航空发动机是目前应用最广的一种飞机的动力装置。它包括涡轮螺旋桨发动机、涡轮轴发动机、涡轮风扇发动机和涡轮喷气发动机，它们都具有压气机、燃烧室和燃气涡轮。涡轮螺旋桨发动机主要用于时速小于 800km 的飞机；涡轮轴发动机主要用作直升机的动力；涡轮风扇发动机主要用于速度更高的飞机；涡轮喷气发动机主要用于超声速飞机。

3. 民用飞机的性能

不同用途的飞机，对飞行性能的要求有所不同。对现代民用飞机而言，主要考虑速度、爬升、续航和起降等性能指标。

（1）速度性能。飞机优于其他运输工具的主要特征之一是飞行速度快。标志飞机速度性能的指标是飞机的最大平飞速度，即当飞机作水平直线飞行，飞机的阻力与发动机的最大可用推力相等时，飞机能达到的最大飞行速度。由于飞机的阻力和发动机的推力都与高度有关，因此飞机的最大平飞速度在不同的高度上是不同的。通常在 11km 左右的高度上，飞机能获得最大的最大平飞速度。但是，飞机不能长时间地以最大平飞速度飞行。原因之一是这样会损坏发动机，另外一个原因是当飞机的飞行速度增大时，飞机的阻力就增大，克服阻力需要的发动机推力也相应增大，消耗的燃油增加。所以，对于民用运输机这类需要作长途飞行的飞机而言，更注重的是巡航速度，即发动机每千米消耗燃油最少情况下的飞行速度。也就是说，飞机以巡航速度飞行时，最为经济，航程最远或航时最长。

(2)爬升性能。飞机的爬升受到高度的限制,因为高度越高,发动机的推力就越小。当飞机达到某一高度,发动机的推力只能克服平飞阻力时,飞机就不能再继续爬升了,这一高度称为飞机的理论升限。而通常使用的是实用升限,即飞机还能以 0.5m/s 的垂直速度爬升时的飞行高度,也称为飞机的静升限。民用飞机是以最大爬升速率和升限来表征其主要爬升性能的。

(3)续航性能。民用飞机主要以航程和续航时间(航时)来表征其续航性能。所谓航程,是指飞机起飞后,爬升到平飞高度平飞,再由平飞高度下降落地,且中途不加燃油和润滑油,所获得的水平距离的总和。飞机的航程不仅取决于飞机的载油量和飞机单位飞行距离耗油量,还取决于业务载重量。飞机在最大载油量和飞机单位飞行距离耗油量最小的情况下飞行所获得的航程就是飞机的最大航程。

(4)起降性能。飞机的起降性能包括飞机起飞离地速度和起飞滑跑距离、飞机着陆速度和着陆滑跑距离。飞机的起飞离地速度应略大于最小平飞速度(飞机能够保持平飞的最小速度)。起飞滑跑距离是指飞机从松开刹车沿滑道向前滑跑至机轮离开地面所经过的距离,飞机着陆速度分为着陆进场速度和着陆接地速度。着陆进场速度是指飞机下滑至安全高度进入着陆区时的速度;着陆接地速度是指飞机主轮开始接触地面瞬间的水平速度,有时也简称着陆速度。着陆距离是指飞机从安全高度开始至滑跑停止所经过的水平距离,它又分为着陆下滑距离和着陆滑跑距离。着陆滑跑距离取决于飞机的着陆接地速度和落地后的减速性能。

6.2.2 航空港

1. *航空港的组成及功能*

航空港是航空运输用飞机场及其服务设施的总称。飞机场简称机场,是用于飞机起飞、着陆、滑行、停放、维修等活动的场地,其中有为飞行服务的各种建筑物和设施。航空港和飞机场的含义不同,但在民用航空中却常常混用。例如,南京禄口国际航空港习惯上称为南京禄口机场。在航空港内,除飞机场外,还有为客货运输服务的设施,如候机楼、货运站等。

【拓展视频】

航空港一般由飞行区、客货运输服务区和机务维修区 3 部分组成。

(1)飞行区。飞行区是为保证飞机安全起降的区域。它是航空港的主要区域,占地面积最大。飞行区有跑道、滑行道、停机坪及各种保障飞行安全的设施、无线电通信导航系统和目视助航设施等。航空港内供飞机起降用的跑道,根据飞行量和风向风力条件,可以设一条或多条。一般在良好天气条件下,以目视飞行时,一条跑道每小时可以起降飞机 45~60 架次;在不良天气条件下,以仪表飞行时,一条跑道每小时可以起降飞机 20~40 架次。为保证飞机安全起飞和着陆,在飞行区上空划定净空区,即在机场及其邻近地区上空,根据在本机场起降飞机的性能,规定若干障碍物限制,不允许地面物体超越限制面的高度。这些限制面根据机场起降飞机的性能确定。限制面以上的空域称为净空区。净空区的规定可以随飞机的发展而改变。

(2)客货运输服务区。客货运输服务区是旅客、货物、邮件运输服务设施所在区域。区内设施包括机坪、候机楼、停车场等,其主要建筑是候机楼。区内还配备有旅馆、银行、公共汽车站、进出港道路系统等。货运量较大的航空港还设有专门的货运站。在机坪附近设有管线加油系统,其特点是使用高压油泵,在 30min 内向飞机加注的燃油量可达几十吨。

(3)机务维修区。机务维修区是指飞机维护修理和航空港正常工作所必需的各种机务设施的区域,包括维修厂、维修机库、维修机坪等维修场所,供水、供电、供热、制冷、下水等各种设施,以及消防队、急救站、储油库、铁路专用线等。

整个航空港的布局以跑道位置的安排为基础。根据跑道位置布置滑行道、机坪(客机坪、货坪、维修机坪)及其他飞机活动场所。客货运输服务区的位置通常位于连接城市交通网并紧邻飞行区的地方。

2. 机场的分级

航空港的机场一般根据跑道和设施划分使用等级。国际上,各国采用的分级办法不尽相同。我国按照允许起降飞机的最大起飞全重,将机场分为Ⅰ、Ⅱ、Ⅲ、Ⅳ类,其中Ⅳ类机场只能起降轻型飞机。国际上一般用飞行区等级来界定机场等级。国际民用航空组织规定,飞行区等级由第一要素代码(等级指标Ⅰ)和第二要素代字(等级指标Ⅱ)的基准代号划分,用来确定跑道长度或所需道面强度,即能起降机型的种类。在表 6-1 中,代码表示飞机基准飞行场地长度,它是指某型飞机以最大批准起飞质量,在海平面、标准大气条件(15℃,1个大气压)、无风、无坡度情况下起飞所需的最小飞行场地长度;代字应选择翼展和主起落架外轮外侧之间距离两者中要求较高者。

表 6-1 飞行区等级划分标准

第一要素		第二要素		
代码	飞机基准飞行场地长度(L)/m	代字	翼展(W)/m	主起落架外轮外侧之间距离(T)/m
1	$L<800$	A	$W<15$	$T<4.5$
2	$800 \leqslant L<1200$	B	$15 \leqslant W<24$	$4.5 \leqslant T<6$
3	$1200 \leqslant L<1800$	C	$24 \leqslant W<36$	$6 \leqslant T<9$
4	$L \geqslant 1800$	D	$36 \leqslant W<52$	$9 \leqslant T<14$
		E	$52 \leqslant W<65$	$9 \leqslant T<14$
		F	$65 \leqslant W<80$	$14 \leqslant T<16$

注:4F级飞行区配套设施必须保障空中客车A380飞机全重(560吨)起降。

目前我国许多机场飞行区等级在 4D 以上,其中北京大兴、北京首都、上海浦东、广州白云、昆明长水、成都双流、武汉天河、郑州新郑、天津滨海、杭州萧山、深圳宝安、西安咸阳、南京禄口、桂林两江等拥有最高飞行区等级 4F,最大可起降飞机种类包括空中客车 A380 等远程宽体超大客机。

3. 航空港的主要建筑物和设施

航空港的主要建筑物和设施有跑道、候机楼、停机坪、停车场、指挥塔、机库、目视助航设施等,此外还有货运站、中转旅馆等。以下主要介绍其中几种建筑物和设施。

(1)跑道。

跑道的布置形式和长度应根据飞机类型、航空港的布局、规模、经营方式等而定。一般飞行距离为 10000km 的,跑道长 3640m;飞行距离 5000km 以下的,跑道长 2730~3020m。跑道长度还同飞机性能有关,还要考虑航空港所在地海拔高度、平均最高气温和有效纵向坡度。跑道布置形式同航空港容量、基地风向等有关，常见的有带形、平行形、交叉形、V形、综合形等。

(2) 候机楼。

候机楼的基本功能是保证出发、到达和中转的旅客能迅速而有秩序地登上飞机或离开机场，同时为旅客或迎送亲友的客人提供候机和休息等场所。它是为航空旅客提供地面服务的主要建筑物，又称航站楼，通常根据跑道和通往城市公路的布局而设置在航空港内比较适合的地点。

规模宏伟、设备复杂和多功能的现代化候机楼，其主要设施包括旅客服务设施、生活保障设施、行李处理设备、行政办公用房、航空公司业务用房等。

① 旅客服务设施包括：航空公司售票、问讯柜台；登记客票、交运行李服务柜台；安全检查、出入境管理、海关检查、卫生检疫等柜台；有线广播设备，进出港航班动态显示装置和旅客登机设施，如登机口、旅客集中休息厅、登机桥、自动客梯、升降登机车、可移动的旅客休息室等；为迎送旅客使用的迎送厅、瞭望平台等设施。

② 生活保障设施包括：旅客休息室、游乐室、餐厅、酒吧间、食品饮料自动出售设备，以及其他公共设施，如银行、邮局、书报摊、零售商品部、旅馆及出租汽车预订柜台等。

③ 行李处理设备包括：行李分拣装置、行李车、传送带、行李提取柜台等。

④ 行政办公用房、航空公司业务用房等，根据业务需要设置，对旅客不开放。

候机楼内的旅客同时有到达的、出发的和中转的，因此候机楼可采用不同层次组织交通。多数候机楼对进出港旅客采取立体隔离的办法，即将进出港旅客的行动线路分别安排在两个楼层内；对国际和国内旅客则采取平面隔离的办法，即在同一层楼内，分别设置国际旅客和国内旅客的活动场所。

(3) 停机坪。

停机坪是为飞机停放及各种维修活动所提供的场所。停机坪的布置，除应考虑维修设备的不同要求外，还要考虑飞机试车时气流的吹袭影响。

(4) 指挥塔。

指挥塔是航空港的控制指挥中心，应设在较高部位，或建于候机楼上部，或独立设塔。塔台和仪表飞行指挥室一般作叠层布置，塔台位于上部，顶端装置雷达和各种通信设备的天线。

(5) 机库。

机库分为维修检查和机体修理用机库，大多采用大跨度桁架、悬挂式、网架等大型空间结构。高大的机库大门要便于启闭。

(6) 目视助航设施。

目视助航设施是供驾驶员目视观察机场而设于机场地面的标志和灯光设施，主要包括助航灯、标志和标志物。

① 助航灯通常由机场灯标、进近灯、目视下滑角度指示、着陆区灯、跑道灯、滑行道灯和障碍灯几部分组成。机场灯标是安装在机场区域内的一具强闪光灯标，用以标志机场位置；进近灯光系统设在跑道中线延长线上，供驾驶员在进行目测着陆时对准跑道方向，调整飞机的姿态和判断到跑道入口的距离等；目视下滑角度指示系统用于帮助驾驶员检查和修正飞机的下滑角度，国际上认可的有"T"式和2排、3排式等布置形式，利用在垂直

方向上扩散角非常狭窄、光强和颜色突变的光束的组合来提供信息;着陆区灯装在跑道着陆端的900m范围内,标志接地地带;跑道灯光系统用于标志跑道的入口、中线、边线和末端;滑行道灯光系统包括滑行道边灯和中线灯;障碍灯装在机场及其附近区域对飞行安全可能构成威胁的人工或天然障碍物上。

② 标志是指在跑道和飞机活动区域道面上标出的鲜明的白色或黄色线条、字码和符号,包括跑道号码标志、跑道中线标志、跑道边线标志、入口标志、接地地带标志、定距标志、滑行道中线标志、滑行等待位置标志和停机坪上的各种引导线。机场及附近地区的障碍物也涂有醒目的标志。

③ 标志物是利用不同形状和涂色以传达信息的设施,分为照明和不照明及带文字符号和不带文字符号等多种形式,如风向标、着陆方向标、信号板、全向信标机场校准点标记牌、各种滑行引导标记牌等。

由于无线电导航设备性能日益提高,飞机驾驶员已有可能利用这种设备进行自动着陆。但是自动着陆所需的地面设备和机载设备造价昂贵,而现代化目视助航设施则造价低廉,并能保证绝大多数机场常年不致因能见度低而关闭。因此,目视助航设施将不会完全被电子设备所取代。

4. 旅客的登机方式

旅客的登机方式有以下几种。

(1)集中式,旅客在出发厅办理手续,然后进入候机厅候机,再由登机口登机,适于规模不大的航空港。

(2)廊式,候机部分采用廊道栈桥布局方式,有单条形和呈指状的多条形,旅客在出发厅办理手续后,在廊道内候机再经登机桥登机,适于吞吐量大的航空港。

(3)卫星亭式,其位置在候机楼外,以廊(地下或地上)相联系,旅客经卫星亭通过登机桥登机,是近十余年来采用较广泛的一种方式。

(4)运载器方式或称登机车方式,飞机停在远离候机楼的停机坪上,旅客搭乘登机车登机或离机。采用这种登机方式,候机楼可集中布置,平面灵活,不受飞机载客增多、飞机型号增大的影响。

(5)直达登机口式,办理手续分散,设在每个停机位前,以尽量缩短旅客办理手续和候机的过程。

一个航空港可采用上述某种登机方式,也可同时采用几种登机方式。

6.2.3 无人机

1. 无人机的定义

无人机通常是指机上没有驾驶员进行操作的飞行器,随着其应用的推广,无人机正逐步纳入国家空域管理系统。

无人机产业的不断快速发展,也带来了前所未有的挑战与机遇。根据运行风险大小,民用无人机分为微型、轻型、小型、中型、大型。目前已经进入应用领域的包括植保无人机、电力巡线无人机、消防无人机、应急救援无人机、运输无人机等。

2. 无人机的基本构成

一般来说，无人机有飞行器机架、飞行控制系统、推动系统、遥控器、遥控信号接收器和云台相机六大构成部分。

【拓展视频】

（1）飞行器机架。飞行器机架的大小取决于桨翼的尺寸及电机（马达/马达）的体积，桨翼愈长，马达愈大，机架大小便会随之而增加。机架一般采用轻物料制造为主，以减轻无人机的负载。

（2）飞行控制系统。飞行控制系统简称飞控，一般会内置控制器、陀螺仪、加速度计和气压计等传感器。无人机便是依靠这些传感器来稳定机体，再配合 GPS 及气压计数据，便可把无人机锁定在指定的位置及高度。

（3）推动系统。无人机的推动系统主要由桨翼和马达组成。当桨翼旋转时，便可以产生反作用力来带动机体飞行。系统内设有电调控制器，用于调节马达的转速。

（4）遥控器。无人机的遥控器是操控无人机必不可少的部分，其目的是让无人机操纵者通过远程控制技术来操控无人机的飞行动作。

（5）遥控信号接收器。遥控信号接收器的主要作用是让飞行器接收由遥控器发出的遥控指令信号。四轴无人机起码要有 4 条频道来传送信号，以便分别控制前、后、左、右 4 组旋转轴和马达。

（6）云台相机。目前无人机所用的航拍相机，除无人机厂商预设于飞行器上的相机外，有部分机型允许用户自行装配第三方相机。航拍相机主要通过云台装设于飞行器上。云台可以说是整个无人机航拍系统中最重要的部件，航拍视频的画面是否稳定，全要看云台的表现如何。云台一般会内置两组电机，分别负责云台的上下摆动和左右摇动，让架设在云台上的航拍相机可维持旋转轴不变，令航拍画面不会因飞行器振动而模糊。

3. 无人机的分类

（1）按无人机的飞行平台构型分类，可分为固定翼无人机、旋翼无人机、无人飞艇、伞翼无人机、扑翼无人机等。

（2）按无人机的用途分类，可分为军用无人机和民用无人机。军用无人机可分为侦察无人机、诱饵无人机、电子对抗无人机、通信中继无人机、无人战斗机、靶机等；民用无人机可分为巡查/监视无人机、农用无人机、气象无人机、勘探无人机、测绘无人机等。

（3）按无人机的尺度分类（民航法规），可分为微型无人机、轻型无人机、小型无人机、大型无人机。微型无人机的空机质量小于等于 7kg；轻型无人机的空机质量大于 7kg 但小于等于 116kg，且全马力平飞中，校正空速小于 100km/h，升限小于 3000m；小型无人机的空机质量大于微型和轻型无人机但小于等于 5700kg；大型无人机的空机质量大于 5700kg。

（4）按无人机的活动半径，可分为超近程无人机、近程无人机、短程无人机、中程无人机、远程无人机。超近程无人机的活动半径小于等于 15km；近程无人机的活动半径为 15（不含）~50km；短程无人机的活动半径为 50（不含）~200km；中程无人机的活动半径为 200（不含）~800km；远程无人机的活动半径大于 800km。

（5）按无人机的任务高度分类，可分为超低空无人机、低空无人机、中空无人机、高空无人机、超高空无人机。超低空无人机的任务高度一般为 0~100m；低空无人机的任务高度一般为 100（不含）~1000m；中空无人机的任务高度一般为 1000（不含）~7000m；

高空无人机的任务高度一般为7000（不含）～18000m；超高空无人机的任务高度一般大于18000m。

4. 无人机运输的应用现状

自美国亚马逊公司于2013年公布其无人机送货计划以来，多家物流公司纷纷提出无人机物流理念。国内外企业如谷歌、亚马逊、敦豪（DHL）、京东、顺丰等陆续启动了物流无人机研制项目，并开展无人机投递试验。国际知名咨询机构兰德公司预测，到2030年，无人机将取代20%以上的地面物流配送，一个中型城市内物流配送无人机起降就将超过300万次/天。面对这一全新热点，我国民航局于2017年8月16日、12月4日，先后批准顺丰在江西、京东在陕西开展无人机物流配送试点，全面探索市郊、乡村无人机物流配送可行性。2018年5月23日，民航局成立无人机管理领导小组及技术小组，全力推动管理体制创新和技术突破。截至2019年底，顺丰、京东无人机物流配送已累计飞行4万余架次、1.5万小时，试点范围逐渐扩大到四川、云南等地；全国范围内，开展无人机物流的企业达到7149家，比2018年新增3100家，同比增长76.56%，无人机物流稳步发展。

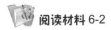
阅读材料6-2

成都地区空域调整 3000 千米空中大通道成型

2021年5月20日3时，成都地区空域结构调整正式实施，调整班机航线走向2000余条，其中长约3000千米的东西向空中大通道正式成型。

记者从中国民航西南地区空中交通管理局（简称西南空管局）获悉，5月20日起的空域结构调整涉及西南、中南、西北三个地区空管局，跨四川、云南、贵州、广西、湖北、陕西、重庆七省区市，共调整航线83条、新辟等待航线18条，调整了146条进离场飞行方法，共有27个民航机场的飞行程序进行了调整，调整班机航线城市对超2000条。

空管部门实施了多条东西向航路的平行化改造，对京昆、广兰大通道进一步优化，整体形成了成渝地区"四纵两横"的骨干航路网体系，并同步贯通了沪蓉大通道，与2018年开通的成都至拉萨复线无缝衔接，形成了东西长约3000千米的单向平行航线空中大通道，串联起西藏、成渝地区与长三角地区机场群。今后长三角地区往返拉萨机场的航班将全程单向运行，更加高效便捷。

5月20日3时，正式生效的成都进近管制区面积扩大到4.26万平方千米，为现行成都进近管制区的两倍，南北长约275千米，东西宽约235千米，进离港点由8个增加到16个，进近管制区内飞行程序将达到226条，形成"八进八出"运行模式，进出成都进近管制区的飞行将全部实现分离运行，航空器上升下降将更加安全、顺畅。

成都天府机场开航后，成都将成为继上海、北京之后，全国第三个拥有双枢纽机场的城市。预计到2025年，成都天府和双流两个机场合计将达到年1亿旅客吞吐量和70万起降架次，成都进近管制区将成为全国最繁忙的进近管制区之一。这是我国西部地区有记录以来的最大一次空域结构调整。

资料来源：新华社.

6.3 空中交通运行与管理

飞机在航线空域、航站区空域和飞行区内的运行，需要实施良好的空中交通管制和管理，以保证飞行安全，并提高空域和机场飞行区的使用效率。

空中交通管制系统由航路、助航设施和交通管制机构 3 方面组成，为航空运输提供空中交通服务。

6.3.1 航路和空中交通间隔规则

飞机按指定的航线由一地飞往另一地的空中通道称为航路。沿航路一定距离及转弯点设有导航设施。航路规定有上限高度、下限高度及下限宽度。航路的宽度主要取决于导航设施配置的间距及其性能。配置间距较小、引导的精确度较高时，航路可窄一些。目前我国航路的宽度除少数航段外均为 20km。

为避免飞行时碰撞，飞机在航路内的垂直方向和水平方向要求间隔一定的距离。根据 2007 年发布的《国务院、中央军委关于修改〈中华人民共和国飞行基本规则〉的决定》规定，飞行高度层按照以下标准划分。①真航线角为 0°～179°，高度由 900m 至 8100m，每隔 600m 为一个高度层；高度由 8900m 至 12500m，每隔 600m 为一个高度层；高度在 12500m 以上，每隔 1200m 为一个高度层。②真航线角为 180°～359°，高度由 600m 至 8400m，每隔 600m 为一个高度层；高度由 9200m 至 12200m，每隔 600m 为一个高度层；高度在 13100m 以上，每隔 1200m 为一个高度层。这里，真航线角从航线起点和转弯点量取。

在同一高度层内，前后飞机的最小水平间隔距离要求，同前后飞机的大小和速度以及所采用的飞行规则和雷达的有效性有关。当飞机组合不会产生尾流涡流危害时，而飞机在雷达覆盖范围内时，两架同向飞机的最小水平间隔距离为 9.3km；但当飞机在雷达天线 74km 以内时，其最小水平间隔距离可减小到 5.6km。当飞机的尾流涡流会产生危害时，最小水平间隔距离可按前后飞机和飞行规则情况参照表 6-2 选用。

表 6-2 最小水平间隔距离　　　　　　　　　　　　单位：km

前导飞机类型	后随飞机类型（VFR）			后随飞机类型（IFR）		
	重型	轻型	小型	重型	轻型	小型
重型	5.0	6.7	8.3	7.4	9.3	11.1
轻型	3.5	3.5	5.0	5.6	5.6	7.4
小型	3.5	3.5	3.5	5.6	5.6	5.6

注：VFR 的全称为 visual flight rules，指目视飞行规则；IFR 的全称为 instrument flight rules，指仪表飞行规则。

6.3.2 空域的划设

空域的划设应当考虑国家安全、飞行需要、飞行管制能力、通信、导航、雷达设施建设，以及机场分布、环境保护等因素。空域通常划分为机场飞行空域、航路、航线、空中禁区、空中限制区和空中危险区等。因空域管理和飞行任务需要，可以划设空中走廊、空中放油区和临时飞行空域。

（1）机场飞行空域应当划设在航路和空中走廊以外。仪表（云中）飞行空域的边界距离航路、空中走廊及其他空域的边界，均不得小于10km。机场飞行空域通常包括驾驶术（特技、编队、仪表）飞行空域、科研试飞飞行空域、射击飞行空域、低空飞行空域、超低空飞行空域、海上飞行空域、夜间飞行空域和等待空域等。等待空域通常划设在导航台上空；飞行活动频繁的机场，可以在机场附近上空划设。等待空域的最低高度层，距离地面最高障碍物的真实高度不得小于600m。8400m以下，每隔300m为一个等待高度层；8400～8900m，每隔500m为一个等待高度层；8900～12500m，每隔300m为一个等待高度层；12500m以上，每隔600m为一个等待高度层。

机场飞行空域的划设，由驻机场航空单位提出方案，报所在地区的中国人民解放军军级航空单位或军区空军批准。相邻机场之间飞行空域可以相互调整使用。

（2）航路分为国际航路和国内航路。航路的宽度为20km，其中心线两侧各10km；航路的某一段受到条件限制的，可以减少宽度，但不得小于8km。航路还应当确定上限和下限。

（3）航线分为固定航线和临时航线。临时航线通常不得与航路、固定航线交叉或者通过飞行频繁的机场上空。

（4）国家重要的政治、经济、军事目标上空，可以划设空中禁区、临时空中禁区。未按照国家有关规定经特别批准，任何航空器不得飞入空中禁区和临时空中禁区。

（5）位于航路、航线附近的军事要地、兵器试验场上空和航空兵部队、飞行院校等航空单位的机场飞行空域，可以划设空中限制区。根据需要还可以在其他地区上空划设临时空中限制区。在规定时限内，未经飞行管制部门许可的航空器，不得飞入空中限制区或临时空中限制区。

（6）位于机场、航路、航线附近的对空射击场或发射场等，根据其射向、射高、范围，可以在上空划设空中危险区或临时空中危险区。在规定时限内，禁止无关航空器飞入空中危险区或临时空中危险区。

空中禁区、空中限制区、空中危险区的划设、变更或撤销，应当根据需要公布。

（7）空中走廊通常划设在机场密集的大、中城市附近地区上空。空中走廊的划设应当明确走向、宽度和飞行高度，并兼顾航空器进离场的便利。空中走廊的宽度通常为10km，其中心线两侧各5km。受条件限制的，其宽度不得小于8km。

（8）空中放油区是指供航空器在紧急情况下，为减轻着陆质量而在空中释放燃油的空间。空中放油区通常选在山区、沙漠、海洋或人口稀少地区的上空。空中放油区的划设，按照国家有关规定执行。

（9）临时飞行空域的划设，由申请使用空域的航空单位提出方案，经有关飞行管制部门划定，并通报有关单位。国（边）境线至我方一侧10km之间地带上空禁止划设临时飞行空域。通用航空飞行特殊需要时，经所在地大军区批准后由有关飞行管制部门划设。

6.3.3 空中交通管制机构及助航设施

1. 空中交通管制机构

按空中交通管制的范围不同，可以分为以下几类。

(1) 全国交通管制中心。

(2) 区域交通管制中心（区调）。每个区域交通管制中心管制一个明确的地理区域，区域交通管制中心通过远程雷达监视飞机间的间隔，同时还可识别飞机及其航道和目的地，估计其速度和飞行高度；管制员通过通信（话）与驾驶员沟通信息；飞机飞到管制区域交通边界上时，就被移交给相邻的区域交通管制中心或航站进近管制室。

(3) 航站进近管制室（站调）。其负责将区域交通管制中心移交来的飞机安排好顺序，均匀而有次序地进出机场，并移交给机场交通管制塔台。其管辖范围为离机场约 40～80km 起到离跑道入口 8km 左右止。

(4) 机场交通管制塔台。其负责接受和移交出入进近管制室的飞机，引导它们着陆、起飞和滑行，并监视和管制它们在飞行区地面上的活动。

2. 航路助航设备

(1) 无方向信标台（non-directional beacon，NDB）。沿航路在地面设立无方向信标台，用中长波发射无方向性的无线电信号，飞机通过选择台的频率而对准该台飞行，从而使之保持在航路上飞行。

(2) 全向信标台（very high frequency omni-directional range，VOR）。全向信标台用甚高频向所有方向发射无线电信号，驾驶员通过机舱内接收器，调频选择要求跟踪的航路。

(3) 测距仪（distance measure equipment，DME）。通常在全向信标台上都安装有测距仪，向驾驶员显示飞机同特定全向信标台之间的空中距离。

(4) 雷达和话音通信。管制员在雷达显示屏上监视飞机间的间隔，并用话音通信指示驾驶员。

各种航路助航设备分别安置在地面上和驾驶舱内，在通信、导航和监视方面给驾驶员提供飞行上的帮助。

3. 航站助航设备

(1) 精密进近雷达（precision approach radar，PAR）。精密进近雷达通常设在跑道中部的一侧，距跑道边缘 120～250m，向着陆方向交替发射水平和垂直向扫描波束，接受飞机的反射回波，测定其位置，用以判定飞机是否处于规定的下滑航道、是否对准了正确的航向，管制员通过话音通信给飞机驾驶员着陆指示。

(2) 仪表着陆系统（instrument landing system，ILS）。仪表着陆系统俗称盲降，它由航向台、下滑台和指标点组成。它是目前应用最广泛的飞机精密进近和着陆引导系统。它的作用是由地面发射的两束无线电信号实现航向道和下滑道指引，建立一条由跑道指向空中的虚拟路径，飞机通过机载接收设备，确定自身与该路径的相对位置，使飞机沿正确方向飞向跑道并且平稳下降高度，最终实现安全着陆。

(3) 机场监视雷达。为了给机场塔台的管制员提供航站周围空域中飞机活动的全面图像，装置了 360°旋转的一次雷达，在显示器上以亮点显示飞机的平面位置、移动方向和速度，其作用范围为 50～100km。

航站助航设备主要供飞机着陆时使用。

4. 目视助航设施

目视助航设施是在飞机场飞行区内及其附近，为飞机驾驶员昼夜提供起飞、进近、着陆和滑行的目视引导信号的工程设施。

【拓展视频】

5. 飞行航线

飞行航线是指飞机在一定方向上沿着规定的地球表面飞行，连接两个或几个城市，进行运输业务的航空交通线，简称航线。飞机在空中飞行要受到空中管制，按照航线安排航班、组织运行。航班飞行一般分为班期飞行、加班飞行，以及包机、专机飞行。

航线是飞机预定要飞行的线路，飞机在任何两个地点确定的飞行线路就是航线。航路是由民航主管部门批准建立的一条由导航系统划定的空域构成的空中通道，在这个通道上空中交通管制机构要提供必要的空中交通管制和航行情报服务。民航飞机的航线除了在未建立航路的地区外都是沿着航路建立的。

飞行航线分固定航线和非固定航线。固定航线是在遵守空中交通管制的前提下，根据飞机的起点和终点、经停点和具体方向等要素划定的航线，航线的宽度和飞行高度一般也是固定的。非固定航线是用于临时性的航空运输或通用航空飞行，不属于航路和固定航线的飞行航线。

飞行航线按其性质和作用不同可分为国际航线、国内航空干线和地方航线 3 种。国际航线是超越一个国家范围的航线，它由两个或两个以上国家，根据相互间的政治、经济和友好往来情况，通过双方或多方的民航部门协定建立，主要担负国际的客货运输业务，为国家对外政治、经济、文化联系和旅游服务。国内航空干线是在一个国家的主要大城市之间的航线，它的布局要考虑为国家的政治、经济、文化和旅游事业服务，承担长途和边远地区的旅客和贵重物品的运输任务。大多数国家的航空中心位于区域的经济中心，并向四周辐射。地方航线是中小城市之间的航线，一般是为省内政治和经济联系服务，主要分布在一些面积大而交通不发达的省区和边疆地区。它与国内航空干线相衔接，进一步加强了经济中心城市和其他地区之间的联系，促进区域或城市政治、经济、文化和旅游事业的发展。

阅读材料 6-3

航班换季背后的故事——冬春航季航班计划诞生记

2023 年 9 月 28 日，一张名为"W23-001"的表单发送到某航空公司各子公司、飞行总队、客舱部、地服部等航班保障单位和部门。表单中的 W 是冬季 winter 的缩写，代指冬春季航班；23 指的是 2023 年；这张表单列出了 2023 年 10 月 29 日—2024 年 3 月 30 日，该航空公司所有客班的航班号、执行机型、执行日期、班期、航线及时刻，规定了数万员工的工作时间，也将直接服务于数千万旅客的出行。

那么，如此重要的表单是如何诞生的呢？

主要负责这项工作的是长期航班计划员。2023年4月，航班计划员征求航班计划意见的通知，就发给了市场营销部、各营销中心、境外地区总部、境内外各营业部，让相关部门根据市场及旅客需求，反馈下航季在班次、机型、班期、时刻安排、联程需求等方面的意见和建议。甄别、汇总意见后是艰难的决策。决策要充分考虑国际形势、国家政策、行业发展格局，以及航权、时刻等外部资源，遵循"边际贡献最大化、收益最大化、收入最大化、利润最大化"的生产组织原则。

在航班换季准备工作中，中短期航班计划员也"越界"加入进来。中短期航班计划员的本职工作是在接到长期航班计划后，根据市场需求和保障单位反馈的问题，对航班计划进行季中动态调整，正常情况下不会过多调整航班计划。

就这样，在大家的群策群力下，航班计划就诞生了。但是，这个计划中的重要一环——航班时刻，需要在中国民用航空局组织召开的航班换季协调会上变为现实。主要负责此项工作的是航班申请团队。9月11日—9月22日举办的冬春季航班换季协调会共有五六十家航空公司的团队参加。他们需要在近两周的时间里，将中国境内的所有航班确定下来。经过航空公司之间的多轮调整、置换，最终航班的国内时刻才能基本确定下来。

10月初，随着民航局下发预先飞行计划，长期计划团队开始进行换季工作前航班计划的复核与调整，并与中短期计划部门协同合作，确保换季计划准确无误、相关工作一切顺利。

10月29日，2023年冬春航季正式启动，2024年夏秋航季筹备工作即将开始。

资料来源：中国民航报.

6.4 民用航空运输组织

6.4.1 航空运输生产管理

1. 民航运输生产系统

根据生产性质不同，民航运输生产系统由以下5个子系统组成。

（1）机场保障系统。机场保障工作主要是由机场管理部门负责组织、管理和实施。机场保障为空中运输的地面准备和空中飞行提供跑道、灯光、特种车辆、旅客候机场所和相关服务设施，并提供安全检查和紧急救援服务。在国际机场还设有边检、海关、检疫等派出机构，为国际航班旅客运输提供必要的服务。

（2）机务维修管理系统。机务维修是保证空中飞行安全的重要环节。机务维修管理系统的主要任务是维护航空器正常运行，施行对航空器、发动机、通信导航和驾驶控制等机械与电子电气设备的检测与维修，使航空器保持适航状态。

（3）航行业务管理系统。航行业务管理系统主要负责航行调度、通信导航、气象信息、航行情报及空勤人员管理等工作，为航空运输提供一个完整的空中飞行保障体系。

（4）油料供应系统。油料供应系统主要为航空运输飞行提供航空燃油。在我国民航管理体制改革以后，民航系统成立了航油专业公司，负责航空运输必需的航空燃油供应和管理。

（5）运输服务系统。民航运输各部门的工作应始终围绕"安全正点、优质高效"这一宗旨，为运输生产服务。运输服务部门负责制订运输生产计划、组织客货运输、提供运输飞行、保证服务质量、开拓运输市场，以达到最佳经济效益。

2. 航空运输生产计划

航空运输生产计划由以下 4 部分组成。

① 航线运输计划又称航线计划，是按航线规定空中运输飞行主要任务量的计划，主要指标有飞行班次、飞行小时、运输量、周转量、小时生产率、航线载运比率等。

② 航站发运量计划又称航站计划，是规定地面工作主要任务量的计划。一条航线连接两个或几个机场，所以航线的运量实际上是由相关航站组织的，即相关航站的客货运量构成了航线运量，因此航线计划和航站计划是相辅相成的。航站计划的主要指标有发运量、发运收入、客座利用率和出港载运率等。

③ 航空运输生产综合计划是规定航空运输生产全过程的主要任务量的计划，它是航站计划和航线计划的综合反映。

④ 航班计划是规定航空运输正班飞行的航线、机型、航班号、班期、时刻的计划，它是航空运输计划的实施计划，也是组织日常航空运输计划的重要依据。

航空运输生产计划的这 4 个部分是相互联系、相互依存的，各项计划之间必须相互适应、衔接平衡。

3. 航班计划

在上述航空运输生产计划中，最重要的生产计划是航班计划。它是规定计划期正班飞行的航线、机型、航班号等的计划，也是编制航线运输计划和航站发运量计划的基础。航班计划包括以下内容。

（1）航线。

航空运输企业在获得航空运输业务经营许可证之后，可以在允许的一系列站点（即城市）范围内提供航空客货运输服务，由这些站点形成的航空运输线路称为航线。航线由飞行的起点、经停点、终点、航路、机型等要素组成。航线是航空运输承运人经营运输业务的地理范围，是航空公司的客货运输市场，是航空公司赖以生存的必要条件。航空运输企业为了便于组织客货运输，通常在航线起讫点和飞机经停点（航空港）派驻营业和服务机构。列入航班计划的航线应具备的条件是：有运输机定期飞行；有足以保证运输机飞行和起降所需要的机场及地面设备；经过批准。

（2）机型。

机型指某一航线上准备选用的飞机型号，正确选择机型是保证航线经营效益的重要方面。飞机型号是由飞机制造厂编号命名的，并需得到适航管理部门批准。不同的飞机制造厂家，对不同类别的飞机编列不同的型号。选择机型意味着选择飞机制造厂家，选择飞机种类、动力装置、结构性能、客舱布局、机内服务设施和安全设施；也意味着选择飞机的性能、对机场的适应能力和所适应的航程与任务；还意味着选择飞机的经济性、可靠性、安全性、维修性和舒适性。正确选择机型，合理确定飞机的需要量，使飞机的数量和性能与生产任务相适应，保证每架飞机的生产任务量饱满，这是提高飞机利用率，减少飞机数量，从而减少资金占用、降低生产成本、提高经济效益的非常重要的一条途径。

选择飞机的座位数是选择客机机型的一项重要内容，在完成同等运量的条件下，飞

机的座位数将严重影响机队规模的大小，影响飞机的利用程度，即严重影响航空公司的经济效益。座位数与机型单机生产率的关系为

$$\text{某机型单机生产率} = \text{该机型座位数} \times \text{平均载客率} \times \text{年飞行班次（人次/年）} \quad (6\text{-}1)$$

对应的某机型飞机需要量的计算公式为

$$\text{某机型飞机需要量} = \frac{\text{该机型年旅客运输量（人次）}}{\text{年飞行班次} \times \text{该机型座位数} \times \text{载客率}} \quad (6\text{-}2)$$

从式（6-2）中可以看出，座位数的增加提高了飞机的运输生产能力，完成同样的运输生产任务，需用的飞机数量下降了，即飞机的生产率提高了。

（3）航班号。

航班号即航程编号，按照统一规定编排。

在国内，航班号由各个航空公司的两位代码加 4 位数字组成。航空公司代码由民航局规定公布。2004 年前，后面的 4 位数字，第一位代表航空公司的基地所在地区，第二位表示航班的基地外终点所在地区（1 为华北，2 为西北，3 为华南，4 为西南，5 为华东，6 为东北，8 为厦门，9 为新疆），第三、第四位表示这次航班的序号，单数表示由基地出发向外飞的去程航班，双数表示飞回基地的回程航班。例如，CA1202，西安飞往北京的航班，CA 表示中国国际航空公司；第一位数字 1 表示华北地区，国航的基地在北京，属华北地区；第二位数字 2 表示航班的基地外终点在西北地区，西安属于西北地区；02 为航班序号，末尾数字 2 表示回程航班。再如，MU5305，上海飞往广州的航班，MU 表示中国东方航空公司；5 表示上海所在的华东地区；3 表示广州所在的华南地区；05 为航班序号，表示去程航班。根据航班号可以很快地了解航班的执行公司、飞往地点及方向，这对管理来说非常方便。

2004 年，中国国际航空公司、中国东方航空公司、中国南方航空公司重组后，航班号的编制和使用方法混乱，不时出现航班号数字重复现象，导致陆空通话中出现误听问题。同年，民航局印发《中国民航航班号分配和使用方案》，各航空公司编制新的航班号要遵循以下原则：按照数字的顺序编制航班号；编制国内航班号时，不得使用其他公司的航班号；编制国际和地区航班号时，原则上按 3 位数字安排，如果 3 位数字不够时，可以使用分配给本公司的 4 位数字航班号，但不能与本公司国内的航班号重复；在编制加班、包机等临时飞行航班号时，应在分配给本公司航班号的数字范围内编排，但不得与当天的定期航班的航班号重复。至此，我国的航班号就发生了巨大的变化。但也并非完全不一样，有两点没有变化：①字母仍旧代表航空公司；②第三、四位仍旧为航班序号，同样单数代表由基地出发向外飞的航班，双数代表飞回基地的回程航班。例如，中国国际航空公司的基地在北京，则北京飞上海的航班号是 CA1835 的话，那么从上海飞回北京的航班号就是 CA1836。

如果航班因为天气、机械故障等原因延误、备降、取消，需要补班飞行，为区分原航班和补班航班，航空公司就会在航班号后面加个字母，这些字母的含义其实是代表着原航班和补班航班，如 CZ310W。

（4）班期。

班期为航班飞行日期。

（5）时刻。

时刻指航班起飞和到达时刻。

一个典型的航班计划表见表 6-3。

表 6-3 航班计划表

航线	机型	每周班次	航班号		班期		时刻			
			去程	回程	去程	回程	起飞	到达	起飞	到达
京—沪	B737	7	1831	1858	每天	每天	8:00	9:30	10:15	12:00

为了适应航空运输市场需求的变化，我国航空公司每年编制两期航班计划：一是夏秋航班计划，自当年 3 月的最后一个星期日至 10 月的最后一个星期六执行；二是冬春航班计划，自当年 10 月的最后一个星期日至第二年 3 月的最后一个星期六执行。航空公司需要提前半年向民航局提交每一期航班计划草案，民航局每年召开两次航班协调会，组织航空公司、机场、空管部门协调航班计划。在进行航班计划的发布时，需要注意以下几点。

① 航班计划至少应该在计划执行前 20 天发布。
② 除特殊情况外，航班周计划应在计划执行前一周的星期二发布。
③ 市场原因的计划临时调整一般应在计划执行前两天发布，除机型临时调整外。

4. 航空运输生产管理

航空旅客和货物运输是航空公司的主营业务，是航空公司赖以生存的社会基础和经济基础。航空客货运输生产管理分四大部分。

（1）航班计划管理。航空公司根据发展目标、航线计划、运力和人力资源、资金等情况，在市场调查的基础上进行航班安排，具体确定飞行班次、航班频率和经停机场，并制定航班时刻表。航空公司和机场的所有生产活动，将以航班计划为核心进行组织安排，确保航班计划的顺利实施。

（2）市场销售管理。根据航班计划，航空公司市场销售部门及销售代理，在公布的订座期限内，组织航班座位或航班吨位销售。市场销售是航空公司回收投资的关键环节。航班座位或航班吨位销售将直接影响航空公司的经济收益。

（3）地面服务管理。航空公司与机场等单位根据航班时刻表，为旅客安排登机准备，接受旅客的行李交运。同时，机场有关部门对旅客和行李进行安全检查，飞机吨位配载控制，提供候机服务和查询服务。在航空公司、机场、航油和机务等部门的相互协作下，完成旅客候机服务、机坪服务、旅客登机（装货）、下客（卸货）和离开航空港等工作，为航班安全正点起飞和降落提供优质高效的地面服务。

（4）运输飞行管理。运输飞行管理的主要任务是为具体实施运输任务制订飞行计划，进行航班飞机调度，保障航班飞机安全正点飞行。航班运输飞行分为飞行准备和飞行实施两部分。

① 飞行准备阶段。为了保证运输飞行安全和正点，航空公司的机务维修部门必须保证飞机各项性能指标符合适航标准；地勤部门必须保障机上服务用品（如配餐和用水等）；机场管理部门必须确保跑道等设施条件良好，为航班飞机牵引提供登机桥和其他特种车辆服务；航务管理部门确保飞行调度和通信导航设备可靠，为飞机的起飞、飞行和降落提供可靠的航行指挥和通信服务；油料供应必须保障航油优质充足。

② 飞行实施阶段。飞行实施阶段是完成运输生产任务的关键环节。在该阶段，飞机处

于空中飞行状态，主要是飞机机组人员和航务人员密切配合工作，共同完成安全飞行运输任务。

6.4.2 民航旅客运输组织

1. 航空旅客运输生产过程

航空旅客运输生产的过程也就是将旅客和行李从始发机场安全地运送到目的机场的过程。航空旅客运输生产过程可分为 5 个阶段。

（1）航班计划阶段。航空公司根据公司的发展目标、航线计划、运力和人力资源、资金等情况，在市场调查的基础上，进行航班安排，确定飞行班次、航班频率和经停机场，并制定航班时刻表。航空公司和机场的所有生产活动，均将以航班计划为核心进行组织安排，确保航班计划的顺利实施。

（2）市场销售阶段。根据航班计划，航空公司市场销售部门及销售代理，在公布的订座期限内，进行航班座位销售。市场销售是航空公司回收投资的主要环节，航班座位销售将直接影响航空公司的经济收益。

（3）旅客乘机阶段。航空公司根据航班时刻表，为旅客安排登机准备，接受旅客的行李交运。同时机场有关部门对旅客和行李进行安全检查，提供候机服务和查询服务。

（4）运输飞行阶段。运输飞行阶段是具体实施运输任务的具体过程，其包括飞行准备和飞行实施两个部分。在航空运输飞行中，将调派飞机、空勤组和对飞机进行飞行管理的现场调度指挥业务称为航行调度，而国际民航组织则称这项业务为航务控制。航行调度机构的主要工作是做好飞机起飞前准备和掌握起飞后的飞行动态。航行调度包括以下工作。

① 根据飞机班期时刻表和临时需要，安排每日飞行计划并向空中交通管制部门提出飞行申请。

② 在飞机预计起飞前两个小时研究天气情况。取得着陆站（预定着陆机场）、备降站（在预定着陆机场不宜着陆时，可以飞往着陆的机场）及航线的天气预报；选择有利飞行高度层，确定飞行航线、业务载量和油量。当航线天气预报有较大的逆风，或有可能危及飞行安全的天气时，应与机长研究确定绕飞航线。当着陆机场或航线的天气不适航、在短时间内又不能转好时，则应向空运企业经理人员提出改变飞行计划的建议。

③ 在飞机起飞前一小时内，了解各勤务保障部门的准备情况；办理放行飞机的手续，将有关机场和航线飞行的临时规定和制定的飞行高度告诉空勤组；通知运输服务部门安排旅客上飞机；当改变飞行计划或取消、延误飞行时，及时发出通知。

（5）旅客离港阶段。在飞机安全抵达目的机场后，运输服务部门安排旅客下机，卸运行李；航空公司为旅客提供查询和领取行李服务。

2. 航空旅客运输生产组织工作的主要内容

对于旅客来说，他们对于航空运输的要求是"安全正点、优质高效"，因此航空运输生产过程就是要在这一原则下，通过有机地组织和协调，有效地完成生产任务。航空旅客运输生产组织工作主要包括以下内容。

（1）市场营销组织。航空公司的主要收益来源是客货运输，其中航空客运是非常重要的一项。通过对航空客运市场进行调查分析，航空公司将根据企业的发展目标，制订可行的市场计划。根据市场计划，对销售网点的分布、销售渠道的拓展、促销方案的拟定、价格政策和销售策略的制定，客源的组织、运力的安排等有效地组织市场营销。

（2）制订航班计划。航班计划是航空运输企业组织生产的核心，是组织和协调生产部门与管理部门各项工作的依据，是企业赖以生存的基础。因此，航空公司根据市场计划、旅客运量等信息，科学地安排运力，合理地制订运输计划，即航班时刻表。

（3）座位管理。航班座位管理一般通过计算机订座系统来实现，辅以手工操作。管理部门通过制定有关规定，规范订座过程，采用集中控制、规定配额和始发控制等方法，对航班座位进行有效的管理，以充分利用航班座位，提高飞机乘坐率。

在现有的航空客运中，普遍对飞机的座位实施分级管理，对不同的座位实施不同的票价。航空公司票价一般分为头等舱、公务舱和经济舱 3 种等级。每种等级又按照正常票价和多种不同特殊优惠票价划分为不同的舱位代号。头等舱代号一般为 F、A，F 为头等舱公布价，A 为头等舱免折、常旅客免票；公务舱代号一般为 C、D 等；经济舱代号各不相同，如有的航线经济舱代号分为 Y、M、L、K、T 5 种，代表不同的票价，分别拥有不同的座位数量。世界上各个航空公司一般均自行定义使用哪些字母作为舱位代号，在舱位代号上无统一的规定。

（4）吨位控制。吨位控制的目的是在保证运送乘客的基础上，充分利用飞机运载能力，配以足够的货物或邮件，提高飞机的载运率，降低成本。吨位控制是通过对航班飞机进行配载来实现的。

（5）运输飞行组织。航空运输生产活动的目的是将旅客、货物、邮件安全正点地运送到目的地。运输飞行组织的任务就是有效地组织航班飞行。

（6）生产调度。在航空运输生产过程中，航空公司、机场、航务管理、油料供应等单位在现场指挥部门的统一协调下，各有关生产部门联合行动，共同完成生产任务。

航空公司运输生产调度的职责主要是实现航空公司的生产计划，使航空公司能够高效、经济地运营，为公众提供最佳服务，为企业创造最佳效益。因此，航空公司的生产调度，就宏观而言，必须权衡公众服务和企业效益，在保障航班安全正点的原则下，组织协调机务、油料、运输、航行等方面的力量，完成航班运输任务。此外，在包机、专机、延误或紧急情况下，需要及时地进行各方面力量的调配，做出快速响应。

6.4.3 民航货物运输组织

1. 航空货物运输的主体

航空运输是一种现代化的运输方式，具有运送速度快、航线不受地面条件影响等特点，对于时效性强、价值较高、体积又不大的货物非常适合采用航空运输。

从事航空货物运输的主体主要有以下两类。

（1）航空公司。

航空公司以自身拥有的飞机从事航空运输活动，它从事的业务是把货物和旅客从某地机场运送到另一个机场。

（2）航空货运代理公司。

航空货运代理公司又称航空货运公司，是受航空公司和货主的委托，专门从事航空货

【拓展视频】

物的揽货、订舱、接货、交付、报关或送货上门等服务的独立企业，是随着航空运输的发展及航空公司运输业务的集中化而发展起来的一种服务性公司。它在航空运输业务中既是货物的代理又是航空公司的代理。货物在办理航空运输中，主要是与航空货运代理公司发生联系，一般不直接到航空公司订舱。

2. 航空货物运输的经营方式

目前，航空货物运输的经营方式有以下几种。

（1）班机运输。班机运输是在固定航线上的固定起落站按预先计划时间进行定期航行的飞机。班机有固定航线和停靠航站，定期开航、定点到达。

货运班机只承揽货物运输，一般使用全货机。但考虑到货源的因素，只在规模较大的航空公司一些货源充足的航线上采用。货运班机主要控制货物体积（不能超高、超长，能够装入货仓）、形状（易于固定）、质量（不能超重），在保证货物飞行平稳和安全的前提下充分提高飞机的载运率。

货运班机具有迅速准确、方便货主和货位有限等特点。航班运输定期开航，发到站、途经站固定，适用于急用物品、行李、鲜活物品、贵重物品、电子元件等货物的运输。同时发货人和收货人能确切掌握起运、到达的时间，可以保证货物安全、迅速地运到世界各地，颇受贸易商的欢迎。

（2）包机运输。包机运输是由一个租机人租用整架飞机或由若干租机人联合包租一架飞机进行货运的方式。当货物批量较大，班机运输无法满足或发货人有特殊要求时，可以选择包机运输。

包机运输的方式分为整架包机和部分包机两类。

① 整架包机是指航空公司或包机代理公司，按照与租机人事先约定的条件与费率，将整架飞机出租给包机人，从一个或几个航站装运货物到指定目的地的运输方式，它适用于大宗货物运输。

② 部分包机有两种方式：一种是由几家航空代理公司或发货人联合包租整架飞机；另一种是由包机公司把整架飞机的仓位分租给几个租机人。部分包机适合运送 1 吨以上但装不满整架飞机的货物，在这种情况下，运价较班机费率低，但由于要等待其他货主备好货物，因此运送时间比班机长。

3. 航空货物运输的组织方式

航空货物运输的组织方式有集中托运、陆空联运和海空联运、航空快递、邮件运输等。

（1）集中托运。

集中托运是指航空货运代理公司将若干批单独发运到同一方向的货物，组成一整批向航空公司办理货运手续的运输组织方式。托运过程中，填写一份总运单，发到同一目的港，由集中托运人在目的港指定当地的代理人（也称分拨代理商）负责收货、报关，再根据集中托运人签发的航空分运单拨给每个实际收货人。

集中托运是航空货运应用最为普遍的一种方式，也是航空货运代理公司的主要业务之一。其中集中托运人在运输中具有双重角色，他对每个发货人负有货物运输责任，相当于承运人，而在与航空公司的关系中，他又被视为集中托运的一整批货物的托运人，各关系方承担的责任如图 6.1 所示。

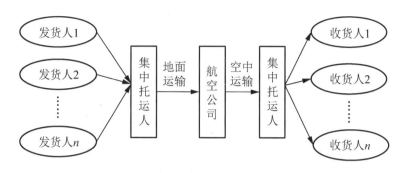

图 6.1 集中托运环节及关系图

集中托运具有方便货主、运输成本低、便于提前结汇等特点，但也具有以下局限性：①贵重物品、活动物、危险品、外交信袋等根据航空公司的规定不得采用集中托运的方式；②因为集中托运的情况下，货物的出运时间不能确定，所以不适合易腐变质的货物、紧急货物或其他对时间要求高的货物的运输；③对一些可以享受航空公司优惠运价的货物来说，使用集中托运的方式不仅不能享受到运费的节约，反而使托运人的运费负担加重。

（2）陆空联运和海空联运。

陆空联运和海空联运是指陆路运输（铁路运输和公路运输）或海上船舶运输与航空运输的联运。

我国空运出口货物通常采用陆空联运方式。这是因为我国幅员辽阔，但国际航空口岸只有北京、上海、广州等几个城市。虽然省会城市和一些主要城市每天都有班机飞往北京、上海、广州，但班机所带货量有限，费用比较高，如果采用国内包机费用更高。因此在货量较大的情况下，往往采用陆运至航空口岸，再与国际航班衔接。由于汽车具有机动灵活的特点，在运送时间上更可掌握主动，因此一般都采用陆空联运方式组织出运。

海空联运的组织方式以海运为主，只是最终交货运输区段由空运承担。采用这种运输方式，运输时间比全程海运少，运输费用比全程空运便宜。20 世纪 60 年代，将远东货物先通过海运方式运至美国西海岸，再通过空运方式运至美国内陆地区或美国东海岸，从而出现了海空联运。当然，这种联运组织方式是以海运为主，只是最终交货运输区段由空运承担。1960 年底，苏联航空公司开辟了经由西伯利亚至欧洲的航空线；1968 年，加拿大航空公司参加了国际多式联运；20 世纪 80 年代，出现了经由新加坡、泰国等至欧洲的航空线。

（3）航空快递。

航空快递是指有独立法人资格的货运企业将出境的货物从发货人所在地通过自身网络或代理的网络运达收货人所在地的一种快速货运方式。它不同于航空邮寄和航空货运，而是由一个专门经营该业务的公司和航空公司合作，办理空运手续，或委托到达地的快运公司，或在到达地设立速递公司，或派专人随机送货，以最快的速度在发货人、机场、收货人之间运送货物。

（4）邮件运输。

邮件运输是指邮政部门与航空公司以运输合同（或协议）方式合作组织的信件、包裹等小件品的航空运输，在全部航空货运中占比较小，一般为 10% 左右。

4. 航空货物运输的业务流程

（1）航空货物运输出港业务流程。

航空货物运输出港业务包括自托运人将货物交给航空公司，直到货物装上飞机的整个操作过程。航空货物运输出港业务流程如图 6.2 所示。

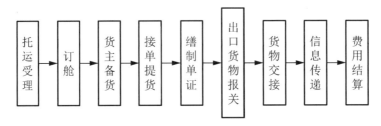

图 6.2　航空货物运输出港业务流程

下面以出口为例，说明航空货物运输出港业务流程。

① 托运受理。发货人在货物的出口地寻找合适的航空货运代理公司，为其代理订舱、报关（若是出口货物）、托运业务。航空货运代理公司根据自身的业务范围接受发货人委托，此时发货人即为托运人，并要求托运人填制航空货物委托书，以此作为委托与接受委托的依据，同时提供相应的装箱单、发票。

② 订舱。货运代理人向航空公司申请并预订舱位，航空公司签发舱位确认书，以表示舱位订妥。此时需要填写订舱单，以便航空公司的吨控与配载部门掌握情况。

③ 货主备货。航空公司根据航空货运代理公司填写的订舱单安排航班与舱位，并由航空货运代理公司通知发货人备单、备货。

④ 接单提货。航空货运代理公司去托运人处提货并送至机场，同时要求托运人提供相关单证，主要涉及报关单、合同副本、商检证明、出口许可证、出口收汇核销单、配额许可证、正本的装箱单、发票等。

⑤ 缮制单证。航空货运代理公司审核托运人提供的单证，缮制报关单，报海关初审，同时缮制航空运单，并注明收货人和托运人的名称、地址、联络方法、始发港和目的港，货物的名称、数量、质量、体积、包装方式等，还要将托运人提供的货物随行单据钉在运单后面。

⑥ 出口货物报关。航空货运代理公司持缮制好的航空运单、报关单、装箱单、发票等相关单证到海关放行。海关将在报关单、航空运单正本、出口收汇核销单上盖放行章，并在出口产品退税的单据上盖验讫章。

⑦ 货物交接。货物过磅、入库，将盖有海关放行章的航空运单一起交给航空公司，由其安排航空运输，随附航空运单正本、装箱单、发票、产地证明、品质鉴定书等。大宗货物、集中托运货物，或以整板、整箱运输的货物称重交接；零散小货按票称重，计件交接。航空公司验收单、货无误后在交接单上签字，将货物存入出港仓库。

⑧ 信息传递。货物发出后，航空公司及时通知其国外代理收货，通知内容包括航班号、运单号、品名、数量、质量、收货人相关资料等。

⑨ 费用结算。费用结算主要涉及托运人、承运人和国外代理几方之间的结算。

(2)航空货物运输进港业务流程。

航空货物运输进港业务是指航空货物从飞机起飞（进口货物从入境）到提货或转运的整个过程所需要办理的手续及必备单证。航空货物运输进港业务流程如图6.3所示。

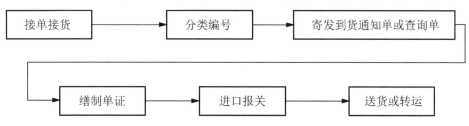

图6.3 航空货物运输进港业务流程

下面以进口为例，说明航空货物运输进港业务流程。

① 接单接货。航空货物入境时，与货物有关的单据（运单、发票和装箱单等）也将随机到达，货物卸机后运至由海关监督的仓库内，同时航空公司根据主运单上的收货人地址寄发收货人通知单，一般主运单的收货人是航空公司的货运代理公司。航空货运代理公司在与航空公司办理货物交接手续时，应根据运单和舱单核实货物，若存在有单无货或有货无单的情况，应告知航空公司，并在舱单上署名，以便其及时查找和通知入境地海关；若发现货物短少或毁坏等异常情况，应要求航空公司出具商务事故处理记录，作为实际收货人交涉索赔事宜的依据。

② 分类编号。航空货运代理公司取得航空运单后立即按照一定的标准进行分类整理，如按照进口货物的类别或贸易方式等进行分类。为便于用户查询和统计货量的需要，航空货运代理公司在分单后对每票货单都编上公司内部的编号并输入计算机。

③ 寄发到货通知单或查询单。根据运单号或合同上的收货人名称及地址分别寄发到货通知单或查询单给实际收货人，告知货物已经到港。到货通知单需要填写的项目有运单号、合同号、公司编号、货物名称、到货日期、通知人及联系方式等。查询单一般发给订货单位，其基本格式与到货通知单一样，只是要根据货物的名称及到货日期，列明需要提供的各种批准文件或证明。

④ 缮制单证。缮制单证就是填报进出口货物报关单，其依据是运单、发票及证明货物合法进口的有关批准文件。报关单上需要由报关人填写的项目一般有进口口岸、收货单位、经营单位、合同号、批准机关及文号、运输工具名称及号码、贸易性质、贸易国别、原产地、外汇来源、进口日期、提单或运单号、运杂费、件数、毛重、海关统计商品标号、货名规格及货号、数量、成交价格、价格条件、货币名称、申报单位、申报日期等相关内容。

⑤ 进口报关。进口报关就是向海关提出办理进口货物手续的过程。报关是进口业务中最关键的环节，任何货物都必须向海关申报并经海关放行后才能提出海关监管场所，未经海关放行的货物都不能擅自提出海关监管场所。

⑥ 送货或转运。航空货运代理公司可以接受收货人的委托送货上门或办理转运，在将货物移交给收货人时办理相关交接手续，并向其收取货物进口过程中所发生的一切费用。此外，收货人也可以自行到海关监管场所提取货物并办理相关手续。

阅读材料 6-4

海南首条第五航行权全货机航线开通

2021年5月16日，由印尼美印航空和菜鸟网络合作的雅加达—新加坡—海口航线正式开通，标志着海南自贸港首条第五航权全货机航线开通。

当天3时55分，由印尼美印航空执飞的货机，由雅加达起飞经停新加坡后平稳地海口美兰机场，在海口装货后于7时42分飞往新加坡。据介绍，该航线采用B737-400型飞机执飞，每周二、三、六从雅加达起飞，经停新加坡后降落海口。该航线将以海口作为货物集散中心，汇集来自新加坡、印尼的境外货源地商品，为三国之间的经济贸易往来搭建"空中桥梁"。

第五航权，即第三国运输权，市场准入授权国允许承运人的定期国际航班在授权国下载来自第三国的客、货，或从授权国装载客、货飞往第三国。该航权是航空公司扩展国际航线网络和发展全球市场的重要途径之一，被业界誉为"最丰富、最具有经济实质意义"的航权。

资料来源：澎湃新闻.

6.5 国际航空运输管理

6.5.1 国家主权和领空主权的概念

航空运输是当代主要的国际运输方式之一。当开展国际航空运输业务时，将涉及领空主权、国家关系、航空法律、运价、航权、航班等问题，需要通过国际性民航组织来协调。

1. 国家主权

在国际事务中，尊重国家主权是一个至关重要的原则性问题。国际航空运输的所有活动应建立在这个原则基础之上。一个国家行使它的主权，对在本国领土和领空范围内，国内和国外的所有航空活动，以及本国航空运输企业在国外的航空运输事务进行管理。

2. 领空主权

第一次世界大战之后，各国政府考虑到本国安全和利益，对其领土之上的空间提出了主权要求。1919年10月通过的《关于管理空中航行的公约》（又称《巴黎公约》）确立了领空主权原则。1944年12月在美国芝加哥修订的《国际民用航空公约》（又称《芝加哥公约》）中，进一步明确了领空主权的原则。《国际民用航空公约》认为，国家领空主权是"缔约各国承认每一个国家对其领土之上的空气空间具有完全的和排他性的主权"。

航空器的空中活动场所或范围，称为空域或空气空间（air space）。根据各国达成的一致原则，空气空间实行领空主权制度，每一个国家对其领空享有完全的、排他性的主权。

6.5.2 国际民航管理

世界上有多个国际性航空组织，其中最具影响力的主要有两个：一个是国际民用航空组织；另一个是国际航空运输协会。

1. 国际民用航空组织

1944 年，52 个国家在美国芝加哥举行国际民用航空会议，签订了《国际民用航空公约》，并决定成立过渡性的临时国际民用航空组织。1947 年《国际民用航空公约》生效，同年，国际民用航空组织（International Civil Aviation Organization，ICAO）正式成立，并于 1947 年 5 月 13 日成为联合国的一个专门机构，简称国际民航组织。国际民航组织的主要工作是：制定国际航空和安全标准，收集、审查、发布航空情报，也作为法庭解决成员之间与国际民用航空有关的任何争端，防止不合理竞争造成经济浪费、增进飞行安全等。在成员的合作下，该组织已逐步建立气象服务、交通管制、通信、无线电信标台、组织搜索和营救等飞行安全所需设施模式。鉴于航空事业发展迅速，空中污染状况日渐严重，故国际民航组织在防治空中污染、保障国际航空体系安全方面的任务日趋繁重。

国际民航组织为贯彻其宗旨，制定和统一了一些国际民航技术标准和国际航行规则；协调世界各国国际航空运输的方针政策，推动多边航空协定的制定，简化联运手续，汇编各种民航业务统计，制定航路导航设施和机场设施服务收费原则；研究国际航空公法和影响国际民航私法中的问题；向发展中国家提供民航技术援助；组织联营公海上或主权未定地区的导航服务；出版月刊《国际民航组织公报》及其他一些民航技术经济和法律文件。

中国是《国际民用航空公约》创始缔约国之一，1946 年成为正式成员。1971 年 11 月，国际民航组织理事会通过决议，承认中华人民共和国政府的代表为中国驻国际民航组织的唯一合法代表。1974 年 2 月，中国政府正式恢复参加该组织并于当年当选为二类理事国后一直连任。2004 年在国际民航组织的第 35 届大会上，我国当选为一类理事国。蒙特利尔设有中国常驻国际民航组织理事会代表处。

2. 国际航空运输协会

国际航空运输协会（International Aviation Transport Association，IATA）是一个由世界各国航空公司所组成的大型国际组织，其前身是 1919 年在海牙成立并在第二次世界大战时解体的国际航空业务协会。1944 年 12 月，出席芝加哥国际民用航空会议的一些政府代表和顾问以及空运企业的代表聚会，商定成立一个委员会为新的组织起草章程。1945 年 4 月 16 日在哈瓦那会议上修改并通过了草案章程后，国际航空运输协会正式成立，简称国际航协，其总部设在加拿大蒙特利尔，执行机构设在瑞士日内瓦。国际航协从组织形式上是一个航空企业的行业联盟，属非官方性质组织，但是由于世界上的大多数国家的航空公司是国家所有，即使非国有的航空公司也受到所属国政府的强力干预或控制，因此国际航协实际上是一个半官方组织。国际航协制定运价的活动必须在各国政府授权下进行，其清算所对全世界联运票价的结算是一项有助于世界空运发展的公益事业，因而国际航协发挥着通过航空运输企业来协调和沟通政府间政策，解决实际运作困难的重要作用。

国际航协的基本职能包括：国际航空运输规则的统一；业务代理；空运企业间的财务

结算、技术上的合作；参与机场活动；协调国际航空客货运价；航空法律工作；帮助发展中国家航空公司培训高级专业人才。

6.5.3　国际民用航空的主要法规

为了建立和维护空中交通秩序、保障航行和旅客安全，自 1919 年起，在世界各国政府的共同努力下，先后通过了一系列的国际性航空公约，主要有以下几个。

（1）《巴黎公约》。1919 年 10 月，在法国巴黎通过了《关于管理空中航行的公约》，即《巴黎公约》。这是国际民航史上的第一部法典，对国际民航的发展产生了重要的影响。它第一次确立了领空主权原则，规定了无害通过领空的权利和限制，以及国际航线的规则与条件，并对航空器的分类、国籍登记、适航性、出入境、机组人员执照及禁运物品等作了具体的规定。

（2）《哈瓦那公约》。1928 年 2 月，在古巴哈瓦那通过了《哈瓦那公约》，对国际商业性航空运输和造成的地面损害赔偿问题达成共识，作出了明确规定。

（3）《华沙公约》。1929 年 10 月，在波兰华沙通过了《华沙公约》，对航空运输凭证、承运人的责任和管辖权等作了规定。

（4）《芝加哥公约》。1944 年 12 月，在美国芝加哥通过了修订的《国际民用航空公约》，即《芝加哥公约》。该公约对国家领空主权和保证国际航行安全等作了进一步明确的规定，对航行技术、行政管理、运输经营等国际性问题作了详细阐述，成为一部更为各国广泛接受的航空法典。

（5）《日内瓦公约》。1948 年 6 月，在瑞士日内瓦通过了《关于国际承认航空器权力的公约》，规定了航空器的拥有权、转让权、租赁权、抵押权、典当权等。

（6）《东京公约》。1963 年 9 月，在日本东京通过了《关于在航空器内犯罪和犯有某些其他行为的公约》，为制止航空器内的犯罪行为制定了国际性的制裁依据。

（7）《海牙公约》。1970 年 12 月，在荷兰海牙通过了《关于制止非法劫持航空器的公约》，对共同打击非法劫机犯罪活动达成协议。

（8）《蒙特利尔公约》。1971 年 9 月，在加拿大蒙特利尔通过了《关于制止危害民用航空安全的非法行为的公约》，对共同制止和打击危害航空运输和旅客安全的非法行为制定了更为详细的规定。

6.5.4　国际航空运输多边协定

所谓国际航空运输多边协定，是指国家之间的国际航空运输双边或多边协定。《芝加哥公约》中明确规定，任何国际定期或不定期航班飞机，未经缔约国授权或特许，不得进入其领空。

国际航空运输双边协定是两个主权国家之间的政府级协定，基于《芝加哥公约》的统一原则和规定，代表两个国家的利益就双方的航空运输业务所涉及的事项达成共识。国际航空运输双边协定通常包括以下几个方面的内容。

1. 互惠业务权

国际航空运输与其他国际贸易交往的相同之处就是航空运输业务权利的互惠互利。在国际航空运输双边协定中规定授权经营航线、航线经停点、使用机场和业务范围，并明确规定经营授权航线的承运人。

2. 运力与运价

国际航空运输双边协定中明确规定了运力和运价的管理原则和实施方法，以及运价的制定和审批程序等。

3. 协定生效程序

国际航空运输双边协定中规定航线承运人的运营资格申请程序和运营许可证发放程序，并对有关征收机场与地面设施使用费，油料供应，机务维修，互免关税，适航资格认可，航空器、机组、旅客和货物进出对方国家的查验，以及紧急事件的处理等事项进行具体的规定和明确说明。

4. 协定生效与终止

国际航空运输双边协定中还包括有关法律性质的事项，如协定审批、生效、争议、终止、撤销和修改等事项。国际航空运输双边协定是一个政治性、技术性、商业性相结合的法律文件，协定谈判涉及国家外交、外贸和民航等政府部门。

6.5.5 国际航空运输市场管理

1. 市场准入

当一个国家的某个航空公司计划开辟国际航线，准备开设到达另一个国家某个城市的航班时，必须具有对方国家授予的航空运输市场准入权。航空运输市场准入权是进入某国政府授予的航班运营基本权利，以允许外国航空公司进入本国航空运输市场进行有条件的或无条件的航空旅客运输或航空货物运输业务。航空运输市场准入权的审批和实施，应基于《芝加哥公约》的国家领空主权原则和有关规定。

2. 航权及其种类

航权是指允许通航的权利，是国家主权的一种。各国政府为保护本国航空运输事业的利益，对于航权的授予视情况而各有不同。归纳起来，可有 5 种基本类型的航权，任何方式都不外乎是这些类型之一或这些类型的某种结合。这 5 种基本类型的航权在航空法学上称为 5 种航权。目前，也有将某类型的结合演进称为第六航权、第七航权或第八航权。

【拓展视频】

（1）第一航权即飞越权或称通过权，是指授予一个国家的定期或不定期国际航班不降停地飞越授权国领空的特权。

（2）第二航权即技术降停权或称停站权，是指授予一个国家的定期或不定期国际航班在授权国的领土上降停的特权，如航班飞机途中加油、进行紧急机务维修或处理某些特殊事件等情况。但是这种降停属于非载运业务，尽管可能在降停地需要卸下客货，但是需要重新装上继续飞行。

（3）第三航权即卸载权，是指授权国允许承运人的定期国际航班在授权国的指定机场卸载来自承运人所在国的旅客或货物。这一权利表明，允许承运人向授权国运送旅客或货物，即自甲国至乙国的客货机，可在乙国降落并卸载客货，但回航时不能在乙国装载客货。

（4）第四航权即装运权，是指授权国允许承运人的定期国际航班回程，从授权国的指定机场装载旅客或货物，飞回承运人所在国。这一权利表明，允许承运人在授权国经营客货搭载业务，即甲国的航空器得以在乙国的航空港降落，并有装载乙国的客货回航甲国的权利，但不得将来自甲国的客货在乙国航空港卸下。

（5）第五航权即贸易权，是指授权国允许承运人的定期国际航班在授权国卸载旅客或货物，从授权国装载旅客或货物飞往第三国。这一权利表明，允许承运人在授权国经营客货运输业务，具有较大的业务经营范围，即甲国的航空器得以在乙国的航空港降落，不但可卸载来自甲国的客货，且有装载乙国的客货继续飞航丙国的权利。由于第五航权从法律上意味着授权国向承运人所在国开放航空运输市场，因此对于保护本国的航空运输市场无疑是一个挑战。

（6）第六航权允许承运人的定期国际航班在授权国卸载或装载来自或前往承运人所在国的旅客或货物，而这些旅客或货物可以由该承运人的不同航班运往第三国或承运人所在国。第六航权意味着允许承运人的不同航班在授权国运营第三国至承运人所在国之间的客货联运业务，实际上是第三、第四航权的结合。

（7）第七航权是指承运人在授权国经营完全在本国以外的国际航空运输业务。换言之，就是允许在授权国卸载或装载来自或前往其他国家的旅客或货物，然后飞往第三国或其他国家。

（8）第八航权允许外国定期国际航班在授权国内经营授权国的国内旅客或货物运输业务。

关于第六、第七、第八航权，目前尚未得到国际民航组织及其大多数成员的认可。

3. 运力管理

运力是航空运输经营能力的体现。在有关国际航空运输市场准入的协定中，准入运力标志着授权国允许开放本国航空运输市场的程度。换言之，在两国的航空运输协定中，将明确说明准入航班在运营航线上的机型、座位数及吨数。

本 章 小 结

本章主要介绍了航空运输的定义及其特点、民用飞机、航空运输基础设施、空中交通运行与管理、航空运输生产管理、航空运输管理中的计划及国际航空运输管理。航空运输是指使用航空器运送人员、行李、货物和邮件的一种运输方式。飞机是航空运输主要的运输工具，而航空港是航空运输中的主要基础设施。为了保证飞行安全，提高空域和机场飞行区的使用效率，需要实施空中交通管制和管理。民用航空运输组织包括民航旅客运输组织及民航货物运输组织两大类。民用航空运输生产计划包括航线运输计划、航站发运量计划、航空运输生产综合计划、航班计划。

案例分析

中国无人运输机，广阔天地大有可为

对于时效性要求较高的货物运输来说，空运是最为合适的选择。但现在使用喷气客机改装而来的运输机，存在着运输成本较高的问题。一方面是货机不论大小，都需要至少两名飞行员执行飞行，人员固定成本较高。另一方面是就算由较小的波音737改装而来的货机，那也要至少运输十几吨才算经济，对大城市之间的干线运输可以有这个货运量，但对流量较小、距离较近的支线航空运输来说就不经济了。而且现有以干线货机为主的航空货运对机场设施的要求较高，而许多小型机场可能不具备处理干线货机的基础设施。

无人运输机可以很大程度上解决上述诸多痛点。目前国内出现的无人运输机方案多为使用活塞发动机，对起降条件要求较低且货物装载容量不大，适合支线航空货运的低流量物资运输。而使用地面站对无人运输机进行控制，具备了一个地面站及机组可以同时管控多架无人运输机的可能，只需要在关键阶段或遇到告警时进行接管，其他时间只要处于监视状态就可以。而且地面控制站操作员的培训难度与要求低于飞行员，人员成本也更低。

无人运输机未来拥有广阔的应用前景和发展潜力，在遭遇自然灾害如地震、洪水、火灾等时，无人运输机可以迅速空投急需的救援物资。再者，农村地区也可大大受益于此。例如，一些交通困难的边远地区，由于交通不便、物流成本高昂，导致很多生活必需品的价格居高不下。而无人运输机无视地形限制与较低的运输成本，可以有效缓解这一问题，为农村地区带来更加便捷的物流服务，同时也为农产品进入城市市场提供了更为便捷的通道。

但无人运输机的未来发展也面临诸多挑战，飞行安全、恶劣天气条件、与现有的航空管理体系协同工作等问题都需要解决。而且技术研发、法规制定和基础设施建设，也都需要得到相应的加强和完善。

根据本案例所提供的材料，试分析以下问题。

（1）我国无人运输机货运的发展前景如何？

（2）政府出台了哪些措施规范无人运输机货运的发展？

资料来源：观察者网．

关键术语

航空运输（air transportation）　　　　航班计划（flight planning）

民用飞机（civil aircraft）　　　　　　航线计划（route planning）

航空港（air port）　　　　　　　　　空中交通管制（air traffic control）

无人机（unmanned aerial vehicle）　　航权（right of navigation）

习　　题

1. 填空题

（1）民用飞机主要由＿＿＿＿＿、＿＿＿＿＿、＿＿＿＿＿、＿＿＿＿＿、＿＿＿＿＿等部分组成。

（2）目前已经进入应用领域的民用无人机包括_____、_____、_____、_____、_____等。

（3）按空中交通管制的范围不同，空中交通管制机构可分为_____、_____、_____、_____。

（4）民航运输生产系统由_____、_____、_____、_____、_____组成。

（5）航空旅客运输生产过程可分为_____、_____、_____、_____、_____5个阶段。

（6）从事航空货物运输的主体主要有_____、_____两类。

（7）航空货物运输的组织方式有_____、_____、_____和_____等。

2. 简答题

（1）简述航空运输的优缺点。

（2）中国民用航空局是如何划分大、中、小型飞机及不同航程的？

（3）简述无人机的主要组成构件。

（4）根据2007年修改的《中华人民共和国飞行基本规则》，我国的飞行高度层是如何划分的？

（5）航空货物运输的经营方式有哪几种？分别适用于什么情况。

（6）国际航空运输中的航权有哪几种？分别加以说明。

第7章 管道运输

【教学目标】
- 了解管道运输的发展和特性。
- 了解管道运输基础设施及其分类。
- 熟悉管道输油（气）工艺。
- 了解管道生产管理和管道运输系统规划。

【思维导图】

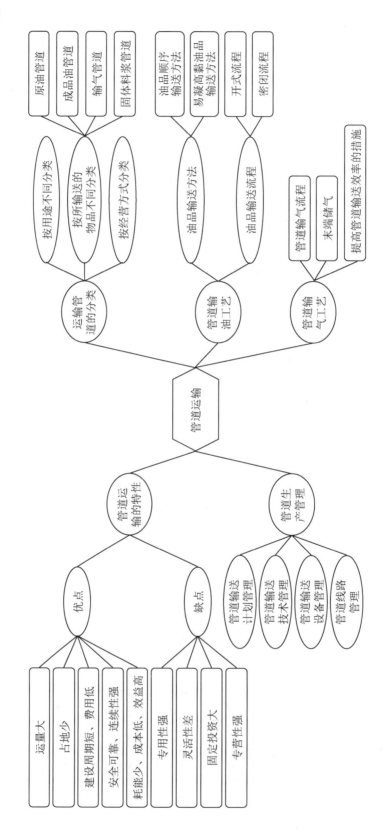

导入案例

西气东输

"西气东输"管线走向示意图如图 7.1 所示。

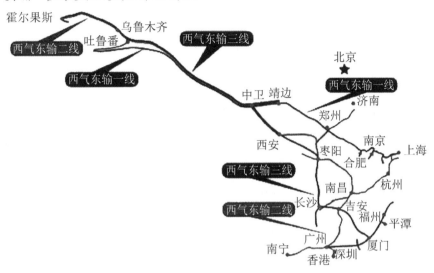

图 7.1 "西气东输"管线走向示意图

"西气东输"是我国距离最长、管径最大、投资最多、输气量最大、施工条件最复杂的天然气管道工程。"西气东输"一线西起新疆塔里木盆地的轮南,东至上海。全线采用自动化控制,供气范围覆盖中原、华东、长江三角洲地区。自新疆轮台县塔里木轮南油气田,向东经过库尔勒、吐鲁番、鄯善、哈密、柳园、酒泉、张掖、武威、兰州、定西、宝鸡、西安、洛阳、平顶山、信阳、合肥、南京、常州、上海等地区。东西横贯新疆、甘肃、宁夏、陕西、山西、河南、安徽、江苏、上海、浙江 10 个省(区、市),全长近 4200 千米。

2000 年 2 月国务院第一次会议批准启动"西气东输"工程,这是仅次于长江三峡工程的又一重大投资项目,是拉开"西部大开发"序幕的标志性建设工程。

"西气东输"工程采取干支结合、配套建设方式进行,管道输气规模设计为每年 12 立方千米。项目第一期投资超过 1200 亿元,上游气田开发、主干管道铺设和城市管网总投资超过 3000 亿元。实施"西气东输"工程,有利于促进我国能源结构和产业结构调整,带动东部、中部、西部地区经济共同发展,改善管道沿线地区人民生活质量,有效治理大气污染。这一项目的实施,为西部大开发、将西部地区的资源优势变为经济优势创造了条件,对推动和加快新疆及西部地区的经济发展具有重大的战略意义。

天然气进入千家万户不仅让老百姓免去了烧煤、烧柴和换煤气罐的麻烦,而且对改善环境质量意义重大。仅以一、二线工程每年输送的天然气量计算,就可以少烧燃煤 1200 万吨,减少二氧化碳排放 2 亿吨、减少二氧化硫排放 226 万吨。

思考题:"西气东输"工程为什么采用管道运输方式?

【拓展视频】

资料来源:央视新闻.

7.1 管道运输概述

管道运输是国际货物运输方式之一,具有运量大、不受气候和地面因素限制、可连续作业及成本低等优点。目前,管道运输已成为我国继铁路运输、公路运输、水路运输、航空运输之后的第五大运输行业。

7.1.1 管道运输的定义及我国管道运输的主要成就

1. 管道运输的定义

管道运输(pipeline transport)是用管道作为运输工具的一种长距离输送液体和气体物资的运输方式,是一种专门由生产地向市场输送石油、煤和化学产品的运输方式。管道运输是随石油开发而兴起的,并随着石油、天然气等流体燃料需求量的增长而发展。目前,各国主要利用管道进行国内和国际的流体燃料运输,有不少国家在国内已建成油气管道网。大型国际管道已横跨北美、北欧、东欧乃至跨越地中海连接欧非两大陆。年输送原油量亿吨以上和天然气百亿立方米以上的管道相继建成,对加速流体燃料运输起着重要作用。近几十年来,固体料浆管道的问世给大量运输煤炭等开辟了途径,为管道运输开创了新领域,管道运输的发展方兴未艾。

2. 管道运输的发展历史

(1)早期的输油管道。

我国是最早使用管道输送流体的国家。约公元前 200 多年,我国已经出现用打通竹节的竹子连接起来输送卤水的管道。由于竹子可以就地取材、耐腐蚀,这项技术流传至今。

1859 年 8 月,美国人德雷克在美国宾夕法尼亚州的泰特斯维尔钻出第一口油井,开始了石油溪地区的石油开发。开采出来的原油要经泰特斯维尔河运到 120 千米以外的匹兹堡炼油厂,运原油的船舶最多时达 100 艘。1861 年修建了匹兹堡至科里的铁路,但距油田仍有 36 千米。自油田至铁路车站或水运码头,每天要用近 2000 辆马车载运原油,不仅运费昂贵,而且还有发生火灾的危险。为了改变这种状况,有人提出采用管道输送。

1863—1865 年,开始试用铸铁管修建输油管道,因漏失量大而未能实际应用。1865 年 10 月,锡克尔采用搭接焊焊接管径 500 毫米、长 4.6 米的熟铁管,修建了一条全长 9756 米的管道,由美国宾夕法尼亚州皮特霍尔铺至米勒油区铁路车站。沿线设 3 台泵,每小时输送原油 13 立方米。1890 年和 1893 年相继出现管径 100 毫米的成品油管道和天然气管道。1886 年在俄国巴库修建了一条管径 100 毫米的原油管道。

最初,油气管道的增压设备都是以蒸汽为动力驱动的,如蒸汽往复泵、卧式往复泵或压气机。19 世纪 90 年代初,出现了内燃机(如柴油机和燃气机),逐渐取代了蒸汽机。这是管道运输的创始阶段,管材、管道连接技术、增压设备和施工专用机械等方面还存在许多问题有待解决。

(2)现代输油管道的开始。

1911 年输气管道的钢管连接采用了乙炔焊焊接技术。1928 年用电弧焊代替了乙炔焊,并生产出无缝钢管和高强度钢管,使修建管道的耗钢量显著降低。至此管材及管道连接技术得到初步解决,使管道和储罐建设进入了飞速发展时期。

1941年珍珠港事件后,美国对日本宣战,抽调了大量油轮到美国西海岸。与此同时,德国大规模开展潜艇攻击,重点打击美国的油轮。1942年1—4月,美国有48艘油轮被击沉,美国的石油运输发生严重困难,因为东海岸所需的原油和油品,绝大部分靠油轮海上运送。1940年6月,船运石油每天高达23.4万立方米,而管道运输仅0.64万立方米,铁路运输仅12.7万立方米。在此情况下,1942年美国石油协调局和战时石油委员会召集67家石油公司商议,建议从盛产石油的得克萨斯州朗维尤往纽约州费城地区建一条"大口径"输油管道,管径24英寸(约60.96厘米),全长2155千米。1942年8月3日铺设了第一节管道,1943年2月19日开始南段输油。1943年1月26日美国政府批准开工建设几乎平行的"次大口径"成品油管道,管径20英寸(约50.8厘米),起点为得克萨斯州的博蒙特,终点是新泽西州的贝永,全长2373千米。到1959年,美国的原油输送管网已经发展到16万英里(约25.7万千米),80%运往炼油厂的原油靠管道运输。

1920年由电动机直接驱动的高转速离心泵开始用于管道,缩小了设备的体积,提高了管道输送效率。从此,柴油机、燃气机和电动机因各具优点一直并存应用于管道运输。1949年开始用燃气轮机驱动离心式压气机,管道运输又多了一种可供选择的动力机。

(3)大口径输油管道。

20世纪50~70年代是世界油气田大发现的年代,也是石油消费量快速上升的年代。相应地,世界各地开展了多项大口径、长距离的管道工程,把管道建设提高到新的水平。

第一次世界大战后第一项大型管道工程是当时的埃克森、雪佛龙、德士古、美孚四家公司合资的阿美石油公司建设的横贯阿拉伯半岛输油管道。起自沙特阿拉伯东部产油区卡提夫,贯穿沙特阿拉伯东西,经叙利亚,直达地中海之滨黎巴嫩的赛达港,管径30英寸(约76.2厘米),全长1673千米,日输油能力32万桶(相当于年输油1600万吨),1957年扩大到日输油45万桶(相当于年输油2250万吨)。由此,沙特阿拉伯生产的部分原油可以经此管道直抵地中海装船,不必绕道阿拉伯半岛,不走苏伊士运河,运距大为缩短。自此,阿美石油公司的产量急剧增长,1938年年产仅6.5万吨,到1949年年产达2282万吨。

1963年3月,美国辛克莱、德士古、海湾等9家石油公司联合建设科洛尼尔成品油管道。起点在美国得克萨斯州休斯敦附近的帕萨丁那,经过博蒙特、阿瑟港,然后北上,经过亚特兰大、费城,到新泽西州的林登,主干线长2478千米,管径分别是36英寸(约91.44厘米)、32英寸(约81.28厘米)和30英寸(约76.2厘米),外加2200千米支线。整个系统长达4552千米,日输油能力100万桶(相当于年输油5000万吨),可以顺序输送118种石油产品。这是迄今为止最大的成品油管线。

1978年阿美石油公司开工建设了一条新的横贯阿拉伯半岛的东西输油管道,起自沙特阿拉伯东部的阿卜凯克,终点是西部红海之滨的延布港,全长1202千米,管径48英寸(约121.92厘米),输油能力高达每天240万桶(相当于年输油1.2亿吨),后来扩大到400万桶(相当于年输油2亿吨)。这条输油管道于1981年7月竣工投产。同其并行的还有一条天然气凝析油管道,把东部大油区生产的天然气凝析油输送到延布港的三座大石化厂作为原料和燃料,同时给东西输油管道沿途13座泵站的燃气轮机供应燃料。

20世纪50至60年代,苏联开发伏尔加河和乌拉尔山脉之间的伏尔加—乌拉尔油田(又称第二巴库）。这里离首都莫斯科和古比雪夫等工业重镇都比较近，无须建设距离在千米以上的管道。1952—1954 年，在此建了 6 条输油管道，总长 2300 千米，其中最长的是阿里缅杰沃—高尔基市的 570 千米的管道。1963 年，苏联建成了"友谊"输油管道，口径从 1020 毫米到 426 毫米，全长 4665 千米，把原油输送到东欧各国。当时，苏联管道建设的高潮是伴随西西伯利亚石油天然气大发现和开发而形成的。自从 1965 年第一个油田开始产油，到 1971 年，建成了从沙伊姆油田到秋明市，乌斯季巴雷克油田到鄂木斯克炼油厂两条输油管道，管径 1020 毫米。1982 年完成的乌连戈伊至彼得罗夫斯克的大型输气管道，管径 1420 毫米，全长 2713 千米。

20 世纪 80 年代，美国建设了一条世界最长的热输重油管道。这就是美国东西大管道，又称全美管道。西起加利福尼亚州圣巴巴拉，终点在得克萨斯州南部的韦伯斯特，全长 2817.5 千米。这是一条加热输送重质原油的管道，管径 762 毫米，年输油量 2500 万吨。每个加压站都要对原油进行加热。

3. 我国管道运输的主要成就

1949 年以后，我国各种大型油田的开发推动了油气管道的发展进程，我国自 1958 年建成第一条长距离输油管道至今，石油管道建设与石油工业发展相对应，共经历了五个发展阶段、四次建设高潮。

【拓展视频】

（1）初始发展阶段（1958—1970 年）。

1949 年以前，我国仅有玉门、延长两大油田。随着新疆克拉玛依大型油田的开采与发展，克拉玛依—独山子管道建成（1958 年），逐渐形成了 20 世纪 50 年代中国石油工业的基础，但主要位于西北地区。20 世纪 60 年代初，大庆油田的发现标志着我国石油工业发展重心开始转移到东部。到了 20 世纪 60 年代末，我国原油产量已超过 2000 万吨/年，但主要还是依靠铁路"原油油槽龙车"来运输原油。该时期，原油管道运输仍处于起步阶段，管线范围仅局限在新疆、大港和胜利油田较近距离内，所建管径均小于 426 毫米。1970 年时管道运输周转量为 9.2 亿吨千米，仅占全国货运总周转量的 0.2%，尚不具备地区性大型长距离管道运输的规模。

（2）快速发展阶段（1971—1976 年）。

20 世纪 70 年代初，东北"八三工程"会战开始，伴随大庆油田持续开发、大庆—抚顺输油管道开工，掀起我国第一次油气管道建设高潮。至 1975 年底，共建设原油管道 2471 千米，率先在东北地区建成输油管网。1976 年我国建成第一条长距离、多品种成品油输油管道，即格尔木—拉萨输油管道，也是世界上地势最高、经过长年冻土地带的管道，担负着 80% 以上的进藏油料输送任务，能从根本上解决燃料油运输难和耗费大问题，被誉为"西藏能源大动脉"。

（3）稳步发展阶段（1977—1986 年）。

该时期，胜利、辽河、华北和中原油田的快速开发，以及沿海大型原油码头的建成投产带动了我国第二次油气管道建设高潮。其中，东部地区原油产量猛增，20 世纪 80 年代末年产量达 1.3 亿吨，占当时全国原油总产量比重高达 95%，助推了东部原油管网的初步形成。至 1986 年底，全国范围内共建成油气管道 1.3 万千米。

（4）加速发展阶段（1987—2006 年）。

20 世纪 90 年代中后期，我国石油工业的发展重心开始从东部转向西部，开启了我国第三油气管道建设高潮。20世纪80年代末，全国原油总产量维持在1亿～1.3亿吨水平，管道建设侧重于提高现有油田的外输能力及开辟油田新的外输出路。20世纪90年代开始，新疆、塔里木、陕甘宁、柴达木、吐哈、四川、长庆和沿海等油气田快速开发，惠州、湛江、茂名、洋浦等大型原油装卸港陆续建成，推动了我国西部和南部地区油气管网的建设。同时，东部原油管网进入逐步完善阶段。至2006年底，全国范围内共建成油气管道4.8万千米。

（5）迅猛发展阶段（2007年至今）。

2007年8月，以兰郑长成品油管道和川气东送天然气管道的开工建设为标志，我国迎来第四次油气管道建设高潮。该时期重点围绕我国东西部油气田的进一步开发及国外油气资源的引进进行管道建设。截至2016年底，我国所有在役油气长输管道总里程累计达12.6万千米，形成"连通海外、覆盖全国"的管道格局。其中，原油管道约2.62万千米、成品油管道约2.55万千米，分别列全球第四位、第三位。

2017年，为贯彻落实中共中央、国务院印发的《关于深化石油天然气体制改革的若干意见》与国家发展改革委、国家能源局制定的《能源生产和消费革命战略（2016—2030）》，国家发展改革委与国家能源局正式印发《中长期油气管网规划》，为我国油气领域基础设施建设空间做出部署。到2025年我国油气长输管道里程将达到24万千米，其中天然气、原油、成品油管道里程分别达到16.3万千米、3.7万千米、4万千米。届时，全国省（区、市）成品油、天然气主干管网将全部实现连通。

我国石油管道主要分为两类，一类是原油管道，另一类是成品油管道。近年来，为适应全球原油运输市场发展趋势和更好地衔接大型化、专业化码头，大管径、大运量原油管道及长距离成品油管道成为重点建设方向。总体上看，我国已初步建成中缅、中俄、中哈和海上四大油气资源战略通道，基本形成东北、华北、华东、中部和西北地区原油管网，以及西北、西南和珠三角地区成品油管网。

根据《中国油气管道》记载，1949年至20世纪50年代中期，我国原油运输主要以公路运输为主；20世纪50年代中期至70年代初期，主要以铁路运输为主；20世纪70年代初至今，主要以管道运输为主。目前，我国超过90%的原油通过管道输送，形成了以庆铁线、铁抚线、铁秦线、铁大线、秦京线、东黄线、东临线、鲁宁线、阿独线、西部管道、甬沪宁线和沿江管线等原油干线管道为主体的国内管道输送网络。形成了华东、东北、华北地区三个区域原油管网，以及西北、华南地区两个区域原油管网，且东部原油管网的管线密度、单位面积年输油能力总体上高于西部及华南原油管网。

2011年，西气东输二线的完成，标志着我国原油管道建设的技术水平已经达到了先进国家的水平。同时，西气东输与西油东进、南油北运及海气登陆四个我国的主要油气管道，组成了我国的管道运输体系，推动了我国区域经济的飞速发展。近年来，我国油气管道运输建设仍旧是国民经济发展的重点。

我国自西气东输管道开工后，延续了自主创新的模式，使我国管道建设工程技术与技能实现了很大的突破。近年来，我国加强了油气管道建设，完善了油气管道的工程体系，在许多关键领域取得了显著成果。

（1）我国管道运输工程建设。我国的管道运输途经的地貌包括高山、高原、河谷等地形复杂的地方，具有非常高的建设难度系数。因此催生了很多专业的数字化协助平台，创立了能够自识别计算的约束因子，并且将设计标准、模型、管道属性、环境因素等信息融合在一起，从而实现了数字化设计，促使管道选线更加三维高效化。在一些地形比较复杂的地区（如强震区、沦陷区及断裂带等）建立了管道的应变模型和容许应变模型，还研发了非开挖穿越及自动焊接技术，从而实现在复杂地貌中进行机械化施工。自主研发了大口径管道高效焊接技术，使双焊接外焊与多焊接内焊结合在一起。同时还自主研发了很多自动焊接的机械化装备，促使机械化施工更流畅。正是这些先进的技术，推动了我国管道运输事业的进一步发展。

（2）我国管道运输完整性管理。我国在进行管道建设时，经常会遇到地震、泥石流等自然灾害，还会遇到打孔盗油、第三方施工等人为因素的威胁，严重阻碍了管道的安全施工。管理人员在管道建设中要充分考虑风险管理，进行风险评价、系统评估，从而制定出有效的维护策略，完善紧急事件预案，将风险降到最低。同时。我国还建立了对地质灾害、管道本体缺陷及第三方损坏这3种事故发生后的检验与综合评价，利用对相关设备的研发，有效管理管道运输中的完整性。

如今，油气管道已经成为我国重要的能源战略通道，并且我国将会持续加大力度完善管道运输事业的配套设施建设，提高管道运输的可靠性和安全性。

7.1.2 管道运输的特性

1. 管道运输的优点

用汽车、船舶、飞机等运输货物，是驱动装运货物的运输工具将货物运往目的地；用管道运输货物，管道是静止的，而通过输送设备（如泵、压缩机等）驱动货物，使之通过管道流向目的地。因此，管道运输具有以下优点。

（1）运量大。

一条管道可以源源不断地完成运输任务。根据其管径的大小不同，其每年的运输量可达数百万吨到数千万吨，甚至超过亿吨。

（2）占地少。

运输管道通常埋于地下，其占用的土地很少。运输系统的建设实践证明，运输管道埋藏于地下的部分占管道总长度的95%以上，因而对于土地的永久性占用很少，分别仅为公路的 3%、铁路的 10%左右。在液体和气体物资的运输规划中，优先考虑管道运输方案，对于节约土地资源意义重大。

（3）建设周期短、费用低。

交通运输系统建设的大量实践证明，管道运输系统的建设周期与相同运量的铁路运输系统的建设周期相比，一般来说要短 1/3 以上。历史上，中国建设大庆至秦皇岛全长 1152 千米的输油管道，用了 23 个月，而若要建设一条同样运输量的铁路，至少需要 3 年。统计资料表明，管道建设费用比铁路低 60%左右。

（4）安全可靠、连续性强。

由于石油、天然气等易燃、易爆、易挥发、易泄漏，采用管道运输方式，既安全，又能减少挥发损耗，同时减少泄漏导致对空气、水和土壤的污染。也就是说，管道运输能较好地满足运输工程的绿色环保要求。此外，由于管道基本埋藏于地下，其运输过程受恶劣多变的气候影响小，可以确保运输系统长期稳定的运行。

（5）耗能少、成本低、效益高。

采用管道运输石油，每吨千米的能耗不足铁路的 1/7，在大量运输时的运输成本与水路运输接近，因此在不具备水路运输的条件下，采用管道运输是一种最为节能的运输方式。管道运输是一项连续工程，运输中不存在空载行程，因而运输效率高。理论分析和实践经验已证明，管道口径越大，运输距离越远，运输量越大，运输成本越低。以运输石油为例，管道运输、水路运输、铁路运输的运输成本之比为 1∶1∶1.7。

2. 管道运输的缺点

（1）专用性强。

运输对象受限制，承运的货物比较单一，只适合运输诸如石油、天然气、化学品、碎煤浆等气体和液体货物。

（2）灵活性差。

管道运输不如其他运输方式（如汽车运输）灵活，除承运的货物比较单一外，也不容许随便扩展管线。要实现"门到门"的运输服务，对一般用户来说，管道运输常常要与其他运输方式配合才能完成全程输送。

（3）固定投资大。

为了实现管道运输的连续输送，还需要在各中间站建立储存库和加压站，以促进管道运输的畅通。

（4）专营性强。

管道运输属于专用运输，其生产、销售与运输混为一体，一般不提供给其他发货人使用。因此，管道运输适于定点、量大、单向的流体运输。

7.1.3 管道运输的发展趋势

1. 管道建设技术水平继续提高。

未来管道建设继续向高压、高钢级、大口径方向发展。而且管道系统的控制和管理趋于自动化、标准化。成品油管道向大型化发展，其特点是长距离、大口径、多分支、管网化，且能输送多种成品油以满足消费者需求。总的来说，管道建设技术水平的不断提高，使得管道运输向长距离、高压力、大压比、全自动、长寿命、输气干线网络化的方向发展。

2. 管道在线泄漏检测技术进一步完善。

泄漏是管道运行中的常见故障之一。由于管道腐蚀穿孔、第三方违规施工和犯罪分子打孔盗油等原因，泄漏事件常有发生，既给企业造成严重的经济损失，也给生产带来重大安全隐患。由于管道系统的复杂性，发生泄漏后人工巡检不易发现，在线泄漏检测系统成为管道建设必不可少的组成部分。在线泄漏检测技术需要进一步完善，减少误报，提高对泄漏点的准确定位。

3. 管道运输向智能化方向发展。

管道的安全隐患管理既迫在眉睫又任重道远，随着现代信息技术的发展，智能管线应运而生，给这一问题的解决带来了希望。业内人士纷纷把目光投向智能管线，期望用智能管线输送油气来解决安全问题。智能管线的自动化、标准化、数字化及可视化，为检查管线的运行状况、监控事故现场状况提供了方便，不仅能保证管道运输的正常运行，减少事故的发生，更能及时发现故障以便正确处理。因为智能管线具备管线缺陷和隐患报警功能，可将事故由被动管理转化为预防为主的主动管理，对管道的安全管理意义重大。管道运输向智能化方向发展，也就成为时代必然。

阅读材料 7-1

国内油气管道智能化发展概况

中国石油早在 2004 年西气东输冀宁管道联络线建设过程中就提出了"数字化管道"的概念，并陆续在 2008 年西气东输二线、中缅油气管道等工程建设中将卫星遥感影像、无人机、GIS 等数字化技术应用于油气管道的勘察设计和施工阶段。2017 年，中国石油依托中俄东线天然气管道工程，以"全数字化移交、全智能化运营、全生命周期管理"为理念，开始了真正意义上的"智能管道"示范工程建设。2019 年 12 月 2 日，中俄东线北段正式投产运行，是中国首个采用 1422 mm 超大口径、X80 高钢级、12MPa 高压力等级，具有世界级水平的天然气管道工程，也是中国石油首个推行智能管道建设的试点项目。

中国石化于 2014 年 8 月启动智能管道管理系统建设，2015 年 4 月 3 日，其第一条智能管道新东辛输油管道项目投产。2017 年 11 月 2 日，中国石化发布了智能管道管理系统 2.0 版。

目前，针对智能管道、智慧管网的宏观设计较多，但具体的实现方法与问题讨论相对较少。这也是目前一个比较大的问题，很多人只停留在概念层面，而没有去结合业务需求开发相应算法，达到解决工程问题的目的。在 2018 年、2019 年的中国智能管道大会上，中国石油管道公司和中国石化管道储运公司分别发布了油气智慧管网系统设计方案。

中国石油管道公司在 2019 年中国智能管道大会上提出了油气智慧管网的定义：智慧管网是在标准统一及管道数字化的基础上，以数据全面统一、感知交互可视、系统融合互联、供应精准匹配、运行智能高效、预测预警可控为目标，通过"端+云+大数据"体系架构集成管道全生命周期数据，提供智能分析与决策支持，用信息化手段实现管道的可视化、网络化、智能化管理，具有全方位感知、综合性预判、一体化管控、自适应优化的能力。

那么如何推动油气管道智能化发展呢？这就需要建立基于数据和机理双驱动的综合分析模型。

在数据方面，目前国内在大力推进数据采集与存储平台的建设，建立数字管道数据库和全生命周期管理数据库。但目前的数据还没有得到有效分析，无法为管道提供全面的智能决策理论和技术支持。

在机理模型方面，管道仿真软件得到很好的发展，可用于管道设计、工况模拟、优化运行。但是机理模型并没有很好地与现场管道数据有机地结合起来。

因此，需加快对已建立的管道数据库进行分析，考虑机理模型约束，挖掘数据实际工程价值。这一环节难度大，属于多学科交叉运用，需要管道人员与信息技术人员、算法工程师、数据分析师等专业人员携手攻克。

资料来源：于洋，2021. 打造特色防御道路[J]. 中国石油石化(15): 23-25.

7.2 管道运输系统的基础设施及运输管道的分类

7.2.1 管道运输系统的基础设施

管道运输系统与其他运输系统具有很大的差异性,其最主要的差别在于:管道运输系统中,运输工具都是固定的,不需要凭借运输工具的移动来完成运输任务。因此,管道运输系统所需的基础设施也异于其他运输系统。

【拓展视频】

管道运输系统的基础设施包括管道、储存库、压力站和控制中心。

管道是管道运输系统中最主要的部分,制造材料可以是金属、混凝土或塑胶,这由输送的货物种类在输送过程中所要承受的压力大小而决定。

由于管道运输的过程是连续进行的,因此管道两端必须建造足够容纳其所承载货物的储存库。

货物经由管道从甲地输送到乙地,必须靠压力来推动,压力站就是管道运输动力的来源。管道运输动力的来源有气压式、水压式、重力式及超导体磁力式。通常气体的输送动力来源靠压缩机提供,这类压力站的间距一般为 80~160 千米,液体的输送动力来源则靠泵提供,这类压力站的间距一般为 30~160 千米。

管道运输虽具有高度自动化,但仍需要有良好的控制中心,并配有先进的监测器及熟练的管理与维护人员,随时检测、监视管道运输设备的运转情况,以防止意外事故发生。

7.2.2 运输管道的分类

1. 按所输送的物品不同分类

运输管道按所输送的物品不同,可分为原油管道、成品油管道、输气管道和固体料浆管道。前两类常统称为油品管道或输油管道。

【拓展视频】

(1) 原油管道。

原油一般具有比重大、黏稠和易于凝固等特性。用管道输送时,要针对所输原油的特性采用不同的输送工艺。原油运输不外乎自油田将原油输给炼油厂,或输给转运原油的港口或铁路车站,或两者兼而有之。原油管道运输的特点是输量大、运距长、收油点和交油点少,故特别适宜用管道输送。世界上的原油 85%以上是用管道输送的。

(2) 成品油管道。

成品油管道用于输送汽油、煤油、柴油、航空煤油和燃料油,以及从油气中分离出来的液化石油气等成品油。每种成品油在商业上有多种牌号,常采用在同一条管道中按一定顺序输送多种成品油的工艺,这种工艺能保证成品油的质量和准确地分批运到交油点。成品油管道的任务是将炼油厂生产的大宗成品油输送到各大城镇附近的成品油库,然后用油罐汽车转运给城镇的加油站或用户。有的燃料油则直接用管道输送给大型电厂,或用铁路油槽车外运。成品油管道运输的特点是批次多、交油点多。因此,管道的起点段管径大、输油量大;经多处交油点分输以后,输油量减少,管径亦随之变小,从而形成成品油管道多级变径的特点。

（3）输气管道。

输气管道指输送天然气和油田伴生气的管道，包括集气管道、输气干线和供配气管道。就长距离运输而言，输气管道指高压、大口径的输气干线。这种输气管道约占全世界管道总长的一半。

（4）固体料浆管道。

固体料浆管道是20世纪50年代中期发展起来的，到20世纪70年代初已建成能输送大量煤炭料浆的管道。其输送方法是将固体粉碎，掺水制成浆液，再用泵按液体管道输送工艺进行输送。

2. 按用途不同分类

运输管道按用途不同，可分为集输管道、输油（气）管道和配油（气）管道。

（1）集输管道。

集输管道是指从油（气）田井口装置经集油（气）站到起点压力站的管道，主要用于收集从地层中开采出来的未经处理的原油（天然气）。

（2）输油（气）管道。

以输气管道为例，是指从气源的气体处理厂或起点压气站到各大城市的配气中心、大型用户或储气库的管道，以及气源之间相互连通的管道，主要用于输送经过处理符合管道输送质量标准的天然气。输气管道是整个输气系统的主体部分。天然气依靠起点压力站和沿线压气站加压输送，管道全长可达数千千米。

（3）配油（气）管道。

配油管道是指在炼油厂、油库和用户之间的管道；配气管道是指从城市调压计量站到用户支线的管道，其特点是压力低、分支多、管网稠密、管径小，除大量使用钢管外，低压配气管道也可用塑料管或其他材质的管道。

3. 按经营方式分类

运输管道按经营方式可分为以下两大类。

（1）油气田或油气加工、销售企业所属的管道，如油气田内的集输管道，炼油厂自备的成品油管道等。这类管道一般较短，输送量也较小。

（2）独立运营的长距离油气输送管道，如鲁宁输油管道。这类管道的输送量一般较大，运输距离较长，具有各种辅助配套设施。

4. 按输送过程中是否加热分类

运输管道按输送过程中是否加热可分为加热输送管道和不加热输送管道等。

5. 按管道所处的位置分类

运输管道按管道所处的位置可分为陆上输送管道和海底输送管道等。

6. 按管道敷设方式分类

运输管道按管道敷设方式可分为埋地敷设管道和架空敷设管道等。

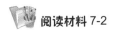
阅读材料7-2

真空管道运输

真空管道运输（evacuated tube transport，ETT）是一种无空气阻力、无摩擦的运输形式，其技术原理是在地面或地下建一个密闭的管道，用真空泵抽成真空或部分真空。在这样的环境中开行车辆，行车阻力就会大大减小，可有效降低能耗，同时气动噪声也可大大降低，符合环保要求。

地面高速运输系统要克服巨大的空气阻力，当速度超过500km/h后，空气阻力会变得非常大，所以人们产生了建设真空管道磁悬浮线路的设想。早在20世纪60年代，美国兰德咨询公司和麻省理工学院的专家通过技术分析，设想了一种高速运输工具——真空管道运输系统，而且预计在21世纪可能成为现实。该设想的轮廓是：横贯美国东西，由纽约到洛杉矶修建一条长3950km的地下隧道，隧道内抽成相当于1‰大气压的真空，将磁悬浮系统安装在隧道内，在这种真空管道中，理论速度可达22500km/h，即使采用该理论速度四分之一的速度，即5625km/h，由纽约到洛杉矶也只要大约40分钟的时间。

真空管道运输线路由双方向的两根管道组成，可以走地上或地下，也可以高空架设。两根管道可以平排，也可以竖排，管道内径1.5～2.0m，抽成一定的真空。沿线每隔一定距离设置真空泵站及车站。真空管道运输系统的运输速度会比汽车、飞机甚至导弹还快，人们不禁会担心：建设成本是否很高？对这一问题的回答，通过对真空管道运输系统断面与高速铁路断面相比较，就能很容易理解其造价不会很高，而且可能十分便宜。因为在同样的设计输送能力下，真空管道运输系统的断面可以比高速铁路小很多。

真空管道运输系统的运营费用将相当便宜。另外，真空管道运输以连续方式运行，所以可在旅客所期望的任何时候出发，而且不用担心天气条件。它还具有独特的环保优势，建设真空管道磁悬浮交通比建设一条公路对环境造成的损害少95%，对资源的消耗也少得多。就每人千米运输量而言，磁悬浮交通对环境的温室效应只有飞机和小汽车的0～2%，对湿地、沼泽地的影响也较小，不会破坏自然水体和蓄水层。

和现有的运输工具（飞机、火车、汽车等）相比，真空管道运输系统具有以下优点。

（1）快速。从纽约到洛杉矶预计用时45分钟，从华盛顿到北京预计用时2小时；本地旅行速度大约为350km/h，城际间旅行速度大约为1000km/h，国际间旅行速度将大于4000km/h。

（2）方便。连续运行，可以在任何时候搭乘，不需时刻表；没有延迟与停止，到任何目的地均为直达。

（3）高效、节能。在一定速度下，只有当前运输工具能耗的1%。

（4）清洁。环境友好，可使用清洁能源；由于管道中抽成真空，自然形成声屏障，无任何对外噪声。

（5）安全。消除了相撞的可能性，不受任何气候条件影响，不会因不良天气而中断运行。

资料来源：百度百科.

7.3 管道输油（气）工艺

7.3.1 管道输油工艺

管道输油工艺是指实现管道油品输送的技术和方法，即根据油品性质和输量，确定输送方法和流程、输油站类型和位置，选择钢材和主要设备，制定运行方案和输量调节措施。

1. 油品输送方法

油品的输送方法根据油品性质和管道所处的位置确定。轻质油品和低凝固点、低黏度的原油常采取等温输送方法，即从炼油厂或油田采出的油品直接进入管道，其输送温度等于管道周围的环境温度。油品开始进入长输埋地管道时的温度可能不等于入口处的地温，但由于输送过程中管内油品与周围介质间的热交换，在沿线大部分管段中，油温将等于地温。轻质油品大多采用顺序输送方法；易凝高黏油品常用加热、掺轻油稀释、水悬浮、加改性剂和减阻剂等方式处理后再输送。

（1）油品顺序输送方法。

油品顺序输送是在一条管道中按一定顺序连续输送多种油品的管道输油工艺。顺序输送的油品主要是汽油、煤油、柴油等轻质油品类，以及液化石油气类和重质油品类。同类油品中不同规格或不同牌号的油品，可按批量顺序输送；不同油田、不同性质的原油，按照炼制要求也可以分批顺序输送。根据油品顺序输送的要求，不同的油品之间可以用隔离器或隔离液隔离的方法输送，也可以用相邻的不同油品直接接触的方法输送。这两种方法都会产生混油现象。采用哪种方法，由管道的起伏条件和允许混油量等而定。多种油品采用顺序输送与采用多条单一油品管道输送相比，具有明显的经济效益，且产生的混油可以采取技术措施处理。因此，油品顺序输送已成为成品油长距离管道输送的主要方式。

（2）易凝高黏油品输送方法。

易凝油品是指凝固点高于管道所处环境温度的高含蜡量的原油和重油；高黏油品是指在温度为40℃的条件下其黏度值高达数斯（斯托克斯，简称斯，运动黏度单位，1斯=1m^2/s）的油品。这两类油品的输送需采用降黏和减阻等管道输油工艺。

易凝高黏油品常采取降黏和减阻等方法输送，主要包括以下方法。

① 加热。加热油品，以提高蜡和胶质在油中的溶解度，使其在管道输送时不凝、低黏，以降低输油动力消耗。目前，世界上的易凝高黏油品输送一般都采用加热输送。加热的油品沿管道流动，其热量不断地向周围介质释放，油温不断下降。长距离输送加热的易凝高黏油品，需要沿管道设置若干加热站，补充油品沿线损失的热量，以维持适宜的输送温度。

② 高速流动。利用油品在管道中高速流动时产生的摩擦热，使油品保持在一定的温度范围内输送。

③ 稀释。将易凝高黏油品与低凝原油、凝析油或轻馏分油混合输送，以减少输送时的摩擦阻力，并降低油品的凝固点。

④ 改变蜡在油品中的结构形态。在结晶形成和长大过程中，加热温度的高低、冷却速度的快慢、剪切力大小或搅动作用的强弱都会影响结晶形态。因此，常常利用热处理方法，

将油品加热到某一温度后，按一定条件和速度冷却，使蜡在重新结晶时形成强度较低的网络结构，从而降低凝固点，改善流动性。

⑤ 用水分散易凝高黏油品或改变管壁附近的液流形态。一般采用水悬浮和乳化降黏两种方法。水悬浮是将易凝油品注入温度远低于凝固点的水中，形成凝油粒与水组成的悬浮液，输送时摩擦阻力仅略大于水。在终点将悬浮液加热并添加破乳剂进行油、水分离，然后脱水。这种输送方法正常运行的关键是保证悬浮液的稳定。乳化降黏方法是将表面活性剂水溶液或浓度 0.05%～0.2% 的碱性化合物加入高黏油中，在适当的温度和剪切力作用下，形成水包油型乳化液，可显著降低高黏原油的黏度。这种方法目前常用于高黏原油的输送。

2. 油品输送流程

油品输送流程按管道沿线上下两泵站之间的连接方式不同，可分为开式流程和密闭流程两种，如图 7.2 所示。

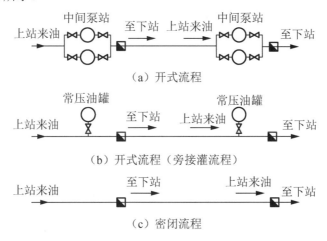

图 7.2 油品输送流程示意图

（1）开式流程。

开式流程是指上站来油通过中间泵站的常压油罐输往下站的输送流程。最初的开式流程[图 7.2（a）]，每个中间泵站有不少于两个的油罐。上站来油先进入收油罐，再进入发油罐，使上站来油压力泄为常压，站内油泵从发油罐抽油输往下站。收、发油罐可互相倒换使用，借此调节上下游泵站输油量的不平衡，并可用于计量各站的输油量。目前，采用的开式流程[图 7.2（b）]是上站来油直接进入油泵的进油管，与油管旁接的常压油罐仅用于缓冲上、下游泵站输油量的不均衡，根据旁接罐油面的升降来调节输油量，不作计量用。开式流程的各泵站只为站间管道提供压力能，不能调制各站的压力。

（2）密闭流程。

从 20 世纪 40 年代开始，随着输油自动化水平的提高和离心泵的广泛采用，输油管道逐渐改用密闭流程[图 7.2（c）]。密闭流程是中间泵站不设油罐，上站来油直接进泵，沿管道全线的油品在密闭状态下输送。全线各泵站是相互串联工作的水力系统，所以各站输油量相等。同开式流程相比，密闭流程的优点是：避免油品在常压油罐中的蒸发损耗；减少能量损失，站间的余压可与下站进站压力叠加；简化了泵站流程；便于全线集中监控；在所要求的输油量下，可统一调配全线运行的泵站数和泵机组，以最经济的方式实现输油目的。但密闭流程运行时,任何一个泵站或站间管道工作状况的变化,都会使其他泵站和管道的输油量和压力发生变化,这就要求管道、泵机组、阀件、通信和监控系统有更高的可靠性。

3. 泵站布置

油品在输油首站加压进入管道后,在流动中要克服摩擦阻力,能量不断减少,长距离输送油品,必须建立中间加压泵站。每个泵站供给油品的最大压力能,受泵的管材性能和强度的限制。输送距离越长,所需的中间泵站越多。沿线各中间泵站的位置,是在管道设计时用水力坡降线在管道纵断面图上作图并初步选定,最后经现场勘察确定的。

7.3.2 管道输气工艺

管道输气工艺是指实现天然气管道输送的技术和方法,即根据气源条件及天然气组分确定输气方式、流程和运行方案;确定管材、管径、设备、沿线设站的类型及站距等。

早期的天然气管道输送,全靠气井的自然压力,而且天然气在输送过程中不经过处理直接进入管道。现代天然气管道输送则普遍采用压气机提供压力能,对所输送的天然气的质量也有严格的要求。

1. 管道输气流程

来自气井的天然气先在集气站进行加热、降压、分离,计量后进入天然气处理厂,脱除水、硫化氢、二氧化碳,然后进入压气站进行除尘、增压、冷却,再输入输气管道。在沿线输送过程中,压力逐渐下降,经中间压气站增压,输至终点调压计量站和储气库,再输往配气管网。气田井口压力降低时,则需建矿场压气站增压。输气管道系统流程如图7.3所示。

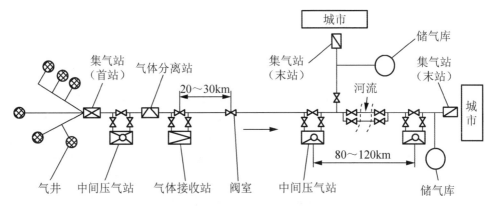

图7.3 输气管道系统流程

输气管道沿线各压气站与管道串联构成统一的密闭输气系统,任何一个压气站工作参数发生改变都会影响全线。因此,必须采取措施统一协调全系统各站的输量和压力,如调节各站原动机的转速,改变压气机工作特性和采用局部回流循环等,以保持压气机出口压力处于定值,并保障管道、管件和设备处于安全运行状态。

2. 压气站设置

为提高天然气压力或补充天然气沿管道输送所消耗的压力,需要设置压气站。是否需要建设起点压气站,取决于气田压力。当气田压力能满足输气的需要时,可暂不建站。长距离输气管道必须在沿线建设若干个中间压气站。中间压气站的数目主要由输送距离和压缩比决定。站距主要由输气量确定,每个压气站都要消耗一部分天然气作燃料,因此输气量逐站减少,从而使各站距也有所不同。在确定站距时,应根据通过该站的实际输气量和进出口压力值,按输气量公式计算,还应综合考虑压气站址的地理、水源、电力、交通等条件。

3. 末端储气

利用输气管道末端的工作特点作为临时储气手段。输气管道末端长度对管道管径及压气站站数的确定有影响,因此也是输气工艺应考虑的问题。输气管道末端与中间各段的工作条件的差别是:中间各段的起终点流量基本相同,而末端的起终点天然气流量和压力则随终点外输量的变化而变化。气体外输量少时,多余的天然气就积存在末端;气体外输量大于输气管前段的输气量时,不足就由积存在末端的天然气来补充。

计算输气管道时,一般先从末端开始,确定末端的长度、储气量和管径,然后计算其他管段。

4. 提高管道输送效率的措施

输气管道经一段时间运行后,由于管内积垢、积液和压气机磨损等,管道输送效率就会下降。为了测试管道输送效率,常以新投产时管道最佳工况的效率作为基准,进行管道效率校核。提高管道输送效率具体包括以下措施。

（1）在用气中心建立储气库,减小终点配气量对输气的影响,保证输气管道经常按高效输气量输送,充分发挥管道的输气能力。

（2）选择排量、功率和压力有较宽调节范围的压气机组,使之在输量变化时仍能有较高的效率。

（3）采用内壁涂层,降低管内粗糙度,减小压力能损失。

（4）采用各种清管器消除管内锈屑和积液。

（5）降低输送温度,提高输气压力,顺序输送多种气体。

阅读材料 7-3

智能管道/智慧管网将会给管道行业带来巨大提升

智能系统应具备状态感知、实时分析、自主决策、精准执行及学习提升的特征。智能管道/智慧管网最重要的是"智"。所谓"智",意味着首先要降低风险,减少由于"不智"带来的决策失误、操作失误及自然失效,在保证科学性、时效性和准确性的基础上使得安全性得以提升;其次是运行效率的提升,通过"智"的建议或管控使得系统资源合理配置,管道保持高效的智能/智慧运行和管理,上下游市场得以充分发展。

智能管道/智慧管网给企业带来的宏观目标在以往中石油、中石化及中海油专家领导的报告中都有提及。具体的提升在于人工智能与管道结合的广度和结合的深度,以及人工智能技术的发展水平。就目前的基础、现状,宏观上可预见给企业带来如下提升：①较大降低行业的人力成本;②管网系统在整个生命周期内运行更加安全、高效;③较大提高事故检测和事故处理效率;④较大提升管道行业的经济效益。

（1）智能化管道设计。已经在中俄东线天然气管道上尝试应用，关键是未来能否在全行业很好地推广应用。智能化管道设计能避免人工失误，实现全面精准的计算，完成优化科学的方案，提交规范统一的设计成果；并反馈给出的管道数字化模型——管道数字孪生体，是否能够满足管道生产运行的要求。如果这些模型可以加载、数字化、智能化平台规范统一，将会给管道全生命周期的运行管理带来较大的经济效益。

（2）生产安全和运行优化。运行方案制定更加便捷，运行状态监控更加科学，事故工况响应更加及时。管道在一定感知、数据和机理模型融合的条件下，能够实现管道运行的精准管理和智能决策。同时，能够根据数字孪生体的数据演化，对事故事件进行预测预警及精确控制。

（3）设备故障诊断和智能决策维护。通过传感器实现对油气管道关键设备的状态、参数、负荷等进行感知及多种监控信息智能处理（历史、现状及未来的关联分析），评估设备的状态、不同任务的可靠性并给出维护维修策略。

（4）完整性管理和可靠性预估。在具有完整数据的基础上，智能管道系统形成的实时数据、定期检测数据、历史运行数据耦合外部环境数据，可实现油气管道全生命周期的完整性管理和定量的可靠性分析。同时，可明确油气管道可靠性差距，采用相应的可靠性增强措施和方案，实现当前及未来的油气供应保障程度评价和与之相应的投入产出分析。

（5）智能化管道事故救援体系。目前管道系统的事故应急救援体系分散，存在信息滞后、应急预案不够精准、各方协调不畅等困难。智能化管道事故救援体系可基于完备的信息平台，根据事故发生地点、险情和环境等信息自动生成针对性抢险方案，将方案发送至相关部门协助指挥员协调资源和行动，在短时间内用最合理的方案完成抢险，有效地减少事故损失。

资料来源：管道保护网.

7.4 管道生产管理

7.4.1 管道生产管理概述

管道生产管理是指管道运行过程中利用技术手段对管道运输实行统一指挥和调度，以保证管道在最优化状态下长期安全而平稳地运行，从而获得最佳经济效益的生产组织工作。管道生产管理包括管道输送计划管理、管道输送技术管理、管道输送设备管理和管道线路管理，前两项统称管道运行管理，是生产管理的中心。

1. 管道输送计划管理

管道输送计划管理是根据管道所承担的运输任务和管道设备状况编制合理的运行计划，以便有计划地进行生产。管道输送计划管理首先是编制管道输送的年度计划，根据年度计划安排管道输送的月计划、批次计划、周期计划等。然后，根据这些计划安排管道全线的运行计划，编制管道站、库的输入和输出计划，以及分输或配气计划。另外，根据输送任务和管道设备状况，编制设备维护检修计划和辅助系统作业计划。

2. 管道输送技术管理

管道输送技术管理是根据管道输送的货物特性，确定输送方式、工艺流程和管道运行的基本参数等,以实现管道生产最优化。管道输送技术管理的内容包括随时检测管道运行状况参数,分析输送条件的变化,采取各种适当的控制和调节措施调整运行参数,以充分发挥输送设备的效能,尽可能地降低能耗。对输送过程中出现的技术问题,要随时予以解决或提出来研究。

3. 管道输送设备管理

管道输送设备管理是对管道站、库的设备进行维护和修理,以保证管道的正常运行。管道输送设备管理的内容主要包括:对设备状况进行分级,并进行登记;记录各种设备的运行状况;制订设备日常维修和大修计划;改造和更新陈旧、低效能的设备;维护在线设备。

4. 管道线路管理

管道线路管理是对管道线路进行管理,以防止线路受到自然灾害或其他因素的破坏。管道线路管理的内容主要包括:日常的巡线检查;线路构筑物和穿越、跨越工程设施的维修;管道防腐层的检漏和维修;管道的渗漏检查和维修;清管作业和管道沿线的放气、排液作业;管道线路设备的改造和更换;管道线路的抗震管理;管道紧急抢修工程的组织。

7.4.2 管道运行管理

1. 管道运行管理及其必备条件

管道运行管理是指用制订管道运行计划的方法,以及运用管道运行状况分析和调度等手段,充分发挥管道和设备的输送效率,实现管道安全、平稳、经济的最优化运行,是管道生产管理的主要组成部分。近代的油气管道,一般都采用油品顺序输送工艺和全线密闭输送工艺。为了达到最好的经济效益,就要求提高管道运行管理的水平。

管道运行管理需要准确的资料,即要有能正确反映全线客观条件的资料,如全线及泵站的竣工图(包括全线线路平面图、纵断面图、全线总流程图、各站流程图及系统图等)和竣工后的更改记录。

管道运行管理需要先进、可靠的设备,如要有良好的调度设备和通信设备,以及显示各泵站运行参数及流程的电视屏幕,还要有电子输出设备,随时记录各站的运行参数。

管道运行管理需要训练有素的调度人员,他们对管道及各站的设备、流程要熟悉,具有现代化设备的知识和操作能力,具有丰富的运行管理经验。

2. 管道运行管理的基本步骤

管道运行管理包括分析运行资料、编制运行计划和运行调度3个基本步骤。
(1) 分析运行资料。

对委托管道运输的油品种类和数量,交付输送的时间和地点,油品的特性,以及对管线各泵站收、发油品应具备的条件等进行分析和研究,编制出年度轮廓计划,并做好完成管道年度任务的技术准备。

(2) 编制运行计划。

在分析运行资料的基础上，编制出指令性强的全线运行计划和各站的运行计划。

(3) 运行调度。

运行调度是指按运行计划进行全线指挥、调整、监督等工作，以保证按运行计划完成输送任务。

7.4.3 管道生产管理的技术手段

管道运输线路长、站库多，输送的货物易燃、易爆、易凝或易沉淀，且在较高的输送压力下连续运行。这就要求管道生产管理具有各种可行的技术手段，即管道监控、管道流体计量和管道通信等技术手段。

1. 管道监控

管道监控是指对管道运行工况的监测和控制，是实现密闭输送工艺优化运行所必需的手段。

管道运输线路长、站库多、全线密切相连。因此，运行工艺既需要站库和线路的就地监控，也需要全线的遥测和遥控。管道监控的主要任务是：收集、处理、显示和记录管道系统的运行状态和工艺参数；按输送计划、动态工况分析结果，选择最优运行方案；协助调度人员迅速准确地开关阀门和启停设备，以实现选定的输送工艺流程；调节流量、压力和温度等运行参数；预测、分析和处理事故；进行起点站、终点站和分输站的油气交接及账务结算等。

2. 管道流体计量

管道流体计量是指对管道运输的流体货物流动量的测量工作，其任务是：向交运和承运双方提供货物运输量的数据；为实施输送计划、分析运行工况、控制总流量和分输量的平衡提供重要依据；在油品顺序输送中，为批量切换和转换提供依据；为计算输油和输气成本提供依据；监测管道输送过程中的漏失量。

3. 管道通信

管道通信是管道运输借以传递各种信息，以及进行业务联系和控制管道运行的工具。管道运输具有全线联合作业的特点，即管道的各个环节要密切配合、协调一致，才能完成管道运输作业，这就必须通过通信系统进行统一调度和集中监视。同时，在管道维护和抢修过程中，组织人员、调运器材、协调操作等也缺少不了通信联络。

管道通信系统主要由区段通信、干线通信和移动通信 3 部分组成。区段通信是指管道各区段内部的通信。每个区段的通信系统不仅要满足本区段的通信需要，而且也是干线通信网的组成部分。干线通信是管道运输部门各级管理机构之间及其与调度中心之间的通信。干线通信网沟通总部、大区中心和调度中心。移动通信是为满足收集和传递管道沿线和各种监视信号的需要，以及为满足管道维护工作的需要所使用的无线电通信系统。

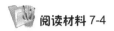
阅读材料 7-4

当今世界油气管道之最

我国是最早采用管道（竹木筧）输送流体的国家，但现代意义的油气管道运输始于 19 世纪中后期的美国。1865 年和 1891 年，在美国宾夕法尼亚州和印第安纳州，先后建成世界上最早的输油管道（长 8 千米）和输气管道（长 193 千米）。100 多年后的今天，油气管道已遍布五大洲，总长超 250 万千米，可以绕地球赤道（40075 千米）60 多圈，每年承担几十亿吨石油和上万亿立方米天然气的输送任务。

在现代管道建设和运行管理中已融汇了许多高科技成果，不仅能在江河湖海、浩瀚沙漠、崇山峻岭、永冻地带等自然条件恶劣的地域铺设管道，而且在施工技术、输送工艺等方面也不断有重大突破。

首次伸入北极圈的管道是美国 1977 年竣工的阿拉斯加原油管道，其最大技术难点是如何在 965 千米长的永冻层地带（最低气温零下 62℃）建设管道和输送高温（平均油温 52℃）原油。为避免热油管道融化永冻层，用 78000 个高 4.5～21 米的支架把 676 千米长的管道架在空中。有的支架还装有热管，其一端是铝合金散热片，置于大气中，另一端深埋在支架底部的土壤内，通过热管中脱水液态氨的受热汽化和散热冷凝作用，把热油传到支架底部土壤的少量热量不断带出地面。

管线长度、输量、功能及管理水平都居于世界之冠的成品油管道，是美国 1979 年建成的科洛尼尔管道系统。管线经 9 个州连接 100 多座城市，在 8413 千米长的管网中流动着 118 种油品，供给 281 个装卸点，平均日输油 23 万吨，运行管理全部实现自动化，井然有序、有条不紊。

建设难度和规模最大的管道是苏联 1985 年建设的"输气管道走廊"，是输气管道的"巨无霸"，从世界第一大气田乌连戈伊至俄罗斯西部及东欧各国，由 6 条 1420 毫米粗的管道并行构成，总长 2 万千米，年输气量 2000 亿立方米。该管线建设用钢管 270 万吨，开挖土方 1.3 亿吨。

第一条大型洲际输气管道是从阿尔及利亚经地中海至意大利的输气管道，穿越海洋最深处为 608 米，通过沙漠长达 920 千米。

最长的海底管道是"北溪 2 号"，由俄罗斯天然气巨头俄罗斯天然气工业股份公司与法国恩基集团、奥地利石油天然气公司、荷兰皇家壳牌、德国尤尼佩尔和德国温特沙尔天然气公司五家欧洲公司合作建设，"北溪 2 号"起始于俄罗斯圣彼得堡附近的乌斯季-卢加地区，经由波罗的海直抵德国东北部的格赖夫斯瓦尔德，管道全长 1224 千米，2017 年 9 月开始施工，2021 年 9 月管道铺设任务全部完成，设计年输气能力达 550 亿立方米，可满足欧洲约 10% 的天然气需求。

海拔最高的原油、成品油及天然气管道都在我国，是 1977 年竣工的格拉成品油管道，平均海拔 4260 米，最高处海拔 5231 米；1990 年建成的花格（青海花土沟至格尔木）原油管道，平均海拔 2888 米；2001 年投产的涩宁兰（青海涩北经西宁至甘肃兰州）天然气管道，平均海拔 2700 米。

资料来源：中国管道网.

7.5 管道运输系统规划

由于管道本身的输送能力受到地形、温度等诸多外在因素的限制，因此在初期规划时，就必须妥善考虑。如果规划时未详加注意，则在兴建完成之后将造成难以弥补的缺陷，严重地影响输送安全；其次整条管道是线路兼运输工具，在维护上必须借助相关专业科技。

因此，规划过程对整个管道运输系统而言是非常重要的。在规划时，规划人员可以发现几乎每一条管道都有其独特的问题存在，规划人员必须事先了解各项可能影响管道输送的问题，并找出解决问题的方法。例如，美国阿拉斯加输油管必须穿越庞大的冻原区，而当原油以高温（原油刚冒出地面时温度约85℃）经由泵送入管道时，将会使冻原融化，造成油管地基崩塌。为此，规划人员必须采用适当的方法（如将油管地基冷冻，以支撑地面油管，并使冻原不致融化）来解决这个问题。在规划过程中，必须解决的技术问题还包括管道泄露、腐蚀，输送安全及环境影响等，而最为人所关切的问题是如何防止跨海管道所可能引发的漏油及火灾危险。因而，管道规划人员除了要了解施工技术、材质及管道设备，更需要具备地质学、地理学、资源保护及区域保护科学等方面的知识。

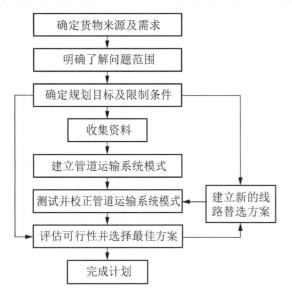

图7.4 管道运输系统的规划流程

一般而言，管道运输系统的规划流程如图7.4所示。首先需要确定管道运输的货物来源及需求，并且明确地了解问题的范围，其次规划人员必须确定规划目标（如追求成本最小化或采用自动化）及限制条件（如安全规定、法令规章的限制、运送的物品限制等）。至于管道运输系统模式的建立则以需求模式为主，并需考虑管道供给的技术特性，线路的规划则需考虑地质及地理方面的因素。最初的线路选择可由地图及空中侦测来决定。管道线路所经地区应考虑地表是否平坦，所需穿越的地上物是森林、农业区、草原，或是特殊的地上物；地质上要考虑是否有腐蚀区、巨石、沙丘、河流、湖泊、池塘、沼泽、山崖等；还应考虑已有的设施，如电力线路、公路、铁路、工业区、军用设施、水坝及水库。凡是极端的地形或障碍都应尽量避免，因为这些因素都会使管道运输系统的建造成本提高。如果是地震区也应避开，如果无法避开，则管道运输系统必须装上检测阀和地震时极易断裂的连接环，以期使损害及清管费用降至最低。还有一点必须特别注意，必须做好自然环境影响评估，如果有野生动物保护区，在管道运输系统线路上，则要严加注意，不可破坏生态环境。

另外，必须收集各种资料以供建立管道运输系统模式时确定参数使用。最重要的资料是有关管道运输系统所经线路的航拍图，这些图片可用于分析线路上的地形特性、气候特性和土地使用情形，其他如土壤性质方面的资料也必须收集。总之，所收集的资料越详细，所建立的管道运输系统模式也就越能加以校正以符合实际需要，将来也就越能在运输服务上达到最大效益。

管道运输系统模式建立后，所要进行的是对整条管道运输系统模式的测试与评估，评估的重点在于此系统是否能提供满足需求的运量及符合外在的限制条件。整条管道运输系统的评估项目包括运量、安全性、效用性、经济上的因素、环境的冲击、财务问题以及政策上是否能被接受等。如果一条管道运输系统无法达成评估项目的条件要求，则必须重新建立新的替选方案。如果评估通过，则必须通过工程兴建、财务预算及政策支援等，才能完成整个管道运输系统计划。而在执行这一庞大计划的过程中，最重要的是必须遵守法令规范，尤其是关于环境影响方面。

本 章 小 结

管道运输作为第五大运输方式，越来越受到各国的重视。通过本章的学习，可以掌握管道运输的发展、特性、基础设施、运输管道分类、管道输油（气）工艺、管道运输生产管理、管道运输系统规划等知识。

目前，我国油气管道建设进入了一个新的发展时期。随着西气东输、西部原油成品油管道等重点工程建成投产，一个西油东送、北油南运、西气东输、北气南下、海气登陆的油气供应格局正在形成。可以预见，未来几年，我国油气管道运输业将得到更大发展，区域性管网将进一步完善，对环境保护和提高人民生活质量将产生更加积极的影响。

案例分析

工程总价超 2.8 万亿元，中俄天然气管道再传捷报

继 2017 年中国的原油进口总量超过美国，一举跃居全球第一大原油进口国后，2018 年中国天然气进口总量也一度飙升，超过日本成为世界天然气进口最大国。根据 2020 年第一季度的天然气进口数据来看，即使在严峻疫情的局面下，我国在一到三月份的天然气进口量依然强势，其高达 2466 吨的规模相比 2019 年同期增加了 39 万吨。但与 2019 年较为不同的是，中国天然气的进口方向首次在东北破局，截至 2020 年 5 月 27 日，已经有超 15 亿立方米的天然气来自 2019 年底刚开通的中俄东线天然气管道。

【拓展视频】

继以中亚为进气源的西北通道、海上液化天然气输入的东南通道和以中缅管道为基础的西南通道之后，作为四大天然气输入通道之一的东北通道——中俄东线天然气管道，是我国海外能源进口的又一强力保障线。于 2019 年 12 月正式通气的东线管道，其气源点起自俄罗斯西伯利亚，主要分为俄罗斯境内"西伯利亚力量"天然气管道和我国境内的东线天然气管道两部分，规划建设管道长度达 8111 千米，目前俄罗斯境内管道已基本建设完毕，而我国境内的管道建设也逐步迈向了终点。

其实中俄东线天然气管道的建设商谈由来已久，从 20 世纪 90 年代开始中俄双方就工程展开了谈判，但一直持续到 2014 年 5 月才正式签订供气合同。虽然管道工程磋商时间长达 18 年，但是从 2017 年底进入全面建设以来，短短数年就完成了北段的施工并投入运营，这个采用世界级建设标准的超大口径管道再次证明了中国速度。中俄东线天然气管道的首次签约期限为 30 年，初步计划将在一年内向我国输送 50 亿立方米天然气，最终达到每年 380 亿立方米的输入规模。

此前我国的天然气进口主要以海上液化天然气船运输为主，其船舶造价高、运输成本高、运输容量有限，而采用管道运输不仅能省去额外支出，还极大降低了海上运输的风险。在 2020 年 5 月底我国的海上液化天然气的价格涨幅高达 18.4%，由此可见海上天然气的价格波动受全球局势影响极不稳定，而陆地管道将气源点和需求地打通，为我国的能源安全加强了保障。而且这条东北能源通道为当地能源结构优化打下了基础，打造出我国四大天然气通道的格局，进一步平衡了我国各区域的能源布局。

随着全球页岩气革命的到来，美国各大页岩气企业生产的非常规天然气，对全球天然气市场，特别是俄罗斯市场形成了强力冲击。而中俄东线天然气管道的建设投产，不仅为我国增加了议价的话语权，而且给了俄罗斯与美国页岩气企业竞争的底气。更为重要的是，东线管道为日后中俄大规模能源合作打下基础，填补了俄罗斯逐渐萎靡的欧洲市场，减少了其对欧洲市场的依赖。同时这些因素也是推动双方能达成签约的原因所在，中俄双方的能源合作也将在此基础上进一步展开。

根据本案例所提供的材料，试分析一项管道运输工程从规划、建设、建成投产到生产管理，需要考虑哪些问题。

资料来源：国际燃气网．

 关键术语

管道运输（pipeline transportation）　　　　原油管道（crude oil pipeline）
成品油管道（product oil pipeline）　　　　天然气管道（gas pipeline）
固体料浆管道（solid slurry pipeline）　　　液化天然气（liquefied natural gas）

习　题

1. 填空题

（1）管道运输系统的基础设施包括＿＿＿＿、＿＿＿＿、＿＿＿＿和＿＿＿＿。

（2）运输管道按所输送的物品不同可分为＿＿＿＿、＿＿＿＿、＿＿＿＿和＿＿＿＿。

（3）运输管道按用途不同可分为＿＿＿＿、＿＿＿＿和＿＿＿＿。

2. 简答题

（1）简述管道运输的优缺点。
（2）简述管道运输的发展趋势。
（3）油品输送方法有哪几种？
（4）油品输送流程按管线沿线上下两泵站之间的连接方式可分为哪两种？分别简述其含义。
（5）提高管道输送效率的措施有哪些？
（6）管道运行管理包括哪几个基本步骤？

第 8 章 货物运输过程组织

【教学目标】
- 了解货物流通过程和货物运输过程。
- 熟悉货物运输业务组织机制。
- 了解运输承包公司的业务。
- 了解运输代理人的性质、责任和义务、分类等。
- 掌握集装箱运输的特点及基本条件。
- 了解集装箱的定义、集装箱标准的种类。
- 熟悉集装箱的运输方式。
- 了解集装箱运输的关系人、集装箱运输业务。
- 熟悉集装箱调配与箱务管理。
- 掌握多式联运的有关术语。
- 掌握多式联运的特点、作用、优点、运输组织方法等。
- 了解国际多式联运的概念、国际多式联运经营人、国际多式联运业务。

【思维导图】

导入案例

我国多式联运驶入发展快车道

我国交通运输部等部门将多式联运定义为"依托两种及以上运输方式有效衔接，提供全程一体化组织的货物运输服务"，包括公铁联运、公水联运、铁水联运、海空联运等多种形式。多式联运实行"一票到底"，通过"一个主体、一份合同、一次托运、一次计费、一份单证、一次保险"完成货物的全程运输。

2016年12月，交通运输部等18个部委联合印发了《关于进一步鼓励开展多式联运工作的通知》，为新时代推动多式联运发展指明方向。2018年，国家层面又相继印发《推进运输结构调整三年行动计划（2018—2020年）》《国家物流枢纽布局和建设规划》等系列文件，全国20个省（自治区、直辖市）陆续出台多式联运工作实施方案，我国多式联运顶层框架设计日臻完善。

2022年初，国务院办公厅发布《推进多式联运发展优化调整运输结构工作方案（2021—2025年）》，到2025年，多式联运发展水平明显提升，基本形成大宗货物及集装箱中长距离运输以铁路和水路为主的发展格局，全国铁路和水路货运量比2020年分别增长10%和12%左右，集装箱铁水联运量年均增长15%以上。据测算，多式联运占全社会货运量比重每提高1个百分点，可降低社会物流总费用约0.9个百分点，节约成本支出1000亿元左右。

2023年初，交通运输部、自然资源部、海关总署、国家铁路局、国铁集团联合印发《推进铁水联运高质量发展行动方案（2023—2025年）》，聚焦提升设施联通水平、提升联运畅通水平等4个方面共13项任务，加快运输结构调整优化，推动交通运输绿色低碳发展。

优化调整运输结构，是加快建设交通强国、构建现代综合交通运输体系的一项重点工作。党的二十大报告明确提出，加快推动交通运输结构调整优化。当前，以铁水联运为代表的多式联运成为我国交通运输结构调整的重要突破口。随着政策支持力度不断加大，我国多式联运已驶入高质量发展快车道。

思考题：谈谈对多式联运的理解。

资料来源：经济日报.

8.1 货物运输过程

8.1.1 货物流通过程

货物流通过程是指国民经济各部门生产的以商品（或物资）形式出现的物品（即货物）由生产地向消费地流动的全过程。货物只有完成其流通过程，才能实现其使用价值。因此，货物流通过程在很大程度上也可视为商品（或物资）生产过程的继续。就其实质而言，也可以说货物流通过程是货物生产过程的重要组成部分。

【拓展视频】

货物流通过程是借助交通运输部门（包括从属于物质生产部门的专业交通运输企业）所提供的交通运输工具来实现的。按所使用的交通运输工具不同，货物流通过程基本上可以有以下3种模式。

1. 货物流通模式 I

货物流通模式 I（图 8.1）是以铁路运输或公路运输作为货物流通过程干线运输方式的陆上货物流通模式。

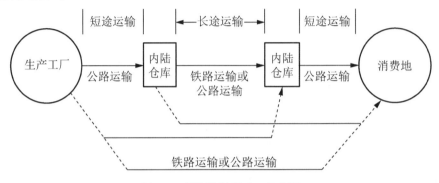

图 8.1　货物流通模式 I 示意图

2. 货物流通模式 II

货物流通模式 II（图 8.2）是以航空运输作为货物流通过程干线运输方式的空中货物流通模式。

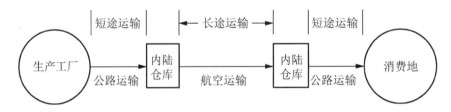

图 8.2　货物流通模式 II 示意图

3. 货物流通模式 III

货物流通模式 III（图 8.3）是以水路运输作为货物流通过程干线运输方式的水上货物流通模式。

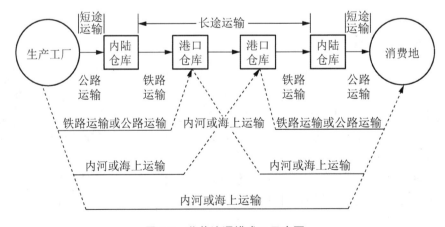

图 8.3　货物流通模式 III 示意图

显然，在通常情况下货物流通过程是在多种运输方式参与的条件下，通过多种运输环节实现的。

货物由发货地向收货地输送的全过程称为货物运输过程。这一过程中的始点（发货地）可以是货物的生产工厂，也可以是某一发货仓库，终点（收货地）可以是货物消费地，也可以是某一到货仓库。因此，货物流通过程可以由一个或一个以上货物运输过程组成。货物流通过程的这一特性是由商品交换或物资供应的需要所决定的。货物运输过程的模式与货物流通过程的模式基本相同，也可以有陆上货物运输模式、空中货物运输模式和水上货物运输模式之分。

8.1.2 货物运输业务组织机制

货物运输过程就其运输工作性质不同，可以划分为交通运输工具载运工作和货物运输业务两部分。交通运输工具载运工作属于交通运输部门内部的技术性工作，而货物运输业务则属于货物运输过程中所包含的商业性事务和交通运输部门的服务性工作。显然，交通运输工具载运工作只能由掌握该交通运输工具的交通运输部门来组织实现，而货物运输业务却可以根据具体情况采取不同的组织方法。

货物运输业务的具体组织方法可以有多种，但就其组织机制来说，基本上可以划分为两大类。

1. 货主直接托运制

货主直接托运制是指由货主与掌握运输工具的运输企业直接发生托运与承运关系的运输业务组织机制。采用这类货物运输业务组织机制的货物运输过程如图8.4所示。

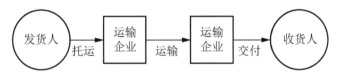

图8.4　货主直接托运制运输过程

2. 运输承包发运制

运输承包发运制是指由货主与运输承包人发生托运与承运关系，并由运输承包人组织实现货物运输过程的运输业务组织机制。采用这类货物运输业务组织机制的货物运输过程如图8.5所示。

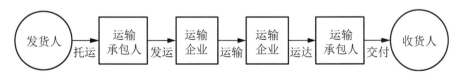

图8.5　运输承包发运制运输过程

当前许多国家同时采用上述两类运输业务组织机制，而且第二类运输业务组织机制正不断发展，通过该组织机制实现的货物运输量也不断增加。

运输承包发运制及运输经营人工作的意义主要反映在以下几个方面。

（1）将整个货物运输过程划分为交通运输工具载运工作和货物运输业务两部分，并分别由掌握运输工具的运输企业和运输经营人两种运输行业来承担，实现运输过程组织工作的专业化分工，相对地简化了运输企业的运输组织工作，有利于提高运输工作质量。

（2）保证货物运输过程实现一票到家的"门到门"运输。在有多种运输工具参加实现货物运输过程的情况下，通过运输经营人的中转业务，可以顺利地实现不同运输工具间的紧密衔接和配合，从而实现"门到门"运输，有利于提高运输服务质量。

（3）保证利用最合理的运输方式，以最经济有利的运输线路实现货物运输过程。在各种运输工具交织成网的情况下，货物运输方式和运输线路常常可以有多种选择。由于运输经营人是组织货物运输的专业公司，对运输方式和运输线路的选择有丰富的经验，且联系着不同的运输工具，因此可以为货主选择一种最有利的运输线路（采用单一运输工具的直达运输，或采用多种运输工具的中转运输），既节省运输费用，又可以合理运用各种运输工具。

（4）简化货主货运手续，最大限度地方便货主。对于工厂、企业，通过运输经营人办理货物运输可以减少办理货运手续人员和工厂、企业的场库设备。

（5）运输经营人所具有的一定数量的储运能力，构成了对运输企业日常运输工作的调解机能，从而增加了运输企业港、站工作的弹性。当港、站货物集中到达时，货物可通过运输经营人所沟通的渠道迅速疏散或转入运输经营人的场、库；当港、站装运能力不足时，运输经营人可储存一定数量的货物，从而缓和对港、站的压力。

（6）运输经营人对承运货物的受理、检查、验货等货运作业，构成了对运输企业承运货物具有较高精度的初加工过程，不仅大大减少了港、站对承运货物的货运业务工作量，提高港、站工作效率，而且可以有效提高货物作业的安全性，减少货损、货差事故。

由此可见，运输承包发运制是一种先进的货物运输业务组织机制，不仅方便货主，提高运输服务质量，而且也有利于专业运输企业进一步提高运输组织水平和运输生产效率。

8.1.3 运输承包公司

1. 运输承包公司的业务

运输承包公司是不具有运输工具或只具有少量短途运输工具，而以办理货运业务为主（或兼办客运业务）的专业运输业务企业。对采用运输承包发运制的货物，作为运输经营人接受货主有关货运工作的委托，负责办理货物运输全过程中所发生的与运输有关的事务，并与掌握运输工具的运输企业发生托运与承运的关系。

运输承包公司主要可以开展以下业务。

（1）国内和国际零担货物的集结运输。
（2）产品或商品的分拨运输。
（3）大宗货物的进出口运输。
（4）特种货物运输（如笨重货物、展品、家具等）。
（5）仓库保管。
（6）工厂或企业成套设备运输。
（7）办理进出口货物的海关手续。
（8）货物包装。

零担货物具有批数多、质量小、发到地分散、品种复杂、形状各异、包装不统一等特点。因而，零担货物运输是一种要求运输条件较高、货运手续较为繁杂，且面向千家万户的运输。由运输承包公司承包零担货物运输业务，不仅可以方便货主，提高运输服务质量，还可以通过运输承包公司的货物集结过程，集零为整，提高运输企业的运输效率和运输过程的安全可靠性。

零担货物集结运输包括货物接取、集结装运、不同运输工具间的货物中转和到达分送等运输环节。运输承包公司通过对运输各环节的合理组织和分设在货物发到地各处所的运输营业站、点（包括专营或兼营），可以实现零担货物运输的邮件化。通过这一运输组织形式，可以对千家万户的货主实现"人在家中坐，收发全国货"的高质量运输服务。

笨重货物、家具和搬家货物的运输由于对运送条件、装运工具等都有特殊要求，需要作为特种货物办理运输，为开发这方面的业务应拥有相应的专业运输人员，建立相应的工作制度。

工厂或成套设备承包运输是指运输承包公司对由各地区供应的新建工厂全部设备或改建、扩建工厂的某方面成套设备的系统承包运输。开展这一运输承包业务时，厂方作为一项运输任务，与运输承包公司签订一个运输合同，协商确定一项总的运输费用。运输承包公司根据运输合同要求，组织联运业务网内各地区运输承包公司协调动作，共同完成任务，并按完成的运输量大小划分运输收入。由于我国国民经济建设正处在大发展时期，因此这是运输经营人的一项很有发展前途的业务。开发工厂或成套设备承包运输包括以下条件。

（1）运输承包公司必须建立健全经济发展信息网，保证经济情报来源可靠、及时。

（2）运输承包公司必须既具有精通运输业务，又具备必要的商业、工业机械设备知识的揽货专业人员。

（3）在供货地区内具有健全的运输业务网和运输业务网内的通信网。

分拨运输是指工厂的产品或商业部门的商品集中存入（或运入）运输承包公司的仓库后，公司根据货主运输委托单组织的货物分发运输。在这一业务中，包括仓库保管和分发运输业务两部分工作。不仅可以节省企业或商业部门对仓库建设的投资，提高仓库利用率，而且可以最大程度地方便企业和商业部门的销售和发货工作。运输承包公司发展分拨运输业务，也是保持和扩大公司稳定货源和业务量，不断提高公司经济效益的重要手段。

运输承包公司的仓库保管业务是对工业区和物资集散地企业和商业部门的原材料和商品的存储与保管，这是为用户提供长期或短期批量货物仓储服务的业务。在中小工业企业和贸易公司迅速发展的情况下，运输承包公司面向没有能力或没有必要建立自己完整仓储设备的公司开展仓库保管业务，这也是一项社会需要，且经济效益好。为开展仓库保管业务，运输承包公司必须具有足够数量的仓储设备和相应的仓库保管人员。

货物包装在这里是指货物的运输包装，应根据货物特征、运输条件、运输工具和运输距离进行设计（包括外形、包装材料、加固等）。因此，货物包装也是一项专业性很强的工作，运输承包公司开发货物包装业务通常应建立具有一定专职人员的专门业务单位。

2. 运输承包公司办理货运业务的作业过程

运输承包公司可以开发的业务虽然很多，但其主营业务还是办理货物运输。运输承包公司办理货物运输业务的作业过程如下。

（1）货主（发货人）提出发货委托书（通过电话委托或通过邮件书面委托）或亲自登门办理托运手续。

(2)运输承包公司根据发货委托书规定的时间、地点派车取货或由发货人亲自送货。

(3)货物在运输承包公司仓库集结。

(4)运输承包公司办理货物票据手续及核收运杂费。

(5)根据货主规定的发货日期(或对到货日期的要求)向运输企业托运、组织货物始发装运。除货主有特殊要求,并支付相应的运输费用者外,运输工具的选择和运输线路的安排由运输承包公司负责。

(6)在不同运输工具的衔接点办理货物中转业务。

(7)办理货物到达票据手续和到达杂费结算。

(8)运输承包公司根据货主(收货人)指定的时间、地点派车送货或由收货人亲自取货。

(9)将经收货人签收的运输单据寄回运输承包公司保管。

由此可见,办理货物运输业务的作业过程主要由3个业务环节组成。

(1)货物在发运地的承运业务。

(2)货物在不同运输工具衔接点的中转业务。

(3)货物在收货地的交付业务。

3. 货物中转业务

运输承包公司为承运的货物组织一票到家的运输,这一运输方式就其运输组织情况来看,可以有以下两种不同的类型。

(1)需要经过货物集结和分散运输过程的零担货物运输。其运输过程如图 8.6 所示,包括集结运输、主体运输和分散运输 3 个部分。集结运输和分散运输通常采用公路运输。

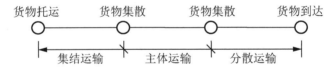

图 8.6 零担货物运输过程

由于零担货物具有去向多而批量小的特点,除在货物集散地托运和到达的零担货物外,均需要经过集结运输和分散运输。

(2)成批货物和大宗货物运输。由于成批货物和大宗货物具有一个去向且运输量大的特点,在运输过程中不产生集结运输和分散运输,因此这类货物的运输过程只有主体运输。但是,这类货物的到达地不一定是货物消费地或销售地,还可能发生再次运输(如商品的分拨运输等)。

货物的主体运输根据不同情况,可能采用一种运输工具来完成,也可能采用多种运输工具才能完成。

在货物运输过程中,运输承包公司对货物在不同运输工具的衔接地以及零担货物在货物集散地所进行的作业,称为货物的中转作业,主要包括以下业务。

(1)货物或集装箱的装卸。

(2)货物或集装箱的场库保管。

(3)杂费计算和票据手续。对于进出口货物,如中转作业地点系港口或机场还包括海关手续。

（4）向接运运输企业托运，组织货物的中转装运。

货物由始发地或中转地发运后，除票据随货传递外，运输承包公司应立即向运输组织线上前方到达的中转地或终到地运输承包公司发出函电，说明发运货物的简况。

每一运输承包公司都在一定的地区设有一定的业务机构（如分公司、办事处等），并通过这些机构处理货物的承运、中转和交付业务，以实现一票到家的"门到门"运输。由此可见，运输承包公司业务机构的多少、设置区域范围的大小，基本上决定了该公司所能办理货运业务承包区域的范围，即货流吸引范围。显然，运输承包公司的业务机构越多，设置区域范围越广，其业务量也就越大。但是，就一家国内运输承包公司来说，要在全国的每一个城镇设置业务机构是很困难的，因而可能办理的业务范围就要受到一定的限制。

因此，运输承包公司的中转业务可有以下两种基本组织形式。

（1）单一运输承包公司的运输组织线。货物的承运、中转和交付业务均由一个运输承包公司或联运服务公司的业务机构统一办理的货运承包过程，称为单一运输承包公司的运输组织线。显然，这一组织形式只有该公司在货物运输途中的中转地点和终到地点均设有业务机构时才能实现。例如，某货主要从德国慕尼黑将一批货物发往美国纽约，如果这一批货物由运输承包公司德迅公司承包，那么可以通过如图8.7所示的方式组织运输。

图8.7　单一运输承包公司运输组织线示意图

由于德迅公司在慕尼黑、汉堡和纽约都设有分公司，可承包整个运输过程的承运、中转和交付业务，从而构成了一条只有一个运输承包公司的运输组织线。

（2）多运输承包公司的运输组织线。货物的承运、中转和交付业务由多个（通常为两个或三个）运输承包公司的业务机构办理的货运承包过程，称为多运输承包公司的运输组织线。例如，某货主要从德国汉堡将一批货物通过空运发往中国武汉，如果这一批货物由运输承包公司德迅公司承包，那么可以通过如图8.8所示的方式组织运输。

图8.8　多运输承包公司运输组织线示意图

由于德迅公司在中国境内没有办理具体业务的分支机构，但却与中国外运公司有业务关系。因此，德迅公司在德国及世界各地可以承包发往中国的货物运输业务，而在中国境内的中转业务和交付业务由中国外运公司代理。

在国外，多运输承包公司运输组织线多通过相关运输承包公司签订协议的方法组成。在我国，目前主要采用以下方法。

① 联运服务公司根据货流吸引区的货流特点，与货物运输过程相关的联运服务公司（指地处货物运输过程不同运输工具衔接点和货物终到点的联运服务公司）以签订联运合同

的方法建立业务关系,互为代办货物的中转业务和交付业务,从而在一定范围内构成了以发运联运服务公司为中心的辐射式联运业务网。

② 建立区域性联营总公司。区域性联营总公司通常以某一具有大量联运货物运量的运输干线(如长江内河运输航线、津浦铁路线、京广铁路线等)货流吸收区为范围建立,因而区域性联营总公司所构成的联运业务网是以某运输干线为轴心的线状联运业务网。凡参加区域性联营总公司的联运服务公司,在规定范围内均可以总公司的名义办理联运货物的承运,并负责办理联运货物的中转业务和交付业务。建立区域性联营总公司是组织所属联运服务公司协调动作、扩大联运业务量、提高联运服务公司经济效益的有效途径。

显然,联运业务3项基本业务环节(承运、中转和交付)的实现,即联运服务公司办理联运货物运输的实现有赖于各种形式联运业务网的组成。因而,联运业务网是联运服务公司开展联运业务的基础,必须根据本公司的具体条件做好这一基础性的工作。

8.1.4 运输代理人

1. 运输代理的意义

国际货物运输的业务范围遍布国内外,不仅涉及面广、头绪多,而且情况复杂,任何一个运输经营人或货主都不可能亲自处理每一项具体运输业务,不少工作需要委托代理人代为办理。为了适应这种需要,在国际货物运输领域里如同国际贸易一样产生了很多从事代理业务的代理行或代理人,接受委托人的委托,代办各种运输业务并按提供的劳务收取一定的报酬,即代理费、佣金或手续费。当前,代理行业已渗透到运输领域内的各个角落,成为国际货物运输事业不可缺少的重要组成部分。

国际上从事代理业务的代理人一般都是经营运输多年,精通业务、经验比较丰富,而且熟悉各种运输手续和规章制度,与交通运输部门及银行、保险、海关等机构有着广泛的联系和密切的关系,从而具有有利条件为委托人代办各种运输事项。有时委托代理人去完成一项运输业务,比自己亲自去处理更为有利。这是因为代理人熟悉当地情况,与各方面有密切关系,比人地生疏的委托人自己去办可能更顺利,虽然要花一些酬金,但委托人从代理人提供的服务中可以得到补偿。代理人在委托双方之间发挥着重要的桥梁作用,在货物托运、中转和交付过程中,这种桥梁作用可用图8.9~图8.11说明。这就是代理行业之所以产生并获得迅速发展的一个重要原因。

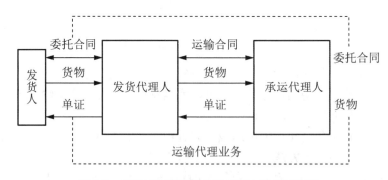

图8.9 货物托运过程中货运代理人作用示意图

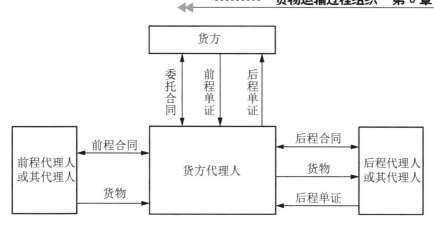

图 8.10 货物中转过程中货运代理人作用示意图

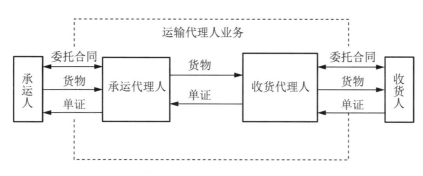

图 8.11 货物交付过程中货运代理人作用示意图

2. 代理关系和代理人性质

代理关系由委托人和代理人两方组成。代理关系的成立必须是一方提出委托（书面或口头），经另一方接受（书面或口头）才算成立。代理关系确立以后，代理人与委托人之间是一种委托和被委托的关系，有关双方的权利与义务按代理协议（合同）规定办理。在办理代理业务中，代理人是作为委托人的代表，对委托人负责，但代理人必须在委托人授权范围内行事，否则由此产生的一切后果委托人可不予负责而由代理人负责。因此，有关委托事项范围在代理协议（合同）中需详细明确规定，是代理协议（合同）的一个重要组成部分。

代理人根据委托办理代理业务时，有的由自己直接办理，有的自己不办理实际业务而转委托有关方面办理；也有以中间人身份为委托人与第三方促成交易、签订合同的，这种代理人称为经纪人。租船代理人即属于这类代理，因此每一个代理协议（合同）可能会产生 3 种关系。

（1）委托人和代理人的关系，这是代理协议（合同）的主体。

（2）委托人和第三者的关系，如委托人通过租船代理人与船东签订租船合同。

（3）代理人和第三者的关系。

在代理人和第三者的关系上，根据法律和习惯做法，代理人在与第三者发生关系时，可以不向第三者公开其代表身份，从而从第三者的角度来看，代理人的性质和地位又有 3 种情况。

（1）代理人不公开委托人，而以自己名义与第三者签订合同，在这种情况下代理人代表的是未公开的委托人。

（2）代理人公开自己的身份是代表，但不公开其委托人的姓名。在与第三者签订的合同上代理人在自己的签字后加注"仅作为代表"字样。这样，代理人代表的是隐名委托人。

（3）代理人既公开是代表委托人，也公开其委托人的姓名。在与第三者签订的合同上代理人在自己的签字前加注"经×××（委托人姓名）电传授权"，并在签字后加注"仅作为代表"字样。这样，代理人代表的是显名的委托人。

上述第一种情况下，第三者只能向代理人起诉，但如有确凿证据，证明代理人所代表的委托人，也可向委托人起诉。在第二、三种情况下，第三者只能向委托人起诉，对代理人来说，不负个人责任，但代理人鉴于某种原因如果不愿公开委托人姓名，则第三者也可以向代理人起诉。在上述3种情况下，委托人都有权以自己的名义向第三者起诉。有些国家法律规定，如果合同是由代理人以自己名义签订的，则只有代理人才能提起诉讼。

鉴于上述情况，在代理协议（合同）内，除规定代理工作范围外，一般还规定"未经委托人授权，代理人不得以任何方式代表委托人与第三者签订合同，否则所签合同对委托人无效。"

3. 代理人和委托人的责任和义务

代理人主要承担以下责任和义务。

（1）按照代理协议（合同）规定和委托人的指示负责办理委托事项，代理人必须以通常应有的责任心努力履行代理职责，尤其必须在委托人授权范围内行事。如果违反这些准则而造成损失，代理人需向委托人负责。

（2）如实汇报一切重要事宜。在办理代理工作中，向委托人提供的情况和资料必须真实，如有任何隐瞒或提供的材料不实而造成的损失，委托人有权向代理人追索并撤销代理协议合同。

（3）负保密义务。代理人在代理协议（合同）有效期间，不得把代理过程中所得到的保密情报和重要资料向第三者泄露。例如，委托人需要大量船位，代理人就有义务对外保密，以免造成市场剧烈波动。

（4）如实向委托人报账。代理人有义务对因代理业务而产生的一切费用提供正确的账目并向委托人收账，个别特殊费用的开支应事先征得委托人的同意。

委托人主要承担以下责任和义务。

（1）及时给予代理人明确具体的指示。除按照代理协议（合同）规定办理外，委托人要求代理人应做的工作，必须及时给予明确具体的指示，以便代理人凭以执行，尤其对代理人征询某项工作的处理意见，委托人必须及时答复，如由于指示不及时或不当而造成工作上的损失，代理人是没有责任的。例如，船舶突然到港，代理人事先一无所知，也未接到任何运输单证，以致无法办理船舶进港手续延误船期而造成损失，对此代理人是没有责任的。

（2）支付代理佣金。委托人必须按约定支付代理人佣金，作为对代理人所提供服务的报酬。

（3）支付费用和补偿。委托人必须支付代理人由于办理代理工作而产生的有关费用，除非代理协议（合同）另有规定，代理人日常业务管理费用，因已有佣金酬劳，不能包括在费用账内，不能向委托人报账。一般做法是由委托人事先汇付代理人一笔备用金，代理工作完毕后由代理人向委托人报账，多退少补。此外，如由于委托人的责任，使代理人造成经济上的损失，一般应由委托人给予补偿。例如，代理人根据货主要求向船公司订妥舱位，由于货主备货不足，造成空舱损失，货主应予补偿。

4. 运输代理人的种类

按照运输代理业务的性质和范围不同，有各种各样的运输代理行业，名称繁多、类型各异，但归纳起来主要有租船代理、船务代理、货运代理和运输咨询代理四大类，从事相关代理行业的人为代理人。

（1）租船代理人。

租船代理人又称租船经纪人，是以船舶为商业活动对象而进行船舶租赁业务的人，主要业务是在市场上为租船人寻找合适的运输船舶或为船东寻找货运对象，以中间人身份使船租双方达成租赁交易，从中赚取佣金。有些租船代理人还兼办船舶买卖、船舶代理业务。

租船代理人主要办理以下业务。

① 按照委托人（船东或租船人）的指示要求，为委托人提供最合适的对象和最有利的条件，并促成租赁交易，这是租船代理人最主要的业务。

② 根据双方洽谈确认的条件缮制租船合同，并按委托人的授权代签合同。

③ 向委托人提供航运市场行情、国际航运动态及有关资料信息等。

④ 为当事人双方斡旋调解纠纷，取得公平合理的解决。在执行合同中，往往会发生一些纠纷，租船代理人以中间人身份从中进行调解，对解决纠纷能起到一定作用，这也是考核和衡量一个租船代理人是否得力和称职的重要标准之一。

租船代理佣金按照惯例由运费或租金收入方支付，也就是由船东支付。代理佣金一般按租金 1%～2.5% 在租船租约中加以约定。

（2）船务代理人。

船务代理人是指接受承运人的委托，代办与船舶有关的一切业务的人。船务代理业务范围很广，主要包括以下几个方面。

① 船舶进出港业务方面。

a．办理船舶进出港的各项手续，包括引水、拖轮、靠泊、报关等。

b．办理船舶检验、修理、洗舱、熏舱及海事处理等。

② 货运业务方面。

a．安排组织货物装卸、检验、交接、储存、转运、理货等。

b．办理揽货、订舱和代收运费等。

c．编制有关运输单据。

③ 供应工作方面。

a．代办船用燃料、淡水、物料及食品供应等。

b．代办绳索、垫料等。

④ 其他服务性业务方面。

a．办理船员登岸或出境手续。

b．安排船员医疗、住宿、交通、参观游览等。

除上述一般业务外，其他临时发生的事情，经承运人委托代理人均可代为办理。船务代理人一般按规定的收费标准向委托人收取船舶和货物的代理费。船舶代理费一般规定以船舶登记净吨计收。货物代理费一般规定按船舶装卸货物吨数和货物大类计收。

（3）货运代理人。

货运代理人是指接受货主的委托代表货主，办理有关货物报关、交接、仓储、调拨、检验、包装、转运、订舱等业务的人。货主与货运代理人的关系是委托与被委托的关系，在办理代理业务中，货运代理人以货主的代理人身份对货主负责并按代理业务项目和提供的劳务向货主收取代理费。

货运代理人按业务过程可分为以下几种。

① 订舱揽货代理人。这类代理人有的代表承运人向货主报货，有的代表货主向承运人订舱，其与国内外货主及海陆空运输公司有着广泛的联系。

② 货物报关代理人。有些国家对这类代理人的要求很严。如美国规定，必须向有关部门申请登记，必须是美国公民，并经过考试合格才能担任货物报关代理人。

③ 货物装卸代理人。这类代理人主要代理港口、机场、车站等地的货物装卸事务。

④ 集装箱代理人。这类代理人主要代理装箱、拆箱、分拨、转运及集装箱租赁、维修等业务。

此外，还有转运代理人、理货代理人、储存代理人等货运代理人。

按货运方式不同，货运代理人又可分为海运代理人、空运代理人、陆运代理人等。以空运代理人为例，其主要办理以下业务。

① 提供设备把货物从发货人那里接收和收集起来，向航空公司订舱并按时安排运输工具将货物送到机场。

② 检查进出口许可证是否完善，办理其他有关规定要求的手续。

③ 填写航空运单，并计算好运单上列明的各项费用，保证发票及其他商业单据符合航空运输的需要。

④ 为发货人办理保险。

⑤ 发生纠纷时，帮助或代表委托人处理纠纷。

空运代理中的当事人主要有发货人、空运代理人、航空公司与收货人四方。发货人是委托方，空运代理人是代理方，航空公司与收货人是空运代理中的第三方。当然收货人也可以是委托人，这时，发货人便成为第三方了。空运代理中当事人之间的责任划分如图 8.12 所示。

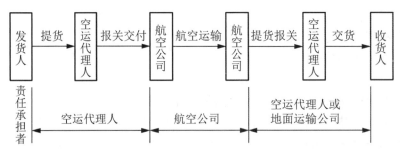

图 8.12　空运代理中当事人之间的责任划分

（4）运输咨询代理人。

运输咨询代理人是专门从事咨询工作，按委托人的需要，以提供有关咨询情况、情报、资料、数据和信息服务而收取一定报酬的人。这类代理人不仅拥有研究人员和机构，而且与世界各贸易运输研究中心有广泛的联系，所以消息十分灵通。诸如设计经营方案、选择合理经济运输方式和线路、核算运输成本、研究解释规章法律及调查有关企业财务信用等，均可根据委托，提供专题报告和资料情报。

从事运输咨询代理行业需要该代理人有很高的信息灵敏度、现代化的信息网络与高质量的研究人员。这一行业的竞争十分激烈，大批新的运输咨询代理公司不断出现，又不断竞争，逐步形成了几个较大的运输咨询代理公司，也只有大的运输咨询代理公司才能拥有较高的信誉，从而赢得较为稳定的业务量。

以上所列运输代理人的类别，仅仅是从其各自业务的侧重面加以区别，实际上，代理人之间的业务范围划分得并不很清楚，往往互有交错。例如，不少船务代理人也兼做货运代理工作，有些货运代理人也兼做船务代理工作。

阅读材料 8-1

中国远洋海运集团有限公司简介

中国远洋海运集团有限公司（简称中国远洋海运集团）由中国远洋运输（集团）总公司与中国海运（集团）总公司重组而成，总部设在上海，是中央直接管理的特大型国有企业。

截至 2022 年 11 月 30 日，中国远洋海运集团经营船队综合运力 11384 万载重吨/1403 艘，排名世界第一。其中，集装箱船队规模 302 万 TEU/494 艘，居世界前列；干散货船队运力 4526 万载重吨/441 艘，油、气船队运力 2910 万载重吨/227 艘，杂货特种船队 578 万载重吨/174 艘，均居世界第一。

中国远洋海运集团完善的全球化服务铸就了网络服务优势与品牌优势。航运、码头、物流、航运金融、修造船等上下游产业链形成了较为完整的产业结构体系。中国远洋海运集团在全球投资码头 57 个，集装箱码头 50 个，集装箱码头年吞吐能力 1.32 亿 TEU，居世界第一。全球船舶燃料销量超过 2830 万吨，居世界第一。集装箱租赁业务保有量规模达 391 万 TEU，居世界第三。海洋工程装备制造接单规模及船舶代理业务也稳居世界前列。

资料来源：中国远洋海运集团有限公司官网。

8.2 集装箱运输

8.2.1 集装箱运输概述

1. 集装箱运输产生的原因

第二次世界大战以后，世界经济得到了迅猛发展，跨国经营及国际贸易量不断上升，国际市场的竞争愈演愈烈，致使企业不得不采用大规模的专业化生产，以降低成本，提高技术水平和生产效率，争取在国际市场竞争中处于有利地位，以获取更大的利润。

【拓展视频】

跨国经营及国际贸易量的上升，对国际货物运输提出了更高的要求。传统的货物运输由于采用件杂货的方式，货物品种多，包装形式多样，单件质量相差较大，很难实现全过程的机械化和自动化的运输生产，也不适应现代大规模专业化生产的要求。为了克服件杂货运输所带来的问题，扩大运输单元是必然的趋势。在这一变化过程中，首先出现的是以网络和托盘等成组工具来实现货物运输和装卸的成组化，但是这种成组方式的集成化程度有限，外形仍不规整，由于包装强度所限，也使得堆码困难。因此，采用更大单元的、外形尺寸标准的、包装具有一定强度的集成化运输方式已势在必行，而集装箱运输方式的诞生正顺应了这种发展趋势。

2. 集装箱运输的发展阶段

集装箱运输的发展可分为以下几个阶段。

（1）集装箱运输发展的初始阶段（19世纪初至1966年）。

集装箱运输起源于英国。早在1801年，英国的詹姆斯·安德森博士已提出将货物装入集装箱进行运输的构想。1845年，英国铁路曾使用载货车厢互相交换的方式，视车厢为集装箱，使集装箱运输的构想得到初步应用。19世纪中叶，在英国的兰开夏已出现运输棉纱、棉布的一种带活动框架的载货工具，这是集装箱的雏形。

正式使用集装箱来运输货物是在20世纪初。1900年，在英国铁路上首次试行了集装箱运输，后来相继传到美国（1917年）、德国（1920年）、法国（1928年）及其他欧美国家。

1966年以前，虽然集装箱运输取得了一定的发展，但在该阶段集装箱运输仅限于欧美一些先进国家，主要从事铁路、公路运输和国内沿海运输；船型以改装的半集装箱船为主，其典型船舶的装载量不过500TEU［twenty-feet equivalent unit，以长为20ft（6.096m）的集装箱作为换算单位的一种集装箱计量单位，简称标准箱］左右，速度也较慢；箱型主要采用断面为8ft×8ft，长度分别为24ft、27ft、35ft的非标准集装箱，部分使用了长度为20ft和40ft的标准集装箱；箱的材质开始以钢质为主，到后期铝质箱出现；船舶装卸以船用装卸桥为主，只有极少数专用码头上有岸边装卸桥；码头装卸工艺主要采用海陆联运公司开创的底盘车方式，跨运车刚刚出现；集装箱运输的经营方式是仅提供港到港的服务。以上这些特征说明，在1966年以前集装箱运输还处于初始阶段，但其优越性已经得以显示，这为以后集装箱运输的大规模发展打下了良好的基础。

（2）集装箱运输的发展阶段（1967—1983年）。

在该阶段，集装箱运输的优越性越来越被人们承认，以海上运输为主导的国际集装箱运输发展迅速，是世界交通运输进入集装箱化时代的关键时期。

1970年集装箱运输量约有23万TEU，1983年达到208万TEU。集装箱船舶的踪迹已遍布全球。随着海上集装箱运输的发展，各港纷纷建设专用集装箱泊位，世界集装箱专用泊位到1983年已增至983个。世界主要港口的集装箱吞吐量在20世纪70年代的年增长率达到15%。专用泊位的前沿均装备了装卸桥，并在鹿特丹港的集装箱码头上出现了第二代集装箱装卸桥，每小时可装卸50TEU。码头堆场上轮胎式龙门起重机、跨运车等机械得到了普遍应用，底盘车工艺则逐渐没落。在此时期，传统的件杂货运输管理方法得到了全面改革，与先进运输方式相适应的管理体系逐步形成，电子计算机也得到了广泛的应用，尤其是1980年5月在日内瓦召开的有84个贸发会议成员参加的国际多式联运会议，通过了

《联合国国际货物多式联运公约》。该公约对国际货物多式联运的定义、多式联运单证的内容、多式联运经营人的赔偿责任等问题均有所规定。公约虽未生效,但其主要内容已为许多国家所援引和应用。

虽然在20世纪70年代中期,由于石油危机的影响,集装箱运输发展速度减慢,但是这一阶段发展时间较长,特别是许多新工艺、新机械、新箱型、新船型及现代化管理,都是在这一阶段涌现出来的,世界集装箱向多式联运方向发展也孕育于此阶段。

(3) 集装箱运输的成熟阶段 (1984年以后)。

1984年以后,世界航运市场摆脱了石油危机所带来的影响,开始走出低谷,集装箱运输又重新走上稳定发展的道路。有资料显示,发达国家件杂货运输的集装箱化程度已超过80%。据统计,到1998年世界上约有各类集装箱船舶6800多艘,总载箱量达579万TEU。集装箱运输已遍及世界上所有的海运国家,随着集装箱运输进入成熟阶段。世界海运货物的集装箱化已成为不可阻挡的趋势。

集装箱运输进入成熟阶段的特征主要表现在以下两个方面。

① 硬件与软件的成套技术趋于完善。干线全集装箱船向全自动化、大型化发展,出现了2500~4000TEU的第三代和第四代集装箱船。一些大航运公司纷纷使用大型船舶组织环球航线。自动化装卸桥也得到了进一步发展。为了使集装箱从港口向内陆延伸,一些先进国家对内陆集疏运的公路、铁路、中转场站以及车辆、船舶进行了大量的配套建设。在运输管理方面,随着国际法规的日益完善和国际管理的逐步形成,实现了管理方法的科学化,管理手段的现代化。一些先进国家已从原仅限于港区管理,发展为与口岸相关各部门连网的综合信息管理,一些大航运公司已能通过通信卫星在全世界范围内对集装箱实行跟踪管理。先进国家的集装箱运输成套技术为发展多式联运打下了良好的基础。

② 开始进入多式联运和"门到门"运输阶段。实现多种运输方式的联合运输是现代交通运输的发展方向,集装箱运输在这方面具有独特优势。先进国家由于建立和完善了集装箱的综合运输系统,使集装箱运输突破了传统运输方式的"港到港"概念,综合利用各种运输方式的优势,为货主提供"门到门"的优质运输服务,从而使集装箱运输的优势得到充分发挥。"门到门"运输是一项复杂的国际性综合运输系统工程,先进国家为了发展集装箱运输,将此作为专门学科,培养了大批集装箱运输高级管理人员、业务人员及操作人员,使集装箱运输在理论和实务方面都得到了逐步完善。

3. 集装箱运输的发展趋势

随着集装箱运输走向成熟及经营管理的现代化,集装箱运输将朝着物流中心化、管理自动化、港口高效化、船舶大型化、运输综合化的方向发展,以降低运输成本、缩短运输周期,真正为客户提供优质、快速、准时、便捷、价廉的服务。

(1) 干线船向大型化、高速化发展。

20世纪90年代以来,集装箱船的大型化十分明显。据统计,1998年箱位数2000TEU以上的大型船和4500TEU以上的超巴拿马型船的合计载箱量已占集装箱船总载箱量的45%。一些著名船厂纷纷对箱位数8000TEU以上的超大型集装箱船进行研究和方案设计,并具备了建造条件。截至2022年,我国自主设计建造的首艘世界最大集装箱船"长益"号可装载24000TEU。在集装箱船进一步向大型化发展的同时,集装箱船的高速化也引起了关注。

(2) 世界主要集装箱港口向大型、高效、综合服务方向发展。

世界主要集装箱港口都拥有长度至少 300m、前水深-12m 以上、陆地纵深 500～1000m 的集装箱泊位，采用大跨距、重负荷、自动化的装卸机械，全面实现计算机化管理，能够向船东和货主提供全方位的优质服务。

(3) 港口的中转作用日益重要。

船公司在主要航线上配置大型集装箱船。这些大型集装箱船只在少数货源稳定可靠的拥有深水泊位的港口之间航行，这些港口则将其他港口的货源通过支线船吸引过来加以中转。这种情况导致了一些集装箱港口地位的变化。过去在集装箱吞吐量名次中位居前列的一些港口被其他一些港口超越而退居其后。例如，鹿特丹、纽约等港，原来都拥有广阔的腹地和充足的货源，集装箱吞吐量曾处于领先地位，但由于周围港口的竞争及中转箱量有限，集装箱吞吐量难以有较大幅度增加。而另一些港口则由于其优越的地理位置和其他有利条件，吸引了大量中转箱，从而使集装箱吞吐量飞速上升。1990 年以后，在世界集装箱港口吞吐量排名中，香港港和新加坡港一直排在前两位，其原因是中转箱量占其总吞吐量的比例高达 50%～60%，有专家称这样的港口为大中心港。而一般的干线港虽然在吸引本港腹地货源及在自己的集疏运网络内起枢纽港的作用，但对大中心港来说，则退为支线港的地位。

(4) 多式联运日益完善。

集装箱运输的优势之一是便于组织多式联运。一些发达国家除了大力发展港口基础设施和海运船队外，还重视海运船队、专用码头和内陆集疏运网络的建设与相互匹配，形成日益完善的多式联运综合运输系统。同时重视在国际组织中积极活动，拟定相关的国际公约，并通过国内立法，完善集装箱运输的规章制度，在全球建立货运代理和多式联运经营网络，力图通过改善经营管理，提高运输服务质量和市场竞争能力。

(5) 信息管理实现现代化。

现代管理已进入信息时代，集装箱运输也不例外。尤其是电子数据交换已开始在航运界发挥日益重要的作用。集装箱运输有关单位之间，依靠计算机和通信网络，实现信息自动交换和自动处理，使集装箱运输原来一套复杂的纸面单证逐步为电子单证所取代，各种业务手续大大简化，并对集装箱动态信息进行有效跟踪，从而大大提高运输效率和运输服务质量。

(6) 箱型大型化、专用化。

一些发达国家为了充分利用运输工具的载运能力，近年来在国际标准化组织的多次会议上提出了修改集装箱标准的建议，包括增大集装箱的尺寸和总质量。近年来，40ft 及以上集装箱在总箱量中的比重逐年增加，冷藏、罐式、开箱等专用箱也呈增长趋势。

(7) 经营规模化。

随着集装箱运输一体化的迅速发展，各大班轮公司通过兼并和组织联营集团，实现了规模经营，成为全球承运人，并以货物集拼、仓储、运输等全方位服务，进一步完善干支网络，高效、快捷地组织"门到门"运输服务；广泛采用电子数据交换系统，对运输全过程实现信息化管理，合理安排航线，缩短航班周期，加快货运速度，降低运输成本，提高运输服务质量。

4. 集装箱的定义

关于集装箱的定义，国内外专家学者尚存在一定的分歧。国际标准化组织在制定的《集装箱名词术语》中，对集装箱的定义是，集装箱是一种运输设备，应具备以下条件。

（1）具有耐久性和足够的强度，适合反复使用。

（2）经专门设计，便于以一种或多种运输方式运输货物，无须中途换装。

（3）具有快速装卸和搬运的装置，特别便于从一种运输工具转移到另一种运输工具。

（4）便于货物装满和卸空。

（5）具有 $1m^3$ 及以上的容积。

目前许多国家的国家标准都引用了上述定义。

5. 集装箱的标准化

（1）标准化在集装箱化中的意义和作用。

标准化是组织现代化生产的重要手段，是科学管理的重要组成部分，同时也是提高经济效益不可缺少的技术基础。

推行标准化，是国家的一项重要技术经济政策。没有标准化，就没有专业化，就没有高质量，就没有高速度。

从集装箱运输的发展来看，也完全证明了这一点。世界集装箱运输在短短几十年之所以能风靡全球，在交通运输中引起了一场革命，其中集装箱标准化起了巨大的作用。试想如果集装箱没有标准化，则集装箱就有各种各样的尺寸、质量和形状，集装箱的机械和运输工具就没有了发展方向。集装箱的标准化给集装箱的运输设备提供了选型的依据。因此，也可以说，没有集装箱的标准化，就没有集装箱运输的专业化，就没有集装箱运输这么大的经济效益，同时，集装箱运输的发展速度也不会这么快。

集装箱标准化的目的是从生产者到消费者之间，利用公路、铁路、水路和航空运输，达到最大的经济性、通用性和互换性。

现代化生产是建立在技术先进、分工严密和大协作基础上的社会大生产，许多产品在生产过程中，往往牵涉许多部门和生产环节，这就要通过标准化，从技术上把各个环节组织起来。

集装箱运输牵涉的面很广，如果没有集装箱标准化，则在整个流通领域内就不能形成一个整体。所以我们说集装箱运输的成功，取决于集装箱标准化。集装箱运输是在集装箱标准化的推动下发展起来的。

（2）标准集装箱的种类。

集装箱按标准的范围来分，有国际标准、国家标准、地区标准和公司标准 4 种。

① 国际标准集装箱是由国际标准化组织第 104 技术委员会制定的集装箱。

② 国家标准集装箱通常由各国政府按国际标准的参数，考虑本国的具体技术条件而制定，如我国的 GB 标准集装箱。

③ 地区标准集装箱是由地区组织根据该地区的特殊情况制定的，此类集装箱仅适用于该地区，如由欧洲铁路联盟制定的集装箱。

④ 某些大的船公司使用自己的集装箱标准。例如，美国海陆公司（SeaLand）的 35ft 长的集装箱，美森公司（Matson Navigation Co.）的 24ft 长的集装箱，都是公司标准的集装箱。

目前世界上通用的是国际标准集装箱，共有 13 种，如表 8-1 所示。

表 8-1 国际标准集装箱规格

规格	箱型	长度/mm 基本尺寸	公差	宽度/mm 基本尺寸	公差	高度/mm 基本尺寸	公差	额定总质量/kg
40ft	1AAA 1AA 1A	12192	−10～0	2438	−5～0	2896 2591 2438	−5～0	30480
	1AX					<2438	—	
30ft	1BBB 1BB 1B	9125	−10～0	2438	−5～0	2896 2591 2438	−5～0	25400
	1BX					<2438	—	
20ft	1CC 1C	6058	−6～0	2438	−5～0	2591 2438	−5～0	24000
	1CX					<2438	—	
10ft	1D	2991	−5～0	2438	−5～0	2438	−5～0	10160
	1DX					<2438	—	

6. 集装箱运输的特点

现代集装箱运输具有以下特点。

（1）集装箱运输是一种高效率的运输方式。

集装箱是一种具有标准规格的大型"容器"。件杂货物装入集装箱后，以集装箱为单元进行运输，从根本上改变了原来的货物品种繁多，外包装尺寸、形状不一，单件质量差别很大而不能使用大型机械的不利状况。具有标准化的外形尺度和质量，为运输过程中大型专用设备和工具的使用与自动化生产创造了基本的条件。集装箱运输的高效率主要体现在以下几个方面：装卸速度高，运载工具周转快；提高了港口（场站）设施、设备的利用率；货物的运达速度较快，货方资金周转较快。

（2）集装箱运输是一种高质量的运输方式。

集装箱具有坚固、密封的特点，在运输过程中箱内货物不易发生被盗事故，并能有效地防止恶劣天气和环境对箱内货物的损害。在运输和装卸过程中，与外界接触的是箱子而不是货物，因此货物破损事故大为减少。同时，货物本身的包装可比传统散运形式有所简化，节省了包装费用。集装箱是一种大型货箱，可以把几十件甚至上百件货物集中作为一个整体，在运输各环节中始终把箱作为运输单元，在多次作业、理货中大大减少了货差和丢失现象。

减少货物丢失、损坏和差错事故，节省包装费用，加上前面提到的提高运达速度等，都说明了集装箱运输是一种高质量的运输方式。

（3）集装箱运输属于资金高度密集型的运输产业。

集装箱运输中的集装箱，各类运输工具，各种港站设施、机械设备，以及整个集疏运系统都需要投入大量的资金。随着运输工具的现代化、大型化，装卸机械的大型化、专业化，以及管理的现代化，集装箱运输需要的人力资源将会进一步减少，但对人员素质提出了更高的要求。

（4）集装箱运输是一种专业化、标准化的运输方式。

集装箱运输的专业化、标准化主要体现在以下几个方面。

① 箱型的标准化及货物装在箱内运输带来的货物质量和外形尺度的标准化。

② 各种运输方式中运输工具的专业化和标准化。

③ 各类港站设施的专业化和结构、布局及设计要求的标准化。

④ 各类装卸、搬运机械设备的标准化。

⑤ 运输管理组织、运输装卸技术工艺的标准化。

⑥ 运输法规、运输单据的统一化、标准化等。

（5）集装箱运输是一项复杂的系统工程。

集装箱运输是把高效装卸的专业化码头，快速周转的运输船队，四通八达的集疏运网络，功能齐全的中转站，各种类型的运输经营人和实际承运人，遍及全球的代理网络，科学准确的信息传递和单证流转，协调工作的口岸各部门（海关、三检、理货、保险及其他服务部门等）有机结合在一起的大规模运输工程。

集装箱运输系统整体功能的发挥，依赖上述各方面的协调发展和密切配合。现代集装箱运输从产生时起就把不同的运输方式紧密结合在一起，实现了多种运输方式的联合运输，从而在运输经营上打破了传统运输港站交接货物和分段运输的习惯，实现了"门到门"的运输。同时在运输组织上，实现了不同运输方式或单一运输方式多程运输的综合组织，打破了长期以来各种运输方式独立发展、独立经营和独立组织的局面，把不同运输方式和货物运输中的不同环节连成了一个不可分割的整体。这些特点使集装箱运输在系统规划、企业经营、运输组织管理等方面的基本思想和方法技术都具有明显的系统性。

由于集装箱运输具有以上特点，使集装箱运输在世界范围内迅速发展，并使物流全过程的诸环节（如包装、装卸、运输、保管及信息传递等）都发生革命性的变化。

然而，采用集装箱运输也会产生一些不利的因素。

（1）集装箱运输需要大量的初始投资。集装箱运输是一种现代化的运输系统，开展集装箱运输需要有专门的设施和新的技术装备。例如，公路和铁路要有特别的专用车辆，港口需要有专用码头和特殊要求的技术设施，而且要有巨大的码头面积来设置堆场。由于集装箱的体积和质量较大，一般的常规机械无法进行搬运和装卸，故要有专用的机械设备。航运企业还要增添集装箱专用船和大量价格昂贵的集装箱，特别是在内陆运输时，为了适应现代化集装箱运输的要求，必须对公路和铁路的线路进行改造，这些都并非易事。如果为了节约投资，利用不适当的装备和设施，如公路运输时用普通卡车装运集装箱，铁路运输时用一般的平板车装运集装箱，船舶运输时用普通货船装运集装箱，则不仅不能发挥集装箱运输的优越性，而且还可能导致营运失败。

（2）要改变原有的运输组织机构和建立新的规章制度。集装箱运输系统与传统的运输系统有很大的差别。集装箱运输是现代化大规模生产的方式，因此要求有更高的作业效率，再加上使用了不同的运输设备，就需要制定一套使用和管理这些新装备的制度和方法。因此，无论是公路、铁路、水路、航空及港口等运输机构，甚至包括代理公司、装卸公司和储运公司等，都必须针对集装箱运输的要求，做好作业上的改革和调整。

至于在劳动力方面，由于集装箱运输中使用的是高度先进的机械化装备，因此劳动力的文化水平和素质要求比传统的运输系统大大提高，一般都要经过专门训练才能上岗。这是顺利开展集装箱运输的必备条件。

（3）增加了箱务管理业务。集装箱运输是以国际标准的大型集装箱为媒介的。集装箱运输中需要使用大量的集装箱，由于每个集装箱的价格很高，因此集装箱的投资很大。如何提高集装箱的利用率、加速集装箱的周转、减少空箱回空，这是箱务管理的任务。箱务管理的好坏，对降低集装箱运输的成本、提高集装箱的经济效益有重大的影响。

由于集装箱数量多，而且在四面八方流散，因此要及时地掌握大量集装箱的动态是一项十分复杂的业务管理，通常需要借助计算机。经常遇到由于箱务管理混乱，致使大量集装箱流失而无从寻找的情况，这不仅在经济上造成重大损失，有时还会造成有货没有箱的情况。箱务管理不善就意味着需要使用更多的集装箱，这是造成集装箱运输成本增加的最主要因素。

（4）要求海关、商检、动植检、卫检等机构密切配合。国际集装箱运输是完成进出口货物的外贸运输，按照国家的规定，货物的进出口要求进行各种检验和办理一定的手续，这就需要耗费大量的时间。如果集装箱运输也与传统的件杂货运输那样，需开箱检查，而且开箱时必须各方到场，有一方不到，集装箱就不能运输，这就失去了集装箱运输迅速的优点。

因此，为了适应集装箱运输的要求，有关各方必须改革以前传统的做法，使之紧密合作，密切配合以保持集装箱在运输过程中的流畅无阻，但在实际工作中要做到这一点，也非易事，必须克服许多阻力和困难。

（5）增加潜在的危险性。

8.2.2 集装箱运输的经营

1. 集装箱的运输方式

【拓展视频】

集装箱的运输方式有船舶、铁路、公路、航空 4 种。

（1）船舶集装箱运输。

① 船舶的种类。按船舶装运集装箱化程度的不同，可将集装箱运输所使用的船舶分为以下几种。

a. 全集装箱船。这类船舶的设计目的是使全船所有载货空间可以适合集装箱装载。根据装载方式不同，全集装箱船又可分为舱格式全集装箱船与拖车式全集装箱船。前者将船舱划分为格状以起重机吊上吊下方式装卸集装箱；后者则是利用船上的跳板将载有集装箱的拖车驶上船舱固定停放，到达目的港后再将拖车驶出船舱。

b. 半集装箱船。这类船舶除了在船上有专供集装箱使用的舱格，还保留有空间以供装载散装杂货。

c．混合式集装箱船。这类船舶是将舱格式与拖车式集装箱船混合成一体，除可使用起重机进行装卸作业外，还可以承载载箱拖车。

d．可变集装箱船。这类船舶的货舱通常以装载集装箱为主，必要时可以改成装载散装杂货的货轮。

e．子母船。这类船舶是一种独特的集装箱船，是将整艘集装箱船分为子母两部分，子船负责进港装载集装箱，母船则在港外接运子船，然后由母船进行越洋长途运输。这类船舶适于在浅水码头或内陆河道中使用，可不受港口拥挤的影响，以提高船舶的运转率。但其缺点是船舶的保养及维修费用相当昂贵。

② 装卸方式。船舶集装箱运输的装卸方法因集装箱船而异，可有以下几种方式。

a．吊上吊下型。这类装卸方式主要用于舱格式集装箱船，以码头或船上自备的桥式起重机为装卸工具，对集装箱作垂直方式的装卸。

b．驶进驶出型。这类装卸方式主要用于拖车式集装箱船，拖车驶进船舱，待抵达目的港后用拖车直接将集装箱送达收货人处。

c．浮上浮下型。这类装卸方式主要用于子母船，子船对于母船而言就像是一个超大型集装箱，母船可在船上设重型起重机直接装卸子船，也有利用大型升降台以升降方法装卸子船的，还有采取让子船直接驶进驶出母船船舱的方式。

③ 作业方式。

a．直达作业。这是传统的运输方式，运送人只提供主要港口之间的集装箱运输服务。

b．接驳作业。这是以小船来往于主要港口附近的小港口，承担集装箱的集中任务，将集装箱集中于主要港口，由大型集装箱船负责越洋长途运输任务。

c．复合作业。这是为了实现"门到门"服务的目标，由航运企业负责将各种运输工具协调结合在一起，共同完成集装箱运输任务的作业方式。

（2）铁路集装箱运输。

利用铁路平车装载集装箱进行路上较长运距的集装箱运输服务，是一种所谓驼背运输的作业方式，如图8.13所示。开展铁路集装箱运输应具备以下条件。

① 有适于铁路集装箱运输的货物。

② 集装箱应符合标准。

③ 符合一批办理的条件。

④ 在集装箱办理站间运输。

根据集装箱的装载情况不同，铁路集装箱运输可分为以下几类。

① 平车载运拖车。将集装箱与载运拖车一起固定于铁路平车上，进行长距离运输，到达目的站后，则用该拖车将集装箱直接送往收货人处。

② 平车载运集装箱。利用机具将集装箱固定于铁路平车上，待运抵目的地后，再以机具将集装箱卸放到当地拖车的车架上，由当地拖车送抵收货人处。

③ 集装箱列车。集装箱列车是集装箱装载形式的货运列车，集装箱占整个列车运输部分的主体或全部，分为单层集装箱列车和双层集装箱列车。单层集装箱列车是早期形式；双层集装箱列车的出现是集装箱运输史上的一次革命，可以使单位运营成本降低25%～40%，运能提高30%以上。

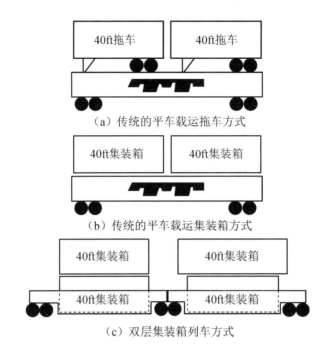

图 8.13 驼背运输的作业方式

(3) 公路集装箱运输。

在铁路无法到达或运程较短的运输中,公路运输以其机动灵活、快速直达的优势,在集装箱多式联运中成为典型工艺流程的第一个和最后一个环节。公路运输既能独立构成运输系统,完成货物运输的全过程,又是衔接铁路、水路、航空等运输方式,为后者集散货物的重要环节。无论采用哪种运输方式,都需要用汽车将集装箱从托运人地点运至铁路车站、码头、机场,同时还要将集装箱从铁路车站、码头、机场再运送到收货人处。所以,公路集装箱运输在集装箱内陆运输系统和水陆联运中,都占有重要的地位。运输方式一般有以下4种,如图 8.14 所示。

① 汽车货运方式,以一般货车来运送集装箱。

② 全拖车方式,除了以一般货车装载一个集装箱,还在货车尾端以拖杆牵带一辆车架运送另一个集装箱。

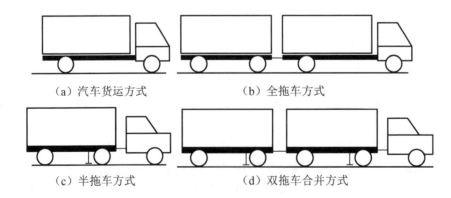

图 8.14 公路集装箱运输方式

③ 半拖车方式,以拖车拖一辆车架转运集装箱,拖车可脱离车架而灵活调度使用。
④ 双拖车合并方式,在半拖车之后用一台引车连接另一车架用以装运第二个集装箱。
公路集装箱运输的形式主要有以下几种。
① 整箱的港到门直达运输。
② 整箱的港到场或港到站运输。
③ 整箱的门到港直达运输。
④ 整箱的门到场或门到站运输。
⑤ 空箱的场到门或站到门运输。
⑥ 空箱的站到场或场到场运输。
⑦ 空箱的站到站或场到场运输。
(4) 航空集装箱运输。

由于航空运输所运送的货物均属高价值且具有时间性的物品,因此集装箱化运输的引进至少可以为航空运输企业创造下列两项竞争优势:一项是安全性,另一项是快速性。就安全性而言,在航空运输未使用集装箱之前,航空运输企业往往无法有效防止所运载的高价值商品发生盗窃及碰撞,因此,托运人与承运人间常因所运货物的损失而发生争执;就快速性而言,由于目前国际贸易的发达,产品或原料的成本计算方式已向考虑总成本方向发展,因此虽然航空运费在所有运输工具中属最昂贵者,但是因其在运送速度上所带来的高品质及时间效用,却为企业在仓储成本的节省及商品配送速度方面,创造了另一项竞争优势。

航空集装箱与一般集装箱在外形上有所差异,而这些差异的主要目的是让集装箱更适用于飞机,而且机场上的集装箱搬运机具,也与海运的集装箱搬运机具有所差异。

航空集装箱运输方式主要有以下几种:班机运输、包机运输、集中托运、急件传递。

2. 集装箱运输的关系人

为了适应国际集装箱运输业务的开展,一些与集装箱有关的新的运输机构随之产生,在整个集装箱运输过程中,起着各自不同的作用。

(1) 无船承运人。

集装箱运输大多是海陆空多种运输方式的联合运输。从一个国家内陆起运至另一个国家内陆交货,中途需要使用多种运输工具和经过多次换装,这样庞大和复杂工作,如果单独由海运承运人或铁路、公路承运人担负全程运输责任,显然是困难的。但客观上为了保证集装箱在各个环节上迅速顺利流通,又必须有一个机构全面负责集装箱运输的全过程,无船承运人就是在这种情况下产生的。无船承运人本身一般不掌握运输工具,一方面以承运人身份向货主揽载;另一方面,又以托运人名义向实际承运人托运。在国外,要经营这种业务,必须在政府有关部门登记注册,领有营业执照才能开业。在实际承运人的授权下,可签发联运提单。无船承运人因首先在航运界出现而得名,但目前陆上经营这种业务的人也称为无船承运人或称运输经营人。

(2) 集装箱码头经营人。

集装箱码头经营人是集装箱装卸、交接、保管的具体经办部门,受承运人或其代理人的委托进行下列各项业务。

① 整箱货物的交接、存储和保管。

② 与集装箱货运站办理拼箱货运的交接。
③ 办理集装箱的装卸配载及有关货运单证编签。
④ 办理集装箱的维修及空箱的清扫、熏蒸等工作。

集装箱码头经营人一般均有自己的集装箱专用码头、集装箱堆场及有关设备。根据提供的服务项目，收取一定的费用。

（3）集装箱货运站。

集装箱货运站一般均设在港口车站附近的内陆大城市中交通比较方便的地方。承运人在一个地区只能委托一个集装箱货运站，货运站代表承运人办理以下工作。

① 拼箱货的理货、检验、交接。
② 拼箱货的配载和装箱。
③ 进口货箱的拆箱、卸货、保管、交接。
④ 集装箱的铅封并签发站场收据。
⑤ 办理各项单证的编签工作。

有些陆上交通比较发达的国家，在内陆点还设有内陆集装箱货运站，专门办理整箱或拼箱货的交接工作。

（4）集装箱租赁公司。

集装箱租赁公司是随着集装箱运输发展而产生的另一种新行业，专门经营集装箱租赁业务，包括出租、回收、存放、保管及维修等，其出租对象主要是承运人、无船承运人及货主。集装箱的租赁方式一般有以下 3 种。

① 定程，如从甲地至乙地租用一个航程，也可以是来回程，租金按时间（每天）或包干计算。
② 定期，即约定租用时间，有长有短，长的有数年，短的只有 6 个月。
③ 包租，即租赁公司与租箱人之间订有较长期的协议，规定限额内，租箱人可根据需要随时增减。

（5）全程联运保赔协会。

全程联运保赔协会是 1968 年 6 月在伦敦建立的一种由船公司互保的保险组织，由英国三大保赔协会，即联合王国保赔协会、西英格兰保赔协会和标准保赔协会组成，对集装箱运输可能遭受的一切责任、损害、费用等进行全面统一的保险。参加的成员可以是海运集装箱承运人，也可以是海运以外的陆运、空运、沿海或内河运输的集装箱承运人，这是集装箱运输发展后所产生的新的保险组织。

3. 集装箱运输业务

（1）集装箱货物的装箱方式。

集装箱货物的装箱方式分为整箱和拼箱两种。整箱是指货方自行装箱，并以箱为单位托运的集装箱。通常在货主有足够货源装载一个或数个整箱时采用。除有些货主自备集装箱外，一般都向承运人或集装箱租赁公司租用集装箱。空箱运到工厂或仓库后，货主在海关人员监管下装箱、加锁、铅封后交承运人并取得站场收据，最后凭收据换取提单或运单。拼箱是指承运人接受货主托运的数量不足整箱的小票货物后，根据货物性质和目的地进行分类整理，把同一目的地的货物集结到一定数量，拼装入箱。由于一个箱内有不同货主的货拼装在一起,所以叫拼箱。这种方式在货主托运的货物数量不足装满整箱时采用。拼箱货的分类、整理、集中、装箱、拆箱、交货等工作均在承运人码头集装箱货运站或内陆集装箱转运站进行。

(2) 集装箱货物的交接方式。

由于集装箱货物的装箱方式分为整箱和拼箱两种,因此在交接方式上大致有以下 4 种。

① 整箱交、整箱接。货主在工厂或仓库把装满货后的整箱交承运人,收货人在目的地以同样整箱接货,承运人以整箱为单位负责交接。货物装箱和拆箱均由货方负责。

② 拼箱交、拆箱接。货主将不足整箱的小票托运货物在码头集装箱货运站或内陆集装箱转运站交承运人,由承运人负责拼箱和装箱,运到目的地货运站,由承运人负责拆箱,收货人凭单接货。货物的装箱和拆箱均由承运人负责。

③ 整箱交、拆箱接。货主在工厂或仓库把装满货后的整箱交承运人,在目的地货运站由承运人负责拆箱,收货人凭单接货。

④ 拼箱交、整箱接。货主将不足整箱的小票托运货物在码头集装箱货运站或内陆集装箱转运站交承运人。由承运人分类调整,把同一收货人的货物集中拼装成整箱,运到目的地,承运人以整箱交、收货人以整箱收。

根据承运人从发货人手中接收货物和向收货人交付货物的地点不同组合,集装箱货物的交接地点可分为以下 9 种。

① 门到门交接方式,一般理解为发货人负责装箱(在自己的工厂或仓库)办理通关和加封,承运人在发货人处接收货物后,对货物运输的全程负责,直到运至收货人处交付货物。货物的交接形态均为整箱货。

② 门至堆场交接方式,一般理解为发货人负责装箱、办理通关和加封,承运人在发货人处接收货物后,对货物运输全程负责,直到运至运输合同中指定的码头或内陆堆场向收货人交付货物。货物的交接形态均为整箱货。

③ 门至集装箱货运站交接方式,一般理解为发货人负责装箱、办理通关和加封,承运人在发货人处接收货物后,对货物全程运输负责,直到运至运输合同中指定的码头、码头附近或内陆地区的集装箱货运站,并负责拆箱,向收货人(可能是一个也可能是多个)交付。承运人接受的是整箱货,交付时为拼箱形态。

④ 堆场至门交接方式,一般理解为发货人负责装箱,办理通关及加封手续,并自行将集装箱由装箱地运至运输合同中指定的堆场,承运人在该堆场接收货物后,负责将货物运至收货人处的全程运输,并在收货人处交付货物。货物的交接形态均为整箱货。

⑤ 堆场至堆场交接方式,一般理解为发货人负责装箱,办理通关及加封手续,并自行将集装箱由装箱地运至运输合同中指定的堆场,承运人在该堆场接收货物后,负责将货物运至合同中指定的目的地堆场的全程运输,并在目的地堆场向收货人交付货物,收货人负责将货物运至拆箱地的运输和拆箱、还箱工作。货物的交接形态均为整箱货。

⑥ 堆场至集装箱货运站交接方式,一般理解为发货人负责装箱,办理通关及加封手续,并自行将集装箱由装箱地运至运输合同中指定的堆场,承运人在该堆场接收货物后负责将货物运至合同中指定的目的地堆场的全程运输,并负责拆箱后向收货人(一个或多个)交付货物。承运人以整箱形态接收货物,以拼箱形态交付货物。

⑦ 集装箱货运站至门交接方式，一般理解为发货人（一个或多个）以原来的形态把货物运至运输合同中指定的集装箱货运站，承运人在该集装箱货运站接收货物并装箱、加封后，负责将货物运至收货人处交付货物。承运人以拼箱形态接收货物，以整箱形态交付货物。这种交接方式一般对应于多个发货人、一个收货人的情况。

⑧ 集装箱货运站至堆场交接方式，这种方式与第 7 种方式类似，差别仅是承运人在集装箱货运站接收货物后负责将货物运至合同指定的目的地堆场，并向收货人交付货物。

⑨ 集装箱货运站至集装箱货运站交接方式，这种方式下，承运人接收货物的方式与第 7、8 种方式类似，但在集装箱货运站接收货物后，承运人要负责将货物运至运输合同指定的目的地集装箱货运站，并负责拆箱后向收货人（一个或多个）交付货物。货物交接形态均为拼箱货。这种交接方式一般对应于多个发货人、多个收货人的情况。

以上 9 种交接方式，进一步可归纳为以下 4 种。

① 门到门，这种方式的特征是，在整个运输过程中，完全是集装箱运输，并无货物运输，故最适宜于整箱交、整箱接。

② 门到场站，这种方式的特征是，由门到场站为集装箱运输，出场站到门的是货物运输，故适宜于整箱交、拆箱接。

③ 场站到门，这种方式的特征是，由门至场站为货物运输，由场站至门是集装箱运输，故适宜于拼箱交、整箱接。

④ 场站到场站，这种方式的特征是，除中间一段为集装箱运输外，两端的内陆运输均为货物运输，故适宜于拼箱交、拼箱接。

（3）集装箱货运进出口程序。

集装箱运输出口一般包括以下程序。

① 订舱。出口公司根据贸易合同装运期事先向船公司（或其代理）办理订舱手续。

② 装货单。船公司确认订舱后，签发装货单，分送集装箱堆场和集装箱货运站，据以安排空箱及办理货运交接。

③ 发送空箱。整箱货运所需的空箱，由船公司送交或发货人领取；拼箱货运所需的空箱，一般由货运站领取。

④ 拼箱货装箱。集装箱货运站根据订舱单核收托运货物并签发场站收据，经分类整理后，在货运站内装箱。

⑤ 整箱货装箱。发货人收到空箱后，自行装箱并按时运至集装箱堆场。集装箱堆场根据订舱单、装箱单验收并签发场站收据。

⑥ 集装箱货运交接。上述步骤④和⑤签发的场站收据是发货人交货和船公司收货的凭证。

⑦ 换取提单。发货人凭场站收据向船公司（或代理）换取提单，然后向银行结汇。如果信用证规定需要装船提单，则应在集装箱装船后，才能换取装船提单。

⑧ 装船。集装箱堆场根据船舶积载计划，进行装船。

集装箱运输进口一般包括以下程序。

① 按货运单证安排工作。凭出口港寄来的有关货运单证着手安排工作。

② 分发单证。将单证分别送代理、集装箱堆场和集装箱货运站。

③ 发出到货通知。通知收货人有关船舶到港时间，便于准备接货，并于船舶到港以后发出到货通知。

④ 换取提货单。收货人按到货通知持正本提单向船公司（或代理）换取提货单。

⑤ 签发提货单。船公司（或代理）核对正本提单无误后，即签发提货单。

⑥ 提货。收货人凭提货单连同进口许可证至集装箱堆场或集装箱货运站办理提箱或提货手续。

⑦ 整箱交。集装箱堆场根据提货单交收货人集装箱并与货方代表办理设备交接单手续。

⑧ 拼箱交。集装箱货运站凭提货单交货。

4. 集装箱调配与箱务管理

（1）集装箱空箱调运产生的原因及解决方法。

集装箱空箱调运及其管理关系到集装箱的利用程度、空箱调运费的开支、货物的及时装箱和发送以及企业的经济效益。在集装箱运输航线货源不平衡的情况下，必须进行空箱调运。通过合理的空箱调运，可以降低船公司航线集装箱需备量和租箱量，从而降低运输成本，提高船公司的竞争能力和经济效益。产生空箱调运的原因如下。

① 由于管理方面的原因，如单证交接不全、流转不畅，影响空箱的调配和周转。

② 进出口货源不平衡，造成进出口集装箱比例失调。

③ 贸易逆差导致集装箱航线货流不平衡。

④ 进出口货物种类和性质不同，需要使用不同规格的集装箱，产生不同规格集装箱短缺的现象，需要按箱种规格调运空箱。

⑤ 其他原因，如出于对修箱费用和修箱要求的考虑，船公司将空箱调运到修箱费用低、修箱质量高的地方。

因此，产生一定数量的空箱是必然的，而通过加强箱务管理，实现箱务管理现代化，减少集装箱空箱调运是可以实现的。减少空箱调运的途径如下。

① 组建联营体，实现船公司之间集装箱的共享。

② 强化集装箱集疏运系统，缩短集装箱周转时间。

③ 强化集装箱跟踪管理体系，实现箱务管理现代化。

（2）集装箱箱务管理。

集装箱箱务管理是集装箱运输系统中极其重要的环节，其内容包括集装箱的调运、备用、租赁、保管、交接、发放、检验及修理等工作。做好集装箱箱务管理，对降低集装箱运输成本，减少置箱投资，加快集装箱周转，提高集装箱货物的装载量和货运量，提高企业经济效益和国际航运市场的竞争力均有重要意义。

① 集装箱运营管理体制。为加强对集装箱使用的管理，需设置集装箱运营管理体制。通常集装箱运营管理实行一级调度、分级管理的体制，在集装箱运输公司设立箱管部，下设分部箱管部和箱管中心、各航线经营人及港口箱管代理。将接受航线经营人提还箱的港口指定为"开放"港口，不接受航线经营人提还箱的港口指定为"封闭"港口。公司箱管部对整个公司实行统一管理、集中控制、统一调度，由各航线经营人共同使用。箱管部设有运营管理、信息管理等业务职能部门。

② 集装箱调运管理。总公司箱管部统一管理整个公司的集装箱，并与各航线经营人密切配合，合理调配集装箱。根据开放港口的进出口箱量及其管理水平，由箱管中心确定开放港口的集装箱合理保有量，并根据市场变化及时调整。分部箱管部负责检查所管辖地区内的港口集装箱保有量，制订区域内港口间集装箱平衡及调运计划，并报箱管部统筹调度解决。

③ 有关空箱调运的各种费用。空箱调运中的费用主要有空箱调运费、空箱卸港及还箱手续费、开放港口提箱控制及提箱费、派船费等。

④ 集装箱分配及使用。集装箱分配及使用一般应遵循的原则是：当港口集装箱充裕时，按船舶开离时间顺序分配用箱；当港口集装箱不足时，应首先保证空箱量大的航线经营人所属船舶用箱，再考虑运距长的货物用箱；对于集装箱严重积压的港口要控制放箱；要保证有重要运输协议、有特殊运输时限要求的货物用箱；要保证特种货物对特种用箱的要求。

另外，对集装箱的发放、交接、修理维护等都有一定的要求。

随着全球国际集装箱运输的快速发展，每年均需投入大量的集装箱。由于集装箱流动范围极广，很难进行有效的控制，而且集装箱灭失造成的经济损失很大，因此为了最大程度地减少经济损失，世界各国都在开发集装箱跟踪管理系统，实现箱务管理现代化。

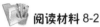
阅读材料 8-2

自动化码头建设如何突破？

2016 年 3 月，中国第一个全自动化码头——厦门远海全自动化码头，正式投入商业运营。该码头也是全球首个第四代自动化码头。

2022 年 1 月，厦门港海润集装箱码头全流程智能化改造项目迎来试投产，这次智能化改造，打通了传统集装箱码头全流程智能化改造的"最后一公里"。

不仅是厦门。近年来，全国各大港口，都在致力于"智慧港口"建设，向自动化迈进。尽管如此，自动化集装箱码头建设，仍面临不少难点、痛点。

1. 各布局方式的痛点

2016—2021 年，中国规模以上港口集装箱吞吐量逐年增长，到 2021 年达 2.8 亿标准箱，同比增长 7%。2022 年上半年，中国港口集装箱吞吐量完成 1.42 亿标准箱，同比增长 3%。2022 年 7 月完成集装箱吞吐量 2636 万标准箱，同比增长 11.2%，增速较 6 月加快 4.7 个百分点。面对不断增长的集装箱码头业务需求，传统集装箱码头成本增加、人力不足、生产效能无法保证等痛点，驱动中国智慧港口的建设。自动化集装箱码头建设在平面布局、设备选型上主要受制于两个方面。

一是港口的商业模式和业务结构。具体来说，对于腹地型港口而言，其集疏运方式多以公路运输为主，在目前的技术状态下更适合垂直布局或 U 形布局。对于中转型港口而言，不会存在内外集卡混行的情况，场内均为内集卡，此时就可以选择箱位利用率高、堆场密度配备车辆少的平行布局。

二是技术发展程度。自动化码头发展至今，其垂直专业设备比较可靠，但水平运输尚未实现完全的自动驾驶。若技术发展到一定程度，实现了完全的自动驾驶，做到了人机协同、自动避让，平行布局和垂直布局的问题自然迎刃而解。

2. 数字化转型的难点

随着港口的不断发展，自动化集装箱码头的运转，还是要依托大数据，基于数字化，做到布局、设备、系统的相适应，相适配。而在此过程中，也存在诸多难点。港口码头的数字化发展，首先要实现信息化。一方面，从港口码头内部的运作来考虑，数字化是支撑港口码头自动化的基础。要实现所有设备的操作规范，操作系统要能下达指令，让设备系统执行指令。另一方面，从外部角度来看，港口码头的业务流无法独立于海运贸易链、物流链。此外，港口码头运营效率的高效发展，也需要数字化转型实现单证电子化、无纸化，从而大幅提高港口码头的工作效率，提升与外部环节对接的协同性。

3. 管理系统的突破方向

近年来，科技对智慧港口的建设作用显著。国家也出台了不少政策，推动港口数字化转型。从技术层面的角度来分析，智慧港口建设的第一层次，就是码头生产管理体系。以往码头软件较少，主要是一些大型港口通过自己的团队开发系统。而当时，大部分系统侧重业务流程控制自动化，由业务引领IT。但随着智慧港口的推行，尤其自动化集装箱码头的出现，对码头管理系统提出更高要求。从码头形态来说，以往为信息与通信技术，现在向下延伸到物联网技术，即从一般的信息化设备向下延伸到物联网设备。第二层次则是数据流通的自动化。这也是所有软件所需攻克的主要领域。如果数据能够自动化流通，人为干预得越少，数据越精准，数据水平就会越高。这是所有数字化转型的前进方向，无论是设备、传感器，还是数据计算，或是在数据库内实现 AI 算法等方面的各个层次，都会对整个管理系统提出更高的要求。

资料来源：中国水运报.

8.3 多式联运

8.3.1 多式联运概述

1. 多式联运的概念

多式联运是联运经营人根据单一的联运合同，使用两种或两种以上的运输方式，负责将货物从指定地点运至交付地点的运输，如铁公联运、铁海公联运等。一般来说，多式联运应具备以下主要条件。

【拓展视频】

（1）必须具有一份多式联运合同。

（2）必须使用一份全程的多式联运单证（多式联运提单和多式联运运单等）。

（3）全程运输中必须至少采用两种不同的运输方式，而且是两种以上运输方式的连续运输。

（4）必须使用全程单一费率。

（5）必须有一个多式联运经营人对货物的运输全程负责。

（6）如果是国际多式联运，则多式联运经营人接收货物的地点与交付货物的地点必须属于两个国家。

国际货物多式联运是多式联运发展的最高形式。国际货物多式联运早在 20 世纪初就产生了，由于实现了不同运输方式的综合组织和提供全程运输服务，因此受到货主的欢迎。但由于运输全程包括多个运输区段，采用多种运输方式，货物运输途中经过多次装卸作业，容易造成货物的灭失、损害和延误。对于件杂货运输，经营多式联运的企业风险很大，因此限制了企业经营多式联运的积极性。集装箱运输普遍使用后，降低了这种风险。目前，国际多式联运基本上是国际集装箱多式联运。

2. 多式联运的发展历程

（1）初级发展阶段（20世纪60年代初至70年代末）。

这个阶段的一个重要特点是产业结构和工业内部结构剧烈变化。汽车、精密仪器、电子电器等高加工产品的附加值比初级产品大幅提高，使经济增长对原料的依赖减少了。反映在运输方面，大宗散装货物在总运量中的比例下降，而高附加值产品的多批量的件杂货物运输增加了。这段时期，满足货物位移已不是主要问题，经济增长对运输的需求更多地转向效率，要求更方便、更及时、更节省；同时由于国内统一市场和国际贸易的发展，货物运输工程的复杂性增加了。运输地域的扩大使得货物的运输不可能由单一的某种运输方式独立完成。于是，如何在基础设施、技术及组织管理方面有效地实现接力运输便逐渐变得紧迫起来。集装箱在运输业中的应用导致了运输业的一场革命。因为集装箱使运输全过程的各主要环节都发生了根本性的变革，根本改变了件杂货运输的落后面貌，实现了成组运输的现代化。

发达国家的运输业就是在这种经济环境中，在各种因素的相互作用下进入了联运发展的初级发展阶段。这一阶段是过渡的、建设的阶段，其主要特点是：一是联运代理网络的初步形成或尚未形成；二是集装箱和配套基础设施的发展处于"港间区"，总体上讲内陆与海洋尚未形成一个统一的集装箱联运体系，集装箱运输在港口中断的比例还较大；三是联运发展的软环境相对薄弱。

（2）成熟阶段（20世纪80年代初至90年代初）。

20世纪80年代，已步入后工业化社会的发达国家的产业结构进一步软化，信息工业占了主导地位，商品结构进一步呈现出多品种、小批量的趋势，以及转向更多地依赖深度加工、依赖技术、依赖信息，使得经济增长对交通运输数量的需求有所下降，反映货物运输总量的"吨"或"吨千米"已基本停止增长，一些国家甚至出现负增长，但信息化经济对运输质量的要求却愈加严格，运输业必须满足多品种、小批量、灵活多变的生产方式，满足减少库存的要求，满足更快、更安全、更经济的"门到门"运输的要求。与此同时，世界经济进入了区域集团化及在此基础上的世界经济一体化的进程，这就要求作为基础设施的交通运输首先实现一体化，而交通运输一体化最主要的表现便是方便、快捷、安全地实现国际的"门到门"运输，即需要建立世界范围内的多式联运网络。

信息化经济对运输质量的高要求和世界经济一体化对运输网络的需求形成了推动多式联运向高层次发展的双股动力。进入20世纪80年代以后，世界发达国家的多式联运进入了成熟发展的阶段。这一阶段的主要特点是：一是形成了全国和世界范围内的货运代理和多式联运经营网络，造就了一批具有国际竞争能力的著名的货运代理公司和多式联运经营人，发达国家国内市场已与国际市场融为一体，国内物流与国际物流融为一体；二是集装箱运输体系的发展进入了内陆发展和成熟期，形成了日益完善的多式联运综合运输系统，多式联运的硬件部门臻于完善；三是联运发展的软环境已发展成熟，联运的经营管理实现了正规化、现代化和国际化，另外还产生了国际货物多式联运公约和各国相应的国内立法，保证了联运的健康发展。

（3）综合物流阶段（20世纪90年代以后）。

20世纪90年代以后，在企业国际化浪潮的推动下，一些庞大的跨国海运公司利用规模经济等多方面的经济效益采取"船公司登陆"战略，介入了陆上运输、代理、仓储和流通领域，从而使多式联运进入了一个新的综合物流阶段。

"速度经济"这一概念是由哈佛大学教授钱德勒于1977年首先提出的。原意是指追求从生产到流通的速度而带来的经济性。在战略管理学中，速度经济被进一步明确表示为快速反应能力，是指企业在竞争环境的突变中，能否迅速做出反应的能力。多式联运业对速度经济的适应体现在准点供货以满足生产企业"零库存"生产的要求；由于"门到门"的运输工程涉及包装、装卸、运输、仓储等一系列的物流环节，如果这个"门到门"的链条上某个环节出现不协调，就有可能使整个或部分链条运转停滞，准点供货和零库存的追求都无法实现，损失将是巨大的。因此，对速度经济的追求促使多式联运业介入其他物流环节，向综合物流业的方向发展。

另外，多式联运业本身经过成熟阶段的发展后，许多大企业认为，其功能已达到极限，边际利润严重递减以至消失，多式联运企业要想生存，就必须打破限制，扩展经营范围，以获得范围经济效益。因此，对面临功能极限的多式联运业来讲，只有从扩展规模、进行多角化经营，从范围经济上寻找出路。根据范围经济获得的充要条件，多式联运企业的扩展只能是"延伸性"的，即在物流链上扩展，将包装、装卸、运输、仓储和信息等融为一体。而这正是多式联运业向综合物流方向发展的内在动因。

3. 多式联运的有关术语及定义

（1）多式联运经营人。

多式联运经营人一般是指经营多式联运业务的企业或机构。

《联合国国际货物多式联运公约》中对国际多式联运经营人的定义是，国际多式联运经营人其本人或通过其代表订立多式联运合同的任何人。他是事主，而不是发货人的代理人或代表，也不是参加多式联运的承运人的代理人或代表，并具有履行合同的责任。

（2）多式联运合同。

多式联运合同一般是指托运人与多式联运经营人就运输对象全程联运达成的协议。在《联合国国际货物多式联运公约》中，对国际多式联运合同的规定是，国际多式联运合同是经营人凭以收取运费，负责完成或组织完成国际多式联运的合同。在国际上这种合同一般是不要式（即没有书面文本），是以多式联运单证（即多式联运提单）来证明的。

（3）多式联运单证。

在国际多式联运中，多式联运单证是指证明多式联运合同，以及证明多式联运经营人接收货物并按合同条款交付货物的单证，一般指多式联运提单。

（4）发货人。

发货人一般是指本人或以其名义或代表与多式联运经营人订立多式联运合同的任何人，或指本人或以其名义或代表按多式联运合同将货物交给多式联运经营人的任何人。

（5）收货人。

收货人一般是指有权提取货物的人。在国际多式联运中一般是指多式联运提单持有人。在国内多式联运中一般是指合同票据中记名的收货人。

（6）契约承运人与实际承运人。

承运人是指与货方订立运输合同的人，或者实际完成运输的人。契约承运人一般是指与货方订立运输合同的人，在多式联运中是指与发货人订立多式联运合同的人（即多式联运经营人）。根据合同，契约承运人是全程运输的总承运人，对货物全程运输负有责任。而实际承运人一般是指实际完成运输的承运人，在多式联运中是指与多式联运经营人订立组成全程运输的各区段运输合同（分运合同或分包合同），并实际完成承担区段运输的人。他们是多式联运全程运输中的分运人或分包人，仅对自己承担区段的货物运输负责。

（7）货物。

在国际多式联运中，货物主要是指集装箱（均指国际标准集装箱）货物，以集装箱为基本运输单元，有时也包括工程货物（大多是项目工程的成套设备等）。

在国内多式联运中，货物可以是各种类别，分别可以按整批（车）、零担（星）或集装箱方式组织运输。在可能使用的不同运输方式中对整批（车）货或零担货各有不同的要求。

4. 多式联运的特点

多式联运主要有以下几个特点。

（1）根据多式联运的合同进行操作，运输过程中至少使用两种运输方式，而且是不同运输方式的连续运输。

（2）多式联运的货物主要是集装箱货物，具有集装箱运输的特点。

（3）多式联运是一票到底，实行单一费率的运输。发货人只要订立一份合同、一次付费、一次保险，通过一张单证即可完成全程运输。

（4）多式联运是不同方式的综合组织，全程运输均是由多式联运经营人完成或组织完成的，无论涉及几种运输方式，分为几个运输区段。多式联运经营人都要对全程负责。

（5）货物全程运输是通过多式联运经营人与各种运输方式、各区段的实际承运人订立分运（或分包）合同来完成的，各区段承运人对自己承担区域的货物运输负责。

（6）在起运地接管货物，在目的地交付货物，以及全程运输中各区段的衔接工作，由多式联运经营人的分支机构或委托的代理人完成。这些代理人及承担各项业务的第三者对自己承担的业务负责。

（7）多式联运经营人可以在全世界运输网中选择适当的运输线路、运输方式和各区段的实际承运人，以降低运输成本，提高运输效率，实现合理运输。

5. 多式联运的作用

多式联运是交通运输的一个组成部分，在各种运输方式和港站集疏运的衔接配合中，处于"结合部"的地位，是推动运输横向经济联合，组织发挥各种运输方式的特点和优势，提高综合运输效率的有效途径。多式联运符合千家万户在产、供、运、销方面对运输的共同利益和要求，对促进工农业生产，发展商品经济，发展国际贸易往来，方便人们旅行，发展旅游事业，有着重要的作用。具体来讲，可以概括为以下几点。

（1）有利于发挥综合运输的优势。

通过多式联运企业开办、代办业务，合理组织各种运输方式的衔接和配合，可以做出选择最佳运输方式和运输线路，使公路、铁路、水路合理分流。使车船库场充分利用，从而加速货物和资金周转，缩短车船停靠时间和库场使用周期，更好地组织宜水则水、宜陆则陆、宜空则空，效益优化的合理运输，充分发挥综合运输的整体功能。

（2）有利于提高经济效益和社会效益。

多式联运企业"一手托两家"，既为货主服务，又为运输企业服务。通过实行代办、代理运输，简化了货主自办托运的手续，减少中间环节，提高运输效率，取得了良好的经济效益和社会效益。

（3）有利于挖掘运输潜力，加速货位周转，提高运输效率。

就铁水干线联运而言，铁路组织直达列车和成组运输，水路组织专用船舶定线、定班运输，港口指定专用码头进行装卸，彼此之间及时联系，使车、港、船紧密地协调衔接，把全程运输组成统一的作业体系，可以大大地提高运输效率。

（4）有利于形成以城市为中心、港站为枢纽的综合运输网络。

城市是交通运输的枢纽，港站是联运网络的集结点，是客货集散的中转地。许多多式联运公司是以中心城市和港站为依托建立起来的。通过联运，发展多式联运企业之间，多式联运企业与运输、仓储企业之间的横向联合，发展跨地区的联营与协作，并向乡镇辐射，不仅有利于搞活流通，发展商品经济，促进乡镇企业的进一步发展，而且使多式联运企业之间建立起各种形式的伙伴关系，扩大了服务范围，为逐步形成互相适应的综合运输体系创造条件。

（5）有利于无港站的县、市办理客货运输业务。

我国还有不少县、市，由于没有港口、火车站，严重影响了货物的集散，影响了经济的发展。通过多式联运企业积极开展联运业务，为货主代理运输，把乡镇企业和厂矿分散的货物集零为整，运到火车站和港口中转至全国各地，同时把外地运入的货物化整为零，分送到乡镇企业、厂矿及居民家庭，使这些地方成了"没有铁路的火车站""没有码头的港口"，促进了城乡经济的繁荣。

（6）有利于交通运输管理体制的改革。

由于多式联运通过组织协调，运用合同、协议等经济办法，加强了产、供、运、销，以及各种运输方式之间的配合与衔接，不但改变了人们的传统观念和习惯，而且也打破了部门与部门、部门与地区、地区与地区之间的界限，有力地冲击了条块分割、自成体系的管理体制。发展多式联运是交通运输企业横向经济联合的基本形式之一。随着联营联运的发展，必将成为交通运输管理体制改革的重大突破口，并向纵深发展。

6. 多式联运的优点

国际多式联运的产生和发展是国际货物运输组织的革命性变化。随着集装箱运输的发展，以多式联运方式运输的货物越来越多。到目前为止，发达国家大部分国际贸易的货物运输已采用多式联运的方式，各发展中国家采用多式联运方式运输货物的比例也以较快的速度增长。可以说集装箱多式联运已成为国际货物运输的主要方向。多式联运之所以能如此迅速发展，是由于多式联运与传统运输相比具有许多优点，这些优点主要体现在以下几个方面。

（1）统一化、简单化。

国际多式联运的统一化和简单化主要表现在不论运输距离有多远，不论由几种运输方式共同完成货物运输，也不论全程分为几个运输区段，经过多少次转换，所有一切运输事项均由多式联运经营人负责办理。货主只需办理一次托运、一份合同、一次保险，一旦在运输过程中发生货物灭失和损害，只与多式联运经营人打交道就可以了。在国际多式联运下是通过一张单证，采用单一费率，因而也大大简化了运输与结算手续。

（2）减少中间环节，提高运输质量。

多式联运以集装箱为运输单元，可以实现"门到门"运输，尽管运输途中可能有多次换装、过关，但由于不需掏箱、装箱、逐件理货，只要保证集装箱外表状况良好，铅封完整即可免检放行，从而大大减少了中间环节；尽管货物运输过程中要进行多次装卸作业，但由于使用专用机械设备，且又不直接涉及箱内货物，因此货损货差事故、货物被盗的可能性大大减少；再者由于全程运输由专业人员组织，可做到各环节与各种运输工具之间衔接紧密、中转及时、停留时间短，因此使货物的运达速度大大加快，有效地提高了运输质量，保证了货物安全、迅速、准确、及时地运抵目的地。

（3）降低运输成本，节约运输费用。

多式联运经营人通过对运输线路的合理选择和运输方式的合理使用，可以降低全程运输成本。对于货主来说，可以得到优惠的运价；一般将货物交给第一承运人后即可取得运输单证并以此结汇，结汇时间比分段运输提前，有利于货物占用资金的周转；此外，由于采用集装箱运输，还可节省货物的运输费用和保险费用。

（4）实行单一费率。

采用单一费率是多式联运的基本特征和必要条件。多式联运全程运输成本的计算必须考虑国内不同运输方式的运价体系，了解国际海运、空运和国外内陆运输的运价体系，以及各种市场竞争因素。由于多式联运全程采用一张单证，实行单一费率，从而简化了制单和结算手续，节约了货方的人力、运力。

（5）扩大运输经营人的业务范围，提高运输组织水平，实现合理运输。

多式联运突破了各种运输方式自成体系、独立运输的局限，多式联运经营人或多式联运参与者的业务范围大大扩展。多式联运经营人对世界运输网，各类承运人、代理人，相关行业和机构，以及有关业务都有较深的了解和较为密切的关系，可以选择最佳的运输线路，使用合理的运输方式，选择合适的承运人，实现最佳的运输衔接与配合，实现合理运输。

8.3.2 多式联运组织

货物多式联运的全过程根据其工作性质的不同，可分为实际运输过程和全程运输组织业务过程两部分。实际运输过程是由参加多式联运的各种运输方式的实际承运人完成的，其运输组织工作属于各种运输方式的运输企业内部的技术、业务组织。全程运输组织业务过程是由多式联运全程运输的组织者——多式联运企业或机构完成的，主要包括全程运输所涉及的所有商务性事务和衔接服务性工作的组织实施。其运输组织方法可以有多种，但就其组织机制来说，基本上可分为协作式多式联运和衔接式多式联运两大类。

1. 协作式多式联运的运输组织方式

协作式多式联运的组织者是在各级政府主管部门协调下，由参加多式联运的各种运输方式的运输企业和中转港站共同组成的联运办公室。货物全程运输计划由该联运办公室制订。这种联运组织下的货物运输过程如图 8.15 所示。

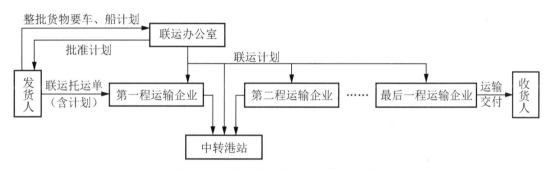

图 8.15　协作式多式联运的货物运输过程

在这种组织机制下，需要使用多式联运形式运输整批货物的发货人根据运输货物的实际需要，向联运办公室提出托运申请并按月申报整批货物要车、船计划；联运办公室根据多式联运线路及各运输企业的实际情况制订该托运人托运货物的运输计划，并把该计划批复给托运人及转发给各运输企业和中转港站；发货人根据计划安排向多式联运第一程的运输企业提出托运申请并填写联运货物托运委托书（包含运输计划），第一程运输企业接收货物后经双方签字，联运合同即告成立；第一程运输企业组织并完成自己承担区段的货物运输至后一区段衔接地，直接将货物交给中转港站；在中转港站换装后由后一程运输企业继续运输，直至目的地，由最后一程运输企业向收货人交付。在前、后程运输企业之间和中转港站与运输企业交接货物时，需填写货物运输交接单和中转交接单（交接与费用结算依据）。联运办公室（或第一程运输企业）负责按全程费率向托运人收取运费，然后按商定的比例向各运输企业及港站分配。

2. 衔接式多式联运的运输方式

衔接式多式联运的全程运输组织业务是由多式联运经营人完成的。这种联运组织下的货物运输过程如图 8.16 所示。

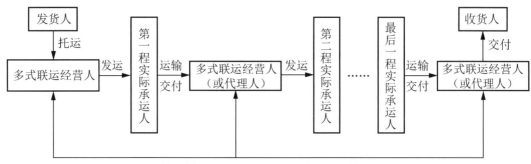

图 8.16 衔接式多式联运的货物运输过程

在这种组织机制下，需要使用多式联运形式运输成批或零星货物的发货人首先向多式联运经营人提出托运申请；多式联运经营人根据自己的条件考虑是否接受，如接受则双方订立货物全程运输的多式联运合同，并在合同指定的地点（可以是发货人的工厂或仓库，也可以是指定的货运站、中转站、堆场或仓库）办理货物的交接，多式联运经营人签发多式联运单证；接受托运后，多式联运经营人首先要选择货物的运输线路，划分运输区段，确定中转、换装地点，选择各区段的实际承运人，确定零星货物集运方案，制订货物全程运输计划并把计划转发给各中转衔接地点的分支机构或委托的代理人；然后根据计划与第一程、第二程等的实际承运人分别订立各区段的货物运输合同，通过这些实际承运人来完成货物的全程运输；全程各区段之间的衔接，由多式联运经营人（或其代理人）采用从前程实际承运人手中接收货物再向后程承运人交接货物，在最终目的地从最后一程实际承运人手中接收货物后向收货人交付。

这种联运组织机制在有些文献中也称为运输承包发运制。目前在国际多式联运中主要采用这种组织机制，在国内多式联运中采用这种机制的也越来越多。随着我国经济体制的改革，这种组织机制将成为国内多式联运的主要组织机制。

8.3.3 我国多式联运发展现状及趋势

1. 我国多式联运发展现状

我国多式联运主要经历了计划联运、国际接轨、市场化和整合发展 4 个阶段。随着政策支持和经济水平的提高，我国多式联运经历了几十年的发展，实现了从正式起步向快速发展的良好转变，但在取得一定成就的同时和发达国家仍然存在一定差距。

【拓展视频】

（1）标准体系不完善。

我国多式联运专业标准主要涉及装载设备、场地设施、运营服务和统计评价等。首先，多式联运运载单元主要包括集装箱、周转箱、半挂车等，但我国运载单元的厢式化和标准化程度较低，各标准体系依据运输特点进行了技术变动，导致铁路运输的专用集装箱不能直接投入海运，如铁路注重单箱载货平衡，而海运注重整船装载均衡等。其次，港口堆场、铁路站场、公路集散中心等货运枢纽是多式联运的基础设施，但各货运枢纽的建设规模和布局功能有所差异，难以实现公路运输、铁路运输、水路运输等多种运输方式的无缝衔接，造成多式联运"最后一公里"和"最后一厘米"问题难以解决。此外，我国多式联运的票证单据没有完全统一，货物在转换运输方式时也需更换联运单证，增加了货物换装时间。

（2）铁路运输服务难以充分发挥。

降低运输成本、提高运输效率是多式联运的重要目标。过去的国内陆路运输主要依靠公路，但从成本、运输批量和能耗方面来看，公路运输难以完全承担多式联运的重任，国内货物运输的"最后一公里"问题最终落在了铁路运输上。铁路运力的不足限制了公铁联运、铁水联运的发展，其中铁路进港率低、通达性差是造成铁水转运效率低下的重要原因。

（3）物流费用居高不下。

据欧盟的道路实践数据，和单一的公路运输相比，多式联运不仅可以使运输效率提高30%，货损货差减少10%，还可以使运输成本降低20%。但我国货物每千米的运价和人力成本远低于发达国家，而物流成本却比发达国家高很多，其中在公路运输、铁路运输、水路运输、航空运输4种运输方式中，我国公路货运量在整体货运量中的占比始终维持在70%以上。显然，随着经济贸易发展，单一的运输方式已难以满足货物运输需求，如何高效地提升多式联运效率已成为政府和企业新的关注点。

（4）信息服务平台不健全。

多式联运不仅是公路运输、铁路运输、水路运输、航空运输等不同运输方式的结合，还涉及仓储、运输、装卸、搬运等不同环节，因此良好的信息平台是实现货物转运和调度的保障。我国港口堆场、铁路站场、公路集散中心等货运枢纽虽然拥有相对完善的信息系统，但各信息平台之间的协调性较差，货物运输各阶段的信息难以实时共享，物流企业、海关、检验检疫部门等不同的业务系统也无法有效衔接，不仅增加了货物追踪难度，也极大地浪费了运力。同时，我国许多地方的对外开放口岸尚未建立起与国外、国内省市之间的信息共享平台，出现了"信息孤岛"现象，货物运输信息的实时交换更为困难。

2. 我国多式联运发展趋势

当前是我国经济改革创新和降本增效的重要阶段，也是推进落实绿色交通和低碳物流健康稳定发展的关键时期。多式联运作为物流业降本增效的有效举措，以及行业中长期发展规划中的重点工程，也是未来物流行业发展的重要趋势。

（1）集装箱共享成为趋势。

随着共享经济概念的提出，共享经济模式已经成为助力经济发展的新途径。集装箱作为多式联运中的重要移动载体，运输中会面临异地还箱、空箱集配、逾期费用等诸多问题，在多方企业利益的博弈之下，共享集装箱成为趋势。由第三方企业集资购置标准化集装箱，并以低价甚至免费的形式吸引铁路公司、船公司、货方及货运公司租赁集装箱。同时，借助物联网技术还可以实现共享集装箱还箱点的科学规划布局和空箱集配。由此，共享集装箱能降低集装箱枢纽点的建设维护成本，解决多种运输方式衔接时无适箱类货品及配置不平衡等技术难题，还有望克服传统方法存在的逾期费用及周转性不强等弱点。

（2）多式联运更加标准化。

多式联运的标准化涵盖"硬件"系统与"软件"环境两个方面。"硬件"系统的标准化具体指铁路列车、集装箱、货运汽车、运输船舶等联运技术装备的标准化。随着甩挂运输的推广普及，以及集装箱、公路铁路两用挂车、滚装等专用换装设备的发展，多式联运的"硬件"系统标准化程度迅速提升。"软件"环境的标准化指多式联运的管理制度、操作标准、技术标准、信息系统、单证等方面的标准化。近年来，我国颁布实施了《货物多式联运术语》国家标准，《多式联运货物分类与代码》《多式联运交换箱标识》《多式联运交换箱技术要求和试验方法》《国内集装箱多式联运运单》《国内集装箱多式联运电子运单》等行业标准，国务院在《"十四五"现代综合交通运输体系发展规划》中也提出构建综合交通运输高质量发展标准体系和统计体系，完善综合交通枢纽、旅客联程运输、货物多式联运、智能交通、绿色交通、交通安全应急、无障碍交通、新业态新模式等技术标准，强化各类标准衔接。

（3）多式联运更加信息化和智能化。

《"十四五"现代综合交通运输体系发展规划》中指出，推动既有设施数字化改造升级，加强新建设施与感知网络同步规划建设，构建设施运行状态感知系统，加强重要通道和枢纽数字化感知监测覆盖，增强关键路段和重要节点全天候、全周期运行状态监测和主动预警能力。规划还指出，坚持创新驱动发展，推动互联网、大数据、人工智能、区块链等新技术与交通行业深度融合，推进先进技术装备应用，构建泛在互联、柔性协同、具有全球竞争力的智能交通系统。此外，要加快推进多式联运"一单制"，创新运单互认标准与规范，推动国际货运单证信息交换，探索国际铁路电子提单，逐步普及集装箱多式联运电子运单，加快多式联运信息共享，强化不同运输方式标准和规则的衔接。

（4）多式联运的运营主体更加丰富。

目前，各铁路局集团有限公司、沿海和内河港口企业、无车承运人、无船承运人、大型货代企业及传统货运物流企业等均积极开展多式联运业务。交通运输部与其他18个部门共同发布《关于进一步鼓励开展多式联运工作的通知》，放宽了多式联运经营者的准入门槛，明确已经获得水路、铁路、公路、航空货物运输，以及无车承运、无船承运、邮政快递业务经营资质的企业，可独立或联合其他具备资质的企业开展多式联运经营活动。这一举措旨在鼓励企业加入多式联运经营人的行列，从而丰富了多式联运的运营主体。

（5）多式联运发展格局更加完善。

目前，我国多式联运正逐渐形成陆海并举、内外相连的发展格局。我国多式联运的发展最早起源并依托于沿海港口的外贸货运，主要表现为集装箱海铁联运。随着各个产业逐步向内陆地区转移，内陆多式联运的发展具有了市场支撑，也越来越引起政府和企业的高度重视。与此同时，随着"一带一路"倡议的深入推进，多条国际物流通道相继打通，进一步放大了我国多式联运的发展格局。

8.3.4 国际多式联运

1. 国际多式联运概述

（1）国际多式联运的含义。

国际多式联运在20世纪60年代首先在美国出现，并迅速发展到其他地区。由于这种采用不同运输方式的综合组织和多式联运企业提供全程运输服务，因此受到货主的欢迎。但由于运输全程包括多个运输区段，使用两种以上的运输方式，货物运输途中要经过多次换装作业，如果包括起运和到达，则全程中货物要经过多次（有时达十余次）装卸作业，很容易造成货物的灭失、损害和延误。在件杂货运输下，给经营多式联运的企业带来极大的风险。这种状况大大限制了企业经营多式联运业务的积极性。国际多式联运是在集装箱运输基础上发展起来的，以集装箱为媒介，把铁路运输、公路运输、航空运输、海上运输及内河运输连接起来，成为完成"门到门"货物交接的最理想方式。集装箱运输产生并在各种运输方式中普遍使用后，其特有的优势大大减少了这种风险，国际多式联运才迅速发展起来。目前的国际多式联运基本上是集装箱货物国际多式联运。

为了适应并促进国际贸易和运输的顺利发展，联合国于1980年5月8日至10日在日内瓦召开的国际多式联运会议上，经与会的84个贸发会议成员一致讨论通过，产生了当今世界上第一个国际多式联运公约，即《联合国国际货物多式联运公约》。《联合国国际货物多式联运公约》的总则部分第一条对国际多式联运作了以下的定义：国际多式联运是按照多式联运合同，以至少两种不同的运输方式，由多式联运经营人将货物从一国境内接收货物的地点运至另一国境内指定交付货物的地点。

（2）国际多式联运的条件。

根据上述定义，可以总结出开展国际多式联运应具备以下条件。

① 无论货物全程运输使用几种运输方式，开展多式联运必须订立多式联运合同。因为该运输合同是多式联运经营人与发货人之间权利、义务、责任、豁免的合同关系和运输性质的确定，也是区别多式联运与一般货物运输方式的主要依据。

② 多式联运经营人必须对货物全程运输负责。因为，多式联运经营人不仅是订立多式联运合同的当事人，也是多式联运单证的签发人。自然，在多式联运经营人履行多式联运合同所规定的运输责任的同时，可将全部或部分运输委托他人（分运承运人）完成，并订立分运合同，但分运合同的承运人与发货人之间不存在任何合同关系。

③ 必须是国际货物运输，即在某一国境内接收货物，在另一国境内交付货物。这不仅有别于国内货物运输，主要还涉及国际运输法规的适用问题。

④ 必须至少使用两种运输方式，而且必须是两种以上方式的连续运输。

⑤ 在国际多式联运下必须使用一张满足全程运输中不同运输方式需要的货运单证，而且必须按全程单一费率来收取运费。

2. 国际多式联运经营人

（1）国际多式联运经营人的性质。

国际多式联运经营人是指经营国际多式联运的企业或机构。《联合国国际货物多式联运公约》对其所做的定义是：国际多式联运经营人是指本人或通过其代理订立多式联运合同的任何人，他是事主，不是发货人的代理人或代表，也不是参加多式联运的承运人的代理人或代表，并负有履行合同的责任。这就是说，多式联运经营人不是发货人的代理人或代表，也不是参加联运的承运人的代理人或代表，而是多式联运的当事人，是一个独立的法律实体。对货主来说，是货物的承运人，但对分承运人来说，又是货物的托运人。一方面同货主签订多式联运合同,另一方面又以托运人身份与分承运人签订运输合同,所以国际多式联运经营人具有双重身份。但在多式联运方式下,根据合同规定多式联运经营人始终是货物运输的总承运人,对货物负有全程运输的责任。

(2) 国际多式联运经营人的分类。

按是否拥有运输工具并实际完成多式联运货物运输活动,国际多式联运经营人可分为两种类型:承运人型和无船承运人型。

① 承运人型的国际多式联运经营人。该类经营人拥有一种或一种以上的运输工具,直接承担并完成全程运输中一个区段或一个区段以上的货物运输。因此,其不仅是多式联运的契约承运人,对货物全程运输负责,同时也是实际承运人,对自己承担区段的货物运输负责。这类经营人一般由各种单一运输方式的承运人发展而来的。

② 无船承运人型的国际多式联运经营人。该类经营人不拥有任何一种运输工具,因此只是组织完成合同规定货物的全程运输,仅是多式联运的契约承运人,对货物全程运输负责。这类经营人一般由传统意义上的运输代理人、无船承运人或其他行业企业或机构发展而成。

在我国主管部门发布的有关规定中要求运输企业开展多式联运业务时,经营的多式联运部分应从原企业中分离出来成为独立法人,因此我国的多式联运经营人均属于第二类,这也是我国规定多式联运企业属于代理企业的原因。

(3) 国际多式联运经营人应具备的条件。

① 国际多式联运经营人必须具有经营管理的组织机构、业务章程和具有企业法人资格的负责人,以使之能够与发货人或其代理人订立多式联运合同。而且该合同中规定至少要使用两种运输方式完成全程运输,合同中的货物应是跨国运输的货物。

② 从发货人或其代理人手中接收货物后,即能签发自己的多式联运单证以证明合同的订立并开始对货物负责任。为确保该单证作为有价证券的流通性,国际多式联运经营人必须在国际运输中具有一定的资信或令人信服的担保。

③ 必须具有与经营业务相适应的自有资金。国际多式联运经营人要完成或组织完成全程运输,并对运输全过程中的货物灭失、损害和运输延误负责,因此必须具有开展业务所需的流动资金和足够的赔偿能力。

④ 国际多式联运经营人必须能承担多式联运合同中规定的与运输和其他服务有关的责任,并保证把货物交给多式联运单证的持有人或单证中指定的收货人。因此,必须具备与合同要求相适应的,能承担上述责任的技术能力,包括:必须建立自己的多式联运线路;要有一支具有国际运输知识、经验和能力的专业队伍;在各条联运线路上要有完整的服务网络;要能够制定各线路的多式联运单一费率;要有必要的设备和设施;要做好宣传、咨询服务等工作。

(4) 国际多式联运企业的基本经营方式。

国际多式联运是国际货物的联合运输,根据国际多式联运和国际多式联运经营人必须具备的条件,联运线路的两端必须在两个不同的国家,在线路的两端及中间各转接点上要有由功能齐全的派出机构、代理机构组成的网络,以完成货物交接、运输衔接及服务事宜,提供必要的信息，完成单证传递等业务。在这种情况下，承担国际多式联运业务的企业（即国际多式联运经营人）的经营方式通常有以下3种。

① 企业独立经营方式。企业独立经营方式即企业在各线路两端及中间各转接点处均设有自己的子公司或办事处等形式的派出机构或分支机构，作为全权代表处理揽货、交接货、订立运输合同协议、办理有关服务业务等运输和衔接中所需要的一系列事务。一些较有实力的国际多式联运经营人在世界的重要地区、主要城市都设有办事处，联运过程中的所有工作（除各区段实际运输外）全部由自己的办事处或分支机构承担并完成。承运人型的国际多式联运经营人多是这种形式（在成为国际多式联运经营人之前，这类企业已经设立了许多办事处和分支机构）。

② 企业联营方式。企业联营方式分别由位于联运线路两端国家的两个（或几个）类似的企业联合经营，联营的双方互为合作人，分别在各自的国家内开展业务活动，揽到货物后，按货物的流向及运输区段划分双方应承担的工作。在本国，自身是启运货物的总承运人，而对方企业是该项运输业务在对方国的代理，接续完成至交付货物为止的全部工作。企业联合经营的紧密程度由双方协议确定，可有互为代理、互付佣金，或者双方分享利润、分摊亏损等不同形式。

③ 代理方式。代理方式即在线路的两端和中间各衔接地点委托国外或国内同行作为多式联运代理，办理或代安排全程运输中的分承运工作和交接货物，签发或回收多式联运单证，制作有关单证，处理和交换信息，代收、代支费用，以及处理货运事故或纠纷等。这种代理关系可以是相互的，也可以是单方面的。在这种情况下，一般由国际多式联运经营人向代理人支付代理费用，不存在分享利润、分摊亏损问题。

第一种方式一般适用于货源数量较大，较为稳定的线路。一般要求企业具有较强的经济实力和业务基础。这种方式由于全部工作由自己雇佣的人员完成，工作效率较高，利润也可能较高。第二种和第三种（特别是第三种）方式多适用于企业的经济实力不足以设立众多的海外办事处或分支机构，或线路的货源不够大，不太稳定，设立办事处或分支机构在经济上不合理，或企业处于开展国际多式联运业务的初期等情况。这两种方式具有投资少、见效快，建立线路准备工作较少，业务扩大较快等优点。但与第一种方式相比工作效率及利润率要低一些。大多数无船承运人型的国际多式联运企业均采用后两种方式。

上述介绍的是目前国际上通行的3种最基本的国际多式联运企业经营方式，但在实际经营过程中，各国际多式联运企业并不只按上述3种方式的某一种经营，而是3种方式结合运用。即使是经济实力很强的国际多式联运经营企业，也只是在一些货源量较大、中转业务较多的地区、城市或不同线路交汇处设立自己的办事处或分支机构（必须以经济上合算为前提），而在其他地点采用联营与委托代理方式满足各环节业务的实际需要。各国际多式联运企业必须根据自己的经济实力、业务量的大小决定采用哪一种方式和各种方式结合的程度，以保证自己多式联运业务的开展。

（5）国际多式联运经营人的赔偿责任。

① 赔偿责任期间。国际多式联运经营人的责任期间是从接收货物之时起到交付货物之时止。在此期间内，对货主负全程运输责任。

② 赔偿责任基础。《联合国国际货物多式联运公约》中规定，国际多式联运经营人对于发生在其掌管货物期间货物的灭失、损害和延误的损失应负赔偿责任，除非国际多式联运经营人能证明其本人、受雇人、代理人或其他人为避免事故发生和其后果已采取了一切符合要求的措施。这种规定与《汉堡规则》中的完全过失责任制类似，与目前国际上铁路等运输方式的规定有很大差别。

③ 赔偿责任形式。目前在国际多式联运中，国际多式联运经营人已采用或有可能采用的责任形式有 3 种。

a．责任分担制。国际多式联运经营人与各区段的实际承运人仅对该区段的货物运输负责，各区段的责任原则按该区段适用的法律予以确定。这种责任形式没有全程统一的责任人。目前一些承运人型的国际多式联运经营人仍采用这种责任形式。

b．统一责任制。国际多式联运经营人对货物全程运输负责，各区段实际承运人对各区段的货物运输负责。不论损害发生在哪一区段，国际多式联运经营人或实际承运人承担的赔偿责任都相同，这是与多式联运的基本特征最为一致的责任形式。由于实际承运人难以接受等原因，目前未被采用。但《联合国国际货物多式联运公约》主张采用这种形式。

c．网状责任制。国际多式联运经营人对货物的全程运输负责，各区段的实际承运人仅对该区段的运输负责。各区段适用的责任按该区段适用的法律予以确定。这种责任形式与多式联运的基本特征较为一致，是目前大多数多式联运合同中采用的形式。

在责任分担制或网状责任制下，国际多式联运经营人的责任限制由损害发生区段适用的法规规定。因此，这两种责任形式的国际多式联运经营人的责任限制与各种单一方式国际运输相同。在统一责任制下，无论事故发生在哪一区段都给予相同的赔偿额。

3．国际多式联运业务

（1）国际多式联运合同。

国际多式联运合同的特点如下。

① 为双务合同，合同双方均负有义务和享有权利。

② 为有偿合同。

③ 为不要式的合同，尽管可用多式联运提单证明，但提单不是运输合同，没有具体体现形式。

④ 有约束第三者性质，收货人不参加合同订立，但可直接获得合同规定的利益并自动受合同约束。

⑤ 合同有时包括接受委托、提供服务等内容，这些内容由双方议定。

国际多式联运合同是处于平等法律地位的国际多式联运经营人与发货人双方的民事法律行为，只有在双方表示一致时才能成立。合同是双方的协议，其订立过程是双方协商的过程。

发货人或其代理人需向国际多式联运经营人提出货物（一般是集装箱货物）运输申请，说明货物的品种、数量、起运地、目的地、运输期限要求等情况，由国际多式联运经营人决定是否接受托运。如果认为可以接受，则在双方商定运费及支付形式，货物交接方式、形态、时间，集装箱提取地点、时间等情况后，由国际多式联运经营人在交给发货人或其代理人的场站收据的副本联上签章，以证明接受委托。这时多式联运合同即告成立，发货人与国际多式联运经营人的合同关系已确定并开始执行。

（2）国际多式联运中使用的主要单证。

国际多式联运中使用的单证较多，但根据其用途可以分为两大类。一类是进出口运输所需要和办理运输有关业务的单证，如多式联运提单、各区段的运单、提箱单、设备交接单、装箱单、场站收据、交货记录等。另一类是向各口岸监管部门申报所使用的单证，如商业发票、进出口许可证、商品检验检疫证书、卫生检疫证明、合同副本、信用证副本、危险品清单等。下面仅对使用集装箱运输下的几种主要单证和多式联运提单做简要说明。

① 集装箱运输的几种单证。

a. 设备交接单，是集装箱进出港区、场站时，用箱人、运箱人与管箱人或其代理人之间交接集装箱及设备的凭证，兼有管箱人发放集装箱凭证的作用。设备交接单分进场和出场两种。

b. 装箱单，是集装箱运输下，记载箱内所装货物详细情况的唯一单证。该单证由负责装箱的人填写并签字。如需理货时，由装箱人和理货员共同制定、签字，每箱一份。

c. 场站收据，是国际多式联运经营人或其代理人签发的，证明已经收到托运货物并对货物开始负有责任的凭证。发货人可据此向国际多式联运经营人或其代理人换取多式联运提单。该单证是一份复合单证，在我国有7、10、11联3种，是集装箱货物托运的主要单证。

d. 交货记录，是承运人把集装箱货物交付给收货人，双方共同签署证明货物已经交付，承运人对货物责任已告终止的单证。该单证也是复合单证，共有5联，是集装箱在目的地交付时的主要单证。

② 多式联运提单。《联合国国际货物多式联运公约》对多式联运提单所下的定义是：多式联运提单是指证明多式联运合同及证明国际多式联运经营人接管货物并负责按合同条款交付货物的单据。

多式联运提单具有以下性质和作用。

a. 多式联运提单是发货人与国际多式联运经营人订立国际货物多式联运合同的证明。

b. 多式联运提单是国际多式联运经营人接管货物的证明和收据。

c. 多式联运提单是收货人提取货物和国际多式联运经营人交付货物的凭证。

d. 多式联运提单是货物所有权的证明，可以用来结汇、流通和抵押等。

按《联合国国际货物多式联运公约》规定和在实际运作中，多式联运提单可以分为可转让提单与不可转让提单两大类。可转让提单又可分为指示交付提单和向提票人交付（或称不记名）提单两类。不可转让提单一般为记名提单。

国际多式联运经营人在收到货物后，凭发货人提交的收货收据（在集装箱运输时一般是场站收据正本）签发多式联运提单，根据发货人的要求，可签发可转让或不可转让提单中的任何一种。签发提单前应向发货人收取合同规定和应由其负担的全部费用。

③《联合国国际货物多式联运公约》的要求和规定。

a．多式联运单证必须由国际多式联运经营人或经其授权的人签发。

b．多式联运单证可以是不可转让或是可转让的。如果签发可转让多式联运单证时，应列明按指示或向持票人交付；如列明按指示交付，须经背书后转让；如列明向持票人交付，无须背书即可转让；如签发一套一份以上的正本，应注明正本份数；如签发任何副本，每份副本均应注明"不可转让副本"字样。

c．只有交出可转让多式联运单证，并在必要时经正式背书，才能向国际多式联运经营人或其代理人提取货物。如签发多张正本的多式联运单证，只要其中一张已提取货物，其他正本均失效。

d．多式联运单证的内容包括：货物品类；货物外表状况；国际多式联运经营人的名称和主要营业所；发货人名称；经发货人指定的收货人，收货人的名称；国际多式联运经营人接收货物的地点和日期；交货地点；如经双方明确协议，在交付地点交货的日期或期间；表示该多式联运单证为可转让或不可转让的声明；多式联运单证的签发地点和日期；国际多式联运经营人或经其授权的人的签字；如经双方明确协议，每种运输方式的运费，或者应由收货人支付的运费，包括用以支付的货币种类；在签发多式联运单证时已经确知的内容，如预期经过的线路、运输方式和转运地点等。

（3）国际多式联运业务程序。

国际多式联运经营人是全程运输的组织者。在国际多式联运中，其业务程序主要有以下几个环节。

① 接受托运申请，订立多式联运合同。多式联运经营人根据货主提出的托运申请和自己的运输线路等情况，判断是否接受该托运申请。如果能够接受，则双方议定有关事项后，在交给发货人或其代理人的场站收据（空白）副本上签章（必须是海关能接受的），证明接受托运申请，多式联运合同已经订立并开始执行。

发货人或其代理人根据双方就货物交接方式、时间、地点、付费方式等达成的协议填写场站收据（货物情况可暂空），并将其送至国际多式联运经营人处编号，国际多式联运经营人编号后留下货物托运联，将其他联交给发货人或其代理人。

② 空箱的发放、提取及运送。多式联运中使用的集装箱一般应由经营人提供。这些集装箱来源可能有 3 个：一是经营人自己购置的集装箱；二是向租箱公司租用的集装箱，这类箱一般在货物的起运地附近提箱，而在交付货物地点附近还箱；三是由全程运输中的某一分运人提供，这类箱一般需要在国际多式联运经营人为完成合同运输与该分运人（一般是海上区段承运人）订立分运合同后获得使用权。

如果双方协议由发货人自行装箱，则国际多式联运经营人应签发提箱单或者把租箱公司或分运人签发的提箱单交给发货人或其代理人，由他们在规定日期到指定的堆场提箱并自行将空箱拖运到货物装箱地点，准备装货。如发货人委托亦可由经营人办理从堆场到装箱地点的空箱拖运（这种情况需加收空转拖运费）。

如是拼箱货或是整箱货，但发货人无装箱条件不能自装时，则由国际多式联运经营人将所用空箱调运至接收货物的集装箱货运站，做好装箱准备。

③ 出口报关。国际多式联运若从港口开始，则在港口报关；若从内陆开始，则在附近

的内陆海关报关。出口报关事宜一般由发货人或其代理人办理，也可委托国际多式联运经营人代为办理（这种情况需加收报关服务费及报关手续费，并由发货人负责海关派员所产生的全部费用）。报关时，应提供场站收据、装箱单、出口许可证等有关单据和文件。

④ 货物装箱及接收货物。若是发货人自行装箱，发货人或其代理人提取空箱后在自己的工厂和仓库组织装箱，装箱工作一般要在报关后进行，并请海关派员到装箱地点监装和办理加封事宜。如需理货，还应请理货员现场理货并与之共同制作装箱单。若发货人不具备装箱条件，如是整箱货，可委托国际多式联运经营人或货运站装箱，发货人应将货物以原来形态运至指定的货运站由其代为装箱；如是拼箱货，发货人应将货物运至指定的集装箱货运站，由货运站按国际多式联运经营人的指示装箱。无论装箱工作由谁负责，装箱人均需制作装箱单，并办理海关监装与加封事宜。

对于由发货人自行装箱的整箱货，发货人应负责将货物运至双方协议规定的地点，国际多式联运经营人或其代理人（包括委托的堆场业务员）在指定的地点接收货物；如是拼箱货，则国际多式联运经营人在指定的货运站接收货物。验收货物后，国际多式联运经营人或其代理人应在场站收据正本上签章并将其交给发货人或其代理人。

⑤ 订舱及安排货物运送。国际多式联运经营人在合同订立之后，即应制订该合同涉及的集装箱货物的运输计划。该计划应包括货物的运输线路、区段的划分、各区段实际承运人的确定，以及各区段间衔接地点的到达、起运时间等内容。这里所说的订舱泛指国际多式联运经营人要按照运输计划安排各区段的运输工具，与选定的各实际承运人订立各区段的分运合同。这些合同的订立由国际多式联运经营人或其代理人办理，也可请前一区段的实际承运人作为代表向后一区段的实际承运人订舱。

⑥ 办理保险。在发货人方面，应投保货物运输险。该保险由发货人自行办理，或由发货人承担费用由经营人代为办理。货物运输保险可以是全程，也可分段投保。在国际多式联运经营人方面，应投保货物责任险和集装箱保险，由国际多式联运经营人或其代理人向保险公司办理或以其他形式办理。

⑦ 签发多式联运提单，组织完成货物的全程运输。国际多式联运经营人的代表收取货物后，国际多式联运经营人应向发货人签发多式联运提单。在把提单交给发货人前，应注意按双方议定的事项向发货人收取全部应付费用。

国际多式联运经营人有组织完成全程运输的责任和义务。在接收货物后，要组织各区段实际承运人和各派出机构及代表人共同协调工作，完成全程各区段的运输及各区段之间的衔接工作，运输过程中所涉及的各种服务工作和运输单据、文件及有关信息传递等的组织和协调工作。

⑧ 运输过程中的海关业务。按惯例国际多式联运的全程运输（包括进口国内陆段运输）均应视为国际货物运输。因此，该环节工作主要包括货物及集装箱进口国的通关手续，进口国内陆段保税（海关监管）运输手续及清关等内容。如果陆上运输要通过其他国家海关和内陆运输线路时，还应包括这些海关的通关及保税运输手续。这些涉及海关的手续一般由国际多式联运经营人的派出机构或代理人办理，也可由各区段的实际承运人作为国际多式联运经营人的代表代为办理，由此产生的全部费用应由发货人或收货人负担。如果货物

在目的港交付，则清关应在港口所在地海关进行；如果货物在内陆交货，则应在口岸办理保税（海关监管）运输手续，海关加封后方可运往内陆目的地，在内陆海关办理清关手续。

⑨ 货物交付。货物运至目的地后，由目的地代理人通知收货人提货。收货人需凭多式联运提单提货，国际多式联运经营人或其代理人需按合同规定，收取收货人应付的全部费用。收回提货单后签发提单（交货记录），提货人凭提货单到指定堆场（整箱货）和集装箱货运站（拼箱货）提取货物。如果是整箱提货，则收货人要负责至掏箱地点的运输，并在货物掏出后将集装箱运回指定的堆场，至此运输合同终止。

⑩ 货运事故处理。如果全程运输中发生了货物灭失、损害和运输延误，无论是否能确定损害发生区段，发货人或收货人均可向国际多式联运经营人提出索赔。国际多式联运经营人根据提单条款及双方协议确定责任并做出赔偿。如能确知事故发生的区段和实际责任者时，可向其进一步进行索赔。如不能确定事故发生的区段时，一般按在海运段发生处理。如果已对货物及责任投保，则存在要求保险公司赔偿和向保险公司进一步追索的问题。如果受损人和责任人之间不能取得一致意见，则需通过在诉讼时效内提起诉讼和仲裁来解决。

4. 我国开展国际多式联运的现状

20 世纪 80 年代初，我国对某些国家和地区的外贸进出口货物开始采用国际多式联运方式。

当前我国对外贸易进出口采用国际多式联运方式运输的已越来越多，形式也更为灵活多样，有陆海联运、陆空联运、陆空陆联运和海空联运等。其中使用较多的是陆海联运和陆空联运。其交接方式既有门到门、门到港站，又有港站到港站、港站到门。国内可以办理此项业务的地区也不断扩大，不仅沿海港口城市及周围地区可以办理，而且内陆很多省市都已开办。现在我国出口商品可以从一些发货地或加工厂通过国际多式联运，直接运到客户指定的港口或国外内陆城市；进口商品可以通过国际多式联运从国外的工厂或港口直接运到我国港口或一些内陆城市，从而为发展我国国际贸易提供了方便。

但是应清醒看到，我国开展国际多式联运起步较晚，与发达国家相比仍存在很大差距，主要存在以下问题。

（1）部门分割、政出多门、业务交叉。与国际多式联运管理和业务工作有关的国家一级的部门有商务部、交通运输部、海关总署、国家出入境检验检疫局、国家市场监督管理总局、国家外汇管理局等部门，这还不包括各省市相关部门的管理。有些政策是指导性的，可操作性不强。

（2）海关手续复杂，海关监管点不足，导致很多内陆验关业务需要货主到口岸地区或大城市请验关人员，延长了运输时间，增加了费用。虽然目前部分地区采取了 EDI（electronic data intercharge，电子数据交换）报关，但比例太少。

（3）没有制定国际集装箱多式联运运价和运费率，导致不合理收费且缺乏透明度。全程联运运费偏高，铁路运费结构复杂，难以计算。集装箱运输需缴纳自备箱管理费，以及装卸费、堆场费、搬移费、装拆费等各种费用。由于集装箱运价不合理，致使许多货主仍采用传统的铁路车辆运输，在港口码头卸车装箱或拆箱装车，从而大大制约了铁路集装箱运输的发展，影响国际多式联运的发展。

（4）法规体系不完善，不同部门的规定重复、矛盾及有些规定缺乏可操作性等。

（5）信息系统不完善，导致地区与地区海关、部门与部门、各运输环节之间信息传递不及时，同时信息技术应用发展不平衡。

（6）基础设施比较薄弱，主要指内陆国际集装箱运输基础设施，其主要表现在沿海支线运输系统不完善，现有集装箱码头泊位的能力不能适应集装箱的中转要求，铁路部分区段运力仍然紧张，尚无较完备的现代化货场，导致国际海运集装箱在内陆长距离集疏运很少。

（7）国际多式联运中环节多、单证多、单证流程复杂。各港口口岸、铁路、公路、海关、检验部门、理货部门、保险部门等单证多达百种，这些单证分别由各主管部门根据需要自行设计。其中有的参照了联合国或其他国际组织的有关标准和要求，大多数为非标单证。

因此，在新形势下，我国应尽快研究制定与市场经济发展相适应的交通发展政策，充分利用经济、科技、法律和行政等宏观调控手段，为我国开展国际多式联运创造一个良好、宽松的环境。

阅读材料 8-3

交通运输部：以发展多式联运为突破口，不断推动运输结构调整

党的二十大报告提出，"加快发展方式绿色转型""加快推动产业结构、能源结构、交通运输结构等调整优化"。近年来，交通运输部会同国家发展和改革委员会、生态环境部、中国国家铁路集团有限公司等单位，加强统筹组织，狠抓任务落实，持续推进运输结构调整。

一是以多式联运提速行动为核心，强化运输衔接。积极完善多式联运骨干通道，加快货运枢纽布局建设，健全枢纽集疏运体系，推动铁路专用线"进港区、进园区、进厂区"，创新运输组织模式，探索推进多式联运"一单制"发展，加快培育多式联运经营人。近年来，交通运输部会同国家发展和改革委员会组织开展多式联运示范工程建设，大力发展海铁联运、陆空联运、公铁联运、国际联运等服务模式。

二是以铁路运能提升和水运系统升级行动为重点，加快补齐短板。突出铁路在大宗货物运输中的主导地位，大力提升铁路运输能力，大幅提高浩吉、瓦日等重载铁路综合利用效率，加快敞顶箱运输发展，推进煤炭、矿石等大宗物资"公转铁""散改集"。加快完善内河水运网络、推进港口集疏运铁路建设，坚持"一港一策、一企一策"，精准制定运输结构调整方案，大力推动江海直达、江海联运发展。通过坚持"一港一策、一企一策"，根据实际灵活采用铁路运输、水路运输、封闭式皮带廊道、新能源汽车等绿色运输方式，提高全链条运输绿色化水平。

三是以公路货运治理和城市绿色配送行动为载体，切实提质增效。优化货运市场发展环境，相关部门协同开展道路货运行业超载超限治理，大力推进公路治超联合执法常态化、制度化，严格实施高速公路入口称重，严厉打击货运车辆超载超限、低价抢夺货源、不规范竞争和失信等行为。在城市末端，大力推动城市绿色货运配送发展，加快推广新能源车辆在城市物流中的推广应用，积极发展共同配送、集中配送等先进模式，推动干线以铁路运输、水路运输为主，末端通过封闭式皮带廊道、新能源货车等方式，构建全链条运输绿色新模式。

党的二十大对加快发展方式绿色转型，推动交通运输结构调整优化，做出了部署、指明了方向。交通运输部将坚决贯彻落实党的二十大精神，坚持"标本兼治、综合施策，政策引导、市场驱动，重点突破、系统推进"的原则，以发展多式联运为突破口，加快提升基础设施联通水平，促进运输组织模式创新，推进运输服务规则衔接，积极发展多式联运"一单制"，充分发挥各种运输方式的比较优势和组合效率，持续推动"公转铁""公转水"，不断推动运输结构调整工作取得新成效。

资料来源：中国集装箱行业协会．

本 章 小 结

本章主要介绍了货物流通过程、货物运输过程、货物运输业务组织机制、运输承包公司的业务及作业过程、运输代理、集装箱运输、多式联运、国际多式联运等知识。货物流通过程是货物生产过程的重要组成部分，货物只有完成其流通过程，才能实现其使用价值。其中集装箱运输是现代化发展的必然产物，集装箱运输的发展又必须进行集装箱的联运，单独靠一种运输方式开展集装箱运输已经不能充分发挥集装箱运输的优越性，达不到预期的效果。因此，组织铁路运输、水路运输、公路运输等多种运输方式的集装箱多式联运已成为现代化运输的必然产物。

交通强国·试点先行——多式联运有很大想象空间

"推动铁水、公铁、公水、空陆等联运发展，推广跨方式快速换装转运标准化设施设备，形成统一的多式联运标准和规则。"
——《交通强国建设纲要》

具体措施如下。

（1）构建高效顺畅的多式联运系统，推动各种交通方式一体化融合发展，满足经济社会对交通运输质量、效率、成本等方面的更高需求，促进交通运输效率整体水平提升。

（2）创新运输组织模式，推动铁水、公铁、公水、空陆等多式联运发展，推广甩挂运输、江海直达等运输组织模式，发挥不同运输方式比较优势和组合效率，促进资源集约利用，降低物流成本，推动交通运输行业转型升级。

（3）推广跨方式快速换装转运标准化设施，形成统一的多式联运标准和规则，加强国际多式联运标准和规则相互衔接。

（4）积极发展多式联运经营，引导企业建立全程"一次委托"、运单"一单到底"、结算"一次收取"的服务方式，支持企业应用电子运单、网上结算等互联网服务新模式。

从国外交通发展经验来看，由单一运输方式独立发展走向融合发展是一个普遍规律，交通强国建设总体要求中提出要实现"三个转变"，其中之一为由各种交通方式相对独立发展向更加注重一体化融合发展转变，多式联运是一体化融合发展的重要体现。湖北、浙江在推广完善多式联运方面有以下探索。

1. 湖北

（1）推进湖北省内各方式基础设施互联互通。对接"一带一路"、湖北"五纵四横"综合运输通道，加快多式联运通道建设。畅通长江中游、拓展汉江航运、提高三峡枢纽通行能力。推进铁路进园区、进港区建设。推进长江中上游大规模集装箱和大宗物资集散基地、多式联运站场建设，实现各运输方式有效衔接。

【拓展视频】

（2）优化运输组织模式。推进武汉阳逻港铁水联运、长江经济带国家粮食物流核心枢纽和粮食现代物流供应链金融服务平台等建设。推动长江—汉江干支集装箱联运发展。支持江海联运航线拓展，提升中欧（武汉）班列发班率。依托天河机场区域枢纽和湖北国际物流核心枢纽开展空陆联运，构建"卡车航班"+"铁路航班"国际快运物流网络体系。

（3）推动多式联运创新发展。培育多式联运经营人，支持多式联运示范工程主体与运输企业组建多形式经营联合体，向多式联运经营人转变。推进联运企业信息资源互联共享。推动多式联运"一单制"，探索多式联运提单物权化。

2. 浙江

（1）建立运营主体联盟。组建海港、陆港、空港、信息港联动运营商联盟，破除市场壁垒，促进物流链整合。培育壮大多式联运专业化组织，支持货运市场企业做大做强。探索组建以航空快递物流和陆港商贸物流两大专业领域为主的多式联运联盟，以资本、产品、信息等资产为纽带的多式联运经营人，培育形成一批以港口为核心的多式联运龙头企业。

（2）规范多式联运服务标准。推进江海河联运船型标准化，推广特定航线江海直达集装箱船型和商品汽车滚装船型，加快开展杭甬运河、瓯江航道海河直达船型研究，推进内河三层集装箱标准化船型的研发和推广应用。加快标准化运载单元研发和推广，创新"散改集"运输模式，推进冷藏、罐式、危险品等集装箱专业化联运作业，研究建立宁波舟山港集装箱循环共用平台，开展铁路双层集装箱运载单元标准化研究，完善海铁联运码头设施配建技术标准，加快推进快件物流空公铁联运集装箱的研发与应用。加强技术标准体系建设，积极推进集装箱等运载单元的设备技术标准体系建设，加快提升码头前沿装卸设备、水平运输车辆、堆场装卸机械等关键设备的技术规范水平。强化联运服务规则衔接，推动航运、港口、铁路企业在制度、规范、标准等方面有效衔接，提升多式联运与通关、检验检疫、退税、结汇等一体化服务水平，探索多式联运"一单制"操作规程和组织模式。

（3）健全一体化通关协作制度。推进通关一体化改革，深化杭州、宁波口岸通关协作，拓展义乌海关监管区服务能力，推动义乌陆港口岸内陆化进程。建设国际贸易"单一窗口"，加强口岸数字化建设，加快发展口岸物流服务、口岸数据服务、口岸特色服务、数据交换服务等基础应用功能，全面推进浙江电子口岸与宁波电子口岸平台数据互联共享，加快延伸跨境电商物流信息服务。完善联运跨区域通关协作，深化与其他地区的口岸查验机构联防联控，推动跨区域口岸监管一体化，完善国际铁路通关协调机制。

（4）构建多式联运设施体系。推进海公铁联运基础设施互联互通，加快建设金甬、金台、甬舟等干线铁路，推动金甬铁路按照双层高箱运输班列标准建设，推进金塘铁路梅山港区支线等项目建设，加快建成铁路支线"进港进厂进园区"。构建江海河联运互通直达设施体系，重点推进京杭运河、杭平申线、长湖申线西延等项目，推进杭甬运河宁波段三期工程建设，加快建设小洋山北侧集装箱江海联运支线码头，推进双屿门等通港航道建设。依托海港集团扩大长江沿线码头布局，打造以"水水中转"为特色的大宗商品及集装箱中转运输体系。推动空公铁联运设施体系无缝衔接，推进杭州萧山国际机场三期及路侧交通中心工程，规划建设嘉兴航空联运中心，积极推进杭州、宁波临空经济示范区和跨境电子商务空港物流园区建设。

（5）打造"四港"联动综合服务大数据交换平台。建立大数据基础交换和服务网络，健全铁公水空物流信息互联标准，加快交换服务体系云建设，推动多平台串联，整合交通、海关等物流政务公共信息数据及重要节点公共信息资源。推进信息服务体系建设，推动宁波港电子数据交换中心增加国家物流信息平台路由接口,加快推进义乌综合物流信息平台与传化公路港、菜鸟等物流信息平台串联,推动跨境电商贸易便利化。推动"四港"信息互联建设,建立"四港"联动信息港建设工作机制,推进标准建设、交换通道维护、数据汇集、产品开发等工作。

根据本案例所提供的材料,试分析:我国多式联运存在哪些问题?如何改进?

资料来源:交通运输部.

 关键术语

货物流通过程(cargo circulation process)　　货物运输过程(cargo transport process)
发货人(consignor)　　收货人(consignee)
契约承运人(contract carrier)　　实际承运人(actual carrier)
运输承包公司(transportation contracting company)
运输代理人(forwarding agent)
集装箱运输(container traffic)
多式联运(multimodal transportation)
多式联运经营人(multimodal transport operator)
国际多式联运(international multimodal transport)

习　题

1. 填空题

(1) 货物运输业务的具体组织方法,就其组织机制来说,基本上可以划分为两大类:_____和_____。

(2) 货物多式联运的全过程根据其工作性质的不同,可分为_____和_____两部分。

(3) 货物多式联运运输组织方法,根据其组织机制来说,基本上可分为_____和_____两大类。

(4) 运输代理人按照运输代理业务的性质和范围不同,主要有_____、_____、_____和_____四大类。

(5) 集装箱按标准的范围来分,有_____、_____、_____和_____4种。

(6) 集装箱的运输方式有_____、_____、_____、_____4种。

(7) 船舶集装箱运输的装卸方法因集装箱船而异,可有下列3种方式:_____、_____和_____。

(8) 公路集装箱运输方式一般有以下4种:_____、_____、_____和_____。

(9) 集装箱货物交接方式大致有以下4种:_____、_____、_____和_____。

(10) 按是否拥有运输工具并实际完成多式联运货物运输活动，国际多式联运经营人可分为两种类型：_____和_____。

2. 简答题

(1) 运输承包发运制及运输经营人工作的意义主要反映在哪几个方面？
(2) 运输承包公司中转业务组织方法有哪两种基本方式？
(3) 简述集装箱运输的优缺点。
(4) 简述集装箱空箱调运产生的原因及减少空箱的途径。
(5) 简述集装箱箱务管理的内容。
(6) 为什么说集装箱运输是运输方式上的一次革命？
(7) 多式联运应具备哪几个主要条件？
(8) 简述多式联运的契约承运人和实际承运人的区别。
(9) 简述多式联运的优点。
(10) 简述国际多式联运的含义及特点。
(11) 国际多式联运经营人应具备哪些条件？
(12) 简述国际多式联运合同的特点。
(13) 简述国际多式联运的主要业务程序。

第 9 章 城市交通运输系统

【教学目标】
- 掌握城市轨道交通的分类。
- 熟悉轨道交通路网结构分析。
- 掌握城市道路、交叉口的定义及分类。
- 了解城市交通信号及其设备、城市道路交通载运工具。
- 了解城市道路交通系统规划。
- 掌握城市道路交通管理模式和管理方法。

【思维导图】

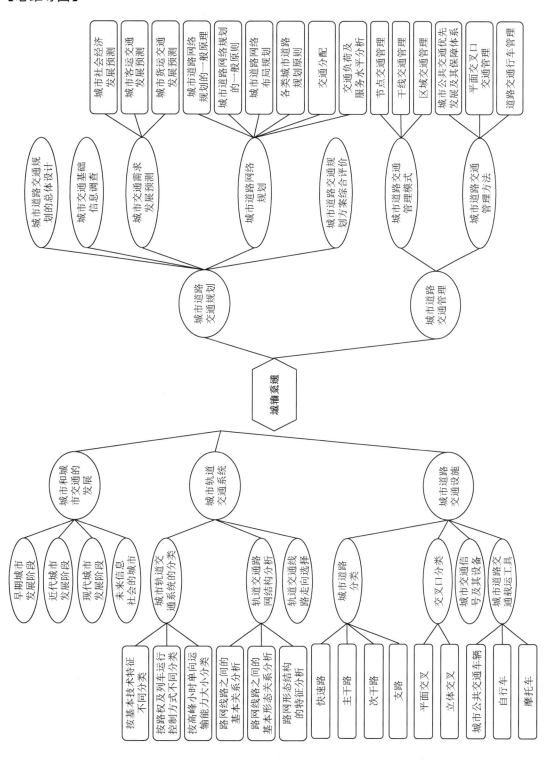

法国发展公共交通的成功经验

"公交优先"最早是由法国提出的,之后才在欧美国家推行。第二次世界大战后,法国采取了鼓励发展私人交通的政策,私家车数量急剧增加,导致20世纪70年代初城市交通几乎陷于瘫痪。于是,法国政府下大力气整治交通拥堵,采取了公交优先发展的策略,取得了非常好的效果,目前,巴黎市区公共交通出行占总出行比例的67%,高峰时期公共交通的出行比例达83%。

总结法国发展公共交通的成功经验,主要在于以下几个方面。

1. 法律保障

长期以来,法国政府一直把城市公共交通优先发展作为长期不变的目标用法律形式予以保障,相继颁布了一系列法律,以《城市交通法》《空气清洁法》和《城市振兴协作法》最为重要。2001年发布的《城市振兴协作法》强调城市各项政策的协调配合,首先,在城市道路空间资源分配上应给予公共交通充分的优先地位,在财政投资上应建立公共交通投资的稳定长效渠道,各大区、省、市成立一个统一而强有力的交通协调委员会,统一制定政策,协调城市交通的发展;其次,通过制定城市交通出行规划,将城市规划、住宅、交通融为一体,统筹解决交通问题。

2. 科学规划

1982年,法国认识到用小汽车解决交通问题往往事与愿违,必须将城市交通放在一个综合框架里,才能有效缓解交通问题。政府要求10万人以上城市必须制定城市交通出行规划,确定居民出行的组织原则,以及商品运输、交通运输和停车的基本原则,减少汽车流量,大力发展公共交通,提高道路的使用效率,鼓励企业和国家机构使用公共交通,提倡合用车等。城市交通出行规划不含交通预测模型,并非技术型规划,更侧重于政策规划,从人的交通出行角度考虑,强调用地和交通规划的相互影响。

城市交通出行规划的三大核心内容是紧密结合当前城市发展的主要问题和政策目标,明确具体措施,提出跨部门、跨学科的政策工具包,形成事后及时评估和动态反馈。城市交通出行规划的特点,一是重视不同交通系统之间的衔接和互补,发展多方式交通;二是充分考虑交通系统与用地规划之间相互作用关系的整合衔接;三是在制定政策过程中,关注实施过程的制度创新,特别是公共治理程序的应用,通过公交走廊委员会和公交节点委员会等形式,使企业、各级政府及社会公众都参与进来。

3. 财政优先

法国在公共交通的财税保障方面建立了完善的制度体系,堪称世界典范。公共交通实行行业市场准入和公共资源配置的基本制度,公共交通委员会通过政府购买服务方式选择运营公司并签订合同,将公交服务标准、以运营里程为计算单位而形成的合同价格等内容形成契约予以执行。公共交通基础设施建设基本为政府投资,由地区公共交通委员会或地方政府负责管理,经营权由运营公司负责。法国城市公共交通的发展资金由地区公共交通委员会负责管理和分配。发展资金一般由4个方面组成:乘客、企业、地方政府和国家。乘客以票款形式大约承担了公共交通成本的1/3;法国规定9名职工以上的企业雇主都要缴纳城市交通税,税率按工资总额一定的比例抽取,同时,企业还要为其搭乘公共交通的职员报销公交出行费用的50%,综合计算,企业出资占公共交通成本的45%~50%,体现了"社会办公交"的特点;在来自乘客和企业的资金仍不能满足公共交通发展的需要时,就要由地方政府通过地方税为城市交通筹集资金,其用途主要是基础设施投资;国家出资主要是用于基础设施的建设,作用是引导地方进行投资。

4. 一体设计

一是公交与城市发展的一体化。巴黎作为世界知名的国际化大都市,公交系统的规划和建设充分体现了城市特点和文化底蕴,以及法国人追求自由浪漫的精神。有轨电车的优美造型和外观设计,成为街头风尚,与城市建筑交相辉映,成为一道亮丽的风景线,吸引了白领、游客等群体选择公共交通出行,打造环保、时尚的生活方式。公交系统与城市更新和改造也实现了一体化,老城区围绕公交站点进行商业的布局、街区的优化、色彩的统一,新城区围绕公交站点进行居住区和大型商业的规划设计,因为骨干交通系统的建设,也使整个城市的面貌发生了改变。

二是多种交通方式的一体化。法国巴黎是世界上公共交通网络最完备的城市之一,长短结合、快慢结合使得公共交通系统提供了近乎"点对点"的出行服务。巴黎的各种公交方式在行车作业计划编制和信息发布方面是一体化的。常规公交的发车时刻表是以地铁等骨干线为基准形成营运计划,多种交通方式的发车时刻表在交通枢纽进行整合发布。同时,在巴黎大区范围内的各种公共交通车票是通用的,换乘时不需另外买票,大大降低了市民的公共交通出行成本,从而实现了空间的一体化、时间的一体化、信息的一体化和票务的一体化。

三是交通枢纽与商业的一体化。法国的综合交通枢纽首先是模式转换中心,注重在空间设计、时间组织、地铁运行、公交服务和环境等多个方面,提高各种交通方式换乘的质量;其次也是城市商业中心,将交通带来的巨大人流转换为文化流、商品流和资金流,提高枢纽周边土地价值,为城市打造了交通引导发展的枢纽经济体。巴黎的拉德芳斯是欧洲最大的公共交通枢纽和换乘中心,每天运送通勤者达到45万人次。拉德芳斯区域中心修建了占地67万平方米的步行天台,由商铺、广场、绿化、景观等组成,形成了舒适宜人的商业空间和步行空间。

思考题: 从城市交通出发,谈谈你从该案例中能得到什么启示。

资料来源:搜狐网.

9.1 城市和城市交通的发展

自18世纪60年代英国产业革命以来,全球范围内的城市化迅速发展,世界各国先后开始由以农业为主的传统乡村社会向以工业和服务业为主的现代城市社会转变。1800年,全世界城市人口的比重只有3%,而到1990年已有50%的人生活在城市,预计到2030年,这一比例将达到60%。

城市交通是城市内部、城市与外部之间的人员和物资实现空间位移的载体,包括城市内部交通和对外交通,涉及城市中地面交通、地下交通、空中交通等各种运输方式。城市交通是随着城市的出现和扩张而发展起来的,同时城市交通的发展又促进了城市的形成和演变。随着经济发展和工业化的进程,城市和城市交通的发展呈现出一定的阶段性。

1. 早期城市发展阶段

工业革命以前的城市发展可称为早期城市发展阶段,其社会经济基础是自然经济和小农经济。这一时期的城市多为政治中心或军事要地,工商业不占主导地位。城市建立在政治、军事及手工业和商业基础之上,因而城市数量少、规模小、发展缓慢。这一时期,城市交通主要为城市间交通和城乡交通,城市内部交通尚未形成规模,主要交通工具由人力或畜力、自然力来驱动,如人肩挑手提,牛车、马车及帆船等。在工业革命以前的欧洲城市,马车曾作为一种重要的交通工具盛行一时。1600年公共四轮马车在伦敦出现,业主们可往来于街道之间招揽顾客。1662年巴黎出现了在固定线路上运行的公共马车。1798年能运送20人的长途公共马车产生,由于轻快、安全、费用合理,因此得到迅速发展。

2. 近代城市发展阶段

近代城市发展阶段从工业革命到 20 世纪初期。18 世纪中叶的工业革命,带来了生产方式和产业结构的深刻变革,也促使城市发展进入了新的阶段。其主要表现在:城市性质转变为工业性、生产性;工商业开始成为城市的主导部门,商品经济高速发展,工商业迅速向城市地区集中,并形成了巨大的集聚规模效益;城市职能演化为经济和行政中心,城市发展速度加快。到 1900 年,英国城市人口占其总人口的 75%,成为世界上第一个实现城市化的地区。19 世纪以后,法、德、美等国也相继完成工业革命;与此相应,城市化步伐也在这些西方国家迅速推进。

工业化和城市化极大地推动了世界城市的发展,城市规模和城市结构都发生了空前变化,相应地对城市交通提出了新的要求,促使城市交通发展进入一个新阶段,主要表现在以下几个方面。

(1) 城市对外交通迅速发展。

城市化意味着非农经济活动向城市的大量集中,由此导致城市与乡村间产生大量的人口流动和物资流动,促进了城市外部交通的迅速发展。事实上,火车及动力船的发明与使用使城市对外交通水平达到新高度,城市之间的交通运输网络进一步得到完善。

(2) 城市内部交通开始形成。

工业化与城市化不仅使城市人口和经济规模空前扩大,而且给城市带来了大量新产业、新机构,城市中的行政区、商业区、娱乐区、工业区等相继出现,这些都对城市内部交通提出新的要求,促使城市内部交通逐步形成。在工业革命以后,城市内部交通才成为维持城市社会经济活动系统运转的必要前提,城市内部交通问题才开始为人们所关注。

(3) 城市交通工具开始采用现代先进技术,现代化城市交通系统形成。

在城市对外交通中,交通工具已由帆船、马车进化到轮船、火车、汽车、飞机。1825年,蒸汽机车出现,铁路运输开始发展,这给城市对外交通带来一场革命。此后,相当长的一段时期内,铁路运输成为城市对外交通的主导方式。1885 年,德国人本茨发明了第一辆内燃机汽车。此后不久,有轨电车、无轨电车、公共汽车及城市快速轨道运输方式相继投入使用,逐步取代了马车。1881 年,有轨电车在柏林出现。1899 年,世界上最早的公共汽车在伦敦开始运营。1901 年,第一条无轨电车线路在法国投入使用。1838 年和 1863 年,郊区铁路和地下铁路分别在伦敦建成使用。从 19 世纪中期开始,机动车逐渐成为城市内部交通的主导方式。

3. 现代城市发展阶段

工业革命后期至今是现代城市发展阶段。20 世纪以来,西方发达国家纷纷进入后工业化并开始了现代化的历程,而许多发展中国家则相继进入工业化阶段,城市化发展又呈现出新的特点。城市向高质量、多功能、综合性方向发展,城市产业结构进一步高级化。发达国家城市中的金融、保险和服务等第三产业比重迅速上升,许多国际大都市中第三产业的就业和产值比重已占绝对优势。城市空间结构也发生了很大变化,发达国家人口和经济活动不再一味涌向大的中心城市,而是围绕中心城市形成若干个专业化城镇,如工业卫星城、科技城等。这些小城镇与所依附的大城市彼此紧密联系,使城市由单中心的点式集聚向多中心的面式集聚发展。城市内部功能分区也开始明确,工业区、住宅区、商业区等布局日趋合理，大城市的中心商务区逐步形成和完善，城市化进一步发展。第二次世界大战前，发达国家农村人口和非农经济不断向城市聚集，城市人口比重迅速提高，至2000年，世界城市人口已超过50%，标志着世界范围内已基本实现城市化。

随着城市化逐步走向成熟，发达国家城市交通系统日臻完善，城市交通日益高速化、舒适化。首先，由于城市郊区化和郊区城市化的发展，使城市的空间形态日益趋向分散化，人流和物流向城市集中的速度减缓，强度变弱，城市中心区的运输供给与运输需求矛盾开始缓解，城市内部交通问题趋于缓和。城市对外交通开始由大容量化向快速化和舒适化演变。其次，城市交通体系构成全方位、立体化的格局。交通运输工具和交通运输方式多元化，城市内部交通与对外交通的衔接逐渐由无序走向有序。人与物在城际间的空间位移可通过水上、空中、地面甚至地下等多种运输方式联合完成；而人在城市内的空间位移也可借助地面、高架、地下等十余种方式（如地铁、轻轨、城市铁路、公共汽车、无轨电车、有轨电车、私人汽车、磁悬浮列车、轮渡、直升机等）得以实现。

4. 未来信息社会的城市

20世纪70年代以来，以信息技术为突破口的新技术革命正以前所未有的力度，冲击着人类社会生产和生活的各个方面。1993年，美国政府率先提出兴建"信息高速公路"，其他国家纷纷响应，分别提出了本国或本地区的"信息高速公路"计划，这标志着人类跨进了信息社会的"门槛"。信息化的浪潮将给人口和产业高密度的城市带来深远影响。未来信息社会的城市具有以下基本特征。首先，城市社会生产生活的联系更多地借助通信手段，未来的城市将变成智能城市，即高度信息化和全面网络化的城市。借助计算机网络和多媒体系统，人们足不出户就能进行工作、交友、购物、娱乐等活动。届时，以旅游、观光等为目的的出行比例将显著提高。其次，城市产业结构进一步高级化。包括信息技术产业和信息服务产业的信息产业地位大幅度上升，将从第三产业中独立出来成为第四产业。城市由传统的制造中心、贸易中心转变为信息流通中心、信息管理中心和信息服务中心。最后，城市空间结构进一步演变。由于信息传递不再受地理和气候条件限制，空间距离在约束城市发展的诸多"门槛"中降低为次要因素，使得生产要素的高度集聚效益弱化，超级城市不再必要而走向解体。小城镇及其组成的城市群显示出多方面的优越性。

【拓展视频】

与信息社会城市的基本特征相适应，城市交通将呈现出新的发展趋势。首先，城市交通与信息产业将高度结合，通信将和交通运输一样成为城市社会生产、生活联系的主要手段。信息社会中，人们之间的一些交往已不再需要空间的位移。由于信息的充分性，产品的不合理运输也大为减少。其次，城市交通强度有所降低。由于办公家庭化的实现，使得上下班出勤人数与次数大为减少，困扰目前城市的工作通勤出行量集中的难题会明显缓解。产业结构高级化和空间结构合理化，又会减少城市货物的运输强度。不仅城市产品更加轻薄短小，而且产品运输量在空间上得到更加有效的分散。另外，城市交通将实现智能化。计算机和自动控制技术将广泛应用于城市道路、车辆及其管理部门，使得城市交通技术水平和管理水平进一步提高，迈向智能化的新阶段。

由上述对城市和城市交通发展阶段的分析可以看出，在进入现代城市发展阶段后，城市交通已基本形成了以城市轨道交通和城市道路交通为主体的城市公共交通体系。

阅读材料 9-1

华为"最亮双眼"如何赋能交通智能体？

2020 年 9 月 24 日，在深圳特区成立 40 周年之际，深圳市政府与华为宣布携手共建鹏城智能体，协助深圳完善智慧城市顶层设计，共同深化智慧城市建设应用。作为城市智能体的核心底座，华为在交通智能体的落地实践方面要走得更早。早在 2018 年，华为就发布了与深圳交警合作在深圳落地交通智能体的初步实践进展。

可以说，交通智能体就是华为与深圳交警等交管单位不断探索、不断完善的智慧结晶。交通智能体是华为智慧交警业务的大旗，旨在提供面向交管的"最亮双眼""最强大脑"和"最快双手"的系统方案。而"最亮双眼"是整个方案的核心，也是交通管理和服务的基础。这几年，"交通大脑"概念风靡智慧交管行业，但随着时间推移，慢慢发现，如果"感知"层的数据采集、汇聚、分析没有做好，那"大脑"就是无源之水、无本之木。

那么如何练就智慧交管的"最亮双眼"，我们来看华为是如何探索和落地的。

2020 年 5 月底，华为发布了十大场景化解决方案，最让智慧交管行业关注的莫过于"全息路口"。"全息路口"解决方案由华为 AI 超微光卡口、毫米波雷达、专用的边缘计算节点——ITS800 等构成，方案的创新之处在于"雷达+视频"的一体化组合采集，也在于算力高达 32TOPS 的边缘计算节点设备。

整体而言，"雷达+视频"可以实现全天候、多场景、多目标、高精度的交通流量检测，可实现多目标轨迹跟踪检测、目标可视化、数据结构化，可具体到某一条车道的流量，具体到某一台车的轨迹、动态。

"全息路口"解决方案基于雷视轨迹拟合算法，把视频和雷达获得的数据进行位置标定、坐标转化、时钟同步、轨迹合一，可提供路口时空内的车牌、车速、位置、姿态、属性、分向车道流量、交通事件检测等精准元数据，结合高精度地图为交管用户提供数字化全息视角，可合成路口通行速度、车头时距、排队长度、停车次数等 40 多种交管数据，比传统设备采集的交管数据更精确、更稳定，比分钟级采样的互联网浮动车数据更精细、更实时。据华为介绍，该方案的全路口轨迹跟踪准确率大于 95%，结合高精度地图的车道级定位精度小于 50 厘米。

这些数据全面地反映了路口所发生的一切，基于这些数据可以支持各种解决方案的运行，如路口交通事件检测、路口优化、信号配时调整等，当数据积累到一定时间后，还可以进行交通仿真，进行交通隐患、交通黑点的识别。交通热力图一画，就知道哪里是黑点，哪里要进行交通组织优化，哪个车道要由直行变成左转加直行等。

将"全息路口"称为"最亮双眼"的最佳解决方案毫不为过，更为重要的是，"全息路口"具备成长性，在算力的支持下，可以远程加载许多算法，可以支持包括未来车路协同、自动驾驶所需要的路侧感知、端侧信息交互等。

资料来源：搜狐网.

9.2 城市轨道交通系统

9.2.1 城市轨道交通系统的分类

城市轨道交通系统是指服务于城市旅客运输，通常以电力为动力，轮轨运行方式为特征的车辆或列车与轨道等各种相关设施的总和。或者说，将城市中使用车辆在固定导轨上运行并主要用于城市客运的交通系统称为城市轨道交通系统。

自 19 世纪中叶，世界上先后出现城市地下铁道与有轨电车以来，经过 100 多年的研究、开发、建设与运营，城市轨道交通系统已经形成多种类型并存与发展的态势。

1. 按基本技术特征不同分类

根据城市轨道交通系统基本技术特征的不同，可分为市郊铁路、地下铁道、轻轨铁路、独轨铁路和有轨电车等类型。

【拓展视频】

（1）市郊铁路。

市郊铁路是连接城市市区与郊区，以及连接城市周围几十千米甚至更大范围的卫星城镇或城市圈的铁路，但往往又是连接大中城市干线铁路的一部分，因此具有干线铁路的技术特征，如轨道通常是重型的。与城市轨道交通系统中的地下铁道等类型不同，在市郊铁路上通常是市郊旅客列车与干线旅客列车和货物列车混跑。

（2）地下铁道。

一般来说，地下铁道是指修建在地下隧道中的铁路。这样理解，也许在地下铁道修建的初期没有什么不妥，但现在定义一个系统为地下铁道，并不要求该系统的线路必须全部修建在地下隧道内。对世界各国地下铁道系统进行分类研究可以发现，地下铁道还可分为重型地铁、轻型地铁与微型地铁 3 种类型。重型地铁就是传统的普通地铁，轨道基本采用干线铁路技术标准，线路以地下隧道和高架线路为主，仅在郊区地段采用地面线路，路权专用，运能最大；轻型地铁是一种在轻轨线路、车辆等技术设备工艺基础上发展起来的地铁类型，路权专用，运能较大，通常采用高站台；微型地铁又称小断面地铁，隧道断面、车辆轮径和电动机尺寸均小于普通地铁，路权专用，运能中等，行车自动化程度较高。

（3）轻轨铁路。

轻轨铁路简称轻轨。轻轨的含义是就车辆对轨道施加的荷载而言的，轻轨车辆与市郊列车或地下铁道车辆比较相对较轻。早期的轻轨系统一般是直接对旧式有轨电车系统改建而成的。20 世纪 70 年代后期，一些国家才开始修建全新的现代轻轨系统。现代轻轨系统与旧式有轨电车系统相比，具有行车速度快、乘坐舒适、噪声较低等优点。对世界各国轻轨系统进行分类研究表明，轻轨也存在多种技术标准并存发展的情况。高技术标准的轻轨接近于轻型地铁，而低技术标准的轻轨则接近于有轨电车。

（4）独轨铁路。

独轨铁路简称独轨。独轨系统是车辆或列车在单一轨道梁上运行的城市客运交通系统。独轨的线路采用高架结构，车辆则大多采用橡胶轮胎。从构造形式上可分为跨骑式独轨与悬挂式独轨两种。跨骑式独轨是列车跨坐在轨道梁上运行的形式，而悬挂式独轨是列车悬挂在轨道梁下运行的形式。

（5）有轨电车。

有轨电车通常采用地面线，有时也有隔离的专用路基和轨道。隧道或高架区间有轨电车仅在交通拥挤的地带才被采用。旧式的有轨电车由于其与公共汽车及行人共用街道路权，且平交道口多，因而其运行所受的干扰多、速度慢。现代有轨电车与性能较差的轻轨已很接近，只是车辆尺寸稍小些，运营速度接近 20km/h。

2. 按路权及列车运行控制方式不同分类

根据城市轨道交通系统路权及列车运行控制方式的不同，可分为路权专用、按信号指挥运行，路权专用、按视线可见距离运行，路权混用、按视线可见距离运行等类型。

（1）路权专用、按信号指挥运行。

路权专用、按信号指挥运行的城市轨道交通系统的特点是线路专用，与其他城市交通线路没有平面交叉。由于路权专用及按信号指挥运行，行车速度高且行车安全性好。属于这种类型的城市轨道交通系统包括市郊铁路、地下铁道和高技术标准的轻轨等。

（2）路权专用、按视线可见距离运行。

路权专用、按视线可见距离运行的城市轨道交通系统的特点是线路专用，与其他城市交通线路没有平面交叉。行车安全性较好，但由于无信号、按可视距离间隔运行，因此行车速度稍低。属于这种类型的城市轨道交通系统主要是中等技术标准的轻轨。

（3）路权混用、按视线可见距离运行。

路权混用、按视线可见距离运行的城市轨道交通系统的特点是线路与其他运输车辆和行人共用，与其他城市交通线路有平面交叉。除在交叉口设置信号控制外，其余线路段按可视距离间隔运行，行车速度与行车安全稍差。属于这种类型的城市轨道交通系统主要是低技术标准的轻轨和有轨电车。

3. 按高峰小时单向运输能力大小分类

根据城市轨道交通系高峰小时单向运输能力大小，可分为高运量、中运量和低运量等类型。

高运量城市轨道交通系统的高峰小时单向运输能力达到30000人以上，属于这种类型的城市轨道交通系统主要有重型地铁和轻型地铁等；中运量城市轨道交通系统的高峰小时单向运输能力为15000~30000人，属于这种类型的城市轨道交通系统主要有微型地铁、高技术标准的轻轨列车和独轨列车；低运量城市轨道交通系统的高峰小时单向运输能力为5000~15000人，属于这种类型的城市轨道交通系统主要有低技术标准的轻轨列车和有轨电车。

9.2.2 轨道交通路网结构分析

1. 路网线路之间的基本关系分析

线路是路网的基本组成要素，分析两条线路之间的关系，可以从局部了解路网的特征。

按线路的布置方式不同，路网可分为两种基本类型。

【拓展视频】

（1）各条线路在不同标高的平面上相交，在交叉处采用分离的立体交叉，路网中各条线路独立运营，不同线路的列车不能互通，乘客必须通过交叉点处的换乘站中转才能到达位于其他线路上的目的地车站，这类路网称为分离式路网，如图9.1（a）所示。

（2）各条线路在同一平面交叉，在交叉处用道岔连接，因而各条线路之间可以互通列车，在整个路网上可以像城间铁路那样实行联运，乘客可以直接到达位于另一条线路上的目的地车站，这类路网称为联合式路网，如图9.1（b）所示。

分离式路网的优点是能确保在安全的条件下最好地组织大频率和高速度的交通，其缺点是必须换乘和线路系统发展受限。世界上大多数大城市的轨道交通线路是按分离式路网修建的，但也有少数城市是按联合式路网修建的，如纽约和伦敦。还有部分城市，如马德里，将这两者组合起来，即在主要线路方向上是相互分离的，而其他线路之间是相互联系的，试图兼备上述两种路网的优点。

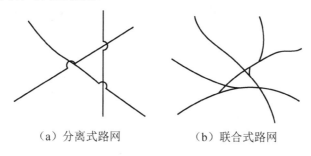

(a) 分离式路网　　　　(b) 联合式路网

图 9.1　按线路的布置方式不同划分的路网类型

我国已建轨道交通路网的城市以及正在规划轨道交通路网的城市，都是按分离式路网规划和建设的。因此，在这里也主要针对分离式路网进行轨道交通线路之间的形态关系分析。

2. 路网线路之间的基本形态关系分析

从两条线路所构成的形态来看，按其交叉点的多少可分为 3 类，即线路之间无交叉、线路之间交叉一次、线路之间交叉两次及两次以上。

(1) 线路之间无交叉（Ⅰ类）。

轨道交通路网中，两条线路之间不交叉的情形大致有 3 种。

① 两条线路平行或近似平行布置。

② 两条线路虽不平行但相距较远，如在一些特大城市中由于城市建成区面积较大，两条主要的交通走廊走向大致相同但相距较远。

③ 由于河流等地理因素，两条线路之间无法或尚未连通。在这种情况下，两条线路之间无法实现直接换乘，而必须通过与这两条线路都交叉的线路进行两次或两次以上的换乘才能实现，或是通过其他出行方式来实现，因而这两条线路之间的客流转线很不方便。

(2) 线路之间交叉一次（Ⅱ类）。

轨道交通线路之间交叉一次，即两线之间存在一个换乘站。线路交叉的形态呈十字形、X 形、T 形及 Y 形 4 种。十字形交叉常见于方格式路网中，如北京地铁路网；X 形交叉出现于含有三角形的放射式路网中；T 形或 Y 形交叉则多见于一些树状网络中，如布宜诺斯艾利斯、阿拉斯加、阿姆斯特丹等城市轨道交通路网中。线路之间交叉一次，使得两条线路之间可以实现直接换乘，但是当换乘客流很大时容易引起换乘客流的相互干扰和混乱。

(3) 线路之间交叉两次及两次以上（Ⅲ类）。

两条线路之间交叉两次，便构成两个交叉点，两者间的距离可以较远，也可以较近，甚至是紧邻的两个站。在交叉点相距较近的情况下，交叉点间的线路多为平行或近似平行的布置，只是在两个交叉点外侧才开始分开。在一些大城市的客流量很大的交通走廊上会采用这种布置。交叉点相距较远时，有两种常见的结构形态。一种是两条线路在市中心区的两端相交，交叉点之间的线路形成一包围 CBD（central business district，中央商务区）

的小环,形同鱼状,即所谓的鱼形结构,如图 9.2 所示。这种结构将两条线路汇集的客流分别引向市中心的两端,环绕 CBD 的小环上密布的站点也有利于 CBD 客流的分散,有力地减轻了市中心的交通压力,保持了 CBD 的稳定,同时两条线路上的换乘客流得以在两个换乘站上换乘,这也减轻了换乘站的压力,方便了乘客的换乘,这种结构已成为许多城市轨道交通系统的基本结构。在米兰、里约热内卢、里尔、多伦多、罗马等城市轨道交通路网中均包含这种结构。另一种是一条穿越市中心的辐射线与一条环绕市中心的环线相交,即弧弦结构,如图 9.3 所示。这种结构的换乘站一般位于闹市区外围,主要由环线的位置决定,其作用不仅在于让乘客方便地换乘,更重要的是可以有效地减轻市中心的过境客流,通过环线使得辐射线上的客流便捷地转换到其他辐射线上,是构成环形放射式路网的基本部分。

图9.2　鱼形结构　　　　　　　　图9.3　弧弦结构

当两条线路之间交叉两次以上或多条线路交叉时,除星形结构外,一般都会构成两个以上的交叉点,其形态特征是上述 3 类基本形态关系的组合。

3. 路网形态结构的特征分析

一个城市的轨道交通线路一般都在 3 条以上,这些线路相互组合,并受各个城市具体的人文地理环境等条件制约,便形成了千姿百态的路网形态。轨道交通路网的线路越长及条数越多,所构成的路网形态就越复杂。将这些路网形态抽象、归类,可归纳为多种路网形态结构,其共同特点是:在城市的外围区轨道交通线路呈放射状,密度较低,形成主要的交通轴向;而在城市内轨道交通线路密度较高,形成以三角形、四边形为基本单元的形态多样的网络结构。

在路网形态结构中,最常见、最基本的路网形态结构是网格式、无环放射式及有环放射式 3 种。

(1) 网格式。

网格式路网的各条线路纵横交叉,形成方格网,呈格栅状或棋盘状,如图 9.4 所示。

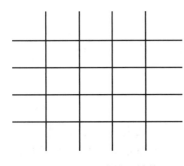

图9.4　网格式路网结构

网格式路网中的线路走向比较单一,其基本线路关系多为平行与十字形交叉两种,如大阪和墨西哥城的地铁路网就是这种类型。这种结构的路网线路分布比较均匀,客流吸引范围比例较高;线路按纵横两个走向,多为相互平行或垂直的线路,乘客容易辨别方向;换乘站较多,纵横线路间的换乘方便,路网连通性好。这类路网的缺点有两个:一是线路走向比较单一,对角线方向的出行需要绕行,市中心与郊区之间的出行常需换乘,有时可能要换乘多次;二是平行线路间的换乘比较麻烦,一般要换乘两次或两次以上,当路网密度较小,平行线之间间距较大时,平行线间的换乘很费时间。

(2)无环放射式。

无环放射式路网由若干穿过市中心的径向线或从市中心发出的放射线构成,如图 9.5 所示。这种结构的路网可使整个区域至市中心的绕弯程度最小,即全市各地至市中心的距离较短,因此其路网中心的可达性很好,市中心与市郊之间的联系非常方便,有利于市中心客流的疏散,也方便了市郊居民到市中心工作、购物和娱乐,有助于保证市中心的活力,维持一个强大的市中心。由于各条线路之间都相互交叉,任意两条线路之间均可实现直接换乘,因此路网连通性很好,路网上任意两站之间最多只需换乘一次。但由于没有环线,圆周方向的市郊之间缺少直接的轨道交通联系,市郊之间的居民出行需要经过市中心的换乘站中转,绕行很长距离,或者需要通过地面道路交通方式来实现,交通联系很不方便。这种不方便程度随着城市规模的扩大而增大。当 3 条及以上轨道交通线路在同一点交会时,其换乘站的设计、施工及运用都很困难。这种车站一般会在 4 层高以上,旅客换乘不便,日常维护费用也高,同时庞大的客流量也难以疏散。因此,一般将市中心的一点交叉改为在市中心范围内多点交叉,形成若干 X 形、三角形线路关系,这样既有利于换乘站的设计与施工,又有利于乘客的集散。

(3)有环放射式。

有环放射式路网由穿过市中心的径向线及环绕市区的环线共同构成,如图 9.6 所示。这种路网结构的径向线的条数较多,走向多样,但都经过市中心。在一些轨道交通路网规模不是很大或建设时期较短的城市,环线一般只有一条,而在一些轨道交通路网规模较大、轨道交通发展比较成熟的城市,会出现两条或两条以上的环线。有环放射式路网结构是在无环放射式路网结构的基础上加上环线形成的,是对无环放射式路网的改进,因而既具有无环放射式路网的优点,又克服了其周边方向交通联系不便的缺点。

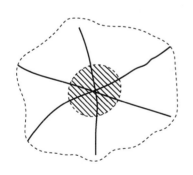

图 9.5 无环放射式路网结构

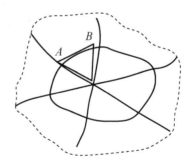

图 9.6 有环放射式路网结构

9.2.3 轨道交通线路走向选择

轨道交通线路走向选择应考虑以下几点。

(1)城市轨道交通的基本功能是市区内客运,城市轨道交通线路基本走向应沿主要客流方向布设,主要客流方向应根据城市客流现状及预测结果综合考虑。

(2)线路应力求通过或尽量靠近沿途附近的大型客流集散点,如工业区、大型住宅区、商业文化中心、公交枢纽、铁路车站、港口码头、长途汽车站等,以便乘客直达目的地,减少换乘,从而争取客流。

（3）在满足地质条件、历史文物保护、地面建筑物和地下建筑物等制约条件下，线路尽可能按短直线方向定线，以缩短线路长度，节省运营费用及运营时间。

（4）对于浅埋隧道、地面铁路或高架铁路，其线路位置通常是沿着较宽的城市干道布设，或是通过建筑物稀少的地区，这样可以减少线路穿越建筑群区域因避让桩基或拆迁房屋而增加的麻烦及费用，也为线路施工创造了良好的明挖条件，还为车站位置的选择增加了自由度。对于深埋隧道，其线路位置由车站位置决定，一般在其间取短直方向。

（5）线路在道路的十字路口拐弯时，通过十字路口拐角处往往会侵入现存的建筑群区域，应使用小半径曲线尽量缩短线路通过建筑群区域的范围。此时如果改大半径曲线通过，虽然对运行速度、能源消耗、轨道养护、乘客舒适性等方面都有利，但会造成通过建筑群地带的长度增大，征地困难，用地费用增加，同时因隧道的设置，地面建筑物的质量将受限制，还会伴随基础工程加固等困难。

（6）先期建设的线路应考虑与远期规划线路交叉点处的衔接，虽然暂时费用支出有所增加，但为未来路网中乘客的方便换乘创造了条件，这要比未来改建线路增设换乘设施节省投资。

（7）选择线路走向要考虑车辆段、停车场的位置和连接两相邻轨道交通线路间的联络线。

城市轨道交通系统的基础设施及运输组织原理与铁路运输系统相近，可参照铁路运输系统部分。

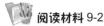
阅读材料 9-2

世界首台高温超导高速磁悬浮工程化样车正式启用，设计速度高达 620 千米/小时

高速磁悬浮列车技术是我国发展的重点，经过多年研发，我国已掌握常导磁悬浮基础理论和关键技术，形成全套工程化解决方案，成功研制自主化样机，高速磁悬浮已进入工程化应用"冲刺期"。

2019 年 5 月 23 日，我国速度 600 千米/小时的高速磁悬浮试验样车在青岛下线。这标志着我国在高速磁悬浮技术领域实现重大突破。高速磁悬浮列车可以填补航空与高铁客运之间的旅行速度空白，对于完善我国立体高速客运交通网具有重大的技术和经济意义。

2021 年 1 月 13 日上午，一节银黑相间的工程化样车在位于成都的试验线上缓缓行驶，由我国自主研发设计、自主制造的世界首台高温超导高速磁悬浮工程化样车及试验线正式启用，设计速度 620 千米/小时，标志着我国高温超导高速磁悬浮工程化研究实现从无到有的突破。

作为革命性的技术创造，高温超导磁悬浮列车技术诞生于西南交通大学，该技术拥有无源自稳定、结构简单、节能、无化学和噪声污染、安全舒适、运行成本低等优点，是理想的新型轨道交通工具，适用于多种速度域，尤其适合高及超高速线路的运行。

该项目的建成是推动高温超导高速磁悬浮技术走向工程化的重要实施步骤，可实现高温超导高速磁悬浮样车的悬浮、导向、牵引、制动等基本功能，及整个系统工程的联调联试，满足后期研究试验，为远期向 1000 千米/小时以上速度值的突破奠定基础。

我国研制的高速磁悬浮列车与国外相比，能耗降低 35%，电磁铁温升降低 40℃，单位有效载荷车辆减重 6% 以上。速度 600 千米/小时意味着地面交通速度将能达到飞机速度的 2/3。

磁悬浮技术未能在全球范围推广的原因，包括建设和运营成本过高，以及与现有交通系统很难融合。但在我国，高速磁悬浮的必要性体现在点对点运输、技术带动和面对国际高速交通领域竞争的战略意义上。

尽管我国铁路网（尤其是高铁网）的运营和在建规模系统很大，但地域广、人口多、中东部城市密集的特点，使得我国点对点的大容量高速旅客运输需求很大，如北京到上海、成都到重庆等。而磁悬浮技术是一种点对点、大容量的运输技术，可以作为现有高速和城际铁路路网系统的有益补充。

目前我国的高速铁路运营里程已经达到世界第一。除了高速磁悬浮项目，速度1200千米/小时的"真空管道"超级高铁研究工作也在开展。

资料来源：央视网．

9.3 城市道路交通设施

9.3.1 城市道路和交叉口

1. 城市道路

城市道路是城市中组织生产、安排生活所必需的车辆、行人交通往来的道路，是连接城市各个组成部分，如中心区、生活居住区、对外交通枢纽，以及文化教育、风景游览、体育活动场所等，并与郊区公路、铁路场站、港口码头、航空机场相贯通的交通纽带。城市道路不仅是组织城市交通运输的基础，而且是布置城市公用管线、街道绿化、组织沿街建筑和划分街区的基础。因此，城市道路是城市市政设施的重要组成部分。

【拓展视频】

根据《城市综合交通体系规划标准》，以道路在城市道路网中的地位和交通功能为基础，同时考虑对沿线的服务功能，将城市道路分为快速路、主干路、次干路和支路4类。快速路完全为交通功能服务，是解决城市大容量、长距离、快速交通的主要道路；主干路为连接城市各主要分区的干路，是城市道路网的主要骨架，以交通功能为主；次干路是城市区域性的交通干道，为区域交通集散服务，兼有服务功能，配合主干路组成道路网；支路为次干路联系各居住小区的连接线路，解决局部地区交通，直接与两侧建筑物出入口相接，以服务功能为主。

2. 交叉口

城市中道路与道路相交的部位称为城市道路的交叉口。由于城市内的车辆是通过由不同等级和不同方向的道路所组成的网络系统运行并到达目的地的，因而道路交叉口就成为城市交通能否快速畅通的关键部位。

城市道路交叉口分为平面交叉和立体交叉两类。

（1）平面交叉。

平面交叉是指各相交道路中心线在同一高度相交的道口。平面交叉的形式取决道路系统规划、交通量、交通性质和交通组织，以及交叉口用地和其周围建筑的布局。常见的平面交叉形式有十字形、X形、T形、Y形、错位交叉和复合交叉等几种。进入交叉口的车辆，由于行驶方向不同，车辆与车辆相交的方式也不相同。当行车方向互相交叉时可能产生碰撞的地点称为冲突点。当车辆从不同方向驶向同一地点或成锐角相交时可能产生碰撞的地点称为交织点。选择和设计交叉口时，应尽量设法减少冲突点和交织点。交叉口的行车安全和通行能力，在很大程度上取决于交叉口的交通组织。消除冲突点的交通组织有以下几种方式。

① 环形交叉。在交叉口中央设置圆形或椭圆形交通岛，使进入交叉口的车辆一律绕岛单向逆时针方向行驶。

② 渠化交通。在交叉口合理布置交通岛，组织车流分道行驶，减少车辆行驶时的相互干扰。

③ 交通管制。在交叉口设置信号灯或由交警手势指挥，使通过交叉口的直行、左转弯和右转弯的车辆的通行时间错开，即在同一时间内只允许某一方向的车流通过交叉口。

（2）立体交叉。

立体交叉是指交叉道路的中心线在不同标高相交时的道路交叉口，其特点是各相交道路上的车流互相不干扰，可以各自保持原有的行车速度通过交叉口。立体交叉主要由跨路桥、匝道、出入口和变速车道等部分组成。高速或快速路从桥上通过，相交道路从桥下通过的跨路桥称为上跨式，反之，称为下穿式；匝道是为连接两相交道路而设置的互通式交换道，分为单向匝道、双向匝道和设分隔带的双向匝道；出入口的出和入是针对快速道路本身而言的，由快速道路驶出、进入匝道的道口称为出口，由匝道驶出、进入快速道路的道口称为入口；由匝道驶入快速道的车辆需加速，由快速道驶入匝道的车辆需减速。设置在快速道右侧，用于出入匝道车辆加速或减速使用的附加车道称为变速车道。

根据相交道路上行驶的车辆是否能相互转换，立体交叉又可分为分离式和互通式两种。分离式立体交叉，在交叉处设跨路桥，上下道路之间不设匝道，因此在上下道路上行驶的车辆不能相互转换。当快速干道与城市次要道路相交时，可采用分离式立交，保证干道交通快速畅通。互通式立体交叉，相交道路上行驶的车辆可以相互转换，在交叉处设置跨路桥，与匝道一起供车辆转换使用。

3. 停车场

为了满足城市交通发展的需要，除了设置足够数量的道路，还应设置足够数量的停车场。城市中供机动车使用的停车场按服务对象不同分为专用停车场和公用停车场两类。专用停车场专为机关或单位车辆停车服务；公用停车场为社会各种车辆停车服务，如分布在城市出入口为外地来城的车辆，或为过境车辆停放的停车场，或设置在商场、影剧院、体育场馆等公共建筑附近的停车场，以及城市道路路段上的停车场等都为公用停车场。

9.3.2 城市交通信号及其设备

1. 交通信号灯

城市道路上常用的交通信号有灯光信号和手势信号。灯光信号通过信号灯的灯色来指挥交通；手势信号则由交通管理人员通过规定的手臂动作、姿势或指挥棒的指向来指挥交通。交通信号是在空间上无法实现分离原则的场所（主要是在平面交叉口上）用来在时间上给交通流分配通行权的一种交通指挥措施。

交通信号灯最初的信号仅红、绿两色。绿灯表示允许通行，红灯表示不准通行。后来出现了红、黄、绿三色信号灯，黄色灯作为红色灯与绿色灯之间的过渡信号灯。现代信号灯除原来红、黄、绿三色基本信号灯外，又增加了箭头信号灯和闪烁灯。箭头信号灯是在灯头上加一个指示方向的箭头，分设左、直、右3个方向，是专为分离各种不同方向交通流，并对其提供专用通行时间的信号灯。在一组灯具上，具备左、直、右3个箭头信号灯时，就可取代普通的绿色信号灯。闪烁灯在各色信号灯开启时，按一定的频率闪烁，以补充其他灯色所不能表达的交通指挥意义。

除交叉口交通信号灯外，还有人行横道信号灯和车道信号灯。车道信号灯悬挂在多车道道路上空，有绿色箭头灯，箭头指向所对的车道，此灯亮时，指示该车道可通行；还有红色信号灯，此灯亮时，指示该车道前方不能通行。车道信号灯一般多用在快速道路、大桥、隧道及有逆向可变车道的道路上。

2. 交通流检测器

交通流检测器的功能是在道路上实时检测交通量、车速及占有率等各种交通参数，这些参数是交通流控制系统中所必需的计算参数。交通流检测器的种类很多，根据其工作原理，主要有以下几种。

（1）压力式检测器。当汽车从该检测器上通过时，汽车的质量使密封的橡皮压力板里的接触极闭合，从而发出车辆通过时产生的信号。

（2）地磁检测器。在路面上埋设一个具有高导磁率铁芯的线圈，车辆通过时，通过线圈的磁通量发生变化，在线圈中产生一个电动势，通过放大器推动继电器，发出车辆通过的信息。

（3）环形线圈检测器。该检测器由环形线圈、检测单元及馈线3部分组成，既可检测交通量，又可检测占有率及车速等多种交通参数。

（4）超声波检测器。由超声波发射器发出波束，再接收从车辆或地面的反射波，根据反射时间的差别，判断车辆通行状况。

3. 交通流控制设备

交通流控制设备的用途，一是操纵一个或同时操纵几个交叉口的信号灯；二是把几个交叉口的控制机连接到一个主控计算机上，从而形成干道控制或区域控制系统。现代交通流控制设备具有以下几个基本功能。

（1）根据预先设定的配时方案或感应控制方案，操纵信号灯的变换。

（2）接收交通流检测器送来的信号，进行信息处理，并根据这些信息按预先设定的方案操纵信号灯。

（3）接收从主控计算机发来的指令，并根据指令按预先设定的方案操纵信号灯。

（4）配置小型计算机或微处理机的交通流控制机，可以收集检测器的交通信息，处理并存储这些信息，或根据指令把信息送给主控计算机。

9.3.3 城市道路交通载运工具

1. 城市公共交通车辆

（1）公共汽车。

我国公共汽车车辆类型很多，按载客量不同，可分为小型公共汽车（载客60～90人）、中型公共汽车（载客 90～130 人）和大型铰接公共汽车（载客 130～180 人）。大型铰接公共汽车对解决上下班客运高峰时间的乘客拥挤情况发挥了重要作用。

（2）无轨电车。

无轨电车以直流电为动力，除了要有公共车辆的设备，还要有架空的触线网、整流站等设备。初次投资较大，行驶时因受架空触线的限制，机动性不如公共汽车，行驶时能偏移触线两侧各 4.5m 左右，可以靠人行道边停站，必要时也可超越其他的城市车辆。无轨电车的特点是噪声低、不排放废气、起动和加速快、变速方便，适用于市区。

（3）有轨电车。

有轨电车具有运载能力大、客运成本低的优点，其设备同无轨电车，但还有轨道（其架空触线为一根）和专设的停靠站台。有轨电车的缺点是机动性差，行驶时噪声大，当与车行道铺设在一起时，路面很容易损坏，影响道路的使用质量。有轨电车适用于单向小时客流量在 6000～12000 人的干线，运送速度可达 16km/h 以上。

（4）城市快速铁道及城市快速列车。

城市快速铁道及城市快速列车适用于单向小时客流量在 4 万人以上，年客运强度在 1000 万人次/km 的市区或市郊干线，其运送速度一般为 35～45km/h。

（5）地下铁道及地下铁道列车。

地下铁道及地下铁道列车适用于单向小时客流量在 4 万～6 万人，年客运强度在 1000 万人次/km 的城市市区线路，其运送速度一般为 30～40km/h。地下铁道及地下铁道列车以其运量大、速度快、安全、准点、占地面积小、污染少等优点为人们所重视，但基建费用大，营运亏损也大。

（6）快速有轨电车。

快速有轨电车适用于单向小时客流量在 1.5 万～3 万人，年客运强度在 800 万人次/km 以上的市区或市郊干线，其运送速度一般为 20～35km/h。快速有轨电车的因地制宜性强，大城市、中等城市都可采用。快速有轨电车是在传统的有轨电车的基础上形成的，主要是使车辆现代化，对线路实行隔离，在市中心繁忙地段进入地下，从而提高运行速度。快速有轨电车的基建费用较低，约为地铁的 1/3，建设工期短，建成后运行费用低，因此受到人们的重视。

（7）出租汽车。

出租汽车在城市客运交通中起着辅助作用。出租汽车的车型有大、中、小和微型之分，可满足租用者的不同需要。出租汽车可以随时提供户到户的交通服务，比其他定线公共交通工具更迅速、更方便。

（8）轮渡。

轮渡是在城市被江、河等分割的特定条件下的城市客运交通工具，起在两岸间摆渡的作用。轮渡在两岸没有现代化桥梁、水底隧道连接的情况下起着尤为重要的作用。

2. 自行车

自行车具有灵活方便、经济耐用、节能环保及适合大众需求的特点，但同时又有安全性差、舒适性差、稳定性差、干扰性大，以及老人、儿童、残疾人、病人或体弱之人难以利用的缺点。

3. 摩托车

摩托车是指由汽油机驱动，靠手把操纵前轮转向的两轮或三轮车，具有轻便灵活、行驶迅速的特点，但同时又有无法搭载多人、受限于路况、安全防护不高等缺点。

阅读材料 9-3

架起智慧交通信号灯，北京市交管局让城市路口进入智能时代

对于饱受交通困扰的城市来说，智慧化管理令万众期待，不仅民众希望改善拥堵问题和提高出行效率，交管部门也希望提高治理水平。华为 TrafficGo 交通控制优化方案由此而生，释放道路通行潜力。

经过长期的道路交通建设，城市路口陆续出现了多种实现单一功能的系统，包括交通信号灯、交通电子警察、车辆卡口、视频监控、流量监测、行人闯红灯监测、鸣笛检测等。这些虽然令路口管理能力得到显著提升，但仍然无法匹配逐年变得更加纷繁复杂的交通情况，拥堵、车流管理不合理、管理效率低等问题仍然困扰着交管部门。随着潮汐车道、借道左转、拉链式通行等新型交通组织的广泛应用，车辆、非机动车、行人精细化管理的推进，车路协同的高速发展等，在路口堆叠更多单一功能系统的传统做法已难以为继。

路口作为最易发生交通冲突的区域，是现代城市路面交通秩序管理的核心对象。因此，必须高效协调南来北往的车辆通行，保证过往车辆、行人的安全流畅通行；并对过往车辆、行人进行记录，分析其特征与行为，强化执法依据。而交通信号控制是一个路口管理的重要组成部分，对交通道路通行效率有重大影响。交通信号灯不智慧，路口就很难实现智慧化管理。

基于人工智能的自动信号配时，让信号控制智慧起来。

利用数字化转型的机会构筑竞争优势已成为数字时代的必然选择。针对城市交通问题，以新型技术手段建设数字化路口、智慧化路口，为交管构筑智能化战略优势，是一条值得探索的发展路径。2018 年 4 月，华为在北京市交管局的指导下，在北京市海淀区上地三街与上地东路交叉口，率先开展利用人工智能算法实现信号配时优化和时段自动划分的试点应用。随后，在第三方公司（北京世纪高通科技有限公司）的评估报告中，显示上地三街车流主方向（东西方向）平均延误下降 15.2%，平均车速提升 15%，和实施前仿真的结果非常接近，仿真的结果为平均延误下降 18.1%，说明方案有着很高的适应性。主干线的优化效果显著，也连带影响附近 2 条支路，令其通行效率也明显获得改善，报告显示支路的平均延误时间下降了 10%～20%。

这些成果的背后，是一项人工智能技术与交通工程理论结合的解决方案——TrafficGo 交通控制优化方案。作为中国政企行业数字化转型领导者，华为提供的 TrafficGo 交通控制优化方案既能保证严格遵守已有交通工程理论的约束，又能探索区域信号综合协调优化创新方案，解决了手工配时的缺陷，也很好地释放了道路交通的通行潜力，最大化利用资源。

未来，北京交警还将进一步扩大华为 TrafficGo 交通控制优化方案的试用范围，把握区域多路口之间的复杂相互作用关系，应对复杂场景控制策略，达到区域整体调度最优效果，提升城市道路管理水平。

提升城市的交通管理水平，将为城市带来综合效益，包括优化社会运行效率、拉高交通安全系数、降低治理成本等。懂交通的华为将不断尝试新技术，为交管部门打通各种城市道路交通场景的数字化治理管道，促进智慧城市建设。

资料来源：消费日报网.

9.4 城市道路交通规划

9.4.1 城市道路交通规划的总体设计

为了优化城市用地布局,提高城市的运转效能,提供安全、高效、经济、舒适和低公害的交通条件,对城市道路交通设施的建设,必须经过科学、合理的规划。

【拓展视频】

城市道路交通规划应以市区内的交通规划为主,并处理好市区交通与市内交通的衔接,市域范围内的城镇与中心城市的交通联系。

城市道路交通规划必须以城市总体规划为基础,满足土地使用对交通运输的要求,发挥城市道路交通对土地开发的促进和制约作用。

城市道路交通规划一般分城市道路发展战略规划、城市道路交通综合网络规划及城市道路近期治理规划3类。规划年限分别为20~50年、5~20年、3~5年。特大城市、大城市一般应完成3类规划,中小城市只需进行后两类规划。

城市道路交通规划应包括以下主要内容。

(1) 城市道路交通规划工作总体设计。
(2) 交通系统现状调查及分析。
(3) 城市交通需求发展预测。
(4) 城市道路交通网络规划方案设计。
(5) 城市道路交通网络规划方案评价。
(6) 城市道路交通网络规划方案调整与优化。
(7) 城市道路交通网络规划方案实施计划。

城市道路交通规划工作涉及面广、工作量大,在规划工作开展前,必须进行总体设计。总体设计包括以下内容。

(1) 建立工作机构。一般应包括规划领导小组、规划办公室及规划工作课题组3个层次。
(2) 确定城市道路交通规划的指导思想及规划原则。
(3) 确定规划地域范围、规划层次、规划年限。
(4) 规划区(直接影响区及间接影响区)交通小区划分。
(5) 确定规划目标。
(6) 规划过程总体流程设计。

9.4.2 城市交通基础信息调查

服务于城市道路交通规划的交通调查包括以下内容。

1. 城市社会经济基础资料调查

需收集的城市社会经济基础资料包括人口资料、国民经济指标、运输量和运输方式、各种运输方式的交通工具拥有量。

2. 城市土地使用调查

城市土地使用与城市道路交通有着密切的关系，不同性质的土地使用可产生不同性质的交通，交通与土地使用的关系是进行交通需求预测的基础。土地使用调查内容主要包括各交通小区的土地使用性质、就业和就学岗位数、商品销售额等。

3. 城市居民出行O—D调查

城市居民出行O—D调查即居民出行起讫点调查。通过城市居民出行O—D调查能较全面了解居民出行的内在规律，并获得一系列的重要参数。城市居民出行O—D调查在城市道路交通规划中占非常重要的地位。

城市居民出行O—D调查的内容包括居民的职业、年龄、性别、收入等基础情况，以及各次出行的起点、讫点、时间、距离、出行目的、所采用的交通工具等情况。居民出行O—D调查采用的方法有家庭访问法、电话询问法、明信片调查法、工作出行调查法、职工询问法及月票调查法等。

4. 城市流动人口出行O—D调查

流动人口是城市总人口中特殊的组成部分，流动人口的出行规律（如出行次数、出行方式等）与城市居民出行规律一般有较大的差异，在我国更是如此。

流动人口的组成十分复杂，按其在城市中停留的时间可分为常住、暂住、当日进出3种情况。按其来城市的目的又可分为出差、旅游、探亲、看病、经商、转车等。因此，城市流动人口出行O—D调查难度较大，对不同类别的流动人口应采取相应的调查方法。常住、暂住流动人口一般可采用与城市居民出行O—D调查类似的旅馆访问、电话询问等方法，对当日进出的流动人口则可采用在城市的出口（如车站、码头等）直接询问等方法。

5. 机动车出行O—D调查

机动车出行O—D调查包括公交车出行O—D调查和非公交车出行O—D调查两类。

公交车出行O—D调查的内容包括行车线路、行车次数、行车时间等，可直接由公交公司的行车记录查得。

非公交（城市内除公交车外的其他机动车辆）出行O—D调查的内容包括车辆的种类、起讫地点、行车时间、距离、载客载货情况等，一般可采用发（收）表格法、路边询问法、登记车辆牌照法、车辆年检法、明信片调查法等方法。

6. 城市道路流量调查

城市道路流量资料是进行现状交通网络评价、交通阻抗函数标定及未来路网方案确定的重要依据。城市道路流量调查的内容包括道路机动车流量、交叉口机动车流量、道路自行车流量、交叉口自行车流量、核查线流量等。

7. 道路交通设施调查

道路交通设施调查的内容主要包括各道路路段的等级，机动车道及非机动车道路面宽度、长度、坡度，机非分隔方式，交通管理方式（如单行线、公交专用线等）等；各交叉口类型、坐标、控制方式等；停车场位置、形式、停车容量等。

9.4.3 城市交通需求发展预测

城市交通需求发展预测包括城市社会经济发展预测、城市客运交通发展预测和城市货运交通发展预测三大部分。

1. 城市社会经济发展预测

城市社会经济发展指标是城市客运交通、货运交通预测的基础。城市社会经济发展预测主要包括城市经济发展预测、城市人口发展预测、劳动力资源与就业岗位预测、学生人数及就学岗位预测等。

2. 城市客运交通发展预测

城市客运交通发展预测一般包括城市居民出行生成（出行发生、出行吸引）预测、城市居民出行分布预测、城市居民出行方式结构预测和城市居民出行线路交通量预测（即交通分配）四部分，常称"四阶段"预测法或"四步法"。

（1）城市居民出行生成预测。

将各类出行目的的城市居民出行发生量、吸引量相加，便形成城市居民全日的出行生成量，分别是出行 O—D 矩阵中的行和（发生量）及列和（吸引量）。

① 城市居民出行产生预测。

城市居民出行产生预测按出行目的主要分为上班、上学、回程、公务、购物、文体、访友、看病和其他。一般来说，在城市居民出行目的的结构中，上班、上学、回程占绝大部分，称这类出行为"生存出行"，这类出行是居民为生存必须进行的；其他出行比例较少，称这类出行为"弹性出行"。一般来说，弹性出行占的比例越高，生存出行占的比例越低，则这个城市的生活水准就越高。

在进行城市居民出行产生预测时，分成上班、上学、回程、弹性 4 类分别建模。这 4 类出行产生预测的基本模型，可采用下列形式的一种或几种。

$$Y_{ij}=a+bX_{ij}$$
$$Y_{ij}=aX_{ij}^{b}$$
$$Y_{ij}=ae^{b}X_{ij} \tag{9-1}$$

式中：Y_{ij}——i 交通区 j 类出行目的的出行发生量；

X_{ij}——i 交通区 j 类出行目的的出行发生量影响因素，上班出行为劳动力资源数，上学出行为居住学生数，回程出行为非回程出行吸引量，弹性出行为居住人口数；

a，b——回归系数，根据现状居民出行调查资料及经济调查资料标定。

② 城市居民出行吸引预测。

与城市居民出行产生预测一样，城市居民出行吸引预测也是按上班、上学、回程、弹性 4 类出行目的分别建模，并采用相同的基本模型。

（2）城市居民出行分布预测。

城市居民出行分布预测就是根据前面预测的各交通区发生量及吸引量，确定各交通区之间的出行量分布，即计算未来特征年居民出行量在 O—D 表中的各元素值，所以出行分布模型是一种空间相互作用模型。城市居民出行分布预测模型主要分两大类：增长系数法及重力模型法。在增长系数法分布预测中经常采用的两个模型是 Fratar 模型和 Furness 模型。

重力模型有多种形式，目前在规划中应用最广泛、精度最好的是以行程时间为交通阻抗的双约束重力模型。

（3）城市居民出行方式结构预测。

城市居民出行方式结构预测即将前面预测的居民全日的出行量分解成各种交通方式的出行量，并转换成各种交通工具的出行量。在城市道路交通规划中，交通方式（或出行方式）分为步行、自行车、公交、出租车、摩托车、单位车、私家车及其他几类。

在进行城市居民出行方式结构预测中，应该以定性和定量分析相结合，在宏观上依据未来国家经济政策、交通政策及相关城市的比较来对未来城市交通结构做出估计，然后在此基础上进行微观预测。

（4）城市居民出行线路交通量预测。

城市居民出行线路交通量预测是将调查得到的起讫点的出行分布（出行 O—D 矩阵）按照现有或规划中的路网分配到各条道路上，从而推测各道路上的交通量。一般的城市居民出行线路交通量预测，出行 O—D 矩阵是已知且确定的，不考虑其随时间的变化，该方法称为静态城市居民出行线路交通量预测。动态城市居民出行线路交通量预测是在交通供给情况和交通需求状态已知的条件下，分析其最优的交通流量分布模式，通过一定的控制手段和诱导策略在空间、时间尺度上重新合理配置人们已经产生的需求，从而使交通路网得以高效运行。

3. 城市货运交通发展预测

城市货运是城市交通运输的组成部分之一。城市货运交通发展预测包括城市货物出行总量预测、货物出行发生预测、货物出行吸引预测及货运分布预测 4 个方面。用于城市货运分布预测的方法与客运一致，但货运分布预测中最常用的模型为双约束重力模型，客运和货运分布预测的模型参数需分别标定，两者差异较大。

9.4.4 城市道路网络规划

1. 城市道路网络规划的一般原理

城市道路网络的规划，必须建立在各出行方式出行 O—D 量的基础之上，并以满足出行要求为主要目标。

一般来说，城市道路网络规划方案按以下步骤产生。

（1）在现有城市道路网络交通质量评价的基础上，参考城市总体规划及分区规划中的路网系统方案，根据城市形态及发展趋势确定一个初始的道路网络方案。

（2）将预测的各方式出行 O—D 量分配至道路网络方案上，预测每一交叉口、每一路段的分配交通量及路段平均车速、交叉口平均延误。

（3）分析、评价每一交叉口、每一路段的交通负荷、服务水平及网络总体评价指标。

（4）根据交通质量评价及网络总体性能评价结果，调整道路网络规划方案。返回步骤（2），直到道路网络规划方案可行、合理。

2. 城市道路网络规划的一般原则

城市道路网络系统首先应满足人流、车流的安全畅通，同时应反映城市风貌、历史和文化传统，为地上地下工程管线和其他设施提供空间，并满足城市日照通风与城市救灾避难要求。在进行城市道路网络系统规划时，应对上述功能综合考虑、相互协调。

满足城市交通运输要求是城市道路网络系统规划的首要目标，为达到此目标，规划的道路网络系统必须"功能分清，系统分明"，为组成一个合理的交通运输网创造条件，使城市各交通区之间有方便、迅速、安全、经济的交通联系。这种道路网络系统由交通性与生活性两种道路组成。按道路在城市中的地位、作用、交通性质、交通速度及交通流量等指标，可将道路分为快速路、主干路、次干路及支路4类。快速路和主干路为交通性道路；次干路兼有交通性和生活性两重功能，并以交通功能为主；支路一般为生活性道路，在居住区、商业区、工业区内起着广泛的联系作用。

城市道路网络系统应能适应今后城市用地的扩展、交通结构的变化和快速交通的要求，城市道路网络中快速路和主干路是路网的骨架，应便捷地联系城市各主要功能区，形成客货运机动车的重要交通走廊。次干路和支路是对交通走廊的补充，以通行公共汽车、自行车及分区内部交通为主。为了构成一个协调的运输系统，各类干路及支路的路网密度，在不同的规划阶段必须予以保证。

3. 城市道路网络布局规划

城市道路网络系统是由于城市的发展，为满足城市交通、土地利用及其他要求而形成的。城市道路网络系统的布局与形态取决于该城市的结构形态、地理条件、交通条件、不同功能的用地分布等。

目前常用的道路网络系统可归纳为4种形式，即方格（棋盘）式、放射环形式、自由式及混合式。各类城市在进行交通规划时，应根据该城市的城市形态、地理条件、主要客货流方向及强度确定其道路网络系统的布局与形态，不应套用固定的模式。

4. 各类城市道路规划原则

（1）快速路规划。

快速路是为车速高、行程长的汽车交通连续通行设置的重要道路，一般设置在大城市、带形城市或组团式城市，并与城市出入口道路和市际高等级公路有便捷的联系。

快速路应设置中央分隔带，以分离对向车流，并限制非机动车进入，部分控制快速路两侧出入的道路。快速路上出入道路的间距以不小于1.5km为宜。快速路与快速路、主干路及交通量较大的次干路相交时，可采用立体交叉方式，与交通量较小的次干路相交时，可采用进口拓宽式信号控制，但应保留修建立交的可能。原则上支路不能与快速路直接相接。

快速路两侧不应设置吸引大量人流和车流的公共建筑物出入口。

（2）主干路规划。

主干路是城市道路网络的骨架，是连接城市各主要分区的交通干线，以交通功能为主，与快速路共同承担城市的主要客、货运输。

主干路上机动车与非机动车应实行分流，主干路两侧不宜设置吸引大量人流、车流的公共建筑物出入口。主干路与主干路相交时，一般应采用立交方式，近期采用信号控制时，应为以后修建立交留出足够的用地和空间。主干路与次干路、支路相交时，可采用信号控制或交通渠化方式。

(3) 次干路规划。

次干路是介于城市主干路与支路间的车流、人流主要交通集散道路,设置大量的公交线路,广泛联系城内各区。次干路两侧可以设置吸引人流和车流的公共建筑、机动车和非机动车的停车场地、公交车站和出租车服务站。次干路与次干路、支路相交时,可采用平面交叉口。

(4) 支路规划。

支路是次干路与街坊内部道路的连接线,其上可设置公交线路。支路在城市道路中占有很大的比重,在城市分区规划时必须保证支路的路网密度。支路与支路相交可不设管制或信号控制。

(5) 环路规划。

当穿越市中心的流量过多,造成市中心道路超负荷时应在道路网络中设置环路。环路的设置应根据交通流量与流向而定,可为全环也可为半环,不应套用固定的模式。为了吸引车流,环路的等级不宜低于主干路,环路规划应与对外放射的干线规划相结合。

(6) 城市出入口道路规划。

城市出入口道路具有城市道路与公路双重功能。考虑到城市用地发展,城市出入口道路两侧的永久性建筑物至少退离道路红线 20~25m。城市每个方向应有两条以上出入口道路,有地震设防的城市,尤其要重视出入口的数量。

5. 交通分配

交通分配是城市交通规划的一个重要环节,也是 O—D 量推算的基础。所谓交通分配就是把各种出行方式的空间 O—D 分配到具体的交通网络上。通过交通分配所得的路段、交叉口交通量资料是检验道路规划网络是否合理的主要依据之一。常用的交通分配方法有最短路(全有全无)分配、容量限制分配、多路径分配、容量限制多路径分配 4 种。

6. 交通负荷及服务水平分析

(1) 交通负荷分析。

交通负荷分析是指分析网络中交叉口、路段的机动车及非机动车的饱和度。饱和度定义为最大交通量与最大通行能力之比。

① 路段饱和度分析。

$$饱和度 = V/C \tag{9-2}$$

式中:V——最大交通量;
C——最大通行能力。

② 交叉口饱和度分析。

交叉口进口车流一般由左转、直行、右转 3 种车流组成,不同流向的车辆对交叉口的交通压力是不一样的,如左转车辆对交通的影响远远大于右转车辆。因此,在进行交叉口交通负荷分析时,必须先确定交叉口的流向。在交通规划中,由于规划交叉口在现实的交通网络中不一定存在,因此无法进行流向观测,但经过交通分配后,可以很方便地获得交叉口的进出口交通量,故交叉口流向可以根据交叉口进出口流量采用 Fratar 或 Furness 模型进行推算。

(2) 服务水平分析。

所谓服务水平，是指道路使用者根据交通状态，从速度、舒适度、方便、经济和安全等方面所能得到的服务程度。影响服务水平的因素很多，如饱和度、平均车速、交叉口延误、安全性、经济性及便利性等。其中，最主要的是饱和度，其次是平均车速（用于路段分析）或平均延误（用于交叉口分析）。

对于城市道路来说，衡量交通服务质量的最主要指标为路段、交叉口的饱和度，其次是车速（路段）或延误（交叉口）。由于车速、延误与饱和度有关。因此，如果饱和度增大，则必然车速降低，延误增加；如果饱和度减小，则必然车速增加，延误降低。故只有饱和度是独立的。为方便研究，可采用饱和度作为城市道路路段与交叉口的服务水平划分依据。参考国内外经验，可采用表9-1的服务水平划分标准。

表9-1 路段、交叉口服务水平划分标准

服务水平	A	B	C	D	E	F
饱和度（V/C）	<0.4	0.4~0.6	0.6~0.75	0.75~0.9	0.9~1.0	>1.0

各级服务水平的交通状况为：A——畅行车流，基本上无延误；B——稳定车流，有少量的延误；C——稳定车流，有一定的延误，但司机可以接受；D——接近不稳定车流，有较大延误，但司机还能忍受；E——不稳定车流，交通拥挤，延误很大，司机无法忍受；F——强制车流，交通严重阻塞，车辆时停时开。

表9-1的划分标准可用于城市道路网络规划（按高峰小时分析），对于路段，可用C级服务水平，即要求路段饱和度不大于0.75；对于交叉口，可采用D级服务水平，即要求交叉口饱和度不大于0.9。

原则上要求规划网络中的每一路段、每一交叉口的服务水平均能满足设计要求。

9.4.5 城市道路交通规划方案综合评价

1. 城市道路交通规划评价原则

城市道路交通规划评价应遵循以下原则。

(1) 科学性原则。建立的评价指标必须科学、合理、客观地反映城市交通系统性能及其影响。

(2) 可比性原则。评价必须在平等的可比性价值体系下才能进行，否则就无法判断不同城市交通网络的相对优劣。同时，可比性必然要求具有可测性。没有可测性的指标是难以进行比较的。因此，评价指标要尽量建立在定量分析基础之上。

(3) 综合性原则。城市道路交通规划评价指标体系应全面、客观、综合地反映城市交通规划方案的性能和效果。

(4) 可行性原则。评价指标必须定义确切，意义明确，并且力求简明实用。现有的城市道路交通规划评价指标中有些意义含糊，难以确定，缺乏实用性、可行性。

2. 城市道路交通规划经济效益评价

对交通规划方案的经济效益评价要通过两方面的核算才能完成，即成本和效益，无论是成本还是效益都有直接和间接之分。

从成本（或投资费用）来看，直接费用包括初次投资费用，以及有关的交通设施、交通服务的运营和维修费用等；间接费用包括其他政府机构所需的经费开支（如公安机关为加强限制车速及停车规定，或公共交通终点站的保护防护所增加的费用），由于大气和噪声污染、拥挤加剧等引起的社会费用，交通事故费用，能源、轮胎消耗费用等。

从效益来看，直接效益包括节省出行时间、降低运输成本，减少交通事故等；间接效益包括改善大气质量、减少噪声污染、改善投资环境、提高生活质量、增加地区旅游吸引力等。

3. 城市道路交通规划技术性能评价

根据交通规划层次和要求不同，对规划方案的技术性能评价可以从两个层次上来分析。第一个层次是城市交通网络总体性能评价，即从城市交通网络整体出发，从城市总体规划、城市交通远景战略规划的角度来分析评价交通网络的总体建设水平、交通网络布局质量、交通网络总体容量等；第二个层次是城市交通线路节点性能的评价，即从单条线路或单个交叉口出发，分析交通线路（道路、地铁、公交线路等）或交叉口的容量、服务水平、延误、事故等，适用于中长期综合交通和近期治理规划。

4. 城市道路交通规划社会环境影响评价

交通问题不仅是一个技术经济问题，而且是一个影响广泛的社会问题。评价一个规划方案的好坏不仅要用技术性能和可见的货币价值来衡量，而且要看其能否带来良好的社会环境效益。

交通系统对社会环境的影响体现在正负两方面。负面效应包括噪声、废气、振动、安全担忧、视线阻挡、拥挤疲劳、社区阻隔等；正面效应包括可达性提高、促进生产、扩大市场、地价升高、改善景观等。

目前国内已经在交通噪声监测评价、汽车尾气扩散模式、城市交通综合效益分析评价模式等方面取得了一些理论成果，今后应致力于在城市交通规划实践中推广应用，并对理论模式作进一步深化完善。

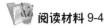 阅读材料 9-4

武汉综合交通规划与建设 40 年

武汉地处我国经济地理中心，位置得天独厚，承东启西、连接南北，交通区位优势明显，素有"九省通衢"的美誉。以武汉为中心，2h 航空、4h 高铁可通达北京、上海、广州、成都等中心城市，2h 高铁、5h 高速公路可到达中部地区的省会城市。

1. 综合交通与城市地位

武汉在全国的城市地位与在全国的交通枢纽地位密切相关。武汉在三国至清朝末年期间的水运时代，曾是水运时代的四大名镇之一。清朝末年，水运使武汉发展成为长江中游最大的物资集散地和仅次于上海的进出口第二大商埠，获得"东方芝加哥"的美誉。1957年武汉长江大桥通车，中国南北铁路大通道第一次全线贯通，武汉正式成为沟通南北、连贯东西的全国交通枢纽。

改革开放以来，随着经济社会的全面快速发展，武汉交通运输正式迎来铁、水、公、空综合运输的时代，综合交通枢纽地位在城市发展中越来越受重视。在历轮规划的持续引领下，武汉"铁水公空"争先发展，"路桥隧轨"多式并行，综合交通枢纽地位不断得到增强。交通优势转化为经济发展动力，促进了城市商贸、金融、科教、工业等产业的发展，全国科技创新中心、现代服务中心、先进制造中心和滨水历史文化名城的建设，推动武汉向"国家中心城市"大步迈进。

2. 全国综合交通枢纽的打造

武汉的交通枢纽通常是国家交通枢纽的中枢或重要组成部分。2000年后，武汉在既有对外格局的基础上不断提升完善，形成了以高铁为核心的全国铁路中心，以武汉新港为依托的长江中游航运中心，具有中部门户地位的天河机场，以及"环+放射"状的对外高速公路系统，进一步巩固了武汉作为全国综合交通枢纽的地位。当前，武汉对综合交通枢纽提出了新的战略构想，包括将高铁网络从十字形拓展为"十二个方向"，新建天河北、新汉阳火车站等站场设施，建立客货科学分工合作的机场网络，发展多式联运等，推动武汉从国内综合交通枢纽向国际门户发展。

3. 城市交通体系的构建

武汉城市交通发展理念整体分为三个阶段：第一阶段，受两江分隔的三镇相对独立发展阶段，以三镇内部道路网络的规划建设为主；第二阶段，以"环+放射"骨架道路为主体的三镇融合发展阶段，以快速路及过江通道的规划建设为主；第三阶段，"以人为本"理念下的优化发展阶段，以轨道交通及慢行系统的规划建设为主。

4. 轨道交通引领城市发展

改革开放40年多来，武汉城市轨道交通的规划建设经历了从无到有、从单线到网络的巨大变化，对优化城市空间结构、改善城市交通运行、促进城市快速发展起到极大的支撑作用。

资料来源：陈韦，彭伟宏，刘平，2019. 远见：武汉规划40年[M]. 北京：中国建筑工业出版社.

9.5 城市道路交通管理

9.5.1 城市道路交通管理模式

城市道路交通管理模式是通过一系列的交通规划或硬件管制来调整、均衡交通流时空分布，提高交通网络运输效率的管理模式。

1. 节点交通管理

节点交通管理是指以交通节点（往往是交叉点）为管理范围，通过采取一系列的管理规则及硬件设备控制来优化利用交通节点时空资源，提高交通节点通过能力的交通管理措施。节点交通管理是城市交通管理中的基本形式，也是干线交通管理、区域交通管理的基础。在我国，目前常用的节点交通管理方式有以下几种。

（1）交叉口控制方式。

在我国城市道路网络中，常采用的交叉口控制方式有信号控制交叉口、无控制交叉口、环形交叉口、立体交叉口等。由于立体交叉口占地较大，较多情况下设置在城市边缘地区（城市出入口道路与环城公路交叉处）或城市快速路与其他干道交叉处，城市内部的交通节点绝大部分为前3类平面交叉口。

（2）交叉口管理方式。

在城市交通网络中，由于交叉口的某行车方向车流平均通行时间不足 50%（路段为 100%），因此交叉口是交通网络的瓶颈。为了提高交叉口的通行能力，使之与路段通行能力相协调，以提高全网运输效率，通常采用以下交叉口管理方式。

① 进口拓宽。增加交叉口进口车道数，提高交叉口单位时间通行能力，以此来弥补通行时间的不足。

② 进口渠化。根据交通量及转向流量大小设置不同转向的专用进口道，以优化利用交叉口空间及通行时间。

③ 信号配时优化。根据交叉口交通量、转向流量大小优化信号灯配时，使有限的绿灯时间放行尽可能多的车辆。

（3）交叉口转向限制。由于在交叉口存在转向交通行为，交叉口的交通状况要比路段复杂得多，交通流冲突点的存在使交叉口通行能力大大降低。在各转向车流中，左转车流引起的车流冲突点最多，在四路交叉口，禁止左转后车流冲突点数能从原来的 16 个减少为 4 个，交通状况能大大改善。因此，在交通流量较大的交叉口，可采用定时段（高峰小时）或全天禁止左转（全交叉口或某些进口）的管理措施，以提高交叉口通行能力。

2. 干线交通管理

干线交通管理是指以某条交通干线为管理范围而采取一系列管理措施，优化利用交通干线时空资源，提高交通干线运行效率的交通管理方法。

干线交通管理不同于节点交通管理，以干线交通运输效率最大为管理目标。干线交通管理应以道路网络布局为基础，并根据道路功能确定干线交通管理的方式。在我国，常用的干线交通管理方式有单行线、公共交通专用线、货运禁止线、自行车专用线（或禁止线）、"绿波"交通线等。

3. 区域交通管理

区域交通管理是城市道路交通管理的最高形式，以全区域所有车辆的运输效率最大（总延误最小、停车次数最少、总体出行时间最短等）为管理目标。区域交通管理是一种现代化的交通管理模式，需要以城市交通信息系统作为基础，以通信技术、控制技术、计算机技术作为技术支撑。目前，区域交通管理有两类形式。

（1）区域信号控制系统。区域信号控制系统自 20 世纪 80 年代开始在英美等国应用，后来得到了不断发展，有定时脱机式区域信号控制系统、响应式联机信号控制系统两种控制模式。例如，集现代计算机、通信和控制技术于一体的区域交通信号实时联网控制系统，可实现对路口交通信号的实时控制、区域交通信号的协调控制、中心和本地交通信号的优化控制。

（2）智能化区域管理系统。智能化区域管理系统是智能化交通系统的主体部分，20 世纪 90 年代初欧美发达国家开始进行研究，目前已有很多系统正在使用。例如，智能交通监控系统，通过监控系统将监视区域内的现场图像传回指挥中心，使管理人员直接掌握车辆排队、堵塞、信号灯等交通状况，及时调整信号配时或通过其他手段来疏导交通，改变交通流的分布，以达到缓解交通堵塞的目的；交通诱导系统，根据出行者的起讫点向道路使用者提供最优路径引导指令或是通过获得实时交通信息帮助道路使用者找到一条从出发点到目的地的最优路径,其特点是把人、车、路综合起来考虑,通过诱导道路使用者的出行行为来改善路面交通系统,防止交通阻塞的发生,减少车辆在道路上的逗留时间,最终实现交通流在路网中各个路段上的合理分配。

9.5.2 城市道路交通管理方法

1. 城市公共交通优先发展及其保障体系

在城市交通系统中,与其他交通方式相比,公共交通方式的人均占用道路面积最小,人均消耗的能源最低,人均产生的噪声、废气污染最轻。因此,优先发展公共交通不仅有利于缓解城市交通紧张压力,而且符合城市交通系统的可持续发展战略。

大力发展公共交通,必须从提高公共交通吸引力和提高公共交通企业效率两方面建立切实可行的保障体系。公共交通优先发展保障体系应包括以下几个方面。

(1) 优化的公共交通线网、合理的站点布局及科学的调度管理。

规划一个优化的公共交通线网,使其与主要客流走向基本一致,能大大减少公共交通空白区,减少公共交通出行换乘次数及出行起终点的车外步行时间。布设一个合理的站点系统,能大大减少车外步行时间(特别是换乘时的车外步行时间)。建立一个科学的调度管理系统,合理调整发车间隔,可缩短乘客的站点等车时间。

(2) 公共交通优先通行保障系统设计。

公共交通优先通行保障系统指道路路段的公交车专用线(或专用车道)和道路交叉口专用相位设计,作用在于尽可能减少(甚至消除)公交车的路段延误及交叉口排队延误,即使在高峰小时其他车辆发生交通拥挤时,公交车仍能通行无阻。公共交通优先通行设计是提高公交车到站准时率、增加公共交通吸引力的可靠保障。

(3) 强化公共交通运行管理,提高公共交通服务质量。

加强公共交通企业内部改造,提高司乘人员业务素质及主人翁意识,实行规范化报站制度,改善车辆硬件条件,以提高公共交通吸引力。

2. 平面交叉口交通管理

城市道路平面交叉口交通管理是城市道路交通管理中最基本、最简单的形式。平面交叉口交通管理的主要目的是减少冲突点,提高安全性,控制车辆行驶的相对速度,并为公共交通提供优先通行权。

平面交叉口可以按有无信号灯控制分成信号控制交叉口和无信号控制交叉口两类,其中无信号控制交叉口又可分为全无控制交叉口和优先控制交叉口两种。

(1) 全无控制交叉口交通管理。

全无控制交叉口是指具有相同或基本相同交通地位,从而具有同等通行权的两条相交道路,因其流量较小,在交叉口上不采取任何管理手段的交叉口。

① 交叉口视距三角形。无控制交叉口通常没有明确的停车线,在车辆到达交叉口时,驾驶员将在距冲突点一定距离处做出决策,或减速让路,或直接通过。驾驶员所做出的决策很大程度上取决于交叉口的视距,故无控制交叉口的交通安全是靠交叉口上良好的视距来保证的。视距三角形是常用来分析交叉口上视距是否足够的一种图解分析方法,如图9.7所示。视距三角形中的直角边与行驶车速、道路坡度、路面状况等因素有关。

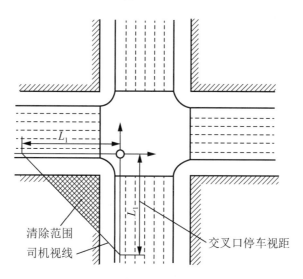

图 9.7　交叉口的视距三角形

② 无控制交叉口的冲突点及通行规则。由于交叉口存在许多冲突点，使得有些冲突车流的车辆不能同时通过交叉口，因此需要有一个通行规则，确定各入口车辆以怎样的次序进入交叉口。

如果相交道路不分主次及不考虑优先，则先到达交叉口的车辆先通过是理所当然的，但实际并非如此简单。一般通行规则是：车辆通过没有交通信号或交通标志控制的交叉口，必须遵守依次让行的规则，如果相交道路主次不分，则非机动车让机动车先行，非公交车让公交车先行；如果相交道路有主次之分，则支路车让干路车先行。让行车辆必须停车或减速瞭望，确认安全后，方准通过。

（2）优先控制交叉口交通管理。

无控制交叉口的延误是较小的，但鉴于安全性考虑，使得无控制交叉口在低流量时就要求加以管制。由于从无控制变为信号灯控制，交叉口延误将明显增加。因此，必须考虑一种过渡的控制形式，既能解决安全性问题，且延误又不至于增加很多。优先控制就能满足这种要求。优先控制可分为停车标志控制和让路标志控制。

① 停车标志控制。相交的两条道路中，常将交通量大的道路称为主路或干路，交通量小的称为次路或支路（包括胡同和里弄）。规定主路车辆通过交叉口有优先通行权，次路车辆必须让主路车辆先行。停车标志控制按相交道路条件的不同分为单向停车控制和多向停车控制。

② 让路标志控制。让路控制交叉口又称减速让行控制，是指进入交叉口的次路车辆不一定需要停车等候，但必须放慢车速瞭望观察，让主路车辆优先通行，寻找可穿越或汇入主路车流的安全"空当"机会通过交叉口。让路标志控制与停车标志控制的差别在于后者对停车有强制性。

（3）信号控制交叉口的交通管理。

交叉口交通信号控制简称点控制，以单个交叉口为控制对象，是交通信号灯控制的基本形式。点控制又可分为固定周期信号控制和感应式信号控制两类。

① 固定周期信号控制。固定周期信号是最基本的交叉口信号控制方式。这种控制方式

设备简单、投资最少、维护方便。同时,这种信号控制还可以升级,与邻近信号灯联机后可上升为干线控制或区域控制。其控制原理为:按事先设计好的控制程序,在每个方向上通过红、绿、黄三色灯循环显示来指挥交通流,在时间上实施隔离。交通规则规定:红灯停止通行;绿灯放行;黄灯清尾,即允许已过停车线的车辆继续通行,通过交叉口。

固定周期信号灯基本控制参数包括周期长度和绿信比两项。周期长度是指各个行车方向完成一组色灯变换所需的时间,等于红灯时间加绿灯时间再加黄灯时间。周期长度及红灯、绿灯时间根据交叉口总交通量、两相交道路交通量确定。黄灯时间根据交叉口大小确定,一般为2~4s。在一个较小的时间内(如1h),周期长度及各色灯时间是固定的。但在一天中,周期长度及各色灯时间是可变的。绿信比是某一方向通行效率的指标,等于一个相位内有效通行时间与周期长度之比。

② 感应式信号控制。感应式信号控制没有固定周期长度,工作原理是:在感应式信号控制的进口设有车辆到达检测器,相位起始绿灯,感应信号控制内设有一个初始绿灯时间,到初始绿灯时间结束时,如果在一个预先设置的时间间隔内没有后续车辆到达,则变换相位;如果有车辆到达,则绿灯延长一个预设的单位绿灯延长时间,只要不断有车到达,绿灯时间可继续延长,直到预设的最长绿灯时间,则变换相位。

感应式信号灯基本控制参数包括初始绿灯时间、单位绿灯延长时间和最长绿灯时间3项。初始绿灯时间是指给每个相位预先设置的最短绿灯时间,在此时间内,不管有否来车本相位必须绿灯。初始绿灯时间的长短,取决于检测器的位置及检测器到停车线可停放的车辆数。单位绿灯延长时间是指在初始绿灯时间结束后,在一定时间间隔内测得后续车辆时所延长的绿灯时间。最长绿灯时间是为了保持交叉口信号灯具有较佳的绿信比而设置的时间,一般为30~60s。当某相位的初始绿灯时间加上后来增加的多个单位绿灯延长时间达到最长绿灯时间时,信号机会强行改变相位,让另一方向车辆通行。

3. 道路交通行车管理

道路交通行车管理是城市道路交通管理中线路交通管理的最基本、最简单形式。道路交通行车管理往往有以下几种形式。

(1) 单向交通管理。

单向交通又称单行线,是指道路上的车辆只能按一个方向行驶的交通线路。当城市道路上的交通量超出其自身的通行能力,造成城市交通拥挤、延误及交通事故增多等问题时,在道路交通系统中,若对某条道路或几条道路,甚至对某些路面较宽的巷、弄考虑组织单向交通,将使上述交通问题明显地得到缓解和改善。故单向交通是在城市道路交通系统中,解决城市交通拥挤,充分利用现有城市道路网容量的一种经济、有效的交通管制措施。

单向交通管理有固定式单向交通、定时式单向交通、可逆性单向交通及车种性单向交通4种管理形式。

(2) 变向交通管理。

变向交通是指在不同的时间内变换某些车道的行车方向或行车种类的交通。变向交通又称潮汐交通。

变向交通按其作用可分为方向性变向交通和非方向性变向交通两类。在不同时间内变换某些车道上行车方向的交通称为方向性变向交通,这类变向交通可使车流量方向分布不均匀现象得到缓和,从而提高道路的利用率。在不同时间内变换某些车道上行车种类的交通称为非方向性变向交通，可分为车辆与行人、机动车与非机动车之间相互变换使用的变向交通。这类变向交通对缓和各种类型的交通在时间分布上不均匀性的矛盾有较好的效果。例如，在早晨自行车高峰时间，变换机动车外侧车道为自行车道，到了机动车高峰时间，则变换非机动车道为机动车道。此外，在中心商业区变换车行道为人行道及设置定时步行街等，这些都是非方向性变向交通。

（3）专用车道管理。

规划专用车道（或专用道路系统）是缓解城市交通问题的途径之一。专用车道包括公交车专用车道和自行车专用车道。公交车专用车道往往又与单向交通联合使用，如在单行线上，逆向开辟公交车专用车道。

（4）禁行交通管理。

为了减轻道路上的交通负荷，或将一部分交通流量均分到其他负荷较低的道路上去，根据道路条件和交通条件，实行对机动车和非机动车的某种限制管理，称为禁行管理。禁行管理一般有时段禁行、错日禁行、车种禁行、转弯禁行及质量（高度、超速等）禁行 5 种形式。

阅读材料9-5

提升城市道路交通精细化管理，江苏各地纷纷出"实招"亮"硬招"

为了保障市民的平安出行，江苏省各地交管部门纷纷出"实招"亮"硬招"。

常州市长江路光景山庄路口，交管部门将斑马线设置成 Z 字形。所谓 Z 字形斑马线，就是通过设置隔离设施，让行人或非机动车在斑马线上的行进轨迹由直线变为 Z 字形，如图 9.8 所示。Z 字形斑马线的设置就是为了达到"绕起来、慢起来、看起来"的效果。减缓行人和非机动车通过速度，减少路段中间斑马线上的事故发生。而且行人在通过斑马线时，向左或向右转向，始终都是面对来车的方向，能够更好地观察车辆的行驶，避免不注意对向来车，而发生交通事故。

图9.8 Z字形斑马线

苏州市姑苏区三香路是苏州城西横向主干道之一，道路周边有行政审批服务中心、医院和学校等企事业机关单位，过街通行人流量一直较大。当地交管部门在这里设置了"错位斑马线"，功能类似 Z 字形斑马线，中间的进口和出口相差三到四米，电动自行车和行人可以在里面做简单的停留，进行二次等候，这样不仅起到了"绕起来、慢起来、看起来"的效果，同时兼顾了安全和效率。而在前方的机动车道上也设有警示标志，提醒过往车辆此处为人群集中处。

斑马线的有效合理设置，不仅关乎群众的出行安全，更考验着城市管理的智慧，不少地方的交管部门还投入了一些"黑科技"产品。

在宿迁市区发展大道和洪泽湖路交叉口，斑马线周边布满了地灯，当路口显示为绿灯时，斑马线两边的地灯也会发出绿色的光，同时路两边的白色信号灯闪烁提醒。特别是在夜间或雨雾天气，如果有行人通过智能斑马线，机动车驾驶员能在200米以外发现灯光闪烁，安全性大大提高。很多市民称赞这种发光斑马线是低头族的福音，还有人称这是建在地面上的红绿灯，不仅好看而且实用。

在张家港市区沙洲中路、长安中路交叉口，还有一种能"说话"会"眨眼"的斑马线智能红外语音警示系统。斑马线两端安装了具有语音播报功能的警示柱，上面不仅会显示信号灯的实时情况，还配备有红外线感应功能。该系统与路口的信号灯同步，当行人方向的信号灯显示为绿灯时，智慧斑马线系统就会通过声音及灯光闪烁，提示行人有序过马路，不要闯红灯。

可以看到，各地交管部门在倡导文明交通的同时，也拿出"绣花"功夫，持续推进硬件设置的科学化、人性化和智能化。交通安全不仅关系自己的生命和安全，同时也是尊重他人生命的体现。随着我国机动车数量的持续增加，交通安全工作将得到越来越多的重视，相信未来还会有更多的创新手段出现，来助力交通安全出行。

资料来源：潇湘晨报.

本 章 小 结

现代城市交通系统主要包括城市道路交通系统和城市轨道交通系统。城市道路交通系统是通过拓宽路面，优化路网，渠化交叉口，优化配时，加强路口、路段的管理与控制来提高道路的通行能力。城市轨道交通系统凭借其高效、快捷、安全、大容量、无污染等特点，来缓解城市交通问题。这两种交通系统均能有效地改善城市交通。本章主要介绍了这两种交通系统，以及城市道路交通规划和城市道路交通管理。

案例分析

精细化交通治理提升城市品质 交通仿真中心为武汉交通赋予"最强大脑"

当前，全球城市正面临前所未有的大变革，尤其是交通出行领域，共享交通、无人驾驶、车路协同、智慧感知、在线仿真、活动模型等新一代技术浪潮席卷而来，传统交通出行和建设发展模式面临创新技术的挑战。

20世纪90年代兴起的智能交通技术，助推武汉在新的交通方式变革过程中屡占先机。在新时代要求下，武汉市交通发展战略研究院根据市自然资源和规划局领导统一部署，再次用科技武装自己，全面对接武汉城市仿真实验室，组建成立了武汉交通仿真中心，以适应国土空间规划改革要求，全面服务武汉交通新一轮高质量发展和国家中心城市建设。

1. 强化顶层设计，仿真中心为未来布局

武汉交通仿真中心的前身是世界银行在国内大城市中贷款支持的首个智能交通信息化项目，于2017年正式启动。通过"数据中台、出行透视、决策推演"三大部分项目建设，总体目标致力于实现四个转变：一是以"互联网+智慧交通"为理念，通过与市级交通大数据中心的互联对接，实现从传统数据分析到"互联网+"数据融合分析的转变；二是通过构建城市交通数据资源库，实现从传统服务器计算到"云计算"的转变；三是通过搭建市级交通决策支持平台，实现从单路径交通研究向多方位交通决策支持的转变；四是通过示范项目落地,实现未来交通场景由概念、畅想向软硬件协同、产业化推进和出行品质提升转变。交通仿真中心在实行三期项目基础上,立足武汉本地化的人才队伍培养,在引进借鉴国际经验基础上进行了自主创新,重点建设面向国土空间规划全流程的交通—空间协同仿真体系,以服务政府决策和超大城市现代化交通治理。

2. 避免决策失误,大数据支持"虚拟决策"

交通运行仿真体系内包括刻画城市国土空间的人、地、房、手机信令和互联网大数据,汇聚城市基础设施和交通运行数据资源,刻画车辆GPS、公共交通刷卡扫描、共享单车骑行位置数据,联动城市空间体系、城市用地和建筑数据。在强大数据库的支持下,可生成路况分析评估系统、过江交通分析系统、车流分析评价系统、慢行交通分析系统、职住分析评价系统等十余个交通信息子系统,以洞察武汉市交通发展路径、运行特征,把握城市交通的内在规律,形成服务城市交通运行评估的仿真体系。仿真体系的一个重要功能是为政策决策提供依据。决策推演体系就是致力于复杂场景下城市交通运行多目标、多路径、多用户"虚拟决策",为城市交通规划、建设、管理决策和市民需求管理提供推演平台,动态模拟、量化评估决策实施效果,探索城市交通发展从传统方式走向智慧治理的途径。

3. 适时对市民开放,哪里出行方便一目了然

武汉交通仿真中心与市民生活也息息相关。目前,武汉交通仿真中心面向新时期国土空间治理,正在加紧开展交通可达性分析平台、交通影响评价平台、交通承载力分析平台、交通拥堵成因分析平台、交通运行态势评估平台等子平台的自主研发工作。通过大数据分析研判,实现交通拥堵瓶颈识别、状态感知和时空溯源,未来还可总结交通事故发生规律,深入挖掘原因,提出事故预防措施或改善方案。从宏观政策方面提出针对道路改善、车辆管理、通行管理的意见,如部分车辆的动态限速和需求管理等;从微观层面针对安全隐患点,统筹物防、技防、人防等手段进行综合治理。

交通仿真的建设还改变了过去单纯从机动性和设施的角度去评判交通的"车本位"思想,而回归到人、交通服务水平和用地协调发展的视角,用"人本位"去解析城市功能和交通发展。例如,该平台公交可达性指数不仅考虑了公交与地铁站点、线路等静态信息,还综合了公交与地铁发车频率、车辆满载率、到达交通站点的步行和骑行时长、高峰平峰等不同时间维度的运营服务信息等,更加精准客观地反映城市公共交通的服务水平和能力。

根据本案例所提供的材料,试分析:当今社会,如何利用最新技术改善城市交通环境?

资料来源:武汉市自然资源与规划信息中心。

 关键术语

城市轨道交通系统(urban railway system)　　地下铁道(subway)
轻轨铁路(light railway)　　交叉口(intersection)
交通信号灯(traffic light)　　交通流检测器(traffic flow detector)

习　题

1. 填空题

(1) 根据城市轨道交通系统基本技术特征的不同,城市轨道交通系统可分为_____、_____、_____、_____和_____等类型。

（2）根据城市轨道交通系统路权及列车运行控制方式的不同，城市轨道交通系统可分为_____、_____和_____等类型。

（3）根据城市轨道交通系统高峰小时单向运输能力大小，城市轨道交通系统可分为_____、_____和_____等类型。

（4）在路网形态结构中，最常见、最基本的路网形态结构是_____、_____和_____3种。

（5）城市道路交叉口分为_____和_____两类。

（6）消除冲突点的交通组织有_____、_____、_____3种方式。

（7）城市交通需求发展预测包括_____、_____和_____三大部分。

（8）在我国城市道路网络中，常采用的交叉口控制方式有_____、_____、_____、_____等形式。

2. 简答题

（1）简述城市交通的发展。

（2）简述城市轨道交通的分类、运行速度及运行能力。

（3）简述城市道路的分类及功能，城市交叉口的分类。

（4）交叉口控制方式有哪几种？

（5）解释交叉口视距三角形。

（6）车辆通过没有交通信号或交通标志控制的交叉口时的通行规则是什么？

（7）城市客运交通需求发展预测包含哪些内容？

第10章 交通运输系统的发展趋势

【教学目标】
- 了解智能运输系统。
- 掌握解决交通问题的方法。
- 了解公路、铁路、水路、航空四大智能运输系统。
- 了解智慧交通及其核心技术。
- 了解绿色低碳交通及其相关技术。

【思维导图】

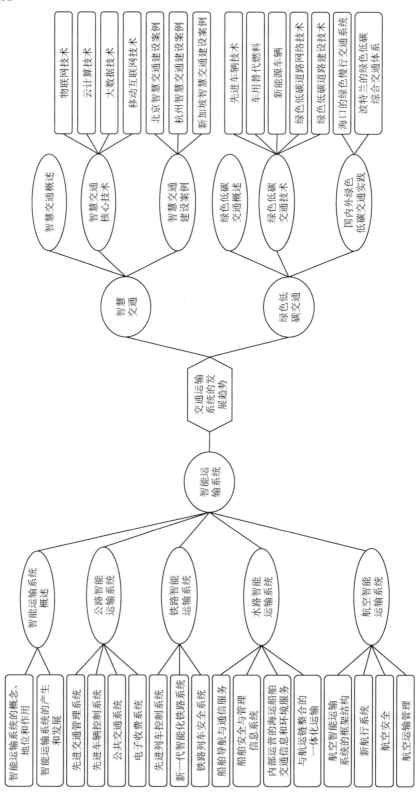

《中国交通的可持续发展》白皮书（节选）

交通运输是国民经济中的基础性、先导性、战略性产业和重要的服务性行业，是可持续发展的重要支撑。中共十八大以来，在习近平新时代中国特色社会主义思想指引下，中国交通发展取得历史性成就、发生历史性变革，进入基础设施发展、服务水平提高和转型发展的黄金时期，进入高质量发展的新时代。基础设施网络规模居世界前列，运输服务保障能力不断提升，科技创新能力显著增强，行业治理现代化水平大幅跃升，人民高品质出行需求得到更好满足，中国加快向交通强国迈进。

为全面介绍新时代中国交通发展成就，分享中国交通可持续发展的理念和实践，增进国际社会认识和了解，特发布本白皮书。

1. 走新时代交通发展之路

中国交通积极适应新的形势要求，坚持对内服务高质量发展、对外服务高水平开放，把握基础设施发展、服务水平提高和转型发展的黄金时期，着力推进综合交通、智慧交通、平安交通、绿色交通建设，走新时代交通发展之路。

2. 从交通大国向交通强国迈进

进入新时代，中国交通驶入高质量发展的快车道，基础设施建设日新月异，运输服务能力、品质和效率大幅提升，科技支撑更加有力，人民出行更加便捷，货物运输更加高效，中国正在从交通大国向交通强国迈进。

3. 服务决战脱贫攻坚和决胜全面小康

全面奔小康，关键在农村；农村奔小康，交通要先行。中国将交通扶贫作为服务全面建成小康社会、推进农业农村现代化、人民共享改革发展成果的重要支撑，全力消除制约农村发展的交通瓶颈，为广大农民脱贫致富奔小康提供坚实保障。

4. 推进交通治理现代化

中国是世界上最大的发展中国家，交通运输体量庞大、情况复杂且处于快速发展当中，交通治理难度大。中国立足本国国情，借鉴国际经验，大力推进交通治理现代化，通过改革创新释放技术和市场活力、提升治理效能，促进了交通高质量发展。

5. 推动构建全球交通命运共同体

中国坚持互利共赢的开放战略，深化与各国在交通领域的合作，积极推进全球互联互通，积极参与全球交通治理，认真履行交通发展的国际责任与义务，在更多领域、更高层面上实现合作共赢、共同发展，推动构建全球交通命运共同体，服务构建人类命运共同体。

6. 中国交通的未来展望

中共十九大提出到2035年基本实现社会主义现代化、到21世纪中叶建成社会主义现代化强国的宏伟目标，中共十九届五中全会提出"加快建设交通强国"，中国的交通运输迎来更加宝贵的"黄金时期"。

中国即将开启全面建设社会主义现代化国家的新征程。进入新的发展阶段，中国交通将更好履行经济社会发展"先行官"使命，践行新发展理念，服务新发展格局，让交通更加安全、便捷、高效、绿色、经济，为2035年基本实现社会主义现代化、21世纪中叶全面建成社会主义现代化强国提供坚实基础。

思考题：谈谈你对我国交通可持续发展的理解。

资料来源：新华社.

10.1 智能运输系统

10.1.1 智能运输系统概述

1. 智能运输系统的概念、地位和作用

广义地说,交通是指人、物及信息的空间的移动;实际上人们一般把人和物的移动划分到交通领域,而把信息的传递划分到通信领域。

【拓展视频】

智能运输系统(intelligent transportation system,ITS)就是通过对关键基础理论模型的研究,从而将信息技术、通信技术、电子控制技术和系统集成技术等有效地应用于交通运输系统,从而建立起大范围内发挥作用的实时、准确、高效的交通运输管理系统。智能运输系统利用现代科学技术在道路、车辆和驾驶员(乘客)之间建立起智能的联系。借助系统的智能,车辆可以在道路上安全、自由地行驶,靠智能化手段将车辆运行状态调整到最佳,保障人、车、路的和谐统一,在极大地提高运输效率的同时,充分保障交通安全、改善环境质量、提高能源利用率。

由于智能运输系统可以使汽车与道路的功能智能化,因此目前是国际公认的解决城市以及公路交通拥挤、改善行车安全、提高运行效率、减少空气污染等的最佳途径,也是全世界交通运输领域研究的前沿课题。

2. 智能运输系统的产生和发展

(1)智能运输系统是科技发展的必然产物。

19世纪末到20世纪初是汽车交通发展的早期阶段。1889年,戴姆勒和他的助手制造出世界上第一辆汽车,标志着汽车运输时代的开始。由于当时是世界铁路大发展的时期,汽车数量不多,公路运输仅是铁路、水路运输的辅助手段。

20世纪中叶是公路发展的中期阶段,这一时期公路运输不仅是短途运输的主力军,而且在中、长距离运输中崭露头角,与铁路、水路运输竞争,并且出现了早期的高速公路。

自1945年至今近80年间,公路发展十分迅速,各国先后建成了比较完善的全国公路网,逐渐打破了一个多世纪以来以铁路运输为中心的交通运输格局,公路运输开始在综合交通运输体系中起着主导作用。

实践证明,交通运输史是科学技术发展史的缩影,从人类步行到马车,从蒸汽机到内燃机,交通运输业发展的每一步都凝结着科学技术的成果,交通运输业的每一次革命,不论是交通工具的更新换代,还是运输方式的拓展变革,都与科学技术成果直接相连。科学技术的发展推动了交通运输的发展。

(2)智能运输系统是信息化社会发展的必然要求。

一般认为,人类社会的发展要经历原始社会—农业社会—工业社会—信息社会。由于经济技术的发展,发达国家已步入信息化社会。信息化是当今世界经济和社会发展的大趋势,是产业升级和实现工业化、现代化的关键环节。信息化水平也是城市竞争力和实现可持续发展的重要标志。以微电子技术、计算机技术等为核心而引发的数字化、网络化、智能化科学技术发展迅速,极大地改变了人们的思维方式、生活方式和交流方式,有力地推动了社会生产力的发展。伴随着人类向信息化社会的迈进，交通运输业也面临着一次重大的变革。为实现信息化社会发展的需要，交通运输必须信息化。

智能运输系统是高科技发展的必然结果，也是信息化社会发展的必然要求。

（3）智能运输系统是解决交通问题的根本途径。

一般认为，交通问题是对社会或经济未能产生正效益，交通本身的机能也未充分发挥的状态。从这个意义上看，20 世纪六七十年代，世界各国经济发展进入了高速增长时期，汽车数量急剧增加，导致已有的道路难以满足经济发展的需要，进而带来了负面影响，产生一系列的问题就是交通问题。最近的一项研究表明，仅美国的主要城市每年由于交通拥挤而造成的浪费就超过 475 亿美元，每年因交通拥挤浪费了多达 143.5 亿升的燃料和 27 亿工作小时。在国土狭小的日本，人口密度比较大，每天昼夜行驶的汽车约有 7000 万辆，每年交通事故死伤人数达 100 余万人。汽车交通的大量需求，在日本各地区均造成了交通拥挤，每年仅时间损失就达 53 亿小时，经济损失达 12 兆日元，给社会和经济带来沉重的负担；如此的交通状况导致沿路环境恶化、能源消耗增加等严重问题。另据介绍，日本交通事故的死亡人数从 1988 年以后连续 8 年每年达到 1 万人以上。我国道路交通死亡人数每年达 10 万人左右，直接经济损失近 20 亿元人民币。所有交通问题的现状说明，现代的交通运输已经对人类生命、财产和生存环境构成威胁。

交通问题的存在就是人、车与路之间的矛盾问题，解决这一矛盾有以下几类办法。

① 控制需求。最直接的方法就是控制车辆的增加或改变车型，使车辆数量减少，但在相当长的时期内，舍弃车辆是不可能的。

② 增加供给，也就是修路。修路是解决交通问题的一个途径，城市间的交通拥挤往往可以通过建设足够的城市间的公路得到解决，所以相当一段时期内，很多国家都采取了增加供给，即靠大量修筑道路基础设施，来缓解当前的交通问题。

③ 加强城市交通管理。加强城市交通系统的管理在很长一段时间内被认为是解决城市交通问题的有效途径，主要包括以下几种管理手段。

a. 加强交通法规建设，制定限制性交通法规。例如，单行线、禁止左转弯、限制某些型号的车辆在某些路段或特定日期和时间上行驶等。这种办法通常是强制性的。

b. 加强宣传教育，提高交通参与者遵守交通法规的意识。

c. 确定合理完善的城市交通规划。发达国家从 20 世纪 60 年代以来进行了城市交通规划研究，以解决交通设施的供给与交通需求的矛盾，使城市道路网络布局合理化。城市交通规划是现代城市规划的一部分，可以提高运输网络的使用效率，解决交通拥挤和交通安全问题。制定城市交通规划需要进行大量的交通调查，耗资巨大，但是规划方案需要一定时间才能实施，而且规划的结果难以评价。

d. 城市交通信号控制。进行城市交通信号控制是改善城市交通运行状况的另一途径。城市交通信号控制主要指城市交叉路口的交通信号控制。从 1914 年在美国城市出现交通信号控制以来，城市交通信号控制技术已由开始的"点控""线控"向"面控"过渡。"点控"就是对单个交叉口的交通信号实施单点定时控制；"线控"就是对交通主干道的交通信号进行协调控制，从而在一条或多条道路上形成"绿波带"，保证大多数汽车在行驶到各路口时都会遇到绿灯；"面控"是一种通过计算机（路口计算机、区域主计算机和控制中心计算机）

联网控制，根据交叉口的实时交通流状况，通过研制的交通模型和软件确定交叉口红绿灯配时方案，实现整个交通路网配时优化的交通控制系统。

e. 优先发展公共交通。随着汽车保有量的增加，特别是私人汽车数量的逐渐增加，使得交通供给严重不足，交通拥挤现象更为严重。于是各国政府纷纷出台了"优先发展公共交通"的政策，鼓励出行者乘坐公共交通出行，并且大力发展安全、快捷、大运量的轨道交通（包括地铁和轻轨），收到了良好的效果。

④ 实施智能运输系统。城市交通系统是一个复杂的大系统，城市交通规划和城市交通信号控制仅仅是城市交通网络建设和道路交通管理的重要环节，单独从车辆方面考虑或单独从道路方面考虑都是片面的，不能经济而高效地解决交通拥挤和交通安全问题。所以把人、车、路综合起来考虑，充分应用现代科技的智能运输系统为解决城市交通问题提供了全新的方法。

智能运输系统这一崭新概念伴随着科学技术的进步而出现、发展，并为解决交通问题带来了新的前景。随着我国智能运输系统研究和开发进程的不断推进，必然会出现一些和我国经济、社会、交通特点相伴随的特有理论和技术问题。因此，开展与我国国情相适应的、具有中国特色的智能运输系统理论和应用技术的研究具有迫切性和必要性。

10.1.2 公路智能运输系统

1. 先进交通管理系统

先进交通管理系统（advanced traffic management system，ATMS）用于检测、控制和管理公路交通，在道路、车辆和驾驶员之间提供通信联系。依靠交通监测技术和计算机信息处理技术，获得有关交通状况的信息，并进行处理，及时地向道路使用者发出诱导信号，从而达到有效管理交通的目的。ATMS 是由一系列的监视公路状况设备、支持交通管理部门与出行建议系统等组成，如图 10.1 所示。

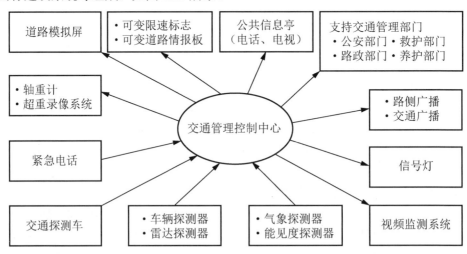

图 10.1 ATMS 构成

如果把整个先进交通管理系统按信息流程不同划分，可归纳成信息采集系统、信息传输系统、信息处理系统、信息提供系统，如图 10.2 所示。

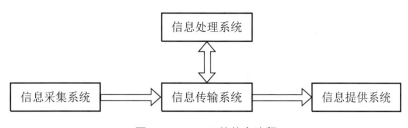

图 10.2 ATMS 的信息流程

（1）信息采集系统由车辆探测器、紧急电话、交通探测车、气象检测器、视频监测系统、轴重计及超重录像系统等部分组成。

① 车辆探测器装置在公路的出入口与主线交叉口上，用来采集交通量、车道占有率、车速等参数，作为交通管理与控制的基本依据。

② 紧急电话设置在高速公路两侧的土路肩上，当发生交通事故请求支援时专门用来与交通控制中心通话。

③ 交通探测车上装备定位导航系统，在路网中不断巡回，自动向控制中心汇报实时的路段通行时间、车辆位置，还有助于及时发现事故及道路设施损坏的情况。

④ 气象检测器用来测量不同深度下的路标温度及浓雾、风向、风力、雨量、路面积雪及冰冻状态等，并及时显示在可变限速标志上，以诱导驾驶员减速行驶、保持车距，保证在雾天行驶安全。

⑤ 视频监测系统是把摄像头安装在车辆密度大的区域或立交区附近、隧道口、收费口、大桥等地段。摄像头监测范围可覆盖整个地段，可监视全线交通运行情况。

⑥ 轴重计及超重录像系统设置在收费处或匝道入口处，查处超重车、或限制超重车上路。高速公路设置自动测重摄像机，可将超重车辆自动录像。

信息采集系统主要是实时采集路段、匝道口和收费口的交通参数、道路状况、气象参数等，定时报送交通控制中心。

（2）信息传输系统（通信系统）由综合业务交换、通信传输、移动通信 3 部分组成。为了确保系统内部数据、语音、图像等信息准确、及时地传输，以满足运营管理通信的需求，通常需要建立高速公路内部通信专用网，也可使用市话电缆或长途电缆、光纤、微波等通信传输手段。

（3）信息处理系统（交通管理控制中心）通过各级计算机硬件和软件对数据、语音、图像等信息进行处理和分析，生成并不断更新交通信息数据库，提出交通控制方案，并通过相应设备对有关路段内的交通流做出管理与调度。

（4）信息提供系统由可变道路情报板、可变限速标志、交通广播及路侧广播、道路模拟屏、信号灯等部分组成。

① 可变道路情报板通常设置在城市高速公路的主线和城间高速公路立交的出入口、隧道口、收费处等，向驾驶员提供关于交通堵塞、交通事故、道路维修施工及气象等信息，及时发出行车指示。

② 可变限速标志是接受交通管理控制中心指令，显示车速限速值，用来调节路段的车辆密度和平均速度，可变限速标志一般视距大于 100m。

③ 交通广播及路侧广播是利用汽车收音机，定时播送高速公路及附近公路的交通广

播。路侧广播是利用路肩或中央分隔带上的感应天线进行广播，播送的信息量大，内容随时间、地点而变，有针对性，也是对可变道路情报板信息的重要补充。

④ 道路模拟屏与交通管理控制中心的计算机相连，接收其提供的有关系统运行的总体信息并显示在道路模拟屏上。道路模拟屏上显示的信息有：某路段交通参数；某地区的气温、风向、风力、降水等气象信息；可变道路情报板及可变限速标志内容；交通事故信息。道路模拟屏以不同颜色显示不同路段的交通状况，使交通管理控制中心对道路状况了如指掌，以利于统一调度和管理。

⑤ 信号灯受交通管理控制中心控制，根据需要控制路口的开闭，来调节交通量，诱导车辆运行。

总之，信息提供系统是交通控制方案得以实施的工具，主要是向出行者或管理人员提供有关交通运输情报，主动调节交通流。

2. 先进车辆控制系统

先进车辆控制系统（advanced vehicle control system，AVCS）是利用先进的传感器技术检测车辆周围信息，通过信息融合和处理，自动识别出危险状态，协助驾驶员进行安全辅助驾驶或自动驾驶，以提高行车安全和增加道路通行能力的系统。其本质是在车辆—道路系统中将现代化的通信技术、控制技术和交通流理论加以集成，提供一个良好的辅助驾驶环境，在特定条件下，车辆将在自动控制下安全行驶。该系统可以有效提高安全、增加通行能力、降低成本、减少废气污染、保护环境等。

3. 其他系统

（1）公共交通系统。为了改善公共交通运输管理，促进公共运输业的发展，公共交通系统主要通过计算机、闭路电视等向公众就出行时间和方式、线路及车次选择等提供咨询，在公交车站利用显示器向候车乘客提供车辆的实时运行信息；对车辆及设施的技术状况和服务水平进行实时分析，实现公交系统营运、规划及管理功能的自动化。

（2）电子收费系统。电子收费系统为用户支付通行费、车票费、存车费等提供一种通用的电子支付手段。电子收费系统实现了公路的不停车收费，消除了在收费口发生拥堵的现象，车辆只需按照限速要求直接驶过电子收费系统的收费通道口，收费过程就可以通过无线通信和机器操纵自动完成，实现收费和支付的自动化。

10.1.3 铁路智能运输系统

1. 先进列车控制系统

随着信息传输、处理和决策等科学技术的发展，一些专家把高新技术成果应用于列车运行管理、列车运行调度、列车运行控制为一体的先进列车控制系统。先进列车控制系统基于客户机—服务器结构、基于分布式数据通信网和分布式数据库、基于现代人工智能技术，自动收集列车运行的数据，协助调度人员进行列车运行调度，控制列车运行。

先进列车控制系统主要包括以下 3 个子系统。

（1）列车运行管理系统。该系统采用分布式计算机收集与列车运行有关的信息，监视列车运行；采用分布式数据库，保持对线路、列车最新、最准确的描述；自动编制列车运行计划；自动编制与实现人员和物资调配计划、设备维修计划。

（2）列车运行调度系统。该系统实时修改和实施列车运行调度计划；以控制（道岔和信号）、授权、通告的形式输出其结果到各个车站和列车，调度列车按计划运行；还具有为旅客服务、旅客向导的功能。

（3）列车运行控制系统。该系统的基本思想是列车的车载系统精确地掌握本列车和前行列车的位置、速度和加速度，列车前方线路、施工等信息，车载系统依据这些数据控制列车运行。

2. 新一代智能化先进铁路运输系统的基本概念

新一代智能化先进铁路运输系统又称新一代列车控制系统。其主要特征是：由传统单一功能的信号设备发展成为以运输能力为中心，综合各种高新科学技术，实现多功能的智能化复杂系统。

由于铁路智能运输系统涉及领域广泛，根据系统的不同功能，与道路智能运输系统相对应，铁路智能运输系统至少包含3个子系统。

（1）先进的运输管理系统，通过自动编制各级运输计划，对车辆装、卸和列车运行进行控制与指挥，动态调整路网车流分布，智能生成预防策略，保证运输畅通和运输任务的完成。

（2）先进的用户信息系统，包括先进的货运服务系统、客运预售票系统和旅客诱导系统等。

（3）先进的列车控制与安全系统，包括智能列车控制系统、司机导航系统、道旁接口单元系统等，能根据列车运行外界环境变化，实行自动化和半自动化的行车与道岔径路控制，使列车保持更高速度和更短的间隔安全行驶。

3. 新一代智能化铁路系统

（1）高科技化。

采用先进的计算机网络技术实现了对列车、车辆的自动跟踪管理，以改善运输效能，更好地与铁路用户沟通，改善运输服务；采用先进的信息传输技术代替传统的轨道电路，能够满足调度中心和列车群之间高效大容量信息传输的需要；采用先进的列车定位、测速技术，能够确定列车的精确位置与状态。

（2）智能化。

由传统控制和管理型向知识工程型转化，能够模拟人的行为来实施对列车和列车群的管理。前者为智能列车，通过车载微机实现列车辅助和自动驾驶，后者通过调度中心智能工作站完成行车计划、运营管理和信息服务等功能。

（3）综合集成化。

传统的铁路系统一般功能间没有或很少有直接的联系和不同管理层的垂直联系。在新系统中，各种联系得到了增强，这突出地体现在用先进的定位、测速和无线通信技术综合发展的列车速度联控行车制代替传统的固定闭塞行车制，实现了列车控制与行车指挥的一体化以及建设高度集中的调度中心，实现了车、机、工、电、辆和运输服务的综合化。

（4）强调运输系统的整体功能。

新系统较传统铁路系统更加强调整个铁路作为一个系统运作的功能，如先进的运输管理系统进一步提高了功能的质量和效率,先进的用户信息系统的建设就更加考虑到了铁路用户、旅客的利益,以提高铁路与其他运输方式的竞争力。

新系统通过将人工智能、实时控制、计划优化和信息管理等高新科技成果综合应用于铁路运营的许多复杂方面,彻底改变了铁路的面貌,与传统的铁路系统相比,其优势主要体现在以下几个方面。

(1) 安全。新系统革新了传统铁路系统的采用列车指令程序、路旁及机车信号两者来控制和保障列车运行的开环控制模式,通过先进的运输管理系统和先进的列车控制与安全系统来构成一个闭环自动控制系统,能够防止人为失误造成的事故,保证整个运输系统的安全。

(2) 运输能力。新系统可采用列车速度联控方式组织列车安全行车,缩短列车追踪间隔,提高线路的通过能力。

(3) 运输组织和管理。可自动生成低成本的运输计划,实现了列车编组、运行管理的自动化,提高安全性和效率。

(4) 线路及设备维护和管理。提供更准确的列车到达时间,有利于做出最佳的维修计划安排,提高线路维修人员的效率,从而减少线路维修人员和列车运行工作的冲突,特别是在铁路行车密度大和有小间隔、高频率维修要求情况下尤其重要。在列车速度联控行车制条件下,由于减少了区间设备,更便于维护和管理。

(5) 智能化的辅助驾驶系统和机车分析报告系统。可改善列车准点性能、节能和减少司机的加班时间,并可能使机车维修发展为一种按状态维修的系统,提高机车的生产率。

(6) 先进的用户信息系统。可改善铁路运输服务质量和效率,提高铁路系统的综合能力和竞争力。

综上所述,铁路智能运输系统是以高科技手段全面提高铁路运输效能的综合化系统,涉及运输组织管理、运输自动化与控制、列车牵引计算学、机车运用与管理、数据通信技术、计算机网络技术、运输经济学、系统可靠性理论和计算机仿真等多个领域,极大改变了传统铁路的面貌。

4. 铁路列车安全系统

铁路列车安全系统按系统设备分布的地点不同,分为调度中心系统、车站信息系统、车载及地面控制系统。

(1) 调度中心系统。

调度中心系统是整个先进列车控制系统的神经中枢,是最上层的决策机构;调度中心负责制订运输计划和担负列车运行调度指挥工作。调度中心的核心设备是运输管理系统服务器、列车运行管理系统服务器、列车运行控制系统服务器,每套服务器都是高速可靠的多机系统,采用高速网络连接所有的服务器和客户机,并通过远程网络与车站、地区的管理维护中心局域网相连。调度中心服务器支持各调度台的客户机系统,提供信息共享以及声音、图像等多媒体支持。行车、机车等调度台通过局域网络、分布数据库实现数据共享。

① 运输管理系统。负责制订基本列车运行计划,根据这些计划再制订出当天的列车运行计划及相关调度台的日计划。系统还将这些计划传递给列车调度员、调度中心和车站各部门,以此指挥列车运行。

② 列车运行管理系统。在列车运行指挥中，直接指挥列车运行的是行车调度员，依照列车运行计划控制道岔、开放信号、指挥列车运行。列车运行正常时，这一切都有序进行。当列车运行秩序紊乱时，行车调度人员要一边指挥列车运行，一边制订列车运行调整计划。

③ 列车运行调度控制系统。在列车运行过程中，列车通过的道岔和信号由调度中心集中控制，调度中心根据列车运行计划和列车实际运行情况，自动控制道岔和开放信号，指挥列车运行。改变长期以来铁路行车调度工作以人为主决策的传统，实现以系统为主决策。对信号和道岔的控制通常有两种方式：一种是调度人员操纵控制台直接发送控制命令控制道岔和信号，称为人工控制；另一种是根据列车运行计划自动生成控制命令，控制道岔和信号，称为自动控制。自动控制方式又分为集中控制和分散控制。集中控制是调度中心的调度控制系统将计划转换成控制命令，远距离控制道岔和信号。

（2）车站信息系统。

车站信息系统的核心是服务器支持的局域网络，并通过远程网络与调度中心相连。车站信息系统的核心任务是采集列车位置、信号设备的状态等列车运行信息，并将其传送到调度中心；接受调度中心的列车运行计划并转换成命令驱动道岔和信号，为列车准备进路。车站信息系统接受调度中心内列车运行计划产生的旅客向导信息，以自然语言和文字引导旅客，并可以为旅客提供咨询、娱乐等服务。

（3）车载及地面控制系统。

列车运行控制系统主要由车载系统和地面控制系统组成，直接控制列车运行。在火车问世的第二年，为了保证列车运行安全发明了轨道电路，同时出现了故障—安全的概念。所谓故障—安全（fail-safe），是指安全控制系统在失效的情况下，使对象系统能够维持在安全状态或转移到安全状态的特性。车载系统和地面控制系统直接控制列车运行，这就是一个故障—安全系统。

现代先进列车控制系统采用精确的列车定位技术，精确地测定列车位置，同时也测定列车的速度及加速度等。列车通过车载计算机系统接收前方列车的位置和状态的信息，接收信号、道路信息；车载数据库存有列车所运行区段线路的纵、横断向信息，车载系统存有本列车的性能和驾驶方法。根据这些信息，车载系统计算出本列车应有的工作方式，必要时采取制动，甚至是紧急制动措施。

车载系统除了车载的计算机系统，还有车载的通信系统，在列车上装载数据传输和通话兼容的无线通信设备。通过车上的无线通信设备将列车的位置、速度、加速度、工况等数据传递到调度中心；列车将调度员和调度系统的有关指示，通过无线通信方式传递给驾驶员。尽管对无线通信系统采取了严格的差错控制措施，达到了极高的漏检误码率，仍不能认为是一个故障—安全系统。在先进列车控制系统研究中有两种思路：一种是研究应用故障—安全的无线通信系统；另一种是合理地利用无线通信设备。采用无线通信设备为列车发行许可证的方法不会因无线信号的丢失造成事故。无线通信系统传递的是许可而不是限制，传递允许列车通过某个区段，如果列车接收不到无线信号，列车将停止。

10.1.4 水路智能运输系统

自 20 世纪 80 年代以来，智能运输系统在重点发展公路智能运输系统的基础上，也开始向水路运输扩展。从目前情况来看，水路运输系统的智能化主要应做三方面的工作：船舶智能化、岸上支持系统智能化、水上运输系统整体智能化。

水路智能运输系统是指运用先进的卫星导航技术、无线通信技术、有线通信技术、信息技术、控制技术、人工智能技术、水路运输技术及系统工程技术等进行综合集成，实现水路运输优化，水运安全、高效、可靠，港站作业及客货运输信息服务一体化的客货运输系统。

从框架结构来看，水路智能运输系统如图10.3所示，主要包括货运系统、客运系统、港口系统、航道系统、船舶系统、乘务系统、疏运系统、服务和运营系统等。根据各地区实际情况，分别制定不同的开发重点和优先领域。以欧洲Telematics水运研究为例，目前水路智能运输系统的研究开发主要集中在以下几个方面：船舶导航与通信服务、船舶安全与管理信息系统、内部运营的海运船舶交通信息和环境服务、与航运链整合的一体化运输。

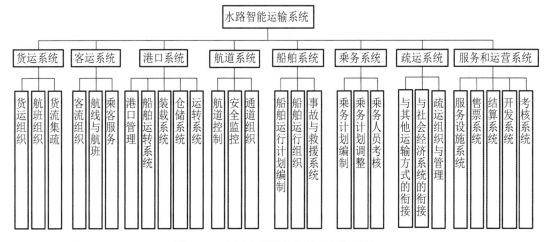

图10.3 水路智能运输系统的框架结构

1. 船舶导航与通信服务

【拓展视频】

船舶导航手段有无线电导航和空间导航等。其中，无线电导航包括无线电灯塔、罗兰（Loran）导航系统、台卡（Decca）导航系统、雷达应答器（RACONS）、奥米伽（Omega）导航系统以及一些局部哈-菲克斯系统（Hi-Fix system）；空间导航包括我国的北斗导航卫星系统（beidou navigation satellite system，BDS）、美国的全球定位系统（global positioning system，GPS）、俄罗斯的全球导航卫星系统（GLONASS）、欧盟的伽利略卫星导航系统（galileo satellite navigation system）等。在通信方面，除灯光信号及旗语仍然在船舶间的短距离通信以及船舶与海岸间的通信中保留与使用外，水路智能运输系统方面应满足商业、安全、环境及船舶运营对数据交换自动管理的要求，这对现代通信系统提出更高的要求。采用现代通信手段的目的是提供船舶的型号、大小和运行状况，以引起其他船舶的注意并采取适宜的行动，防止船舶碰撞，进一步保证航运安全。

2. 船舶安全与管理信息系统

船舶安全与管理信息系统包括预测维修和监视推进器的决策支持工具、整合船舷系统的控制技术与标准、供船舶及相关用户使用的电子海图数据的校对与分发工具、基于《国际船舶安全营运和防止污染管理规则》的数据管理工具。

3. 内部运营的海运船舶交通信息和环境服务

内部运营的海运船舶交通信息和环境服务，可以识别、发现并且跟踪船舶，实现船与船之间以及船与港口之间的信息共享，合理安排船舶通过的顺序与时间等。

4. 与航运链整合的一体化运输

与航运链整合的一体化运输包括港口使用，设备、车辆、驾驶员的自动识别，运输链中资源管理、跟踪和监视的协调，乘客信息系统，货运参照系统的结构和标准等。

总之，水路智能运输系统提供了支持水路运输用户的系统、服务及技术，也提供了使信息管理与决策支持成为可能的解决方案，从而达到减少人为错误、提供更及时和精确的信息、保证海上安全和保护环境的目的。另外，在实现组织者、管理者，以及信息系统、运输模式等的数据共享、过程共享方面提供了更好的联系，在提高水路运输服务的安全、质量与效率方面发挥积极的作用。

10.1.5 航空智能运输系统

1. 航空智能运输的概念

航空运输是一种科技含量高且密集的运输方式。虽然在航空运输领域很少使用智能运输系统这个词，但是在航空运输领域中，相关基础理论、系统模型研究等方面，将先进的信息技术、通信技术、电子控制技术、传感技术、系统综合技术和安全保障技术有效地继承并应用于交通运输系统方面，以及利用计算机的数据库技术、网络技术和多媒体技术，建立起实时、准确、高效的交通运输管理系统等方面，都比其他交通运输领域领先一些。

航空智能运输系统是指将先进的卫星导航技术、无线通信技术、有线通信技术、信息技术、控制技术、人工智能技术、航空运输技术及系统工程技术等进行综合集成，实现航空运输航线优化、飞机起降运行可靠、机场作业及客货运输信息服务一体化的安全、准点、高效的客货运输系统。

2. 航空智能运输系统的框架结构

航空运输体系包括飞机、机场、空中交通管理系统和飞行航线4个部分。这4个部分有机地结合，在空中交通管理系统的控制和管理下，完成航空运输的各项业务活动。除4个基本组成部分外，航空运输体系还有商务运行、机务维护、航材供应、油料供应和地面辅助保障等系统。

航空智能运输系统主要包括货运系统、客运系统、机场设施、空中管制、机群组织、乘务组织、客货服务和运营系统等。其框架结构如图10.4所示。

为了实现航空智能运输系统框架结构目标，需要研制新一代航空运输载运工具，在解决音爆、高升阻比、耐高温材料、一体化飞行推力控制系统等问题的基础上，推出一批新型机；研制出相适应的、具有某些智能的机械设备；实施一系列航空智能运输系统工程，主要包括航空运输智能化发展战略、航空运输信息化工程、航空客货运输智能化服务、航空运输调度指挥智能化工程、航空运输事故与救援智能化工程、航空港智能化管理工程等。

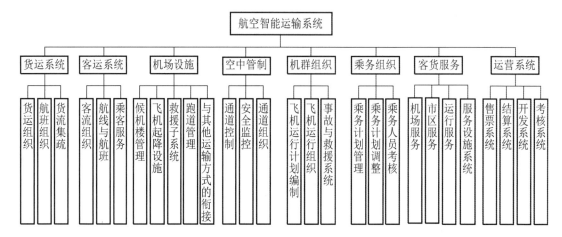

图 10.4　航空智能运输系统的框架结构

3. 新航行系统

随着世界航空运输量的日益增长，国际民航组织（International Civil Aviation Organization，ICAO）认识到现行的航行系统存在明显的缺陷和局限性，将难以适应未来发展的需要。另外，随着航空航天和计算机技术的突破性进展，为建立全球的新型航行系统提供了技术基础。ICAO 基于对未来商务交通量增长和应用需求的预测，为解决现行航行系统在未来航空运输中的安全、容量和效率不足问题，1983 年提出在飞机、空间和地面设施三个环境中利用由卫星和数字信息提供的先进通信（C）、导航（N）和监视（S）技术。由于当时有些系统设备仍在研制中，尚不具备所需运行条件，ICAO 将该建议称为未来航行系统（future air navigation system，FANS）方案。

随着各种可用 CNS 技术的日臻成熟，人们愈加注重由新系统产生的效益，同时认识到在实现全球安全有效航空运输目标上，空中交通管理（air traffic management，ATM）是使 CNS 互相关联、综合利用的关键。ATM 的运行水平成为体现先进 CNS 系统技术的焦点。基于这一发展新航行系统的思想，1993—1994 年，ICAO 将 FANS 更名为 CNS/ATM 系统。有关系统实施规划、推荐标准和建议措施等指导性材料的制定进一步加速了新航行系统的实施。1998 年，ICAO 全体大会再次修订了 CNS/ATM 系统实施规划，其内容包括技术、运营、经济、财政、法律、组织等多个领域，为各地区实施新航行系统提供了更具体的指导。CNS/ATM 系统在航空中的应用对全球航空运输的安全性、有效性、灵活性带来了巨大的变革。

新航行系统是基于卫星技术为基本特征的全球新通信导航监视和空中交通管理系统。新航行系统由通信、导航、监视和空中交通管理 4 个部分组成。通信、导航和监视系统是基础设施，空中交通管理是管理体制、配套设施及其应用软件的组合。

（1）未来通信系统。

未来通信系统保留并发展甚高频（very high frequency，VHF）进行语音及某些数据通信，用于陆地和终端区；引进卫星通信，至少先在世界大部分地区实现数据和语音的卫星通信能力，在卫星通信能覆盖地球极区之前，保留高频（high frequency，HF）通信；采用二次监视雷达（secondary surveillance radar，SSR）的 S 模式数据链，在空中交通高密度空域和终端区供空中交通服务（air traffic service，ATS）使用；建立航空电信网（aeronautical telecommunication network，ATN），将地面数据通信和空地数据通信融为一体。将上述各种子网相连，在相应的计算机系统之间进行高速的数据交换。

空中交通管理和服务的发展方向是用自动的数据通信、导航、监视方式代替人工的话音通信，用计算机实时监视、处理和显示飞机的准确位置与状态等。

（2）未来导航系统。

未来导航系统逐步引进区域导航（regional area navigation，RNAV）能力，并使其符合所需导航性能（required navigation performance，RNP）。全球导航卫星系统（global navigation satellite system，GNSS）提供全球覆盖的导航，用作飞机导航和非精密进近；微波着陆系统（microwave landing system，MLS）或差分全球导航卫星系统（differential global navigation satellite system，DGNSS）取代仪表着陆系统（instrument landing system，ILS），用作精密进近和着陆；自动定向仪（automatic direction finder，ADF）及其无方向信标台、全向信标台、测距仪逐渐退出；奥米伽导航系统和罗兰导航系统消失；惯性导航被保留，并作为组合导航系统中的主导航继续发展。

（3）未来监视系统。

未来监视系统将随着一次监视雷达（primary surveillance radar，PSR）的逐渐消失，在终端区和高密度陆地空域，采用 A/C 模式或 S 模式的二次监视雷达监视，在其他空域采用自动相关监视（automatic dependent surveillance，ADS）或自相关与二次监视雷达重叠监视。

（4）空中交通管理。

空中交通管理包括空域管理、空中交通管制和流量管理。

① 空域管理。在既定的空域结构条件下，实现对空域的充分利用，避免空域长时间隔离（闲置）。其实现方式是：在实际需要基础上，通过对空域"时分共用"或经常性地按各种短期需求，对空域作必要的调配，以满足不同用户的需要。

② 空中交通管制。其主要目的是：防止飞机与飞机、飞机与障碍物之间的相撞，加速空中活动，维持空中交通秩序。

③ 流量管理。在空中交通超出或可能超出空域和机场现有能力时，保持空域和机场的最佳容量，帮助空中交通管制提高其利用率。

4. 航空安全

航空安全是航空智能运输系统的首要目标，主要包括以下内容。

（1）航空器的自动化与安全保障性。

现代航空技术的发展，在提高航空器本身的可靠性和安全性的同时，另一个最显著的特征就是自动化程度越来越高。信息技术的革命，又使这种自动化进一步朝着"以人为中心的自动化"方向发展。英国国家研究委员会、工程与系统委员会、航空与航天工业局、航空技术委员会等联合发布的《21 世纪航空技术》报告中明确提出：到 21 世纪初叶，航空运输系统要基于"以人为中心的自动化"。如果现代航空器已经是"玻璃驾驶舱"和"电传操纵"的第三代自动化，那么，21 世纪初的航空器将是基于以下内容的"以人为中心的自动化"系统。

② 利用综合卫星/机载系统，实现机上导航、定位、避撞及常规运行。

② 利用机械自动监测系统、卫星和空地数据链,实现航空器运行状态的实时监控。

③ 有很强的风险探测能力,如增强的近地警告、前视式风切变探测等。

④ 具有自诊断能力的内部各系统的自检和综合管理系统。

⑤ 与地面空中交通管理系统配套的全面综合化驾驶舱。

"以人为中心的自动化"系统,将极大地提高航空器的安全保障性,从而进一步降低技术因素导致的飞行事故率。

(2) 飞行安全的地面保障技术。

随着基于人造卫星的通信、导航和监视技术的发展应用,传统的空中交通管制将过渡到空中交通管理。航线与航线分隔的概念将改变为航空器与航空器分隔,并最终实现自由飞行。以此为基础,未来的地面安全保障系统将达到以下4个目标。

① 通过空地数据链和飞机状态监控系统,实时传递与航空器运行状态有关的信息,实现实时监控。

② 利用全球导航卫星系统等手段,实现飞机定位和导航。

③ 实现自动化相关监视。

④ 实现自动化的四维交通管理和中央流量管理。

(3) 飞行安全管理。

按照现代企业管理的理论,民航飞行安全管理主要由管理对象(也称物流)、管理机构(也称指挥)和管理信息(也称信息流)3部分组成。航空器的运行信息是保障飞行安全的重要依据。因此,航空器运行信息管理系统的建设是现代民航安全管理的主要手段。该信息系统主要包括航行资料信息网络、航空气象信息网络、航空器适航信息网络、飞行安全信息网络、飞行情报(动态)信息网络等。

5. 航空运输管理

随着社会经济迅速发展,航空运输业的激烈竞争,促使航空运输业采用先进的信息技术更新生产和管理手段。航空运输管理已成为航空智能运输系统发展的重要组成部分。随着企业信息化程度的不断提高,航空运输业呈现出以下特点。

(1) 航空运输市场全球化。随着航空公司之间的"代码共享"与航空公司联盟的普遍实行,航空公司的客货运输市场已经突破本公司的单一市场限制,通过合作伙伴向国际市场渗透。

(2) 生产和经营规模化。实行联盟的航空公司之间采取共享资源、共享机场设施、相互客货代理、相互提供航线维修支持和集团采购等合作方式,降低生产成本,扩大规模效益。

(3) 商务电子化。航空公司通过先进的商务电子服务手段和优良的服务质量吸引更多的旅客与货源。

(4) 管理决策智能化。大量的市场销售信息和旅客信息、企业的收益和成本信息、生产和资金信息等,都需要从计算机订座系统(computer reservation system,CRS)、全球分销系统(global distribution system,GDS)、客户关系系统(customer relationship system,CRS)、收益管理系统(revenue management system,RMS)和财务管理信息系统(financial management information system,FMIS)等信息系统中进行不断地汇集统计和分析,通过计算机专家系统辅助决策。

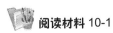
阅读材料 10-1

大数据人工智能 5G 助力智能出行

出行是人们的基本的生活需求之一。如今交通工具多元化，人们出行更快更便捷，智能交通在海陆空全面的覆盖，更见证了科技创新为生活带来的改变。在万物互联协作的时代，交通的作用变得越来越重要。那么，新技术是如何影响智能交通发展呢？

智能是区别于传统交通运输系统的最根本特征。智能交通发展，依赖关键技术，特别是人、车、路、网等多方协同突破，重点体现在大数据、5G、人工智能等技术将集成其中。智能交通系统中的人是指一切与交通运输系统有关的人，包括交通管理者、操作者和参与者；智能交通系统中的车，包括各种运输方式的运载工具；智能交通系统中的路，包括各种运输方式的道路及航线。5G、云计算、人工智能、物联网等代表的"新基建"体系与物理世界中的交通体系相融合，将通过交通数字化、智慧化的模式，带给交通行业高效的发展。

1. 大数据在智能交通中的应用

交通大数据有利于其信息跨越区域管理，我国大部分城市的各类交通运输管理主体分散在不同主管部门，涉及交通的有关部门超过 10 个，每个部门都有自己的信息化系统，但这些系统中的信息只存在于垂直业务和单一应用中，与邻近业务系统缺乏共通联动。大数据有助于建立综合立体的交通信息体系，构建公共交通信息集成利用模式，发挥整体性交通功能。此外，传统的交通管理主要依靠人工的方式进行规划和管理，难以实现交通的动态化管理。通过对大数据的分析处理，可以辅助交通管理制定出较好的统筹与协调解决方案，在实时交通预测领域，大数据的快速信息处理能力，对于车辆碰撞、车辆换道、驾驶员行为状态检测等实时预测也有非常高的可靠性。大数据技术能促进提高交通运营效率、道路网的通行能力、设施效率和调控交通需求分析。但是，大数据技术在智能交通应用领域同样面临着巨大挑战，包括隐私保护、数据处理硬件设施、数据不完备性、模型有效性等领域，这些都是未来需要探讨和解决的。

2. 人工智能在智能交通中的应用

人工智能在很多领域都取得了重要成果，如自动驾驶汽车上路、快递行业中的机器人应用、交通信号控制领域的应用。例如，通过人工智能技术可实时分析道路交通流量，自动调整红绿灯间隔，缩短车辆等待时间，提升道路通行效率。此外，随着"刷脸"技术逐渐应用到高铁、车站和机场，图像识别、人脸识别在交通中的应用越来越广泛，基于人脸识别进行公交、地铁、飞机等交通方式出行和交通费支付，高速公路收费采用车牌识别、驾驶员人脸识别的通行费支付等。有了人工智能技术加持，在交通通行和交通管控上，都会带来极大的优化体验。

3. 5G 在智能交通中的应用

作为一种通用技术，5G 将在各方面影响未来城市的生活方式。正如百度董事长李彦宏所言，"我国交通运输发展正迎来重大历史机遇期，人工智能、5G 等新技术成为拉动智能交通发展的新引擎。"相较于传统网络技术，5G 网络提供了更加广泛、更加可靠的覆盖范围和数据传输速度，基于更加快速、低延迟的特点，为交通通信提供了高度整合的一致性信息数据，为城市交通技术应用提供了可靠的技术基础。在 5G 技术应用下，将驱动各种规模的城市智能化发展，使其成为能够为人们提供优质生活的活力源头。

资料来源：商业新知网.

10.2 智慧交通

10.2.1 智慧交通概述

1. 智慧交通的概念

智慧城市是由工业文明向知识文明进化的产物，建设智慧城市是人类文明进化的必然趋势。智慧城市是指通过城市信息化更好地把握城市系统的运行状态和规律，实现系统优化，对城市人地关系进行调控，改善城市公共服务，使人们的生产与生活需求得到更公平和更高效的满足。

面对日益严重的城市交通问题，传统城市交通管理与发展模式已经难以缓解交通需求与交通设施供给之间的尖锐矛盾。在智慧城市理念的推动下，发展智慧交通，通过信息化提升交通领域的管理运营水平，通过城镇化实现交通需求协调发展，成为解决城市交通拥堵，进而建设综合交通运输体系，实现交通运输基础设施智能化和促进交通运输业可持续发展的重要突破口。

智慧交通是在智能运输系统的基础上发展起来的更高阶段的交通模式，内涵非常广泛、深刻。在技术上，实现了全面感知互联、大数据决策和掌上服务的突破；在理念上，超越了交通领域本身的局限，充分体现了以人为本、可持续发展的观念，使得智慧交通在更多维度、更高层次发挥效能；在应用上，涵盖了综合服务中心、交通指挥中心等系统，为交通参与者提供多样性、个性化的服务；在影响力上，以更精确的信息、更深远的覆盖面和更人性化的服务理念，实现更大的社会效益。

智慧交通是在以人为本、可持续发展的理念指导下，将智能传感技术、通信传输技术、数据处理技术和信息网络技术等有效集成，并运用到交通系统中，以提高交通管理服务效率、提升人们的出行体验。

智慧交通以全面感知、深度融合、主动服务、科学决策为宗旨，通过建设实时的动态信息服务体系，深度挖掘交通运输的相关数据，形成问题分析模型，实现行业资源配置优化能力、公共决策能力、行业管理能力、公众服务能力的提升，从而建成智能、高效、环保、人性化的立体化大交通体系，促使交通运输与社会、经济、人文环境高度协调，可持续发展。

智慧交通一方面可以提高交通系统的运行效率，减少交通事故，降低环境污染，促进交通管理及出行服务系统建设的信息化、智能化、社会化水平，有助于最大程度地发挥交通基础设施的效能，提高交通运输系统的运行效率；另一方面可以提高交通服务水平，利用物联网、大数据和移动互联网等技术，更准确地了解交通参与者的需求和交通即时信息数据，更便捷地进行信息互动，为交通参与者提供高效、准确、随需而变的出行服务，使交通管理者的管理更加科学精准，使出行者的交通出行体验更加安全舒适。

2. 智慧交通的特征

（1）智慧交通的基本特征。

① 变革。

智慧交通的本质是交通领域从信息社会向智慧社会转变的过程，是交通自身革命的过程。交通转变过程必然会引起生产技能和生产工具的变革，成为生产力变革的动力，同时引起管理流程、组织机构的变革，成为生产关系变革的动力。

② 融合。

信息与交通运输的融合，重点在业务、技术、文化融合 3 个方面。智慧交通提升交通运输基础设施、运载装备的智能化水平，形成新的交通运输生产、管理和服务形态，是交通运输由原来的只注重设施设备能力向注重设施设备能力和组织管理能力协调发展的转变，是交通运输线上与线下、虚拟和现实、跨区域、多方式之间的协调融合。

③ 智慧。

智慧交通的根本是让交通具有和人一样的，甚至超过人的思考和解决问题的能力。信息化是实现人工智能的主要技术途径，通过信息化的共享性、可预知性，掌握交通运输业务的规律性，预测交通运输的未来趋势，并且通过其渗透性、改善性和可干预性，实现交通运输状态自动高效地调整和转变，达到优化交通运输的目的。

④ 全面。

智慧交通涉及交通运输的所有业务、所有人、所有设施、所有装备、所有企业，涉及整个交通运输系统的各方面、各环节，统筹协调是实施信息化引领交通运输现代化战略的根本要求。

（2）智慧交通的技术特征。

① 全面感知。

智慧交通应用物联网感知技术和手段，实现对出行者、车辆、道路设施（桥梁、隧道、边坡等）、交通状态、气象环境状态、机电设备状态等要素的全样本感知，并通过多种接入方式将感知信息传输至交通通信网络。

② 泛在互联。

智慧交通建立完善的视频监控网、专用短程通信网、光纤通信网、移动通信网与车载自组网等感知网络，实现各种异构网络的互联互通。

③ 协同控制。

智慧交通通过出行者、智能车载单元和智能路侧单元之间的实时、高效和双向的信息交互，为交通参与者提供实时、可靠的全时空交通信息，结合车辆主动安全控制和道路协同控制技术，提升交通安全水平，提高通行效率，实现人—车—路—环境的有效协同。

④ 深度融合。

智慧交通整合基础信息资源（静态信息、动态信息），搭建基于云计算的交通综合协同管理平台和交通综合信息服务平台，强化信息数据之间的融合，实现海量数据处理、智能数据分析，优化、调整业务内容和流程，加强业务和系统之间的融合；协调、整合各交通系统部门间的共享、协同合作，实现部门间资源和业务的融合；提升信息资源的深度开发与综合利用水平，创新应用和服务模式，实现应用和需求之间的融合；促进信息技术与交通指挥控制、交通信息服务的深度融合，提高交通管理的决策水平。

⑤ 人性服务。

智慧交通通过对交通数据实时、科学地分析和建模，做出科学的预测和预判，借助完善的交通信息传输网络，通过多元化的服务渠道，将预测和预判信息主动、及时地传递给相应的交通服务对象或交通信息发布平台，实现主动服务模式，从而提升交通服务对象的享受能力和满足感。

智慧交通突出强调以人为本，为公众出行全过程提供优质的、满足个性化需求的信息服务。

3. 我国智慧交通的发展特点及问题

在国家的大力支持与推动下，国内各城市智慧交通的发展速度较快。从对运输工具的监测到基础设施的信息化建设，在加大对交通违法行为检测的同时，通过信息化手段提升交通运输管理能力和服务水平，其中包括推进交通基础设施的数字化和智能化。在这个推进发展的过程中，国内智慧交通发展已表现出以下几个特点。

（1）电子警察、卡口、车辆识别系统、信号灯控制、GPS 车载导航系统、智能公共交通系统、停车场管理系统、行驶记录仪、交通收费设备、交通通信设备等产品和系统功能更趋完善。

（2）GPS、射频识别等新技术在智慧交通领域得到更为广泛的应用。我国众多城市已成功地将射频识别技术应用于路桥不停车收费系统，有效解决了交通管理问题。

（3）智慧交通已从简单的交通违规监测（如闯红灯、违章停车等），逐渐向为城市交通拥堵提供解决方案发展。

（4）智慧交通从单点检测到线检测，再到区域检测，检测范围不断扩大，应用规模也不断增大。提升了对高速公路、国省道干线公路、城市道路的重要路段、大型桥梁、长大隧道、高风险水域、重要航段和港口等基础设施的监控。

（5）智慧交通从对交通工具的监管提升到对交通基础设施的建设，包括公路上数据信息的采集、传感器的安装、通信设施的完善及路桥的自我检测等。

（6）智慧交通在安全管理和应急保障方面，通过重点建设路网监控、车辆监控、水上指挥、交通安全管理等系统，为应急指挥处置提供先进手段；在公众服务方面，围绕政务公开、网上办事、公众出行、客运售票，完善公众信息服务体系，进一步提升交通公共服务水平；在行政办公方面，通过开发应用各种政务信息系统，提升了行政效能。

（7）智慧交通不但在各孤立系统实现交通智能化上有所突破，更重要的是，通过大数据、云计算使得交通信息在各个交通子系统间实现信息共享，提升交通综合管理与控制水平，并利用移动终端吸引市民参与，鼓励各方互动，大大提升服务质量，并逐步实现交通运输服务的智能化、人性化目标。

近年来，我国智慧交通行业取得了长足的进展。然而，要实现真正的智慧交通，还存在一些问题亟待解决。总的来说，发展理念还有待转变和提升，对于公众出行和货物运输服务，以及交通安全这些民生需求的关注需要进一步加强；自主创新能力相对薄弱，适合国情的技术和模式还有待进一步突破，特别是市场化推进的机制比较缺乏；智慧交通的产业链、价值链还没有真正形成，这是目前遇到的一些问题和存在的不足。

具体而言，我国各地在快速发展智慧交通系统的过程中，还存在以下问题。

（1）缺乏统筹规划的顶层设计。目前，各地纷纷启动了智慧交通建设，但各部门信息化规划不系统，顶层设计缺乏。同时，智慧交通建设各自为政的现象依然存在，导致重复建设严重，各部门之间的信息化相互脱节、相互制约，使得信息难以集成，信息化建设成本与收益极不对称。

（2）认识和标准尚不统一。各地在启动智慧交通建设时，对智慧交通的内涵、边界、功能定位、技术路径、载体等尚未开展深入研究。目前很多城市的智慧交通仍然是比较低层次的操作，还没有"大交通"的概念，一些相关的交通预测分析、决策服务、公共支持等仍然没有被很多城市的管理者和相关部门系统地理解，所谓的智慧交通其实只是管控，多用来监测和拍摄那些违规的车辆牌照，前端探头所采集的相关数据并没有与之对应的数据中心进行分析。同时行业标准体系缺乏，导致建设标准不统一的现象较为严重，从而使得信息资源的整合、互联共享及系统功能的发挥等大打折扣。

（3）关键技术有待突破。目前，智慧交通处于大规模建设阶段，如物联网技术与信息采集的融合、交通诱导、车辆身份识别、云计算与信息的处理、网络信息安全等关键核心技术还有待研发和突破。传感器、网络技术和建设成本与智慧交通的要求还不能互相适应；智能交通产品和服务的用户满意度较低。

（4）地方保护主义的现象。在推行智慧交通的建设中，各地还或多或少地存在地方保护主义的现象，即采用地方企业的产品或系统，由于不同企业的产品标准各不相同，势必会影响国家行业标准的统一，也会影响系统的运行效率和各系统间的兼容性，以及提高系统运行的维护和再建设成本。

4. 我国智慧交通的发展趋势

从整体而言，我国智慧交通未来的发展呈现三大趋势。

（1）城市化进程加快给智慧交通产业创造巨大空间。我国经济社会发展正处在城市化进程加快、机动化程度迅速提高阶段，交通运输的效率、交通服务的水平、交通安全、交通环境、交通拥堵等诸多问题集中出现，成为制约我国经济社会发展的瓶颈。应该说智慧交通系统对于缓解和解决上述问题具有直接的作用和意义，大力发展智慧交通管理系统，探讨实现更加安全、更加顺畅的交通环境技术，将是我国交通运输领域的一项重要战略任务。我国将加快技术转移，加大应用力度来推动智慧交通产业规模和水平的提升；进一步完善智慧交通系统建设相关的技术规范，重视基于物联网技术的智慧交通标准及重点领域相关标准的制定；积极营造智慧交通产业化的市场环境，建立起技术、应用和资本三者共同引领的智慧交通产业发展模式；鼓励和支持优势企业参与智慧交通有关领域里的项目研发、建设与运营。

（2）未来智慧交通系统将进入一个创造新一代移动社会的崭新阶段，因此要把握好加快城镇化发展和建设智慧城市这两大机遇，不断提升交通感知的智能化水平，推动政府关于交通信息资源的有序开发，形成公益服务和市场化增值服务两者相结合的交通信息资源开发利用机制，以此提高交通信息资源的综合应用能力。要大力发展公交智能化管理和服务技术，持续改善和提高公众出行的智能化服务水平，满足公众出行的多样化、个性化和动态化交通服务需求；以综合交通枢纽的智能化管理和服务作为突破口，提升交通系统的整体运行效果；关注智能车辆技术的研发，发展智慧车路协同技术，提高交通主动安全的水平。

（3）利用智慧交通技术减少交通污染，发展低碳和绿色交通，促进城市交通的可持续发展成为重要方向。与改善人与交通关系相关的智慧交通项目将得到重视和发展，在发展新能源车的同时，通过城市交通运行管理、智慧化监测和智慧化信号控制等智慧交通技术来减少交通污染。

新技术的发展会极大地推动智慧交通技术的发展，同时，智慧交通开拓了个性化的移动服务，也将为大数据、云计算、新一代宽带技术、泛在网络等新一代技术提供应用环境，并提供广阔的市场空间，创造新的商业机会。未来，我国智慧交通系统将在自主创新的同时，积极借鉴国际智慧交通领域里的成功经验，开展广泛的国际合作交流。通过不懈的努力，我国的智慧交通将会更加快速地发展，同时，智慧交通也将为公众提供更加便捷、高效、绿色、安全的出行方式，创造更加美好的生活。

10.2.2 智慧交通核心技术

智慧交通的核心是利用新一代信息技术，以一种更智慧的方法来改变城市交通的运行方式，提高市民出行效率。智慧交通信息技术体系是一个综合应用数据采集与传输系统、控制系统、信息处理系统的复杂系统，共同构筑智慧交通大厦的基石，支撑智慧交通的创新应用。当下物联网、云计算、大数据和移动互联网等新一代信息技术正掀起一场技术革命，深刻改变着经济社会。

1. 物联网技术

1990 年，施乐公司发明的网络可乐贩售机首次引入了物联网。1995 年，比尔·盖茨在《未来之路》一书中提及物联网的概念。2009 年，温家宝考察无锡时提出加快传感网产业发展，把新一代信息技术充分运用到各行各业，形成所谓的"物联网"，通过超级计算机和云计算机将"物联网"整合起来，实现人类社会与物理系统的整合。物联网就是物物相连的互联网，其核心和基础仍然是互联网，是在互联网基础上的延伸和扩展，其用户端延伸和扩展到任何物品与物品之间进行信息交换和通信，是新一代信息技术的重要组成部分。

物联网是指利用传感器、GPS、激光扫描器等信息传感设备，按照约定的协议，实现物与物、物与人，在任何时间、任何地点的泛在连接，从而进行信息交换和通信，以实现对物品和过程的智能化识别、定位、跟踪、监控和管理的庞大网络系统。物联网采用智能计算技术对信息进行分析处理，从而提升对物质世界的感知能力，实现智能化的决策和控制。

物联网具有全面感知、可靠传输、智能处理等特征。全面感知是指物联网利用传感器等随时随地获取物体的动态信息。可靠传输是指通过物联网对无线网络和互联网的融合，将信息实时准确地传递给用户。智能处理是指利用计算机技术，及时地将收集起来的海量数据进行处理运算，然后做出相应的决策，来指导系统进行相应的改变，真正达到人与物、物与物的沟通。智能处理是物联网应用实施的核心。

基于物联网的智慧交通实现技术可以分为 3 个层次。

（1）感知层。通过射频识别、GPS 等传感手段检测道路车辆实时流量；通过雷达等传感器手段检测车辆实时车速；通过视频传感器实时监测交通状况。

（2）传输层。传感器采集的信息可以通过互联网、专用网或其他方式将数据发送到数据处理中心，组成大规模网络，经过大量的网络智能化计算形成物物相连，实现整个系统的协同运作。

（3）应用层。应用层属于信息处理与决策层，包括网络数据收集中心、数据智能处理分析中心、智能交通线路诱导系统、智能控制系统、交通违章处理系统、交通环境公示与控制系统等。物联网技术奠定了整个智慧交通系统的技术基础。

物联网的关键技术主要有 EPC 技术、RFID 技术、传感器技术、WSN 技术、M2M 技术等。

（1）EPC 技术。

电子产品编码（electronic product code，EPC）技术是由 EPC 编码、RFID 空中接口协议及利用网络传递编码及存储和检索相关产品信息的一项现代技术。其中编码体系是新一代的编码标准，是全球统一标识系统的重要组成部分，也是 EPC 技术的核心与关键。EPC 技术是由美国麻省理工学院自动识别研究中心开发的，旨在通过互联网平台，利用射频识别、无线数据通信等技术，构造一个实现全球物品信息实时共享的网络平台。EPC 技术的最终目标是为每一个商品建立全球唯一的、开放的编码标准。EPC 技术统一了对世界范围内商品标识编码的规则，是集编码技术、射频识别技术和网络技术为一体的新兴技术。EPC 主要由 EPC 编码标准、EPC 标签、解读器、Savant 系统（神经网络软件）、对象名解析服务（object name service，ONS）、物理标记语言（physical markup language，PML）等 6 个方面组成。EPC 技术的发展不仅能够对货品进行实时跟踪，还能够通过优化整个供应链给用户提供支持，从而推动自动识别技术的快速发展并能够大幅度提高全球消费者的生活质量。

（2）RFID 技术。

射频识别（radio frequency identification，RFID）技术是自动识别技术的一种，通过无线射频方式进行非接触双向数据通信，利用无线射频方式对记录媒体（电子标签或射频卡）进行读写，从而达到识别目标和数据交换的目的，被认为是 21 世纪最具发展潜力的信息技术之一。RFID 技术的基本工作原理是：标签进入阅读器后，接收阅读器发出的射频信号，凭借感应电流所获得的能量发送出存储在芯片中的产品信息，或者由标签主动发送某一频率的信号，阅读器读取信息并解码后，送至中央信息系统进行数据处理。完整的 RFID 系统由读写器、电子标签和数据管理系统三部分组成。RFID 技术依据其标签的供电方式可分为无源 RFID、有源 RFID、半有源 RFID3 类，具有适用性、高效性、独一性和简易性等特点，已应用于物流、交通、身份识别、资产管理、食品、信息统计、安全控制等众多领域。

（3）传感器技术。

传感器是一种检测装置，能检测到被测量的信息，并能将检测到的信息按一定规律转换成电信号或其他形式输出，以满足信息的传输、处理、存储、显示、记录和控制等要求。传感器技术是实现自动检测和自动控制的关键技术，是物联网感知层的核心技术之一。目前传感器正朝着小型化和智能化方向发展，其中最具代表性的是微电子机械系统（micro electro mechanical system，MEMS）。MEMS 是指集微型传感器、执行器，以及信号处理和控制电路、接口电路、通信和电源于一体的微型机电系统。概括来说，MEMS 具有微型化、智能化、多功能、高集成度和适于大批量生产 5 个基本特点。由于体积小、功耗低、便于集成，MEMS 在物联网中的应用非常广泛。MEMS 按功能划分主要有面阵触觉传感器、谐振力敏感传感器、微型加速度传感器、真空微电子传感器等，可应用于加速度计、微陀螺仪、墨水喷嘴和硬盘驱动头等。

（4）WSN 技术。

无线传感网络（wireless sensor network，WSN）是在一定范围内大量部署廉价传感器节点，由这些节点通过无线通信方式形成一个多跳的自组织网络系统，实时采集、传递信息，对信息进行处理，并将处理结果发送给使用者。WSN 技术综合了传感器技术、嵌入式计算技术、计算机及无线通信技术、分布式信息处理技术，能够通过各类集成化的微型传感器以协作方式实时监测、感知和采集各种环境或监测对象的信息，通过嵌入式系统对信息进行处理，并通过自组织无线通信网络将所感知的信息传送到用户终端。

(5) M2M 技术。

机器对机器（machine to machine，M2M）是一种以机器智能交互为核心的、网络化的应用与服务，通过在机器内部嵌入无线通信模块，以无线通信等为接入手段，为用户提供综合的信息化解决方案，以满足用户对监控、指挥调度、数据采集和测量等方面的信息化需求。例如，某个设备上的电子温度计或环境传感器将所检测到的数据直接发送到后台计算机的软件上，该软件可根据接收到的数据将所需采取的行动以指令的方式传回该设备。这样的服务在以前都必须先通过中转才能获取，而且传统的方式也比较耗能。网络的普及使得 M2M 通信更快、更简单，而且更节能。

2. 云计算技术

计算模式经历了 20 世纪 50 年代用于科研和军事方面的科学计算、20 世纪 60 年代以银行和航空业为代表的商用计算、20 世纪 80 年代办公和游戏应用的个人计算，到 21 世纪搜索和电子商务为代表的互联网计算阶段，面对不断增长的海量数据，传统计算模式因高昂的维护费用与很低的可用性而难以为继。随着分布式存储、多核处理器、高速网络、无线网、移动互联网等技术的快速发展和成熟，Web 2.0、MVC（model-view-controller，模型—视图—控制器）模式、虚拟化等概念的推广，云计算应运而生。

一般而言，云计算是网格计算、分布式计算、并行计算、效用计算、网络存储、虚拟化负载均衡等计算机技术和网络技术发展、融合的产物。云计算首先通过网络把多个成本相对较低的计算实体整合成一个具有强大计算能力的系统，然后借助先进的商业模式将强大的计算能力分配给终端用户。云计算技术通过不断提高"云端"的处理能力，减少用户终端的处理负担，最终把终端简化成一个单纯的输入、输出设备，按需享受"云端"的强大计算处理能力。一般认为云计算能够把资源利用率从 5%～15% 提高到 60%～80%。

云计算的关键技术包括以下几个方向。

(1) 虚拟机技术。虚拟机，即服务器虚拟化是云计算底层架构的重要基石。在服务器虚拟化中，虚拟化软件需要实现对硬件的抽象，资源的分配、调度和管理，虚拟机与宿主操作系统及多个虚拟机间的隔离等功能，目前典型的虚拟化软件有 Citrix Xen Server、VMware ESX Server 和 Microsoft Hyper-V 等。

(2) 数据存储技术。云计算系统需要同时满足大量用户的需求，并行地为大量用户提供服务。因此，云计算的数据存储技术必须具有分布式、高吞吐率和高传输率的特点。目前的数据存储技术主要有谷歌的 GFS 及开源的 HDFS，目前这两种技术已经成为事实标准。

(3) 数据管理技术。云计算的特点是对海量的数据存储、读取后进行分析，如何提高数据的更新速率，以及进一步提高随机读取速率是未来数据管理技术必须解决的问题。云计算的数据管理技术最著名的是谷歌的 BigTable 数据管理技术，同时 Hadoop 开发团队正在开发类似 BigTable 的开源数据管理模块。

(4) 分布式编程与计算。为了使用户能更轻松地享受云计算带来的服务，让用户能利用云计算上的编程模型编写简单的程序来实现特定的目的，该编程模型必须十分简单，必须保证后台复杂的并行执行和任务调度对用户和编程人员透明。当前各技术厂商提出的"云"计划的编程工具均基于 MapReduce 的编程模型。

（5）虚拟资源的管理与调度。云计算区别于单机虚拟化技术的重要特征是通过整合物理资源形成资源池，并通过资源管理层（管理中间件）实现对资源池中虚拟资源的调度。云计算的资源管理需要负责资源管理、任务管理、用户管理和安全管理等工作，实现节点故障的屏蔽、资源状况监视、用户任务调度、用户身份管理等多重功能。

（6）云计算的业务接口。为了方便用户业务由传统IT系统向云计算环境的迁移，云计算应对用户提供统一的业务接口。业务接口的统一不仅方便用户业务向云端的迁移，也会使用户业务在云与云之间的迁移更加容易。在云计算时代，SOA架构和以Web Service为特征的业务模式仍是业务发展的主要线路。

（7）云计算相关的安全技术。云计算模式带来一系列的安全问题，包括用户隐私的保护、用户数据的备份、云计算基础设施的防护等，这些问题都需要更强的技术手段，乃至法律手段去解决。

相比以往的信息计算模式，云计算具有以下明显的优点。

（1）虚拟化技术。利用软件来实现硬件资源的虚拟化管理、调度及应用，在云计算中利用虚拟化技术可大大降低维护成本和提高资源的利用率。

（2）灵活定制，按需自助服务。按照用户的需求灵活地部署相应的资源、计算能力、服务及应用。用户能以自助方式部署资源，不需要人工交互。

（3）动态可扩展性。在云计算体系中，可以将服务器实时加入现有服务器群中，提高云处理能力。如果某计算节点出现故障，则通过相应策略抛弃该节点，并将其任务交给别的节点，而在节点故障排除后可实时加入现有集群。

（4）超强大的计算和存储能力。用户可以在任何时间、任意地点，采用任何设备登录云计算系统进行计算服务；云端具有无限空间、无限速度。

（5）资源池化。云计算提供商的资源被池化，以便以多用户租用模式被所有用户使用，并根据用户的需求对不同的物理资源和虚拟资源进行动态分配和再分配。

（6）数据存储更安全。用户数据存储在服务器，而应用程序在服务器运行，计算由服务器来处理，所有的服务分布在不同的服务器上，任何一个节点出问题会立即被终止，再启动一个程序或节点，即自动处理失败节点，保证应用和计算的正常进行，而用户端不必备份，可以任意点恢复。

（7）数据、软件在云端。云计算模式下，用户的所有数据存储在云端，在需要的时候直接从云端下载使用；用户使用的软件由服务商统一部署在云端运行，软件维护由服务商来完成。

3. 大数据技术

随着社交网络的逐渐成熟，网络带宽的迅速提升，云计算、物联网的应用更加丰富，更多的传感设备、移动终端接入网络，产生的数据及其增长速度比历史上的任何时期都要多、都要快，数据突破了从量变到质变的飞跃，由此产生了大数据。大数据催生了许多新业态，也加速了许多传统行业的商业模式转型。

互联网数据中心（internet data center，IDC）对大数据的定义是：为了更经济地从高频率获取的、大容量的、不同结构和类型的数据中获取价值而设计的新一代架构和技术。此定义也可以概括为高容量（volume）、多样性（variety）、速度（velocity）、价值（value）4个特点，包括基础架构、数据管理、分析挖掘、决策支持4个层面。大数据环境下，数据来源丰富且数据类型多样，存储和分析挖掘的数据量庞大，对数据展现的要求较高，并且很看重数据处理的高效性和可用性。传统的数据处理方法是以处理器为中心，而大数据环境下，需要采取以数据为中心的模式，减少数据移动带来的开销。

当前，各种交通信息采集技术已被广泛运用于城市道路、高速公路等交通路段或卡口，每天都会产生海量的实时交通数据。实时交通数据以数据流的形式记录着随时间变化的空间信息，具有大量、连续、不断变化和要求即时响应的特点。交通领域的海量数据主要包括各类交通运行监控、服务和应用数据，如公路、轨道、客运场站和港口等的视频监控数据，城市道路、高速公路、干线公路等的流量、气象检测数据，城市公交、出租车和货运车辆等的卫星定位数据，以及公路和航道收费数据等，这些交通数据种类繁多，而且体量巨大。

随着信息技术的发展，交通部门迫切需要一种更先进的数据分析手段对交通行业的海量数据进行高效、实时的分析，为出行者提供实时准确的交通信息服务，为交通管理部门快速处理突发事故及违法交通行为提供参考。大数据技术具有以下优势：能促进提高交通运营效率、道路网通行能力和设施效率，调控交通需求；实时性和可预测性有助于提高交通安全系统的数据处理能力；在减轻交通堵塞、降低汽车运输对环境的影响等方面有重要作用。

大数据处理的关键技术包括大数据采集、大数据预处理、大数据存储及管理、大数据分析及挖掘、大数据展现和应用。

（1）大数据预处理技术。

大数据预处理技术主要完成对已接收数据的抽取、清洗等操作。

① 抽取。因获取的数据可能具有多种结构和类型，数据抽取过程可以帮助我们将这些复杂的数据转化为单一的或便于处理的结构和类型，以达到快速分析处理的目的。

② 清洗。对于大数据，并不全是有价值的，有些数据并不是我们所关心的，还有些数据则是完全错误的干扰项，因此要对数据进行过滤、去噪，从而提取出有效数据。

（2）大数据存储及管理技术。

大数据存储及管理技术是用存储器把采集到的数据存储起来，建立相应的数据库，并进行管理和调用。重点解决复杂结构化、半结构化和非结构化大数据管理与处理，解决大数据的可存储、可表示、可处理、可靠性及有效传输等关键问题。开发可靠的分布式文件系统，能效优化的存储技术、计算融入存储技术、大数据的去冗余及高效低成本的大数据存储技术；突破分布式非关系型大数据管理与处理技术、异构数据的数据融合技术、数据组织技术，研究大数据建模技术；突破大数据索引技术；突破大数据移动、备份、复制等技术；开发大数据可视化技术；开发新型数据库技术；开发大数据安全技术，改进数据销毁、透明加解密、分布式访问控制、数据审计等技术，突破隐私保护和推理控制、数据真伪识别和取证、数据持有完整性验证等技术。

（3）大数据分析及挖掘技术。

数据挖掘就是从大量的、不完全的、有噪声的、模糊的、随机的数据中，提取隐含在其中的人们事先不知道但又潜在有用的信息和知识的过程。根据挖掘任务可分为分类或预测模型发现、聚类和关联规则发现、序列模式发现、依赖关系或依赖模型发现、异常和趋势发现等；根据挖掘对象可分为关系数据库、面向对象数据库、空间数据库、时态数据库、文本数据源、多媒体数据库、异质数据库及 Web 数据库等；根据挖掘方法，可分为机器学习方法、统计方法、神经网络方法和数据库方法等。从挖掘任务和挖掘方法的角度，着重突破可视化分析、数据挖掘算法、预测性分析、语义引擎、数据质量和数据管理等技术。

（4）大数据展现和应用技术。

大数据技术能够将隐藏于海量数据中的信息和知识挖掘出来，为人类的社会经济活动提供依据，从而提高各个领域的运行效率，大大提高整个社会经济的集约化程度。在我国，大数据技术重点应用于商业智能、政府决策、公共服务三大领域，具体包括商业智能技术、政府决策技术、电信数据信息处理与挖掘技术、电网数据信息处理与挖掘技术、气象信息分析技术、环境监测技术、警务云应用系统、大规模基因序列分析比对技术、Web 信息挖掘技术、多媒体数据并行化处理技术、影视制作渲染技术，以及其他行业云计算和海量数据处理应用技术等。

4. 移动互联网技术

互联网改变了人类生活，已成为现代生活必不可少的一部分。移动通信与互联网结合产生的移动互联网，因其网络属性和移动属性，与人们的生活实现了无缝对接。

目前，对移动互联网尚无一个统一定义。从网络角度来看，移动互联网是指以宽带互联网协议为技术核心，可同时提供语音、数据、多媒体等业务服务的开放式基础电信网络；从用户行为角度来看，移动互联网是指用户采用移动终端访问互联网并使用互联网业务的移动通信网络。移动互联网具有用户群庞大、随时随地存在泛在网络、高便携性与强制性、永远在线及占用用户时间碎片、病毒性信息传播、定位系统安全性更加复杂等特点。与普通有线网络技术相比，移动互联网在传输的带宽和距离、抗干扰能力、安全性能等方面已经接近有线网络，甚至在某些方面已经超过传统的有线网络。移动互联网技术具有以下几方面的优势。

（1）较高的传输带宽。目前无线数据在传输过程中普遍采取的数字加密方式已完全可以实现对用户上网的带宽支持。

（2）传输距离远、传输区域大。相对于传统的有线网络，移动互联网的传输是通过无线方式进行的，可以覆盖有线网络不能覆盖的地方。移动互联网可以实现笔记本电脑、移动电话等的随时随地上网，摆脱了传统有线网络线路和地点的制约。

（3）抗干扰能力较强。有线网络通过增加屏蔽层等方式来抵抗干扰。移动互联网则通过增强无线信号发射强度、频率及频跳等方法，有效解决了干扰问题。

（4）应用广泛。移动互联网技术适用于流动性的应用场景，如机场、火车站、学校、商业中心、大型会议场所、公园等。

（5）绿色环保。从目前的实际应用情况来看，无线网卡、集线器的辐射强度对人体健康、对环境的影响都在安全值内，移动互联网属于绿色环保技术。

移动互联网在城市智慧交通中的应用是建立在"人机合一"的基础上，以智能手机为代表的移动终端迅速普及，悄然改变了用户行为方式并与用户建立起愈发紧密的关联。这为动态交通感知和实时监测提供了新的实现手段，同时为出行者提供无处不在和随需而动的信息服务，并且随着移动支付技术的快速发展和日趋成熟，基于移动互联网的城市智慧交通将拥有更加广阔的市场应用前景。

10.2.3 智慧交通建设案例

1. 北京智慧交通建设案例

北京作为智慧交通建设起步较早的城市，目前已基本完成交通信息化建设。北京智慧交通建设从"十一五"开始，根据百姓的需求，借助"奥运"契机，提出建成"一个平台、两个数据中心、七大应用领域"的智能交通系统体系框架。在公共交通方面，北京市委、市政府十分重视智能交通系统技术的开发和应用，多次指示要建设智能化的现代城市交通运输体系。奥运会申办成功后，北京市科委于2001年9月设立重大研究专项《北京市智能交通系统（ITS）规划与示范研究》，通过对交通流特征参数、路网功能诊断、信号交叉口优化仿真等智能交通系统实施的基础及关键技术进行攻关，研究开发了北京市急需的7个智能交通系统典型应用子系统，实施了示范项目工程。

目前，北京市交管部门构建的智能交通系统体系框架，高度集成了视频监控、单兵定位、122接处警、GPS警车定位、信号控制、集群通信等近百个应用子系统，强化了智能交通管理的实战能力。这些系统的应用在改善北京交通状况、缓解交通拥堵、提高科学管理水平方面发挥了重要作用。下面介绍几个关键系统的建设应用情况。

（1）智能化区域交通信号控制系统。

该系统可实现信号灯路口的自适应优化协调控制、公交和特种车辆的优先控制。

智能化区域交通信号控制系统具有以下3个特点。

① 根据北京路网结构和交通特点，系统建设采用在计算机管理平台下的多控制系统管理模式。

② 控制策略方面，根据北京的路网流量特点，在饱和流量或超饱和流量条件下，系统采用最大通行能力的优化控制；交通流平峰情况下，系统采用协调优化控制；交通流低峰情况下，系统采用感应协调控制。

③ 标准方面，根据系统规模和扩展需求，系统采用公开的通信协议标准，增强系统兼容性，实现信息共享与协调控制。系统投入运行后，路网综合通行能力提高15%以上。

（2）交通综合检测系统。

该系统由交通视频监控系统、交通流检测系统、交通违法监测系统组成。交通综合检测系统目前的覆盖范围主要是城市快速路和部分城市主干路。该系统具有以下功能：对道路交通状况的实时图像监控和事件检测功能；道路交通流量、流速的实时检测功能；交通违法行为的实时监测与记录功能，为交通指挥、交通控制、交通诱导、公众出行服务、交通执法及管理决策提供基础信息和数据支持。

（3）交通信息诱导系统。

该系统由交通预测预报计算机系统和室外大型可变情报信息板系统组成。其中，室外信息显示屏主要有LED全点阵显示、复合嵌入式LED显示、嵌入式LED显示3种显示形式，主要分布在快速路和周边道路上。该系统以实时预测、预报路况信息为主，分别以红、黄、绿3种颜色显示道路的拥堵、缓行和畅通状态，LED全点阵显示屏和复合嵌入式LED显示屏还可实时滚动显示交通管制信息。交通预测预报信息还可通过交通广播、互联网、手机、移动电视和车载导航等多种渠道进行信息发布。

(4) 数字化交通执法信息系统。

该系统由数字化现场执法系统和数字化非现场执法系统组成。

① 数字化现场执法系统由无线联网执法终端、移动车载终端和驾驶员 IC 卡管理系统组成。无线联网执法终端具有 IC 卡处罚、手写录入、照相、录音、打印等功能，路面执法人员通过无线联网执法终端对路面各种违法人员及车辆进行核对、处罚，上传各种执法管理信息，使路面执法管理更加科学、规范、严格、高效。

② 数字化非现场执法系统通过覆盖市区主要干道的违法监测设备，自动记录闯红灯、超速、走公交车道等 9 种交通违法行为，通过智能交通管理宽带通信网络系统与控制中心联网，并与全市各检测点和执法站实现信息共享，形成闭环执法管理系统。

数字化交通执法信息系统的应用极大地增强了执法力度，规范了路面行驶秩序，有效地预防了交通事故。

(5) 应急指挥调度集成系统。

该系统在地理信息系统平台基础上，综合集成勤务指挥、交通控制、应急保障、数据服务等 22 个应用系统的信息和功能。当遇到交通紧急事件时，应急指挥调度集成系统可按预案快速进行指挥调度，并将图像监控、信号控制、诱导显示屏及警力资源自动显示在屏幕上，执行预案确定的控制方案和警力调配，实现全市交通指挥调度的智能化、可视化和扁平化，提高在常态交通下的交通管控能力和突发事件的快速反应处置与协调联动能力。该系统是以交通指挥调度中心为龙头，以其他各应急保障部门之间的协调联动为保障，以完善的勤务管理制度和健全的处置突发、偶发事件工作方案为基础，建立起来的交通应急保障系统。建立了科学、完善的指挥网络体系，确保应急信息畅通；完善了警务装备，强化了科技应用，确保了应急手段先进；制定了突发事件处置、保障原则和工作方案，规范和完善了应急指挥措施；协调联动，整体防控，实现了应急事件指挥处置工作的高效运转；增强了交通意外应急处置能力、大型活动交通应急能力、重大灾害事件应急能力。

(6) 三台合一系统。

该系统通过计算机网络将报警信息自动发布到警情发生地所在支队，提高了对交通意外事件的接处警能力，加快了交通事故的接警处理速度，在一定程度上减少了道路拥堵情况的发生，为保证道路的安全畅通提供了有力的技术保障。该系统应用先进的现代化通信技术、计算机多媒体网络技术，以有线（专用电话网）通信系统、指挥调度无线通信系统为纽带，以计算机信息系统为支撑和核心，以视频监控、计算机辅助决策、集中综合控制等多种系统覆盖全市的交通指挥调度枢纽。该系统实现计算机网络三级接处警管理；实现与 114、移动电话、电子地图、GPS、车辆信息、视频信息等系统和其他有关信息的连接和互动；完成对 122 接处警信息的统计、分析和查询；实现对系统全程数字录音；实现后台管理运行维护等功能。

北京市智能交通系统体系框架是以中国智能交通系统体系框架为基础，充分考虑北京市的地方特色，按照地方智能交通系统体系框架的开发方法编制得到的，其主要特点如下。

(1) 基于交通综合信息平台的北京市智能交通系统，体现了北京市特色交通需求。在分析北京市交通发展现状和交通需求特点的基础上，构建了内容全面、重点突出的北京市智能交通系统体系框架。框架重点体现了以下特色需求：北京作为首都及我国的政治与国际交流中心，大型国际活动众多，要有良好的特勤管理能力和针对重大事件高效的紧急救援、指挥调度和安全保障能力；机动车增长迅速，交通拥堵日趋严重，急需高新技术手段予以缓解；交通信息缺乏有效共享、交通运输系统资源未能有效整合已成为制约北京市智能交通系统充分发挥效率的瓶颈，交通综合信息平台将在其中起到至关重要的作用。

（2）北京市智能交通系统的体系框架对应用系统进行了详细深入的分析，提出了符合北京市交通发展需求及趋势的基于交通综合信息平台的各应用系统，并从宏观、微观层面对应用系统总体关系、应用系统构成、应用系统建设主体、应用系统建设情况等方面进行了分析，分析结果以多种直观方式进行展现。交通综合信息平台构建了 7 个分平台：交通管理信息平台、客运管理信息平台、货运管理信息平台、城市公交信息管理平台、交通基础设施信息平台、交通信息服务平台、安全与紧急救援平台。

现代化综合交通体系由 10 个子系统组成，即区域交通、公共交通、步行及自行车、道路设施及运行、停车设施与管理、交通需求管理、物流运输、智慧交通、绿色交通和平安交通。各子系统在法规标准、体制机制、资金、人才队伍和交通文明 5 项保障的基础上，既相对独立，又彼此融合，共同促进交通系统的有序发展和高效运转。

北京市建设现代化综合交通体系，实现智慧交通，快乐出行。目前，在北京的环路上，安装的高清摄像头可以自动计数，统计交通流量。当道路上发生事故、拥堵、路面积水等意外事件时，系统便会自动对意外事件全程录像、自动报警。北京的快速路、主干路网中，有上万个检测线圈，埋在接近路口的地面下，通过电子感应可以 24 小时自动采集路面交通流量、流速、占有率等运行数据。

在公交车方面，北京借助"奥运"契机，绝大部分公交车都装有采集设备，包括 GPS 采集和流量采集。公交系统建成了车队、分中心和总中心三级智能调度中心，并有乘客信息服务系统、定制公交、大容量快速公交系统，地面公交的智能体系基本建成。

在轨道交通方面，实现了网络条件下的统一指挥。轨道交通系统逐级负责，协调联动，建立了全网的清分中心，同时为轨道交通安全服务提供保障。

2. 杭州智慧交通建设案例

自从《杭州市"十二五"信息化发展规划》提出了"智慧杭州"建设目标以来，杭州就开始全方位建设智慧城市。智慧交通建设是杭州智慧城市建设的一项特色项目。杭州智慧交通建设在智能交通基础设施建设方面，交通信号控制设施、交通诱导设施、公交电子站牌、视频监控设备等的数量和质量方面都处于国内领先水平。在高科技智慧交通系统的辅助下，杭州城市道路拥堵问题得到了很大程度的缓解。

杭州智慧交通建设是以中国智能交通系统体系框架为指导，以杭州都市圈交通一体化为基础，建设和完善一个中心——"杭州市交通信息资源中心"，两个平台——"交通信息共享交换平台和交通综合指挥调度平台"，八大部分——"信息采集、信息处理、实时监控、信号控制、交通执法、指挥调度、运营组织、信息服务"，两套体系——"标准体系、安全体系"。

通过运用智能交通技术，杭州在国内率先建成高效、安全、智能、绿色的区域综合交通运输体系，使城市交通运输管理与服务水平极大提升，使交通运行监测与评估能力明显增强，使交通应急处理与决策能力显著改善，使交通运输系统的运行效率大幅提高，为出行者提供全方位的交通信息服务，以及便利、高效、快捷、舒适、经济、安全、人性、智能、生态的交通运输服务，为交通管理部门和相关企业提供及时、准确、全面、充分的信息支持和信息化决策支持。杭州将利用物联网、云计算等信息化技术发展交通信息化，主要包括建设全市统一的综合交通数据中心，完善行业信息化基础设施建设，初步形成建设管理、行业管理和行政管理三大业务平台，推动公众服务系统、交通运输信息指挥中心和交通运输物流公共信息平台三大综合性智能化应用，改善信息化发展环境三大保障体系。

杭州智能交通系统成功开发应用了多个行业管理信息系统，公路方面有路面管理、桥梁管理、公路交通调查信息管理、公路统计信息管理、公路数据库等信息系统；运管方面有客运企业、车辆、人员、线路数据库管理，道路运输稽查管理，杭城出租车从业人员 IC 卡违章记点，车辆维修检测管理等信息系统；港航方面有 IC 卡自动报港、稽征收费、综合业务管理等系统；驾培方面有驾校管理和学员管理等信息系统。在此基础上，杭州智慧交通的触角进一步延伸，统一组织了交通重点工程项目管理系统、交通 GPS 定位平台和杭州交通信息指挥系统等项目的开发建设。

智慧交通建设方面，杭州的发展特点表现为多部门各自研发和建设。其中，最重要的几个主体有杭州市公安局交警支队、交通局、公交总公司等，其他一些单位如建委、市城管办、规划局等部门，也在智慧交通建设中发挥了巨大作用。

杭州智慧交通建设的方案如下。

（1）建立智能交通信息平台。杭州智能交通发展当务之急是必须在技术上解决好系统整合、信息交换、深加工和共享的问题，建立智能交通信息平台。

（2）完善全球智能出行规划系统。杭州作为国际著名旅游城市，游客量正逐年增长，但目前尚未有一个先进的游客信息服务系统为国内外游客提供优质旅游出行信息。

（3）建设智能化公交网络。积极按照打造"低碳交通"的要求，充分利用先进的信息技术和互联网技术，研发建立实时公共交通信息服务系统，建设和完善杭州智能化公交网络。

3. 新加坡智慧交通建设案例

新加坡是一个位于东南亚的城市国家，作为世界上人口最稠密的国家之一，新加坡的交通却没有出现严重拥挤的现象。1975 年，新加坡成为世界上第一个引入拥挤收费制度的国家。收费区域设计为环形，称为区域准入计划（area licensing scheme，ALS），以此来调节道路拥挤状况。随着时间的推移，ALS 越来越多地暴露出一些弱点。1998 年 4 月，新加坡陆路交通管理局正式启动精确而持久的电子道路收费（electronic road pricing，ERP）系统，全面取代了 ALS。

ERP 系统主要包括 3 个组件，即车载系统、智能缴费卡，以及在收费口设置的电子收费装置和监控中心。基于"使用付费原则"，即助长道路拥挤者将支付更多费用，选择付费者将享受更通畅与更快速的出行；而那些通常很少使用或在非高峰时段使用道路的人支付更少甚至无须付费。新加坡在其最拥挤的城市区域周围设置收费界限，称为限制区（restricted zone，RZ）。通往 RZ 的入口处安装了 ERP 系统，在平时的 7:30—20:00，救护车以外的所有进入该区域的车辆都需要缴纳通行费。快车道和其他拥挤干道沿线还有多个 ERP 系统出入口，不过，仅在平时的 7:30—9:30 及 17:30—20:00 工作。

当车辆通过电子道路收费闸门时，ERP 系统就会在车辆通过瞬间，凭借专有短波无线电通信系统，根据车辆种类，从安装于车辆内的智能卡中自动扣除应付费用。对于没有车内读卡器、读卡器或现金卡损坏、现金卡余额不足的车辆，电子道路收费闸门上方的监控摄像头会自动拍摄该车辆的后牌照。ERP 系统费率从 0.5 新加坡元到 10 新加坡元不等。不同时间、不同地点、不同车型所需支付的 ERP 系统费率也会有所差异。为了实现道路的最大化利用，ERP 系统费率每 3 个月复核调整一次。ERP 系统向用户收取的费用反映了由于车辆使用道路所增加的他人出行成本，这一成本根据道路的状况（拥挤程度和车流速度）而动态变化，并可通过网络实时查询。设定高速公路的正常车速为 45～65km/h，中央商业区路段及主干路的正常车速为 20～30km/h。设定的正常车速内，维持费率不变，如果实地调查的车速超过设定的正常车速，就适当调低费率；反之，则调高费率。ERP 系统使驾驶员感知到其真实支出，并提供给他们以下选择方案：①按 ERP 系统付费，并顺利完成出行；②改变出行时间，可以支付较少的费用；③使用另外的道路；④利用公交系统。

ALS 和 ERP 系统实施以来，新加坡经历了快速的经济增长和城市发展，中央商务区的就业与发展也相应出现大幅提升。尽管机动车拥有量在同时期内增长了 3 倍，但由于 ERP 系统的实施，早高峰进入中央商务区的交通量仍保持在多年前的水平。而且，中央商务区内没有再修建新路，避免了道路建设的更多支出，进一步证实了 ERP 系统的高效。动态调控机制不仅使得 ERP 系统在新的时代背景下更具生机与活力，而且有效地缓解了控制区域的交通拥挤。另外，新加坡的 ERP 记录在一天内就会销毁，因此将干涉公众隐私权的影响降到最低。ERP 系统仅是为了保证交通的顺畅，不带有任何其他目的，因此实施效果非常好，公众也乐于接受。

新加坡智慧交通建设案例的经验借鉴与启示如下。

（1）从供给策略到需求管理的思想转变。

供给策略主要通过修建道路与停车设施来解决交通拥挤，这种基于"扩大供给，增加交通设施容量，提高车辆运行速度"的举措，不但没有解决问题，反而使某些城市的交通拥挤愈加严重。新加坡 ERP 系统"推动与拉动"措施的有效实施，从根本上体现了"解决交通拥挤问题必须实现思想上的转变"，即在提供有效交通设施的同时，实行动态的需求管理，降低交通需求。通过调控不必要的私人小汽车出行需求，鼓励更加高效、节能、环保的公共交通和非机动化出行方式。同时，加强对公众的宣传，增进人们对交通需求管理举措的认知，实现交通系统的最优化利用。

（2）增加出行方式选择的多样性，优化交通结构。

新加坡为了实现交通结构优化的预期目标，全面更新了公交系统，做好城市交通"最后一公里"的有效衔接，进而实现交通结构的全面优化。新加坡推行拥挤收费政策，在限制区周边建立了多个停车场，为不选择私人小汽车出行方式的出行者提供便利，同时也可改善环境质量，并为市区的发展注入新的活力。

（3）运用经济措施执行交通需求管理战略，鼓励公交优先。

从经济措施的角度来执行交通需求管理（transportation demand management，TDM）战略，是比较典型的举措，主要包括征收道路拥挤税、车辆购置税、环保费、高额停车费等。新加坡在制定交通问题解决方案时，需要从改革规划设计入手增加交通选择，开展市场层面的价格改革，使出行者了解真实的成本信息，做出理性选择。新加坡 ERP 系统通过道路拥挤程度和交通流速度的动态变化来调整费率，进而引导车辆自主选择是否进入核心区，这是一个非常成功的案例。

（4）用地布局与交通规划相结合，实现土地"精明增长"。

传统城市发展模式所呈现出的是一种规模不断扩大并趋于分散布局、蔓延式的发展态势，TDM 通过支持"精明增长"的土地利用模式，使土地利用与交通融合，利用交通系统引导和支持城市空间结构调整，能够有效地支持紧凑型城市的发展建设，提升城市功能，遏制蔓延式发展，防止恶性循环的产生。

ERP 系统不仅提升了新加坡的城市效率，也在一定程度上影响了其城市形态。通过对进入限制区车辆的价格调控，部分私家车主选择了其他时间、路段驾车出行或者乘公共交通出行，这一方面刺激了公交系统的发展，另一方面也带动了沿线土地价值的提升。总之，交通问题不是一个孤立的问题，必须与土地利用相结合，才有可能实现城市的可持续发展。

阅读材料 10-2

北京首条 5G 智慧型高速公路为道路基础设施建设插上"智慧翅膀"

作为信息与通信技术（information and communication technology，ICT）的聚合器，以 5G 为代表的新连接正在开启万物互联的新局面。在交通行业，基于华为技术实现的"5G+智慧交通"应用，不仅让车辆智能，更为道路基础设施建设插上"智能翅膀"。

2020 年初，全长约 33.2 千米的京礼高速（延崇北京段）完成交工验收。与普通高速公路不同，京礼高速被赋予了"智慧的大脑"，可支持车路协同自动驾驶，是北京首条高科技、智慧型高速公路。通车后，这一路段成为通往北京 2020 年高山滑雪世界杯测试赛、2022 年冬奥会的重要快速通道，也为后续"5G+智慧交通"基础设施建设和商业运营积累了宝贵经验。

1. 5G 与车联网协同，创新道路基础设施建设

作为重要的赛场联络通道，京礼高速是为了缓解京藏高速长期拥堵所开辟的新通道，在建设伊始就广受社会关注，被交通运输部确定为绿色公路建设第一批典型示范工程和品质工程示范项目、智慧公路试点项目。

5G to B 时代下，交通行业成为 5G 率先落地的领域之一。为更好地运用 5G 技术促进道路基础设施建设、减少车路信息不对称、保障驾驶安全、提高通行效率，并向协同式自动驾驶演进、降低单自动驾驶的成本，华为携手北京市首都公路发展集团有限公司、奥迪中国、北汽福田、图森未来、四维图新等合作伙伴，凭借 5G 端到端解决方案开展高速路面车路协同测试，进一步加强 5G 与车联网协同，赋能道路基础设施智慧化升级。5G 技术的高速率、高带宽、便于灵活组网、高效覆盖、稳定传输的综合性优势在京礼高速中尽显，特别是在海量数据同步快速传输方面极大地提升了效率，为日后"智慧交通"的升级注入了新动能。

2. 为 5G to B 时代下的交通行业插上"翅膀"，将惠及众多相关行业运营发展

此前，作为中国政企行业数字化转型领导者，华为所提供的 5G+C-V2X 车载通信技术就已入选全球新能源汽车八大创新技术之一，在汽车行业拥有良好的口碑。在 5G to B 时代，将 5G 通信技术和道路基础设施相结合，为交通行业插上了 5G 的"翅膀"，实现了业务流程的重构，加速了交通行业的数字化转型和智能升级。同时 5G 车载通信技术的运用大大增加了智慧交通的安全性，提升了出行效率，降低了社会成本。

智慧交通是建立在移动互联网、物联网、云计算等新一代ICT技术基础之上,综合运用交通科学、系统方法、人工智能等理论与工具,建立起来的具有全面感知、主动服务等特性的实时动态交通运输信息服务体系。在道路路况运营管理过程中,智慧交通一方面通过道路沿线的传感器、摄像头等设备记录整条道路沿线的交通信息,并将其传回监控运营中心进行分析调控,另一方面又通过调整红绿灯等指示信息实现对行车速度的管控,并且通过引导用户调整合适的行车线路而避开堵车点,有效疏解交通拥堵。在这一过程中,数据的上传和下载都少不了通信技术的配合,而5G技术将提升监控视频及信息的传输效率,有效地管理道路干线运营。

基于5G,结合摄像头和传感器等的协助,智慧交通实现了车辆信息、实时路况及安全隐患等的及时监测。当行车系统在车辆及路况环境发生变化时,在数据传输和分析、指令下发、启动执行等一系列操作过程中做出迅速响应,进而避免发生严重拥堵、交通事故等问题,充分提升人们的出行体验。5G技术的运用能够实现车辆的智慧升级,是智慧交通中不可忽略的一部分。

4G改变生活,5G改变社会。从智慧交通的实践中,不难看到5G to B场景化解决方案为关键行业输送着创新能量。

资料来源:北晚在线.

10.3 绿色低碳交通

10.3.1 绿色低碳交通概述

【拓展视频】

党的二十大报告指出要"发展绿色低碳产业"。绿色交通、低碳交通都是可持续发展的交通。绿色交通是以减少交通拥堵、降低能源消耗、促进环境友好、节省建设维护费用为目标的城市综合交通系统。绿色交通的狭义概念更加强调交通系统的环境友好性,主张在城市交通系统的规划建设和运营管理过程中注重环境保护和提高生活环境质量。绿色交通的广义概念包含了推动公共交通优先发展、促进人们绿色出行、节约能源、保护环境、建立公共交通为主导的城市综合交通系统等。低碳交通则进一步强调了减少温室气体排放这一全球性命题和关乎人类社会命运前途的关键问题,重在采取各种措施减少交通运输带来的碳排放。

绿色交通和低碳交通都具有明确的可持续发展的战略目标,能够以最少的社会成本实现最大的交通效率,与城市环境相协调,与城市土地利用模式相适应,多种交通方式共存,优势互补。但绿色交通的目标更侧重于生态环境方面,而低碳交通的目标更追求减少温室气体排放,两者虽有相同之处,但绿色不一定低碳,低碳也不一定绿色,两者的有机结合即绿色低碳交通。绿色低碳交通将是实现可持续发展交通的有效手段,是可持续发展在交通运输领域中的具体体现。如果说可持续发展交通是交通发展的宏观方向,那么绿色低碳交通就是可以实施的具体的交通微观理念。绿色低碳交通只有可持续发展才具有生命力,而可持续发展也将通过绿色低碳交通的实施得以实现。

1. 绿色低碳交通的概念

绿色低碳交通是在最大限度地满足社会经济发展对交通运输需求的基础上,以尽可能少的资源消耗、环境污染和生态损害,并尽可能减少温室气体排放,来减轻交通拥堵,为人流和物流提供安全、便捷、舒适和公平的服务。

绿色低碳交通具有丰富的内涵，可以从以下几个方面来进行理解。

(1) 绿色低碳交通不是一种新的交通方式，而是一种新的发展理念和实践目标。绿色低碳交通作为一种理念，根植于绿色低碳交通的实践活动，是人们在包括交通工具制造、使用、报废，交通建设的决策、规划、施工、评价，以及交通消费等在内的交通全生命周期中应当遵循的新的价值观念。这种价值观念要求：①节约资源，改善交通运输的用能结构，减少环境污染，降低对自然生态系统的损害，减少温室气体排放量，减少交通拥堵，使城市交通体系与城市的发展和城市的空间布局相互协调；②努力建设节能、环保、通畅、安全的交通设施；③大力发展步行、自行车、公共交通等低污染、低排放的交通方式；④不断开发环保型机动车辆和智能型车辆，淘汰高能耗、高污染车辆等；⑤加强智慧交通管理技术的应用，实现交通供需动态平衡，促进交通环境友好和社会公平。

绿色低碳交通作为交通发展的目标，就是充分合理地利用资源，通过绿色低碳交通工具的运用和绿色低碳交通基础设施的建设，构建低成本、高效率、低排放、低污染、以人为本的多种交通方式协同发展的交通系统，不断满足人们的生产和生活对交通运输的需要。

(2) 发展绿色低碳交通应贯彻生态文明，具有明确的可持续发展的交通战略。绿色低碳交通建设是一项系统性工程，要将生态文明全方位融入交通建设的整个过程中，并用"绿色低碳化"的理念予以改造或优化，实现交通系统与外部系统的和谐共生。城市交通的发展要与城市自然资源与生态环境的承载能力相适应，要担负起交通领域温室气体减排的责任和义务，不能以损害生态环境来满足人类无节制的需求，在宏观上实现经济社会、交通和资源环境相互协调可持续发展，在微观上实现人—车—路的协调可持续发展。机动车出行率的增长速度要与道路资源的供给增长速度相适应，交通对环境的污染强度要与环境的自净能力和自我恢复能力相适应，对环境的建设（如绿化、水土保持等）速度要与环境的退化速度相适应等，尽可能把出行时对环境的负面影响减小到最小。交通基础设施建设应以尽可能少的资源和能源消耗并尽可能减少温室气体排放，减少对环境的污染，减少对生态系统的干扰破坏。

(3) 绿色低碳交通建设要与当地的人文发展水平相适应。绿色低碳交通是为了实现人和物的移动，而非简单的交通工具的移动，必须与当地的人文发展水平相适应，满足交通发展的标准，即经济的可行性、财政的可承受性、社会的可接受性、环境的可持持续性。随着中国城镇化的加速和人们生活品质的提升，人们对机动化的出行方式追求越来越高，在加快交通建设的过程中，需要转变主要依靠土地、化石能源等高投入、高污染、高排放的粗放型发展方式，从源头着手，统筹考虑土地利用与交通发展。在城市空间规划和城市建设中，优化并有序安排不同的交通方式，以良好步行环境为导向的开发建设要优先于以方便自行车使用为导向的开发建设，在此基础上倡导以公共交通为导向的开发建设，另外，还要考虑城市的形象工程和方便小汽车的使用。各种交通方式不仅自成合理的网络，而且与其他网络之间充分协调和匹配。

(4) 发展绿色低碳交通要以人为本。绿色低碳交通的主体是"人"，客体是为主体服务的交通工具、设施及交通方式等。绿色低碳交通应把交通对人的负面影响减少到最低，不仅应满足居民出行的"量"的基本需求，而且也应满足民众出行方式选择的需求，提高居民出行的"质"，即高效、安全、舒适、便捷、准时。绿色低碳交通需要公众广泛参与。绿色低碳交通是与每个人紧密联系的解决其出行质量和生活质量的有效途径，需要人们广泛而深刻地参与，形成共识，建立有节制的交通出行观念，多选择绿色低碳出行方式，如步行、骑自行车、乘公共交通工具、合作乘车、生态驾驶等。绿色低碳交通要促进社会公平，既要实现代内公平也要实现代际公平。

（5）绿色低碳交通的基本功能除了最大限度地满足城市经济社会发展对交通运输的需要，以及为城市的人流和物流提供安全、便捷、舒适和公平的交通服务，还应当满足以下3项功能：①节约资源和循环利用资源，提高土地利用效率，减少化石能源的使用；②最大限度地减少对城市环境的污染、对生态系统的损害和温室气体排放量；③促进城市经济社会的可持续发展，提高城市的人文发展水平。

2. 绿色低碳交通系统的组成

城市绿色低碳交通系统可以分为步行和自行车等慢行交通系统、城市公共交通系统、小汽车系统、停车系统、交通管理服务系统等子系统。各个子系统之间相互协调、相互制约。绿色低碳交通系统主要由交通主体、物质基础设施和社会基础设施3部分组成。

（1）交通主体。交通主体指全体绿色低碳交通参与者，包括政府、居民、企业与非政府组织，是绿色低碳交通的组织者、管理者、从业者、使用者和影响者。具有绿色低碳意识的交通参与者是构成绿色低碳交通系统的重要组成部分。

（2）物质基础设施。交通工具、网络设施、能源设施、信息设施是组成绿色低碳交通系统的主要物质基础。

交通工具包括机动车和非机动车。不同的交通工具其污染物和碳排放量是不同的，在绿色低碳交通系统中以低污染、低能耗和低排放的交通工具（如城市轨道交通、地面公共交通及自行车等）为主导。各种交通工具的构成比例、技术水平、功能状态等是系统运转效率的基础性因素，直接影响整个城市绿色低碳交通系统运行的效率。机动交通工具的绿色低碳化及非机动交通工具的创新和提升将为绿色低碳交通系统提供支撑。绿色低碳交通工具还通过基础设施所提供的各种服务为居民出行提供公平的、以人为本的服务。

网络设施是在一定地理范围（城市或地区）内由各种交通方式的线路（城市道路、轨道）和节点（枢纽、站点）等固定技术装备组成的综合架构，其空间分布、通过能力和技术装备体现了整个绿色低碳交通系统的状况和水平。绿色低碳交通网络设施以相应的城市空间为基础，以城市实际的交通需求和人文发展水平作为规划建设的依据，具有合理的规模、布局与结构，并与内部交通网络和外部交通网络相互协调，能够提高城市土地利用效率和交通的组织效率，最大限度地减少交通网络设施在施工和运行过程中的资源和能源消耗，最大限度地减少对环境的污染和对自然生态系统的损害。网络设施中的环境，既包括城市空间布局、交通运营环境，也包括交通生态走廊、绿道等原生自然环境。交通环境为出行者提供安全、便捷、舒适、公平的出行环境，自然环境是交通污染物的净化器和天然碳汇，可以降低交通工具所排放的污染物和减少二氧化碳对城市环境的负面影响。

能源设施包括交通能源的生产、包装、运输、存储、供应等设施。使用化石能源的机动车是造成城市空气污染、生态环境破坏和温室气体增加的主要源头之一，能够减少污染物和温室气体排放量的新能源车将逐渐取代传统化石燃料机动车，因此需要加快建设相应的能源设施。

信息设施包括数据传输、传感、云计算及其他信息设施。信息技术、数据传输技术、传感技术与云计算技术等集成运用于交通系统，能够保障人、车、路与环境之间的相互交流,大幅降低污染物和温室气体的排放量。此外,现代信息技术、物联网技术等在交通领域的广泛应用和深度融合,还将显著提升交通管理和服务的智慧化水平。

(3) 社会基础设施。管理服务、技术创新、标准法规、信息与金融服务是社会基础设施的主要组成部分。

管理服务协调城市土地与城市交通合理利用,维护交通秩序,监督交通工具低碳化,对出行者、车辆和路网进行合理的协调,使整个绿色低碳交通系统运行效率最优化,使城市交通供需能够达到相对的动态平衡。

技术创新包括新能源及新能源交通工具的开发和使用、绿色低碳道路等交通基础设施的研发、机动车尾气排放检测和控制技术等,绿色低碳交通技术创新是城市绿色低碳交通发展的关键。通过技术创新,研发和推广混合燃料汽车、燃料电池汽车、氢动力汽车、生物乙醇燃料汽车,以及太阳能等可再生能源汽车,研发机动车轻质化材料,可以降低油耗,减少污染物和碳排放。

绿色低碳交通系统是新生事物,通过完善的绿色低碳交通发展战略规划体系引导其向正确的方向发展,通过专门的政策法规体系和标准规范体系作为其发展的基本依据和约束规范,由完善的绿色低碳交通发展统计监测考核体系来保障绿色低碳交通的健康发展。

此外,绿色低碳交通的建设发展离不开信息与金融服务的支持。

物质基础设施和交通主体共同构成了绿色低碳交通系统的硬件,社会基础设施是绿色低碳交通系统的软件。绿色低碳交通系统各个部分相互影响、相互作用,物质基础设施和社会基础设施的建设发展需要发挥交通主体的能动性,物质基础设施制约交通主体的交通需求总量和需求特性,社会基础设施对物质基础设施起着推动和保障作用。

3. 绿色低碳交通体系的建设主体

绿色低碳交通体系不同于传统交通体系,是一种政府、企业及非政府组织、公众三方共同参与、相互协作产生的新型公共产品,需要三方紧密配合共同完成传统交通体系向绿色低碳交通体系的发展转变。

(1) 政府主导。

绿色低碳交通的建设和发展需要有专门的组织来调控、推动,在绿色低碳交通运行过程中也需要有专门的组织来规范人们的交通行为和保证交通秩序。这就需要政府及其职能机构承担起绿色低碳交通的规划、管理和安全保障服务等公共管理职责,起到领导、指导和引导的作用。政府通过绿色低碳交通体系规划,明确绿色低碳交通发展的方向、思路、规模、布局和目标,把绿色低碳交通体系的构建工作上升为一项地区或城市的发展战略。政府通过建立相关绿色低碳交通技术标准和规范,制定监管制度和绿色低碳交通行业标准,形成绿色低碳交通政策体系,并建立相应的评估体系,实施监督管理。政府可以出台财税优惠措施,提供财政补贴和金融政策支持,鼓励交通企业开发或升级节能技术、开发替代化石能源技术和产品,提升减少交通污染物和温室气体排放的能力。政府将传统的交通运输市场体系导向到绿色低碳方向,形成绿色低碳交通技术开发的大环境,并在交通运输市场的运作机制中嵌入绿色低碳因素,尽可能防止和减少交通建设对生态环境的不利影响,使交通运输发展与生态环境相协调。组织开展国际合作和国内合作,利用多种方式和渠道,与国际社会、国内地区或城市开展技术合作和交流,拓宽绿色低碳交通建设资金渠道,培养绿色低碳交通人才队伍。培育绿色低碳交通文化,通过政策引导加上广泛的宣传,对公众进行绿色低碳理念教育和绿色低碳消费引导，提升公众绿色低碳交通意识。鼓励公众参与绿色低碳交通体系建设并为其提供法律保障，为绿色低碳交通体系建设提供源源不断的动力。地方政府在发展绿色低碳交通体系时应综合考虑本地区的区位特点，以及和当地产业布局、产业结构的特点，统筹城市绿色低碳交通体系与相关因素，合理规划城市道路设施、城市空间布局、建筑密度、公共产品分布等，通过绿色低碳交通引导城市空间扩张，防止无序蔓延"摊大饼"式的城市化。

科技创新对绿色低碳交通体系建设具有基础性和先导性作用，政府应推动绿色低碳交通技术的创新和推广普及。政府应加强对绿色低碳交通体系中的共性技术、关键技术和专门技术等研究的支持，建立绿色低碳交通技术开发专项资金以支持重大核心项目和绿色低碳交通技术体系的研究与开发。政府要进一步建立和完善"产、学、研"合作创新体制，加强技术创新系统中各行为主体间、相关领域间专家的合作与协同，加快科研成果的创新和转化应用，为绿色低碳交通体系建设提供技术支撑。

（2）企业及非政府组织参与。

无论绿色低碳交通的基础设施还是营运管理，市场机制都发挥着不可替代的重要作用。绿色低碳交通的发展离不开企业的具体实施，交通企业是绿色低碳交通发展的主力军。对交通运输企业来讲，绿色低碳交通运输的发展既可以节约能耗，也可以降低企业成本，还可以用更好的服务和产品来回馈公众、服务社会。交通企业要积极主动落实有关绿色低碳法规、政策和标准，积极开发、引进、使用绿色低碳技术，参与低碳交易，提供绿色低碳服务。

非政府组织对绿色低碳交通文化的形成，绿色低碳交通的宣传、教育、监督、建言献策等方面具有不可推卸的责任。非政府组织可以通过宣传、教育、培训等普及绿色低碳交通知识，增强公众的忧患意识和责任感，使绿色低碳交通理念深入人心；运用各种手段在全社会范围内普及、倡导人与自然和谐发展的生态文明价值观及绿色低碳消费模式，支持和引导公众的绿色低碳交通出行，提高公众对绿色低碳交通体系发展的关注度、判断力和参与度。各媒体可以充分发挥舆论在绿色低碳交通体系建设中的导向、监督和推动作用，增加社会各界实施绿色低碳交通体系建设的主观能动性和自觉性。交通行业协会可以通过制定行业绿色低碳标准，约束行业内企业的行为，向政府反映情况，提出建议，起到政府与企业之间的桥梁和纽带作用，助推有关政策的实施，并开展与国际社会的交流和合作。高校、科研机构等非营利机构在绿色低碳、智慧交通等方面拥有大量的专业人才、丰富的专业知识储备和先进的理念，可以为绿色低碳交通体系建设提供咨询、监督、服务，为绿色低碳交通建设培养人才。

绿色低碳交通的规划、设计、开发、建设等都离不开企业和非政府组织的参与和支持，企业和非政府组织在培育绿色低碳交通文化、倡导绿色低碳交通理念、提供绿色低碳交通知识保障体系、进行绿色低碳交通技术创新等方面也起到非常关键的作用。

（3）公众响应。

绿色低碳交通体系是人与自然、人与经济和人与社会相协调的可持续交通运输系统，公众是绿色低碳交通体系的建设者、使用者和保护者。公众不仅是影响交通安全的最关键因素，也是绿色低碳交通体系的核心，绿色低碳交通体系要发挥其效用并实现目标，必须通过公众的出行行为来实现。公众的积极响应是绿色低碳交通体系建设中不可缺少的重要环节。

绿色低碳交通与公众的生活质量和生活空间密切相关，公众的绿色低碳交通意识的加强，直接关系交通体系绿色低碳化的进程，拥有绿色低碳生活和消费理念的广大公众是绿色低碳交通发展的可持续动力。公众应提高自身的素质，树立绿色低碳理念，并切实参与到绿色低碳交通的实践行动中，执行绿色低碳法律法规和制度，购买绿色低碳交通服务。

如果公众的出行偏好与绿色低碳交通的目标一致，就能促进绿色低碳交通目标的实现；反之，则阻碍绿色低碳交通目标的实现。从出行偏好来说，如果公众都采用追求自由、舒适的个体交通出行，将会导致小汽车的泛滥，降低路网交通功能和运输效率，不仅容易形成交通拥堵，而且会使城市环境恶化。从交通行为来说，无节制、过分自由的交通行为，会危害交通安全，导致交通事故率的提高。因此，公众应通过合理有序的交通行为、理性化的出行选择来为城市交通的绿色低碳化发展提供有力的支持。

绿色低碳出行对居民个体来说是一件细小的事情，但涓涓细流可以汇成大海，每个人点滴的绿色低碳行动集合起来就是对绿色低碳交通的重要贡献。公众应发挥在绿色低碳交通体系建设过程中的主体地位，促进绿色低碳交通的健康发展。

公众应广泛参与到绿色低碳出行决策中来，在目标制定、信息调查和收集、方案设计和评估、反馈调整等过程中，公众参与不仅可以使公共政策更有利于公众利益，也便于公众自觉遵守和执行政策，以及执行后的监督等，最大限度地减少和避免政策出台后的负面影响。公众通过各种制度化途径介入与自己切身利益相关或涉及公共利益的决策制定过程中，提供信息、表达意见、发表评论、阐述利益诉求，可以帮助政府确定绿色低碳出行目标，并对各种可供选择的方案进行分析和论证，选定最优方案，从而影响和推动决策。对于交通规划程序有着全面理解的公众，应积极参与到绿色低碳交通规划的各个阶段及各种重大决策的制定中。对于熟悉交通规划程序或者有相关专业知识的公众，虽不能作为策划者参与到绿色低碳交通规划中，但也应利用具备的专业知识，为绿色低碳交通体系建设提出更专业、更有效的建议。对于不熟悉交通规划程序也没有相关专业知识的普通民众，是交通系统的最直接的使用者，应积极参与到绿色低碳交通体系建设中，在绿色低碳交通体系建设的任何时候、任何阶段，都可以要求了解行动的有关内容，并随时对自己所关切的问题提出建议和意见。

在绿色低碳交通体系建设过程中，从政府到企业再到公众，每一个方面都需要充分发挥主观能动性，并能够在各自的位置发挥各自的功能，使得绿色低碳交通体系能够快速健康可持续发展。只有充分调动各方面的积极性，才能够使绿色低碳交通体系达到系统最优化，才能够使各参与者的利益达到最大化。

10.3.2 绿色低碳交通技术

1. 先进车辆技术

（1）减少行驶阻力技术。

汽车在道路上的行驶阻力主要来自空气阻力和滚动摩擦。车身局部优化设计技术、外形整体优化技术及提高车身表面质量的技术都可以有效减少空气阻力。空气阻力每减少10%，汽车每百千米油耗可以减少0.15L，从而有效减少汽车的污染物和碳排放。

低滚阻轮胎技术可减少汽车行驶的滚动摩擦阻力。总体而言，低滚阻轮胎能够使汽车每百千米油耗减少 0.2L，每千米二氧化碳排放减少 4g。子午线轮胎是目前较好的低滚阻轮胎，与普通斜交轮胎相比，不仅耐磨性提高 30%~70%，轮滚动阻力下降 20%~30%，而且汽车的油耗可以降低 5%~8%。

（2）汽车轻量化技术。

汽车轻量化技术是在满足汽车使用要求和成本控制的条件下，集成轻量化设计技术与轻量化材料、轻量化制造技术使汽车轻量化。汽车的油耗直接与汽车的质量和体积相关，汽车本身的质量对油耗影响最大，汽车的节油有 37%靠减轻汽车质量，汽车总质量减轻 10%，可降低油耗约 8%，可有效减少汽车的污染物和碳排放。通过对汽车构件和相关零部件进行优化设计，选取高强度轻质材料（如高强度钢、铝镁钛合金、高延性铝合金板、各种纤维强化材料等），采用激光拼焊、内高压成型、高强度钢热成型、高强度钢辊压等新制造技术制造汽车零部件可以有效实现整车轻量化。

（3）汽车发动机运行节能技术。

对传统汽车发动机进行改造，改善发动机的性能，可以提高燃油利用率，降低能耗，减少污染物和碳排放。

① 闭缸节油技术。采用闭缸节油技术使一部分气缸始终工作，另一部分气缸在高负荷时工作、在低负荷时不工作，这样可以节省燃油 10%~20%。

② 稀薄燃烧技术。通过送入过量空气使燃料在汽油机中能稳定地充分燃烧，可以将有效热效率提高大约 30%，达到节能减排的目的。

③ 汽油直喷技术。汽油直喷发动机根据发动机负荷工况，在低负荷时选择分层稀薄燃烧，在高负荷时则为均质燃烧。汽油直喷发动机摆脱了传统的汽油机喷油模式，操控简捷，由电子精确控制燃油在气缸内的喷射，使每一滴燃油都可以完全燃烧，不仅降低了油耗，减少了污染物和碳排放，同时也能够输出更高的扭矩和更大的功率。总体来说，汽油直喷技术的节能效果为 2%~3%。

④ 涡轮增压技术。涡轮增压技术是一种重要的发动机运行节能技术。通过增加汽车发动机进气量，以提高发动机的功率、机械效率和热效率，可使发动机涡轮增压后油耗降低 5%~10%。对于小型乘用车来说，涡轮增压技术的节能效果可达 4.2%~4.8%。

⑤ 可变气门技术。可变气门技术有多种实现途径，各种途径均可不同程度地改善汽油机燃油经济性，减少污染物和碳排放。目前应用最广泛的是叶片式可变凸轮相位机构。可变气门技术的节能效果为 2%~3%。

⑥ 启停技术。启停技术是在车辆停止前进且发动机处于怠速工况时，在安全的前提下，停止发动机工作，从而节省车辆怠速时的油耗，达到节油、减排的目的。在拥挤的城市交通中，车辆启动停车频繁，启停技术的节油效果十分明显。带启停功能的车辆在城市行驶，在热机时节油效果达到 7.6%，综合节油效果达到 3%；在冷机状态时节油效果达到 7%，综合节油效果达到 4%。

⑦ 汽车启动发电一体机（integrated starter and generator，ISG）技术。汽车启动发电一体机直接集成在发动机主轴上，就是直接以某种瞬态功率较大的电机替代传统的启动电机，在起步阶段短时替代发动机驱动汽车，并同时起到启动发动机的作用，减少发动机的怠速损耗和污染；正常行使时，发动机驱动车辆，该电机断开或起到发电机的作用；刹车时，

该电机还可以起到再生发电，回收制动能量的节能效果。该技术的节能效果可达 8.6%～8.9%。汽车启动发电一体机技术是一种介于混合动力和传统汽车之间的成本低廉的节能技术。

⑧ 电动助力转向（electric power steering，EPS）技术。电动助力转向技术是一种直接依靠电机提供辅助扭矩的动力转向技术，其节能效果可达 1%～2%。

（4）汽车能量回收技术。

比较成熟的汽车能量回收技术是利用飞轮回收能量，可以使油耗降低 20%。飞轮质量轻、价格低并且高效节能，在频繁启停的行驶中最为有效。因此，在拥挤的城市交通环境中使用会产生最大的节能减排效果。

总之，每个节能技术都具有一定的节能减排效果，但要使汽车节能减排效果达到最大，就需要将多个技术集成应用。例如，有的汽车将缸内直喷、直喷涡轮增压、均质混合气压燃烧及智能燃油管理等技术集成应用在一起，在保证动力的基础上提升了燃油经济性、减少了污染物和碳排放。

2. 车用替代燃料

当前，城市空气污染源中约有 70%来自汽车的废气排放。随着石油危机、城市环境问题的日益突出和全球气候变化问题越来越受到人们的重视，世界各国普遍关注车用燃料的替代问题，许多污染小、碳排放量低、经济可行且能够保障持续供应的车用替代燃料被开发利用。目前，车用替代燃料主要由石油副产品和非化石能源得来，包括液化石油气、天然气、氢气、生物质能源和电力等。

（1）液化石油气。

液化石油气的主要成分是丙烷和丁烷等，是石油开采和精制过程中的伴生物，常温、常压下呈气态，加压或冷却后很容易液化，液化后的体积约为气态的 1/250。液化石油气可以全部燃烧，无粉尘，污染少。此外，液化石油气还具有发热量高、易于运输、压力稳定、储存简单、供应灵活等优点，并且其控制装置在技术上也比较成熟，具有实用、经济性好的特点，是便于车辆使用的清洁燃料。

（2）天然气。

天然气以甲烷为主要成分，主要存在于油田、气田、煤层和页岩层。天然气在地球上的储量仅次于煤炭，是各种代用燃料中最早且被广泛使用的一种。天然气几乎不含硫、粉尘和其他有害物质，燃烧后无废渣、废水产生，燃烧时产生的二氧化碳少于煤炭、石油等其他化石燃料。用于汽车内燃机的天然气有压缩天然气、液化天然气、吸附天然气或水合物等。天然气作为一种清洁燃料被应用于交通领域，已分别在汽油机和柴油机上开发了多种天然气应用技术。

（3）氢气。

氢气可以直接用于内燃机，可以作为各种燃料电池的燃料来驱动车辆。用氢气作为汽车燃料，不仅干净，在低温下容易发动，而且对发动机的腐蚀作用小，可延长发动机的使用寿命。在汽油中加入 4%的氢气后作为汽车发动机燃料，可节油 40%，而且无须对汽油发动机进行过大的改进。氢气是质子交换膜燃料电池的理想燃料，质子交换膜燃料电池可以在温和条件下高效地将氢的化学能转化为电能，从而做到零排放。

氢气是一种二次能源，是通过一定的方法利用其他能源制取的。氢能是公认的清洁、低碳能源，氢气燃烧的产物是水和少量的氮氧化物，没有废渣和废气，不会污染环境。氢的主体是以化合物水的形式存在，而地球表面约70%为水覆盖，氢气燃烧后的产物也是水，可以说，氢气是取之不尽，用之不竭的。氢气取代化石燃料能够最大限度地减少污染物排放和温室效应。中国、美国、日本、加拿大、欧盟等都制定了氢能发展规划。目前中国已在氢能领域取得了多方面的进展，在不久的将来有望成为氢能技术进步和氢能技术应用的国家。

（4）生物质能源。

生物质是指通过光合作用而形成的各种有机体，包括所有的动植物和微生物。生物质能是太阳能以化学能形式储存在生物质中的能量形式，即以生物质为载体的能量。有机物中除矿物燃料以外的所有来源于动植物的能源物质均属于生物质能源，通常分为林业资源、农业资源、生活污水和工业有机废水、城市固体废弃物、畜禽粪便五大类。生物质能直接或间接地来源于绿色植物的光合作用，可以转化为常规的固态、液态和气态燃料，与风能、太阳能等同属可再生能源。生物质的硫含量、氮含量低，因此燃烧过程中生成的硫化物（SO_x）、氮氧化物（NO_x）较少，使用生物质作为燃料时产生的污染物较少。生物质作为燃料时，由于其在生长时需要的二氧化碳相当于其排放的二氧化碳的量，因此对大气的二氧化碳净排放量近似为零，可有效地减轻温室效应。生物质能源是世界上的第四大能源，仅次于煤炭、石油和天然气。根据生物学家的估算，地球每年经光合作用产生的生物质达1730亿吨，其中蕴含的能量相当于全世界能源消耗总量的10~20倍，但目前的利用率还不到3%。

现代生物质能源的利用是通过生物质的厌氧发酵制取甲烷，用热解法生成燃料气、生物油和生物炭，用生物质制造乙醇和甲醇燃料，以及利用生物工程技术培育能源植物，发展能源农场等。生物质能源，特别是生物燃料（如燃料乙醇和生物柴油），可以利用广阔的农产品下脚料作为生产原料，不但可以直接替代车用燃油，而且可以减少污染物和碳排放。

（5）电力。

电力可以用于驱动混合动力汽车和纯电动汽车。电能来源广泛，除了燃煤发电，还包括太阳能、风能、水能、生物质能等在内的可再生能源发电。

① 太阳能发电。

太阳能储量无限、普遍存在、环保清洁，而且经济优势逐渐显现，是人类最为理想的电力来源。太阳能发电可分为光伏发电和热发电两种基本形式。太阳能光伏发电是通过光电器件利用光伏效应将太阳能直接转换为电能；太阳能热发电是先将太阳能转换为热能，然后按常规火力发电方式将热能转换为电能。

② 风能发电。

中国的风力资源相当丰富，居世界首位。风能是储量巨大的能源，不会产生辐射或空气污染，可以再生，分布广泛，是一种很好的发电方式。风能发电是通过风能发电机实现的，利用风力带动风车叶片旋转，再通过增速机将旋转的速度提升，来促使发电机发电。

3. 新能源车辆

（1）纯电动汽车。

纯电动汽车（battery electric vehicle，BEV）是指以车载电源为动力，用电动机驱动车轮行驶，符合道路交通、安全法规各项要求的车辆。纯电动汽车是现代汽车、电化学、新材料、新能源、微电子学、电力拖动、电子计算机智能控制等高新技术的集成产物，完全由可充电电池（如铅酸电池、镍镉电池、镍氢电池或锂离子电池）提供动力源。

纯电动汽车无须用内燃机作为发动装置，其基本结构简单，在运行使用过程中基本不产生二氧化碳排放，具有无污染、低噪声、高能效、易维修的优点。

纯电动汽车省去了油箱、发动机、变速器、冷却系统和排气系统，相比传统汽车的内燃机动力系统，电动机和控制器的成本更低，且纯电动车能量转换效率更高。因电动车的能量来源——电，来自大型发电机组，其效率是小型汽油发动机甚至混合动力发动机所无法比拟的。按比亚迪F3e纯电动汽车公布的数据，百千米耗电12度，按每度0.5元的电价计算，百千米使用成本才6元；而其原型车F3汽油汽车百千米耗油7.6升，按每升6.2元的油价计算，百千米成本达46.5元。相比之下，纯电动汽车的使用成本只有传统燃油汽车的1/8。

（2）混合动力汽车。

混合动力汽车（hybrid vehicle，HV）是指车辆驱动系统由两个或多个能同时运转的驱动系统联合组成的车辆，车辆的行驶功率依据实际的车辆行驶状态由单个驱动系统单独或共同提供。通常所说的混合动力汽车，一般是指油电混合动力汽车（hybrid electric vehicle，HEV），即采用传统的内燃机（柴油机或汽油机）和电动机作为动力源，也有的发动机经过改造使用其他替代燃料，如压缩天然气、丙烷和乙醇燃料等。

根据混合动力驱动的联结方式，一般把混合动力汽车分为串联式混合动力汽车、并联式混合动力汽车、混动式混合动力汽车3类。混合动力汽车具有以下优点。

① 与传统汽车相比，由于内燃机总是工作在最佳工况点附近，因此油耗非常低。
② 燃烧充分，排放气体较干净，并且汽车启动无怠速（怠速停机）。
③ 不需要外部充电系统，一次充电续驶里程、基础设施等问题得到解决。
④ 电池组的小型化使成本和质量低于纯电动汽车。
⑤ 发动机和电动机动力可互补，低速时可用电动机驱动行驶。

在目前的技术水平和应用条件下，混合动力汽车是电动汽车中最具有产业化和市场化前景的车型。混合动力汽车采用内燃机和电动机作为混合动力源，既有燃料发动机动力性好、反应快和工作时间长的优点，又有电动机无污染和低噪声的好处，达到了发动机和电动机的最佳匹配。

（3）燃料电池汽车。

燃料电池汽车（fuel cell vehicle，FCV）是一种用车载燃料电池装置产生的电力作为动力的汽车。燃料电池汽车也是电动汽车，只不过电池是氢氧混合燃料电池。和普通化学电池相比，燃料电池可以补充燃料，通常是补充氢气，一些燃料电池能使用甲烷和汽油作为燃料。

燃料电池是一种不燃烧燃料而直接以电化学反应方式将燃料的化学能转化为电能的高效发电装置。发电的基本原理是：电池的阳极（燃料极）输入氢气（燃料），氢分子（H_2）在阳极催化剂作用下被离解成为氢离子（H^+）和电子（e^-），氢离子穿过燃料电池的电解质层向阴极（氧化极）方向运动，电子因通不过电解质层而由一个外部电路流向阴极；在电池阴极输入氧气（O^2），氧气在阴极催化剂作用下离解成为氧原子（O），与通过外部电路流向阴极的电子和燃料穿过电解质的氢离子结合生成稳定结构的水（H_2O），完成电化学反应放出热量。这种电化学反应与氢气在氧气中发生的剧烈燃烧反应是完全不同的，只要阳极不断输入氢气，阴极不断输入氧气，电化学反应就会连续不断地进行下去，电子就会不断通过外部电路流动形成电流，从而连续不断地向汽车提供电力。与传统的导电体切割磁力线的回转机械发电原理完全不同，这种电化学反应属于一种没有物体运动就获得电力的静态发电方式。因此，燃料电池具有效率高、噪声低、无污染物排出等优点，这确保了燃料电池汽车成为真正意义上的高效、清洁汽车。

燃料电池汽车的氢燃料能通过几种途径得到。有些车辆直接携带纯氢燃料，另外一些车辆有可能装有燃料重整器，能将烃类燃料转化为富氢气体。单个的燃料电池必须结合成燃料电池组，以便获得必需的动力，满足车辆使用的要求。

（4）氢发动机汽车。

氢发动机汽车是在普通内燃机的基础上进行一些适应性改造，通过氢气（或其他辅助燃料）和空气的混合燃烧产生能量从而获得动力的汽车。氢发动机汽车能够更好地利用现今汽车工业已有的巨大资产存量，是逐步由传统汽车向新能源汽车过渡的一种较好的技术解决方案。氢发动机与普通内燃机并无本质上的差别，氢发动机汽车与燃料电池汽车都使用氢，不同的是二者利用氢燃料的方式不同。前者直接燃烧氢气产生动能而使发动机运转驱动汽车行驶，后者则使氢气在燃料电池内与氧气进行反应产生电能来驱动汽车。

氢发动机汽车在运行中除了具备无污染、低排放等优点，还具有一些特别的优势，如对氢的要求较低，燃烧性能高，内燃机技术成熟等。与使用传统能源的汽车相比，用氢气作为发动机燃料的汽车能源转化率高达 40%以上，而且噪声低，续驶里程可与汽油汽车相当。从经济方面考虑，氢气来源广泛，对汽油发动机只需稍加改造，就可以燃烧氢气。就目前来看，氢发动机汽车技术整体上还处于起步阶段，中国氢发动机在技术上与世界发达国家的差距远小于传统汽车业。与燃料电池汽车一样，制氢、储氢和加注氢的公共设施建设问题也是制约氢能在汽车中广泛使用的技术瓶颈，氢能在未来汽车上的应用前景取决于制氢及携带技术有无突破性的进展。

（5）醇醚汽车。

醇醚汽车是指以甲醇、乙醇、二甲醚等为燃料的汽车。醇醚汽车技术相对成熟，对传统内燃机稍加改造即可适应不同的醇醚燃料。乙醇汽车在美国、巴西等乙醇资源丰富的国家发展较快，曾先后推广使用含 10%、22%、85%等不同比例乙醇的车用燃料。美国、丹麦、日本、奥地利等国的相关试验表明，使用二甲醚作为汽车燃料，废气污染明显低于使用柴油和汽油，还能使压燃式发动机在不采取任何后续处理措施的情况下，达到欧Ⅲ排放标准。

与以原油为原料的传统柴油和汽油生产过程相比，煤基二甲醚在生产过程中的耗电量较大，是传统柴油和汽油生产过程的 2.5 倍，但煤基二甲醚在车辆使用阶段显著降低了各种污染物和碳排放。从全生命周期的角度来看，以煤基二甲醚为燃料的醇醚汽车的碳排放量比传统柴油和汽油要高，其原因主要是生产环节的一氧化碳变换及较高的煤炭消耗导致了较多的碳排放。提高煤基二甲醚生产环节的能源转换效率以降低能源消耗，利用太阳能、风能、生物质能、海洋能、地热能等作为煤基二甲醚生产过程中的能源，并综合应用煤层气发电和碳捕获等低碳技术，那么以煤基二甲醚为燃料的醇醚汽车的碳排放量将会大大降低。

从全生命周期来看，以天然气制二甲醚为燃料的醇醚汽车比传统汽车的碳排放量要低，而以生物质制二甲醚为燃料的醇醚汽车更是能够大幅降低碳排放。中国已成为世界上继巴西、美国之后的第三大生物燃料乙醇生产国和应用国。未来中国燃料乙醇行业发展的方向是如何实现非粮乙醇的规模化。因此，决定未来燃料乙醇发展前景的关键是成本和技术。

目前，醇醚汽车燃料制取成本较高，难以有效降低碳排放，只能作为替代传统燃料汽车的一种补充技术解决方案，在醇醚丰富的地区予以使用。

（6）天然气汽车。

天然气汽车是以天然气作为燃料的汽车，可分为压缩天然气汽车、液化天然气汽车和液化石油气汽车3种。天然气汽车只是对传统的内燃机做了一些必要的改动以适应天然气燃料。与传统燃料汽车相比，液化石油气汽车可以降低20%的碳排放，压缩天然气汽车和液化天然气汽车可以降低25%的碳排放。另外，天然气汽车总的废气排放量不到传统汽车的10%，并且燃气中不含铅、苯、硫等成分，具有低污染、安全性高的特点。

天然气汽车具有显著的经济效益：可降低汽车营运成本，天然气的价格比汽油和柴油低很多，可节约50%左右的燃料费用，使营运成本大幅降低，而且由于油气差价的存在，改车费用可在一年之内收回；可节省维修费用，发动机使用天然气作为燃料，运行平稳、噪声低、不积炭，能延长发动机使用寿命，不需经常更换机油和火花塞，可节约50%以上的维修费用。

（7）太阳能汽车。

太阳能汽车是一种靠太阳能来驱动的汽车。相比传统热机驱动的汽车，太阳能汽车是真正的零排放。正因为其环保的特点，太阳能汽车被诸多国家所提倡，太阳能汽车产业的发展也日益蓬勃。

从某种意义上来说，太阳能汽车也是电动汽车的一种，所不同的是电动汽车的蓄电池靠工业电网充电，而太阳能汽车用的是太阳能电池。太阳能汽车使用太阳能电池把光能转化成电能，存储在蓄电池中，用来驱动汽车的电动机。由于太阳能汽车不用燃烧化石燃料，因此不会释放有害物质。据估计，如果由太阳能汽车取代燃料汽车，每辆汽车的二氧化碳排放量可减少43%~54%。但太阳能汽车还没有实用化，其主要原因是成本过高，行驶里程不长。

4. 绿色低碳道路网络技术

绿色低碳道路网络设计需要实现道路的微循环。改变传统的大街坊路网设计，增加城市的支路网密度，创建街道密集网络，改善步行、自行车和机动车的出行环境，形成道路的微循环。绿色低碳道路网络设计的重点在于慢行交通系统。

慢行交通系统是指把步行、自行车等慢速出行方式作为城市交通的主体，引导居民采用"步行+公交"的出行方式来缓解交通拥堵状况，减少汽车尾气污染，从而营造舒适、安全、便捷、清洁、宁静的城市环境。

慢行交通是相对于快速和高速交通而言的，有时也称非机动化交通，一般情况下，慢行交通是出行速度不大于15km/h的交通方式。慢行交通包括步行及非机动车交通。由于许多大城市的非机动车交通主要是自行车交通，慢行交通的主体就成为步行及自行车交通。

慢行交通系统的意义主要体现在以下几个方面。

（1）慢行交通系统既是城市交通出行方式中的一类独立出行方式，也是其他机动化出行方式不可或缺的衔接部分。不论城市社会经济发展到何种水平，均是城市综合交通系统的重要组成部分，并且是城市交通可持续发展中鼓励与支持的。

（2）慢行交通系统不仅是一种交通出行，更是城市活动系统的重要组成部分。慢行交通系统是人们缓解城市紧张生活压力、感受城市精彩生活的最基本且不可或缺的活动载体。

（3）通过营造环境优美、高度人性化的慢行环境，可以增进市民之间的情感交流、改善市民的生活环境、促进城市居民创造力的发挥，并可直接支持城市休闲购物、旅游观光、文化创意产业发展，从而提高城市整体魅力。

（4）慢行交通系统隐含了公平和谐、以人为本和可持续发展理念，并且在提高短程出行效率、填补公共交通服务空白、促进交通可持续发展、便利弱势群体出行等方面，具有机动交通无法替代的作用。慢行交通可以与私人机动化交通和公共交通相互配合，共同构成城市的客运交通系统。

5. 绿色低碳道路建设技术

（1）排水沥青路面。

排水沥青路面又称透水沥青路面，指压实后空隙率在20%左右，能够在混合料内部形成排水通道的新型沥青混凝土面层。排水沥青路面所使用的材料为单一粒径碎石按照嵌挤机理形成骨架－空隙结构的开级配沥青混合料。排水沥青路面采用大空隙沥青混合料铺设表层，将降雨透入排水功能层，并通过排水功能层将雨水横向排出，从而消除带来诸多行车不利影响的路表水膜，显著提高雨天行车的安全性、舒适性。由于排水沥青路面的多孔特征可以大幅降低交通噪声，因此也称低噪声沥青路面。

随着经济社会的快速发展，人民群众对出行质量的要求不断升级，交通建设也愈加突出环境友好的理念。在道路工程领域，如何提高路面的使用功能，如何向社会提供更安全、更舒适、更环保的道路，已成为新时期下我国交通部门追求的新目标。

综观国内外技术前沿，具有大空隙特征的排水沥青路面铺装具有抗滑性高、噪声低、抑制水雾、防止水漂、减轻眩光等突出优点，可以说达到了现有沥青路面技术中的"顶级路用性能"，成为实现道路表面特性品质飞跃的最佳路面形式。

（2）透水路面。

透水路面是一种新的环保型、生态型的道路路面，主要具有以下几个功能。

① 调节城市小气候。透水路面的孔隙或缝隙使得铺设的路面具有呼吸功能，形成了大气与土壤间水蒸气交换的通道，其在吸热和储热方面接近自然植被所覆盖的地面，可以调节城市空间的温度和湿度，缓解城市热岛效应。透水路面冬暖夏凉，雨季透水，冬季化雪，增加了城市居民生活的舒适度。

② 维护生态平衡。透水路面对雨水有很好的渗透作用，透水性路基具有"蓄水池"功能，雨水渗入地下，可补充地下水资源，增大土壤和地表的相对湿度，有利于地表植物的生长。此外，没有降雨时，透水路面的孔隙作为连通土壤与空气的通道，具有透水换气作用，从而使土壤中的生物也因为有空气和水分的存在而大大改善了生存条件。因此，透水路面具有生态调节功能。

③ 净化水质。研究表明，透水路面表面的污染物溶解于雨水后，渗入基层和土壤层，从而减轻了排入自然水体中营养物和有毒有害物质的累积；同时基层结构和土壤是天然的过滤层，可以将污染物截留，再通过本身所具有的生态系统净化，将这些污染物降解，降低了排入水体中的污染物浓度。

④ 改善城市水文环境。透水路面通过其上下连通的孔隙或砖与砖之间的缝隙，使雨水渗透至下层土壤；透水砖与土壤间的空间，包括其自身的孔隙，也形成了储水空间。通过这两方面的共同作用，削减地表径流，明显降低暴雨对城市水体的污染，提高城市防洪能力，使城市水文环境得到改善。

⑤ 降低噪声。同排水沥青路面一样，透水路面的孔隙多，可以吸收车辆行驶时产生的噪声和其他环境噪声。透水路面凭借其多孔结构，当声波打在表面上时，声波引起小孔或间隙的空气运动，由于摩擦和空气运动的黏滞阻力，一部分声能就转化为热能，从而使声波衰减；同时，小孔中空气和孔壁的热交换引起的热损失，也能使声能衰减。透水路面可以有效吸收城市高层建筑、高架道路及穿过市区上空的飞机等高处声源投射到地面的噪声。

⑥ 净化环境。透水路面大量的孔隙能吸附粉尘，减少扬尘污染。研究表明，一旦油污渗透路面到达能够滞留油污的坚固土工织物薄膜层的基层后，就会迅速成为某些微生物的食物源。因此，透水路面能够滞留和降解路面上的有机化合物。

⑦ 改善路面的使用性。同排水沥青路面一样，透水路面无积水、无眩光，通行舒适性与安全性大大提高。

（3）橡胶沥青路面。

橡胶沥青是先将废旧轮胎原质加工成为橡胶粉粒，再按一定的粗细级配比例进行组合，同时添加多种高聚合物改性剂，并在充分拌合的高温条件下（180℃以上），与基质沥青充分熔胀反应后形成的。橡胶沥青具有高温稳定性、低温柔韧性、抗老化性、抗疲劳性、抗水损坏性等性能，是较为理想的环保型路面材料，主要应用于道路结构中的应力吸收层和表面层。橡胶沥青路面具有以下优点。

① 可以降低车辆高速行驶时的马路噪声。沥青混凝土中掺入橡胶粉，5cm 厚可以达到普通沥青混凝土 10cm 厚的效果，而且噪声很小。当车辆的时速在 50~100km 时，橡胶沥青路面产生的噪声比传统马路产生的噪声要低 3~8dB，大大改善了城市的生活环境。

② 橡胶沥青材料掺入橡胶粉后大大提高了沥青的黏度，抗变形能力增强，并具有更好的封水性能。高速公路的水侵害仍然是高速公路早期破坏的重要问题，水侵害的发生大大缩短了高速公路的使用寿命。据研究实验表明，橡胶沥青材料在道路铺设中的应用，可以大大改善这一状况。首先，橡胶沥青用量较大，在路面上会形成大约 3mm 厚的沥青膜，完全可以防止雨水向下渗透，对路基起到保护作用。其次，在路面摊铺沥青混合料时，橡胶沥青应力吸收层顶部的橡胶沥青会二次熔化，经路面压实后会充分填充其面层混合料底部的缝隙，从而排除了层间存水的可能，起到防止水损坏的作用，大大提升路面防水层性能，从而使路面使用寿命提高 1~3 倍。

③ 提高路面使用性能。橡胶沥青在高温下具有较大的弹性和弹性恢复能力，可以改善路面抗变形能力和抗疲劳开裂性能；具有较好的高低温性能，降低沥青对温度的敏感性；具有黏度高、抗老化、抗氧化能力强等特点。开级配或间断级配橡胶沥青路面防滑性高、

减少雨天行车溅水、改善视野。由于橡胶路面的柔韧性，可缓和路面局部不平引起的车辆震动，改善轮胎与地面的附着性能，缩短制动距离，因此使行车舒适性和安全性都得到改善。

④ 橡胶沥青作为一种新型的道路材料，主要以普通基质沥青和废旧轮胎橡胶粉为主要原料，有效地解决了国内废旧轮胎污染问题。由于轮胎具有很强的抗热、抗机械性，将其埋在土里，100年也不会分解腐烂，若长期露天存放，不但占用土地，而且会产生大量有毒有害气体，因此废旧轮胎是国际公认的"黑色污染"。橡胶沥青材料的应用，将废旧轮胎再次回收利用变废为宝，不仅有利于环境保护，节约自然资源，还有利于改善人类的生存环境。

10.3.3 国内外绿色低碳交通实践

1. 海口的绿色慢行交通系统

海口是海南省省会，是海南省政治、经济、科技、文化中心和交通枢纽。海口气候舒适宜人，生态环境一流。

2009年，国家批准海南国际旅游岛发展战略，海口为落实海南建设国际旅游岛的战略部署，依托旅游资源，侧重于旅游和休闲出行，于2010年进行了绿色慢行交通系统的规划，以指导全市性的慢行通道规划及配套设施建设。根据规划，海口将结合旅游需求、健身运动、休闲娱乐等特点，构建"公共交通+慢行"的一体化交通出行模式，建立覆盖全市的慢行休闲绿道网络，以江、河、海及无缝公共交通体系为蓝脉，以绿道为骨架，打造一个完整的集休闲、生活、娱乐为一体的城市绿色慢行休闲系统。通过打造绿色慢行交通系统，凸显海口绿色生态城市的魅力和低碳滨海的城市品位。

(1) 绿色慢行交通系统规划概述。

海口在提出绿色慢行交通系统规划之前，海口的道路规划都是非机动车道网附属于机动车道，机动车频繁停靠在非机动车道上，造成人车混行、交通混乱，严重威胁到行人的通行安全。而且伴随而来的交通安全和交通污染已成为严重阻碍城市可持续发展的社会问题。城市绿地受到道路和建筑的侵蚀，原有的沿路、沿河等绿色通道被无情地切断。打造高品质的交通基础设施，构建生态廊道与非机动车绿色通道一体化的城市绿色慢行交通系统顺应了海口建设生态城市的发展要求。海口规划通过绿色慢行交通系统建设，串联海口的各种旅游景观，连接田间小景、河边堤岸、公园绿带、公共绿地、城市老街等，构建绿色宜人的交通环境；提供休闲健身、游憩娱乐的公共空间，使慢行交通成为居民短距离出行的主要交通方式，并且通过衔接轨道交通、有轨电车、公共汽车等提升公共交通的吸引力，使海口形成一个"通行、休闲、娱乐、运动"的人性化都市。绿色慢行交通系统的建设正好契合海南国际旅游岛开发建设的理念。海口作为全国性休闲旅游城市，长期以来缺乏特色亮点来带动休闲旅游业的总体提升，通过打造舒适宜人的慢行交通系统，既满足了市民的通勤需求，又以慢行交通方式为载体，将海口打造成为一个可以享受慢调生活的"漫游城市"。以旅游休闲为特色亮点，系统打造慢行旅游产品，让游客充分感受海口的蓝色海洋、绿色森林、红色运动及五彩老城等各色风光，体验海口时尚、个性的品质生活。使绿色慢行交通系统成为海口新的"城市名片"，并对海口的城市特色定位、风格塑造、打造新的旅游亮点产生积极影响。

根据绿色慢行交通系统规划，绿色慢行交通系统以无缝衔接的公共交通体系为线，借用串珠式结构，将绿色慢行交通系统中各个独立的观赏景点、景区串联在一起，共同组成"一环三带多心"的结构，凸显生态绿色，构建娱乐、休闲的城市特色。"一环"即以无缝衔接的公共交通体系为交通环；"三带"即滨水景观带、城市景观带和生态景观带；"多心"即以各个主要绿色慢行观赏区为核心，划分为慢行一级和二级观赏区，其中一级观赏区包括会展中心、西海岸带状公园、海口湾、东海岸带状公园、东寨港自然保护区、火山口地质公园，二级观赏区包括金牛岭公园、海秀公园、金沙湾、盈滨岛、永庄水库森林公园、沙坡水库森林公园、五源河森林公园和玉龙泉国家森林公园。

绿色慢行交通网络由廊道、集散道、连通道和休闲道4个等级组成，包括步行、自行车和轮滑3种慢行线路。其中，步行线路包括健身线路、散步线路等，自行车线路包括观光线路、体验线路、锻炼线路、竞技竞速线路等，轮滑线路包括体验线路、锻炼线路、花样竞技线路等。这几种线路根据实地情况分设在相同或不同的慢行区域中。慢行区域除了考虑均质原则、行政原则及自然屏障等因素，还考虑到减少跨分区或组团的远距离交通，尽可能地把交通组织在城市分区或组团内部。因此，绿色慢行交通系统规划首先将慢行空间划分为旅游风景区、居民生活区、商务中心区、历史风情购物中心区四大功能分区，然后进一步将各功能分区细分为若干慢行小区。

（2）绿色慢行交通规划特点。

① 绿色慢行交通系统城乡一体化建设。依托城市的对外通道建设乡村慢行道，统筹建设市行政区域内各村镇的慢行交通系统，形成区域性城乡一体化慢行系统。规划依托海榆中线公路，设置了"一横三纵"的慢行对外通道网络，充分利用乡镇景观和人文资源，打造慢行旅游产品，建设乡镇慢行旅游的精品线路，扩大海口的休闲旅游区域。通过城乡慢行道建设，形成集绿色通道、绿色景点、绿色餐饮和绿色驿站于一体的海口市绿色慢行旅游体系，承接市区的旅游服务功能。

② 结合慢行旅游线路和旅游资源来设计绿色慢行交通系统。根据不同区域的景观内容，设置滨海度假旅游线路、人文观光旅游线路、生态休闲旅游线路和康体运动旅游线路4条旅游主线。针对游客的不同身份特征和出行目的，结合海口的旅游资源特色，设置经典综合慢行旅游线路：以团队游为主，主要游览滨海景观、人文景观、生态景观及运动景观；以自助游为主，主要游览海口老城景观及海岛景观；采用"团队游+自助游"的方式，主要游览运动景观、滨海景观和生态景观。

③ 将城市景观融入绿色慢行交通系统。海口绿色慢行交通系统规划根据现状景观特色确定慢行区的主题，从慢行驿站、植物景观、夜景照明、城市家具、标识系统等多方面进行景观设计，完善慢行交通系统的配套建设。慢行驿站设计除了提供自行车租赁管理服务，还提供行李寄存、电话亭、旅游咨询、医疗及餐饮等服务。慢行驿站建筑独具特色，尽显滨海城市风情。慢行区植物景观设计以服务慢行交通系统为主，以滨水景观绿带为主线，串联各个分段区域内绿化核心景观区，各段落通过表现主题、植物色彩、种植方式、主要树种和立面构图等不同的植物造景要素来控制，不同区域的植物造景具有不同的植物景观特色，从而渲染不同的植物景观氛围，满足人的视觉欣赏和休闲要求。夜景照明设计根据各慢行区表现的主题，确定夜景照明的主色调、灯光效果及灯具选择。在滨水景观照明带，以黄色引导的照明以及雕塑、小品的特色照明为主；在慢行道线性景观照明带，

以白色引导的照明为主,突出指示牌照明;在主要景观活动照明区,运用聚光灯,突出多色彩的节日照明;在其他景观节点照明区,采用多色的群灯照明,注重雕塑、小品的特色照明。城市家具设计从材质选择、风格特点和功能用途3方面对城市家具进行控制。慢行区城市家具设计包括休息座椅、公共交通站台和灯具设计。标识系统包括立体标识、地面标识和休闲道标识,标识直观、形象,充分体现各慢行区的特色,使之发挥明确的指示作用。

④ 与其他交通方式无缝衔接的人性化设计。海口绿色慢行交通系统的无缝衔接主要通过两方面体现:以慢行区为基础,借鉴圈层划分的概念,区分不同区位的非机动车换乘特征,并针对城市大型公共交通站场,设置慢行交通换乘枢纽;结合公共交通站点、城市公园、旅游景区等公共开放空间设置慢行驿站,提供自行车租赁等慢行设施服务,最终实现"慢行+公共交通""慢行+机动车"等多种交通方式的无缝衔接。海口的慢行交通换乘枢纽依据所在地点及周边交通设施的不同可分为3类:滨水景观慢行廊道换乘枢纽、中央生态慢行廊道换乘枢纽、综合慢行换乘枢纽(包含地铁站点换乘枢纽)。慢行交通换乘枢纽可以实现慢行交通与公共交通之间的无缝换乘,还提供停车设施、自行车租赁与存放设施以及其他服务,同时也是宜人的公共开放空间节点,为慢行交通系统的使用者提供舒适便利的休憩、交流场所。

⑤ 慢行交通用地的控制。对于靠近城市支路的居住区,整理城市支路,保留现有人行道,在现有道路上画线或增加隔离栏以作为自行车专用道;对于靠近城市干道的居住区,建设独立的自行车专用道,自行车专用道宽度控制在 2.0~3.5m。慢行交通通道考虑遮阴,注重通道的林荫效果;建立完善的步行系统,注重住宅区邻里交往空间,有效减少机动车出行。

(3)启示。

在城市居民的日常生活中,慢行交通是居民日常出行的主要方式,其不仅是一种交通运输手段,而且在城市中还起着其他重要作用,如提供公共活动的场所、传承城市精神文化,以及满足人们的审美需求和交往需求等。目前,国内的城市慢行交通系统的设计多是强调其作为"通道"的交通运输功能,停留于满足通行需求的初始阶段,而忽视了慢行交通系统的其他功能。

海口绿色慢行交通系统规划综合运用生态、交通、旅游及景观规划等多种专业方法,将慢行交通与休闲旅游相结合,使慢行空间的景观这一过去被忽视的功能能够在城市慢行交通系统中发挥其应有的作用,并纳入慢行交通系统规划的内容之中,将慢行交通系统打造为一种旅游产品和"城市名片",承载提高城市景观环境质量、提升城市品质形象的新功能。这给慢行交通发展赋予了更加丰富的内容,也是对慢行交通系统规划中交通功能至上的主导思想的一种转变。

伴随城镇化的快速推进,越来越多城市的功能趋同、形象单一,正在逐渐失去其特色。海口通过对特色化的慢行空间进行景观塑造,在一定程度上强化了其独特性和差异性,凸显城市鲜明的自然景观和浓郁的人文景观,形成了多样化的情趣和意境,为缓解城市特色危机提供了一种有效的思路。

在城镇用地日趋紧张的情况下,如何运用同样的设计元素创造多元化的活动空间,既能营造城市景观风貌,又能构成城市的标志性形象,以最低的投入实现最佳的效果,这是值得人们深思的问题。海口整合其现有的公共绿地、旅游景点和开放空间,通过绿道串联城市景观,构建优美、富有感染力和识别性的绿色慢行交通系统,这种思路值得推广。

2. 波特兰的绿色低碳综合交通体系

波特兰是美国俄勒冈州人口最多的城市,也是太平洋西北地区人口第三多的城市,仅次于美国华盛顿州的西雅图和加拿大的温哥华。20 世纪 60 年代,波特兰也同现在许多城市一样,处于城市交通拥堵、环境恶化、社会文化颓废等多种城市问题的困境中。1992 年,波特兰率先在美国实施了生态城市计划,通过改善能源利用结构和调整城乡空间结构等改变了城市发展方向,成为全世界生态城市建设的典范,被美国环保局评定为"全美生活品质最佳城市"。波特兰在推动生态城市建设的过程中,强调各种生态设计、强调循环经济项目和资源回收利用项目、强化以人为本的交通规划和可持续发展观念,被誉为"杰出的规划之都"。波特兰在生态环境建设中的许多经验已经逐渐传播开来,尤其是其通过公共交通与慢行交通系统的规划,有效地降低了居民出行对小汽车的依赖。波特兰市区内骑自行车上下班的人数约占总通勤人数的 3.5%,为美国大城市之冠。

(1) 波特兰的交通规划。

长期以来,波特兰在城市规划层面采取了包括限制城市用地扩张、人口密集化战略、加强城市公共交通体系建设等一系列的措施,来提升城市的空间品质,解决交通拥堵和空气污染等问题。从交通方面来看,波特兰是美国在鼓励自行车出行方面做得最好的大城市,2001 年被提名为"北美最佳自行车出行城市"。波特兰的交通发展也经历了一个由高速公路主导向绿色低碳交通转型的过程。从 20 世纪 70 年代中期开始,俄勒冈州立法要求每个城市和县必须划定城市增加的边界以保护农田和森林,从重点发展高速公路系统转向发展轻轨系统。波特兰交通运输局研究发现,修建更多的道路和停车场会造成居民社区的相互分隔,促使城市蔓延。在城市中心区建设大规模的道路与停车场还会造成市区内的交通拥堵及汽车废气污染。因此,波特兰进行了一系列城市空间优化及绿色交通发展的探索,确立了大力发展公共交通与慢行交通相结合的交通发展方式。波特兰的交通系统规划是在《区域 2040 增长概念》和《区域交通规划》的框架下进行编制的。《区域 2040 增长概念》中确定了长期区域发展增长和优先发展的空间模式,界定了未来都市区空间由中心城市、区域中心(主要为周边次级城市)、镇中心、枢纽车站周边地区、重要干路走廊等构成,并明确了要通过便利的慢行交通系统和公共交通系统的发展,减少居民对小汽车的依赖,来实现这种空间增长模式,到 2040 年,2/3 的就业岗位和 40%的住户将位于有轻轨和公共汽车服务的走廊上。根据《区域交通规划》中的要求,波特兰形成以中心城区为核心,通过轨道交通与周边区域中心相连的交通骨架。1996 年,波特兰开始实施《自行车总体规划》,规划要求:新开发项目必须提供自行车停车设施;为行人和自行车安全、便利出入提供场地设施;主干道和次干道沿线设置自行车道和人行道,地方支路沿线设置人行道;行人和公共交通体系之间需便利连接;保证充分的土地利用类型和密度以支持公共交通的发展。《自行车总体规划》实施不到 5 年,波特兰的自行车道长度就增加了 1.05 倍;不到 10 年的时间,自行车的通勤比例增加了 2.5 倍。1996 年,波特兰还实施了《步行总体规划》,制定了 16 个步行区域,在这些区域内,步行是居民首选的出行方式。步行区域以混合土地利用、合适的密度及高效的交通节点为特征,在提高通行效率的同时,极大地缓解了交通压力。

公共交通也一直是波特兰重点规划和建设的交通体系，目前已形成包括轻轨、有轨电车、通勤铁路、常规公共交通、空中缆车等多种形式的综合公共交通系统。

波特兰的交通规划是建立在规划者对于地区交通需求的预测及对弱势群体的关照基础之上的。波特兰政府通过寻求广泛的公众参与，尤其是那些没有享受到很好的交通服务的弱势群体的参与。从规划启动到规划完成的全过程，波特兰政府采用了多种参与形式，包括工作组讨论、焦点小组讨论、公众听证、规划者汇报及会议讨论等，为大范围的市民参与提供了良好的交流平台，并为这些交流活动提供了足够的资金支持。在促进社会公平的前提下，协调分配交通资源与有限的交通发展资金以达到社会效益最大化。正是基于不同群体的交通诉求，波特兰发展了第一个城市交通系统规划，为不同群体提供了交通选择的机会。20世纪70年代后，波特兰政府改变了以往请外来专家规划城市的方法，由本地的居民提出目标，共同制定规划内容。

（2）波特兰的绿色低碳交通发展。

波特兰在发展绿色低碳交通方面采取了一系列的举措：将交通投资由小汽车交通逐渐转向公共交通；限制私人汽车进入城区；将沿河的高速公路改造为轻轨铁路，并将隔离城市与河流的高速公路改造成沿江公园；鼓励自行车使用者和机动车驾驶者共享道路；建设便捷的自行车道网络，优先保障自行车使用者的权益；提供安全、方便、连续的步道网络，限制新的停车用地开发或改造部分已有的停车用地，积极建造包括轻轨、有轨电车、通勤铁路、常规公共交通、空中缆车等多种形式的综合公共交通系统，提供实时公共交通信息服务，在城市中心建设公共交通优先走廊和免费公共交通区等，力图以步行、自行车和公共交通的发展来达到限制私人汽车使用的目的。

1972年，波特兰确定在城市核心区建立公共交通优先走廊，充分改善核心区步行、自行车和公共交通的可达性。公共交通走廊为单向三车道道路，其中一条车道为巴士专用，一条车道为轻轨专用，一条车道向社会车辆开放。公共交通乘客在2小时内还可免费换乘不同公共交通工具，市中心区也设有轻轨和有轨电车免费区。

1973年，波特兰开始致力于发展轻轨系统，结合公交导向型发展（transit oriented development，TOD）模式，将其作为城市空间优化和中心区复兴的手段。波特兰规定在居住区和混合土地利用区内，新建的地方性道路间距不能超过160m，若使用尽端式道路，其长度不应超过60m，通过构建高密度、小尺度的路网模式来改善步行和自行车交通出行质量。为支持土地开发商在公共交通车站周边进行高密度、混合土地利用开发，吸引车站周边居民利用公共交通出行，波特兰实行了一项独特的TOD财政支持项目。项目核心内容是：经由美国联邦交通部批准，将部分联邦交通资金用于购买TOD开发所需的土地，然后以较低的价格出售给开发商，以此弥补由于进行高密度混合用地开发带来的额外成本增加。

2001年，波特兰建成了一条有轨电车线路。2012年又使用最新技术对该线路加以延伸，其线路规划、车辆设计、动力使用、投资情况、建设成本、运营管理和配套技术很大程度上代表了有轨电车研究领域的最新进展。有轨电车线路单向长度为5.3km，共设18对车站，平均站间距约为500m，远期规划高峰小时发车频率为10min/列，非高峰小时15min/列，客运能力为2520人/h。波特兰市政府将有轨电车需要达成的规划、政策目标设定为：满足波特兰市中心快速的人口和就业增长需求；缓解因上述增长带来的交通拥堵及相关时间损耗，同时考虑既有市中心桥梁容量很难再扩张的情况；提高波特兰市中心公共交通的机动化水平，降低对小汽车的依赖；改善公共交通服务水平，确保区域性、地方性的土地利用和开发目标的实现。

2006年12月，波特兰开通了一条1000m的双向线往复式空中缆车，该缆车连接俄勒冈州卫生科学大学和南海滨区，是美国继罗斯福岛空中缆车后的第二条通勤性质的缆车系统。由于俄勒冈州卫生科学大学已经没有可以扩展的空间，因此需要迁到其他地方。新校区位于南海滨区，两地之间有一片历史街区、一个被保护的公园和交通要道。需要解决的问题是如何将新校区与原校区便捷地连接起来同时又不影响城区环境，最终空中缆车被确定为最高效的方法。空中缆车速度为35km/h，单程人次可达370人，单程时间为3分钟。

(3) 波特兰多种交通方式的衔接。

在波特兰的综合交通体系中，步行、自行车的定位不再是一种仅供选择的出行方式，而是将步行交通定位为短距离出行优先，自行车交通在综合交通体系中扮演关键角色。除注重步行、自行车、公共交通、小汽车等各种交通子系统的规划与建设之外，加强不同交通方式之间的衔接整合也是波特兰构建综合交通体系的重点。公共交通与小汽车、公共交通与步行和自行车交通在时间、空间上的接驳为市民出行提供了更多元的选择。通过停车优惠、换乘优惠等手段鼓励更多人采用步行、自行车与公共交通出行。

(4) 启示。

波特兰绿色低碳交通发展的启示如下。

① 对于疏解交通来说，提高路网密度比拓宽道路更重要、更有效。对比波特兰街区，我国城市由单位大院、工厂企业、居住小区等形成的街区占地广阔，地块边长一般在400m以上，形成一种超尺度的内向封闭的一个个"孤岛"。随着经济的发展和私人汽车的增长，过大的街区规模对城市的肌理、城市环境的破坏越来越明显，严重阻碍了城市交通的可持续发展。因此，在城镇发展过程中要注意加强小区与城市整体的联系，各个小区应打开边界，通过细密的路网将小区化为城市的网状模式的一部分，成为"可穿越的城市"。

② 功能混合的小区比单一的功能分区更有利于城市绿色低碳交通发展。近年来，我国城市地块高密度化的开发是主流，也是作为耕地资源紧张的国家唯一的选择。波特兰选择在公共交通骨干站点周围进行土地开发，既注重高密度，也注重功能的混合。反观我国城市地块高密度开发的大多是纯居住的住宅区，由于地块开发的功能单一，没有将居住、产业和就业功能结合起来考虑，高度集聚的人口所产生的个人交通使得城市功能失调，城市运行效率低下。许多城市每天上班和上学的人流形成的巨大潮汐式交通，造成了严重的交通拥堵，从一个侧面反映了城市的低效率。这种状况如不加以改变，随着私人汽车拥有量的进一步增加，将会面临更加严重的交通问题，使城市的可持续发展面临严峻挑战。

③ 公众的广泛参与是确保绿色低碳交通规划成功实施的前提条件。交通规划直接关系广大居民的日常生活和出行活动，以人为本的交通规划应能切实体现公众对交通多层次多方面的需求，而不是一味地满足小汽车交通的需求。我国城市现在进行的林林总总的规划，在规划过程也引入了公众参与这一环节，但公众参与不论对于规划机构还是对于城市居民来讲都还处在一个相当初级的阶段。公众参与并没有真正地融入规划过程中，仅流于形式，是一种象征性的参与。当然，由于交通规划的技术性强，公众参与交通运输规划需要建立科学可靠的参与机制，为具有不同利益的公众提供参与的平台，使公众能够充分地表达自

己的诉求，进行平等的交流与讨论，保障公众的利益，逐渐消除公众在规划决策中的弱势地位。波特兰公众参与交通规划的经验值得我国城市政府借鉴。

④ 多元化、网络化、立体化的绿色低碳交通体系才能适应居民出行多样化的需求。主要交通走廊要配置轨道等高水平的骨干公共交通系统，为居民的中长距离出行提供快捷、安全、舒适的公共交通服务。支线公共交通网应高密度布设，为居民短距离出行提供可达性高的服务。特殊地段的空中缆车可以为居民提供便捷的通勤服务。细密步行网络和自行车网络是公共交通网络的延伸和补充。在空中、地面、地下多维空间里的步行网络、自行车网络、公共汽车网络、轨道交通网络等应当形成有机的一体化的交通体系，而不是松散衔接的多种交通方式的混合共存体。

阅读材料 10-3

绿色集约出行——成都的超大城市交通治理案例

近年来，为有效治理交通拥堵等"大城市病"，成都交警以服务公园城市建设、构建"三网融合"绿色交通体系为导向，深入实施科学治堵，有效提高了城市交通"治已病"和"治未病"的能力水平，最大限度保障了城市路网稳定运行，最大力度推动了城市交通向绿色集约出行方式转变。

2018—2020 年，在全市人口增加 170 万人、汽车净增 98.2 万辆、市政工程大建设的压力下，成都城市交通拥堵指数下降 8.9%，通勤时间缩短 7 分钟，公交出行机动化占比升至 60%，实现了超大城市不限购、不限外、少限行下的拥堵缓解、绿色转型。

1. 片区循环双单模式消除"痛点"——提升通勤效率

在成都的一些老旧小区，一条条犹如毛细血管的中小街道常年堵塞，居民饱受停车难、路不畅之苦，成都交警通过片区循环双单模式，成功消除"痛点"，通勤效率大大提升。在金牛区奥林片区，为了保证道路通行能力，避免错车困难造成交通拥堵和交通事故，成都交警根据路网功能和分布，顺时针单向循环。单向循环为单侧停车腾出空间，打通了城区中小街道"毛细血管"，切实提升了城市通勤效率，同时将交通管理融入社区治理，积极引导群众绿色低碳出行。现在的奥林片区，交通拥堵指数由 2.25 降至 1.05，片区交通事故周报量同比下降 75.2%，侵财类警情同比下降 30%，居民的安全感、幸福感不断提升。

2. 大城市细管理——绣花功夫精准治堵

建立由公安交管部门牵头、相关职能部门联动的道路硬件改善提升工作机制，定期开展交通拥堵节点分析及对策研究。成都交警在 82 个机非路口设置"直行待行区"和"左转待转区"，路口车辆排队长度明显缩短，形成的规模效益相当于新增道路资源 418.5 车道·千米；持续打通 97 条断头路，有效消除道路"肠梗阻"；围绕优化道路利用率，针对成都通勤交通特点，综合设置 6 条潮汐单向交通、潮汐可变车道。联动城管部门采取"投入小、工期短、见效快"的交通工程改造，以"微创手术"消除 43 个拥堵节点，大幅提高节点通行效率。

3. 信号配时精细化管理——降低道路拥堵指数

成都交警采取"干道优先，提高绿信比"的方法，在中心城区进出城主干道和重要环线构建了 50 余条信号绿波带，并通过信号绿波带控制策略，提高信号运行协调性，增强路网通行效率，减少路上车辆通行时间，降低道路拥堵指数。同时，立足交通信号控制平台，远程优化信号灯配时，按需设计了 221 套配时方案，并要求建设单位按照告知单严格落实工作措施，使信号灯联网率、配时优化反应时间及故障处置效率得到明显改善，保障了施工路段的通行秩序。

4. "轨道+公交+慢行"体系——交通出行向绿色低碳转变

成都交警大力推进公交专用道"连线成网",优化调整 173 条支线公交,在市区单向三车道以上的主次干道全部施划公交专用道,在高架快速路全线设置了双向快速公交系统。公交专用道达 1084.3 千米,公交专用道设置率达 52%,处于全国领先水平。同时,按照"一点一策"科学制定轨道交通三期、四期 9 条在建线路的交通疏解方案,确保了轨道交通 558 千米运营里程按期实现。此外,配合建成自行车专用道 300 千米,打造安全连续、便捷舒适的慢行空间。全市共享单车日均骑行量超 200 万人次,共享单车与地铁、公交接驳比例达 40%,自行车出行比例由原来的 3.7%提高至 11.6%,相当于每天替代 36 万辆小汽车出行。

资料来源:新浪新闻.

本 章 小 结

本章主要介绍了智能运输系统和智慧交通,以及绿色低碳交通等知识。随着我国国民经济与社会的快速发展,交通运输与经济发展和人民生活的内在联系日趋紧密。在经济社会发展水平整体提升和经济结构不断完善的背景下,及时、正确地了解和认识交通运输在基础设施建设、行业整体运行、行业技术进步、市场运行监管以及服务效率与水平等领域的发展要求与发展状况,成为交通运输及相关行业发展的重要任务。

 案例分析

深圳的智能交通大脑迎来"四十不惑"

2020 年的深圳,走过了辉煌的四十年城市发展历程。期间这座魅力之都发生了多次的城市蜕变,从一个边陲小渔村发展成人口过千万的国际大都市,从一个互不相连的信息孤岛成为物物互联的信息中心。

深圳,是中国改革开放和现代化建设的精彩缩影,同时也在抒写中国智能交通建设最美篇章。深圳智能交通,一直处在全国建设的最前沿,也开启了拓荒牛般的技术探索。敢为人先的深圳早在 1997 年就建设了中国第一个电子警察,宣告了全国交警非现场执法时代的到来;1998 年全国第一个视频执法在深圳上线,交通执法第一次实现了立体式覆盖;2001 年中国第一台车牌识别在深圳应用,非现场执法从路口走向路段,执法管控场景更为丰富;2017 年深圳开启了刷脸执法试点,实现从查处"车"到"人、车"并重;2018 年开启视频智能执法试点;2020 年,5G 在深圳福田区率先进行车路协同试点与探索。例如,华为在福田中心区 4 平方千米的区域内安装了几十套车路协同设施。由于特区的优势,深圳在民用交通领域的立法立规也是先人一步。例如,深圳早在 2003 年就出台了关于停车的规章制度《深圳市停车场规划建设和机动车停放管理条例》,其中明确职责划分,深圳市公安局交通警察局是停车市场的主管部门,设立停车场管理科;2019 年 4 月,深圳市轨道交通建设指挥部办公室起草了《深圳市轨道交通项目建设管理规定(送审稿)》并提交深圳市司法局审查,这是我国针对城市轨道交通工程建设项目首次进行专门立法。总之,深圳智能交通建设成绩喜人并在引领技术风尚,这个南海之滨的新城,还在谋变。

交通管理或者说交通执法,是深圳智能交通一直以来引以为傲的建设项目。一切成绩,皆为序章,抛开之前的光环,2018 年是深圳在探索智能执法路径中,极为重要的时间节点。一是技术足够,云平台、互联网、大数据、人工智能相继开始融合并落地。所以,从这一年开始深圳的城市交通管理出现历史性变

革，交通安全、交通顺畅、交通法治、交通文明为大众关注，市民们追求安全美好的生活愿望比以往来得更强烈。

要做管理，交通大脑必不可少。深圳交通管理大脑的平台层能够支持各个交通出行方、管理方，管理算法和应用，借助平台数据、人工智能和应用，打通交通管理回路，让各方更快速、更全面地进行评估，实现交通管理快速优化。

交通大脑平台需要关注的，就是各个参与方的核心交互、快速交互、协同交互。交通大脑平台具备3种智能，高效地支持各种前端采集、数据分析、业务交互、应用对接。

（1）计算智能。采用神经网络处理器提供强大学习能力，采用微服务智能容器运行多种算法，对交通监控视频、卡口图片、电子警察图片、违法及过车数据、年检及保险数据等，进行深度分析挖掘。

（2）感知智能。基于算法仓，支持多种交通管理算法、模型，实现对交通流量、事件、违法行为进行动态全域感知。

（3）认知智能。基于数据挖掘、知识图谱、深度学习，发现交通出行规律、违法车辆轨迹，支持交通路况分析、研判，进行信号灯配时协同优化。

依托这个平台层，深圳智能交通的前端包括道路监控、交通卡口、电子警察、信号灯、执法仪等，这些硬件产品都在随时代发展不断迭代，新技术应用也层出不穷。

同时，改变交通执法和管理"人眼盯视频"的传统方式，解决海量监控视频源和有限监控能力之间的矛盾。从行业应用和商业逻辑来看，一定是先有场景化应用，此类产品通过车流量、车道速度、车辆排队长度等交通数据采集，能应用于机非人多种目标分类检测，自动检测道路上发生的交通拥堵事件并报警，输出图片和短视频。同时，内置的深度学习算法，在智能识别方面支持车牌识别，提供目标对象的全结构化数据。

深圳交通大脑的建设效果明显。深圳人口过千万，面积接近两千平方千米，道路里程数只有6400千米，每千米的车辆密度超过510辆。深圳每天的过车图片四千多万张，每天采集280多万部车在路面行驶的轨迹，所有图片都送到交通大脑，包括传统治安的卡口、停车场的数据等，都融合到交通大脑中，由后台统一计算和分析。

市民可以切实感受到这两年深圳对于路面上安全生产的执法力度在加大，不系安全带、开车打电话，这些基本上在后台都可以做到秒级响应。

深圳智能交通依托交通大脑开始了数据应用的提升，从多年以前的交通业务数据化发展到利用人工智能、大数据技术将一切数据业务化，用数据驱动智能交通产业、驱动深圳的交警业务。简单理解就是深圳交通数据的新方式是自上而下主动推送数据，面对主动式警务。这种数据驱动业务的新方式可以将运行参数、各种配置方案在交通大脑里进行自动优化，而不是靠人工对一两百个方案进行优化。

2020年，是"十三五"规划收官之年，承上启下为"十四五"规划做布局，也是深圳经济特区成立四十周年，交通大脑发挥智慧，预见城市出行之道，谓之不惑。

根据本案例所提供的材料，试分析：目前城市交通问题有哪些？可以通过哪些方法来改善城市交通？

资料来源：CPS中安网.

关键术语

智能运输系统（intelligent transportation system）

先进交通管理系统（advanced traffic management system）

先进车辆控制系统（advanced vehicle control system）

电子产品编码（electronic product code）

射频识别（radio frequency identification）
互联网数据中心（internet data center）
纯电动汽车（battery electric vehicle）
混合动力汽车（hybrid vehicle）
燃料电池汽车（fuel cell vehicle）

习　题

1. 填空题

（1）智慧交通的基本特征有_____、_____、_____、_____；技术特征有_____、_____、_____、_____、_____。

（2）智慧交通核心技术有_____、_____、_____、_____、_____。

（3）城市绿色低碳交通系统可以分为_____、_____、_____、_____、_____等子系统。

（4）绿色低碳交通系统主要由_____、_____和_____三部分组成。

（5）绿色低碳交通技术有_____、_____、_____、_____、_____等。

2. 简答题

（1）为什么说智能运输系统是解决交通问题的根本途径？

（2）解决交通问题的方法有哪些？

（3）公路智能运输系统包括哪些内容？

（4）铁路智能运输系统包括哪些内容？

（5）航空智能运输系统包括哪些内容？

（6）简述我国智慧交通的发展特点及存在的问题。

（7）简述我国智慧交通的发展趋势。

（8）什么是绿色低碳交通？

参 考 文 献

胡思继，2017．交通运输学[M]．2版．北京：人民交通出版社．
王鸿鹏，2010．国际集装箱运输与多式联运[M]．2版．大连：大连海事大学出版社．
沈志云，邓学钧，2003．交通运输工程学[M]．2版．北京：人民交通出版社．
陆化普，2002．智能运输系统[M]．北京：人民交通出版社．
姚祖康，顾保南，2008．交通运输工程导论[M]．2版．北京：人民交通出版社．
郭晓汾，王国林，2006．交通运输工程学[M]．北京：人民交通出版社．
徐月芳，石丽娜，2004．航空客货运输[M]．北京：国防工业出版社．
胡思继，2009．铁路行车组织[M]．2版．北京：中国铁道出版社．
鲍香台，何杰，2015．运输组织学[M]．2版．南京：东南大学出版社．
乐卫松，等，2000．航空客运营销实务[M]．上海：东方出版中心．
王仲峰，2005．计算机编制列车运行图方法的研究与运用[D]．北京：中国铁道科学研究院．
齐悦，2007．综合运输需求特征及其指标体系研究[D]．北京：北京交通大学．
袁新岭，徐海成，2008．再论运输需求[J]．铁道运输与经济，30（7）：8-10．
章华平，2007．道路货物运输需求与交通量关系研究[D]．西安：长安大学．
戴彤焱，孙学琴，2006．运输组织学[M]．北京：机械工业出版社．
张文尝，马清裕，2010．城市交通与城市发展[M]．北京：商务印书馆．
王炜，陈峻，过秀成，等，2019．交通工程学[M]．3版．南京：东南大学出版社．
彭其渊，蒋朝哲，文超，等，2018．交通运输系统工程[M]．成都：西南交通大学出版社．
王云鹏，严新平，2020．智能交通技术概论[M]．北京：清华大学出版社．
孟添，2018．智能交通系统理论体系与应用[M]．上海：上海大学出版社．
陈才君，柳展，钱鸿，等，2015．智慧交通[M]．2版．北京：清华大学出版社．
蔡文海，2018．智慧交通实践[M]．北京：人民邮电出版社．
张陶新，2016．绿色低碳交通[M]．北京：中国环境出版社．
何增荣，2018．中国低碳交通发展[M]．北京：经济日报出版社．
何玉宏，2016．城市绿色交通论[M]．北京：光明日报出版社．
鹿秀凤，冯建雨，2019．无人机组装与调试[M]．北京：机械工业出版社．
孙超，邵源，韩广广，等，2021．新一轮科技革命对交通发展的影响及应对策略[J]．城市交通，19（3）：10-17．
刘丽萍，陈新，赵刘会，2021．城市新区节点交通需求预测与改造方案研究[J]．黑龙江工业学院学报（综合版），21（1）：68-71．
孙堃，梁文馨，2020．基于循环取货的汽车零部件物流仿真模型研究[J]．物流技术与应用，25（5）：133-137．
张利，赵守香，张铎，2020．我国多式联运存在问题及发展策略[J]．现代管理科学（2）：62-64．